# 말발굽 아래의 세계사

**Hoof Beats: How Horses Shaped Human History**

Copyright © 2024 William T. Taylor with illustrations by Barbara Morrison
Korean Translation Copyright © 2025 by Saramin

Korean edition is published by arrangement with University of California Press
through Duran Kim Agency.

이 책의 한국어판 저작권은 듀란킴 에이전시를 통한 University of California Press와의
독점 계약으로 사람in에 있습니다.
저작권법에 의하여 한국 내에서 보호를 받는 저작물이므로 무단전재와 무단복제를 금합니다.

# Hoof Beats

William T. Taylor

윌리엄 T. 테일러 지음
김승완 옮김

말은 어떻게
인류의 역사가 되었는가
# 말발굽 아래의 세계사

사람In

일러두기

1. 이 책은 William T. Talyor의 *Hoof Beats: How Horses Shaped Human History* (University of California Press, 2024)를 옮긴 것입니다.
2. 각주는 옮긴이 주입니다.

이 책을 쓰는 여정에 영감을 주었지만
미처 책을 보지 못하고 삶의 여정을 마친
나의 개 로건, 조부모님 밥과 베르타, 에설과 파크,
사촌 딕, 윌 삼촌, 플린트 삼촌, 그리고 멘토 샘
하이 크레인과 수전 베삭, 밥 스탈에게 바친다.

# 차례

여는 글     8

**첫 번째 걸음**
**말과 사람**

01. 진화     16
02. 연결     31
03. 길들여진 시기     46

**두 번째 걸음**
**수레**

04. 바퀴     80
05. 전차     99

**세 번째 걸음**
**말을 타는 사람**

06. 갑골문     132
07. 말타기     153
08. 말을 타는 사람들     166
09. 비단길과 차마고도     181
10. 스텝 제국들     187
11. 사막과 사바나의 제국들     198

**네 번째 걸음**
**세계**

12. 바다로 가는 말     228
13. 귀향     239
14. 팜파스     255
15. **태평양**     267
16. 철마     277
17. 말의 발자취     284

감사의 말     290
주     294
참고 문헌     318
찾아보기     358

## 여는 글

유라시아 동부의 추운 내륙, 몽골 스텝 한복판에 푸르른 초원이 펼쳐진 항가이산맥 산줄기가 늘어서 있다. 세상에 마지막으로 남은 진정한 말 문화 중 한 곳의 고향이다. 몽골은 빠르게 변화하고 있다. 수도 울란바토르는 비즈니스, 교육, 국제무역의 집합소이며, 시골을 떠나 도시로 온 이주민들도 모여들어 활기를 띤다. 시골 지역에서는 목축민들이 좁아지고 따뜻해지는 세계의 흐름에 맞춰 대체 이동 수단을 찾으면서 해마다 오토바이 수가 늘어난다.* 하지만 항가이산맥에서의 삶은 여전히 말발굽 소리에 맞춰 움직인다. 이 높은 산줄기

---

\* 몽골은 기후변화 때문에 사막화가 급속도로 진행되어 산림과 개천이 많이 사라졌다. 그래서 저자는 오토바이 증가를 세계화뿐 아니라 온난화와도 관련짓는다.

의 남쪽 가장자리에 있는 푸르른 언덕에서 '모린모르트(Morin Mort)' 라는 이름의 작고 오목한 계곡을 내려다볼 수 있다. 그 이름은 '말발굽이 남은 자리'라는 뜻이다.

나는 사람과 말의 초기 역사에 관한 단서를 찾아 소규모 다국적 연구 팀과 함께 모린모르트에 왔다. 우리 팀이 도착한 9월 초에는 현지 목축민 대다수가 어느 정도 떨어진 가을 야영지로 이동하여 모린모르트 계곡은 거의 비어 있었다. 어느 날 저녁 우리 야영지에 가볍게 날리던 싸락눈은 목축민들의 이동 시기가 절묘했음을 말해주었다.

사람은 별로 없지만 쌀쌀한 가을 아침의 모린모르트 계곡이 텅 비었다고 말할 수는 없었다. 이곳에는 가장 이른 시기에 길들여진 말의 역사에 관한 단서가 가득하기 때문이다. 기원전 약 1000년 무렵 몽골 최초의 말 문화에 속한 기마인들은 사슴돌이라고 불리는 기념물을 지속적으로 세웠다. 키가 3~4미터에 이르기도 하는 사슴돌은 고대 전사들을 묘사한 것으로 여겨지는 거대 돌기둥이다. 목걸이, 귀고리, 도구 벨트(단검, 활, 방패, 심지어 작은 말이 달린) 등의 장식을 두른 것처럼 조각되었으며, 정교한 사슴 이미지도 포함되어 있어 여기서 사슴돌이라는 이름이 비롯되었다. 몇몇 학자는 사슴 이미지들이 문신을 나타내는 의미였다고 생각한다. 사슴돌의 생김새는 저마다 독특하다. 아마 전투에서 쓰러진 용맹한 전사 같은 특정 인물을 표현했을 것이다. 또는 가문의 선조였을 수도 있다(도판 1 참조).

당시 우리가 모린모르트에 온 것은 사슴이나 돌 때문이 아니었다. 말 때문이었다. 모린모르트의 각 석조 기념물은 작은 원형을 이룬 개별 돌무지들에 둘러싸여 있으며, 개별 돌무지 안에는 말의 머리, 목, 발굽들이 있다. 당시 사람들은 제의를 진행하면서 돌기둥을 세우고 말을 한 마리씩 잡아 가죽을 벗기고 고기를 먹은 후 돌기둥 주위에 세심하게 묻었다. 아마도 죽은 사람이 사후 세계에서 말의 인도를 받거나 말을 타고 떠나게 하려는 의도였을 것이다. 오늘날 모린모르트에 남아 있는 돌기둥은 두 기뿐이다. 그러나 우리 팀의 조사, 그리고 유적에 남아 있는 건축물 부근을 발굴한 결과를 바탕으로 추정하면 유적이 세워졌을 때는 적어도 돌기둥 다섯 기가 있었으며, 그 주위를 100마리 이상의 말이 둘러싸고 있었을 것이다. 이 정도만 해도 대단해 보이지만, 비슷한 시기로 추정되는 다른 유적들의 돌기둥 수는 입이 떡 벌어질 정도여서, 수백 기를 넘어 천 단위로 올라간다. 3,000년 전에 말은 경제와 문화의 심장박동이었다.

사슴돌과 말 매장지가 내려다보이는 작은 산등성이 꼭대기에는 말발굽 자국이 남아 있다. 말발굽 자국이 새겨진 푸르스름한 회색 퇴적암의 작고 평평한 면은 하루 중 대부분의 시간에는 거의 눈에 띄지 않는다. 누구나 별생각 없이 그 위를 지나칠 만하다. 하지만 새벽과 황혼에는 특별한 일이 일어난다. 해가 지평선 위에 있으면 회색 돌 표면에 광채가 돌면서 춤추는 듯한 그림자가 돌에 새겨진 완벽한 말발굽 자국을 드러낸다. 그 효과를 보면 감탄이 절로 난다. 돌 표면은 마치 많은 비가 내린 직후의 경마장 진흙 바닥처럼 변한다. 나는 이 부조를 처음 봤을 때 바위에 새긴 말발굽 부조(암각화)가 아니라 고대 동물의 발자국 화석이라고 단정해버릴 뻔했다. 이 신성한 장소에서 인간과 말의 관계는 비유가 아니라 실제로 땅 위에 새겨졌다. 많은 동료와 나는 모린모르트 같은 곳을 과학적으로 연구하여 말 가축화의 기원, 그리고 말 가축화가 우리가 사는 세계에 끼친 영향을 이해하려고 노력해왔다.

여러 대륙의 많은 학자, 역사학자, 연구자, 작가가 그 질문을 탐구한다. 나는 역사 문헌, 언어 분석, 구전, 현대 수의학 등 다양한 분야의 자료를 재구성해 이야기한다. 하지만 우리의 가장 중요한 단서들은 모린모르트 같은 곳, 너무나 오래되고 서구 세계에서 멀리 떨어져 있어 고고학을 통해서만 이해할 수 있는 장소에서 나온다. 이런 이야기 조각들은 전달하기가 가장 힘들 뿐 아니라 대중적인 이야기와 대중 과학에서도 가장 흔하게 누락되곤 한다. 이제 고고학에 기회를 줄 때다. 고대 말에 대한 과학적 연구를 활용하여 인간과 말에 관해 이야기할 때다.

고고학 기록을 읽어내는 것은 여간 성가신 일이 아니다. 시행착오, 실수, 수정, 토론 등이 끊임없이 이어진다. 모종삽과 붓으로 대표되던 고고학자의 도구는 21세기 들어 고대 유전학, 안정 동위원소, 생체분자 등의 영역으로 확장됐다. 이 기술들은 놀라운 속도로 변화, 분화하고 있다. 이 책에서 나는 고고과학의 최신 지식을 그러모아 오래된 질문들을 새로운 시선으로 살펴보고, 고작 몇 년 전만 해도 우리가 당연시했던 이야기 조각들을 다시 쓰고자 한다.

이 책은 '말의 발걸음(hoof beats)' 4부로 구성된다. 각 발걸음은 말과에 속하는 동물과 인간의 관계에서 진행된 핵심적인 네 단계에 상응한다. 1부 「말과 사람」에서는 말의 기원 및 진화사, 그리고 인류와 말의 가장 오래된 관계인 포식자와 사냥 대상의 관계를 살펴본다. 2부 「수레」에서는 최초의 말 가축화를 추적한다. 세심하게 재분석한 고고학 데이터와 새롭고 중요한 발견을 토대로, 말 가축화가 전차의 혁신과 함께 시작되어 내륙 아시아의 많은 곳에 사람과 말이 퍼져 나가게 된 과정을 알아본다. 3부 「말을 타는 사람」에서는 말을 제어하는 방식에서 나타난 혁신을 살펴본다. 말 등에 올라타는 말타기가 출현하여 고대 유라시아에 변화가 일어나고 유라시아 스텝 지역이 문화, 경제, 제국의 세계적 중심지로 거듭난 과정을 탐구한다. 마지막 4부 「세계」에서는 세계의 대양을 가로지르며 바이킹 탐험가들과 함께 북극 땅을 밟고, 남북아메리카에서 급격한 사회 변화를 촉발하고, 오스트랄라시아 식민지의 삶을 획기적으로 바꿔놓은 말의 여정을 살펴본다. 마지막 장에서는 산업사회 이후의 세계에서 말이 빠르게 퇴장하는 현실에서 우리의 삶과 미래에 계속 영향을 끼칠 '말발굽 자국'을 그려본다.

고고학 기록과 함께하는 이 책의 여정에서 독자 여러분이 우리가 사는 세계를 이해하는 데 기여하는 고고과학의 진가를 음미하는 동시에 건강한 회의주의적 시각도 가질 수 있기를 바란다. 나아가 로키산맥에서 항가이산맥까지, 그리고 그 사이에 있는 우리를 둘러싼 세계 곳곳에서 계속 울려 퍼지는 인간과 말이 나누는 심장박동 소리가 여러분에게도 전해지기를 간절히 바란다.

첫 번째
걸음

# 말과 사람

Horses
and
People

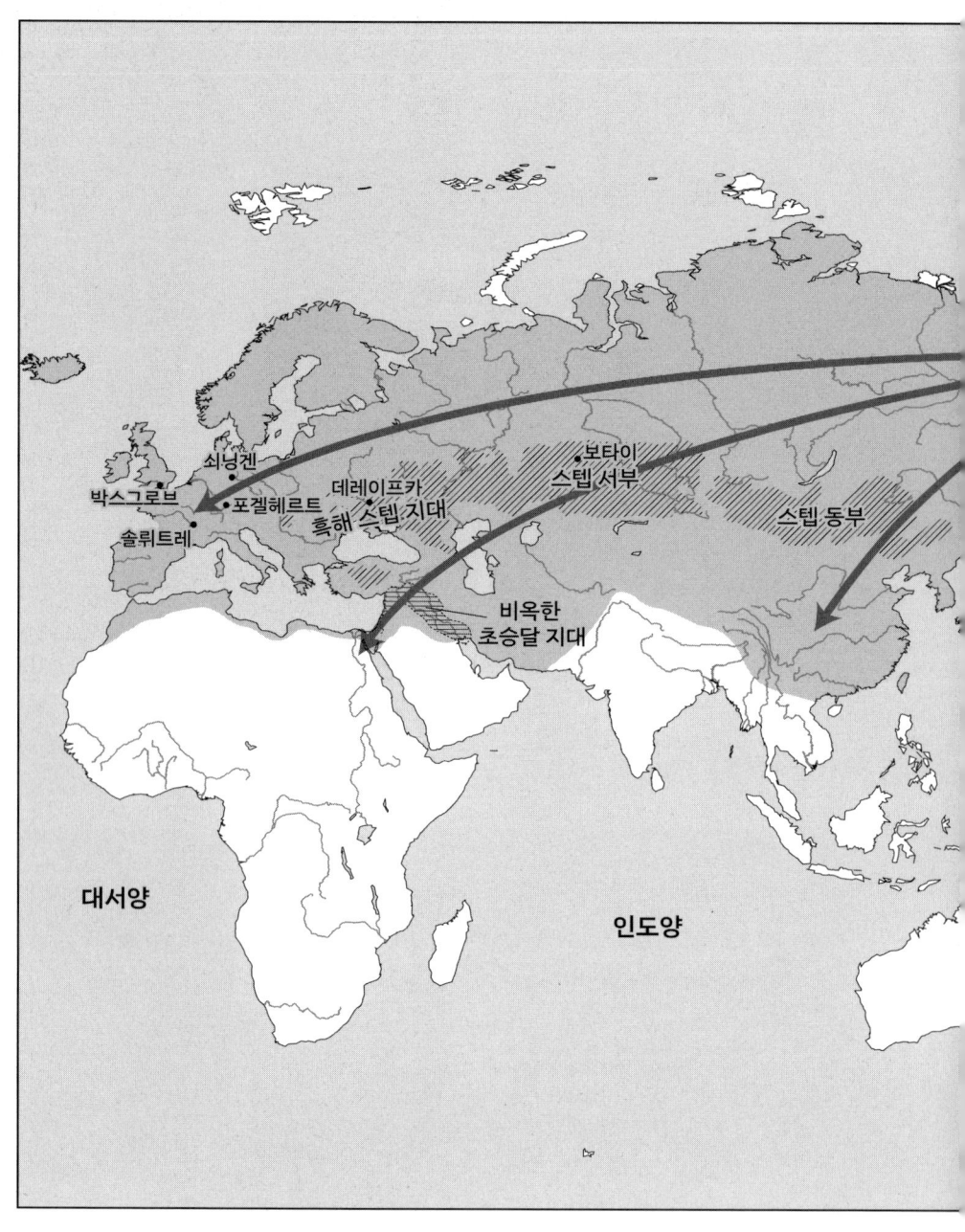

북아메리카에서 뻗어나간 말과 그 친척들의 진화와 확산 과정. 빌 넬슨(Bill Nelson) 작성.

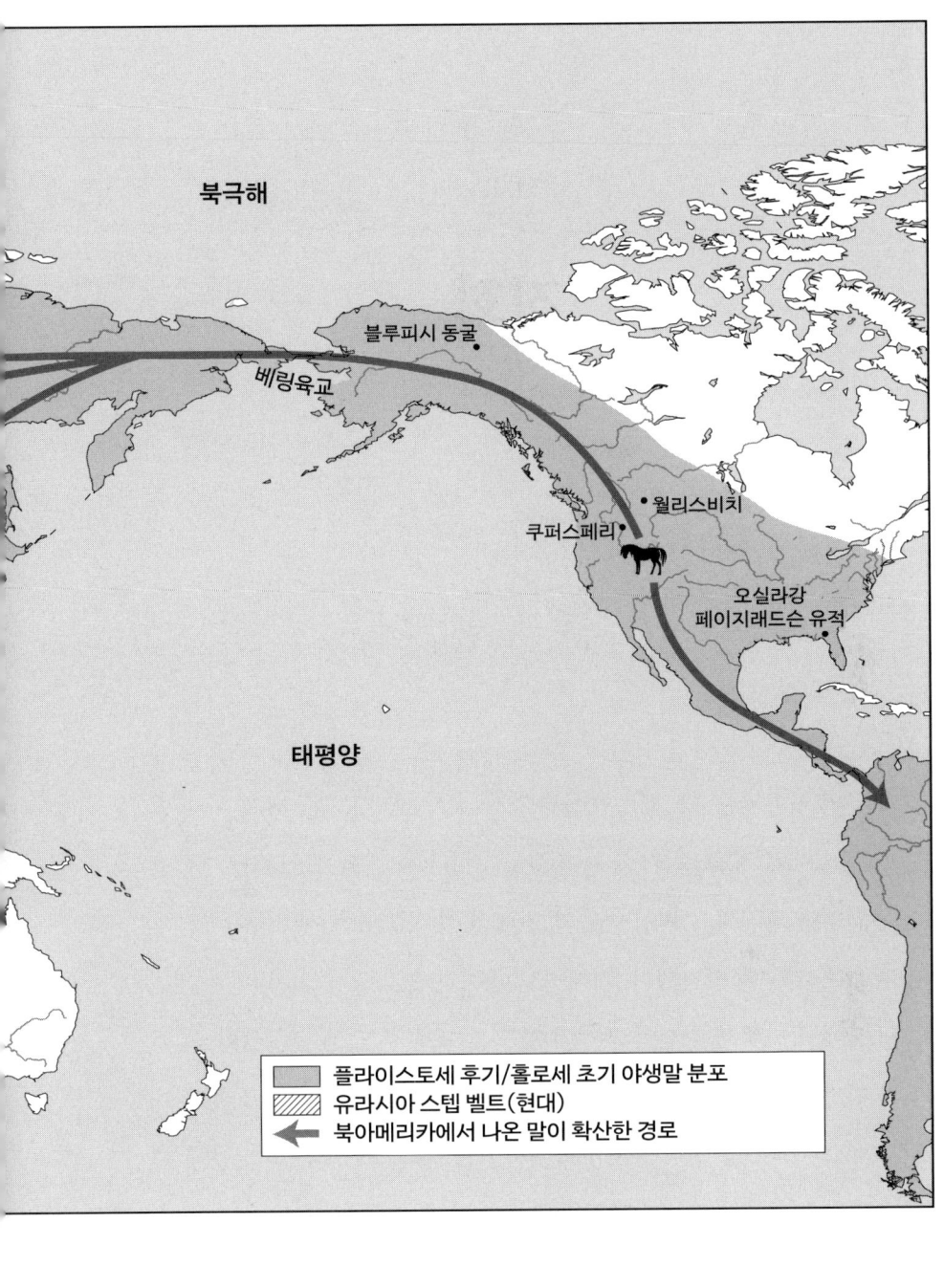

## 01

# 진화

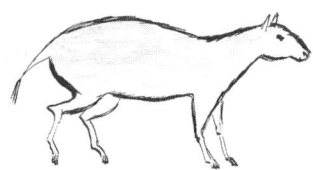

말의 이야기는 '꽝' 하는 충돌과 함께 시작되었다. 지금까지 이 세상에 일어난 충돌 중 가장 거대했을 것이다. 어림잡아 6,600만 년 전 엄청난 크기의 소행성 하나가 현재의 멕시코만 유카탄반도에 떨어지며 지구를 강타했다. 거대하고 급격한 변화를 일으킨 이 사건은 땅에서 진행되던 진화 과정과 삶을 돌이킬 수 없게 만들었다. 충돌이 야기한 유독한 대기와 산성화된 바다와 '임팩트 윈터(햇빛이 차단되어 발생하는 급격한 기온 변화)' 속에서 지질학적으로 짧은 시간 안에 지구상 동식물종 다수가 멸종했다.

 이 충돌은 공룡 대다수의 최후를 불러온 대규모 멸종 사태인 '백악기-고진기 대량절멸(Cretaceous-Paleogene Extinction Event, 또는

K-Pg 멸종)'을 유발했다고 여겨진다. 소행성 충돌 후 뒤따른 절망적인 시기에 황폐해진 땅 위를 돌아다니는 몸집 큰 생명체들은 멸종하거나, 아니면 생태학적으로 가장 낮은 토대부터 심각하게 흔들린 전 지구적 생태계에 적응하지 않을 수 없었다.

혼돈 속에서도 새로운 기회의 문이 열렸다. 경악할 만한 규모의 멸종 사태로 동물들이 사라지면서 생태계에 많은 공백이 생겼지만, 살아남은 동물들이 그 자리를 채웠다. 포유류와 조류 공룡(새) 등 일부 동물군은 적응방산*을 통해 급속도로 다양하게 분화하면서, 멸종한 동물들이 비운 생태계의 지형을 채웠다. 화석 증거에 따르면 고진기 방산이라 불리는 과정에서 땃쥐처럼 매우 작고 나무 위에 서식하는 생명체가 북아메리카와 유럽에서 번성했다. 영장류로 인식할 수 있는 이 최초의 생명체가 인류 선조의 선조 격이다.

### '새벽말'

대규모 멸종 사태 후 '에오세'의 북반구 대륙 화석 기록에 매우 다른 동물군이 등장한다. '새벽말(dawn horse)'이다. 말목 또는 기제목(Perissodactyla, odd-toed ungulates)에 속하는 이 초식동물은 발가락이 뒷다리에 세 개, 앞다리에 네 개가 있었다.** 과학자들은 말과

---

\* 한 조상에서 나온 생물이 여러 환경에 적응하는 과정에서 다양하게 진화하여 여러 종 또는 계통으로 분화하는 과정.
\*\* 기제목은 포유류에 속하는 목으로 말목이라고도 하며 하위에 말과, 맥과, 코뿔솟과 등 세 개 과가 있다. 현대 말의 발가락은 한 개, 코뿔소 발가락은 세 개이며, 맥은 뒷다리 발가락 세 개와 앞다리 발가락 네 개를 가지고 있다. 말의 진화 과정에서 발가락 개수 변화는 중요한 특징이다.

(Equidae)에 속한 가장 오래된 동물로서의 역할을 인정하여 새벽말을 '말과 동물(equids)'이라고 칭한다. 하지만 이들은 오늘날 우리가 말이라고 알고 있는 키 큰 근육질 짐승과는 생김새가 전혀 달랐다. 최초의 새벽말들은 숲 환경에서 나뭇잎이나 관목을 뜯어 먹고 사는 브라우저 초식동물이었을 것이다.* 새벽말은 몸집도 매우 작았다. 오늘날 에오히푸스(*Eohippus*)로 분류되며, 화석 기록을 통해 처음으로 제대로 묘사된 새벽말은 서 있을 때 키가 약 30센티미터에 불과했다.

소행성 충돌 후의 세계에서 새벽말과 원시 영장류의 생활공간은 처참한 멸종 사태에서 회복하고 있던 세상의 숲속 혹은 숲 변두리였다. 초기 기제목은 이미 초기 영장류와 상당히 달랐지만, 그래도 에오세 말들은 나무를 타는 이웃 동포들과 놀라울 정도의 유사성이 몇 가지 있었다. 특히 치아 형태가 그랬다. 예전에 초창기 고생물학자들은 새벽말의 친척 동물의 치아를 발견하고서 이를 원숭이들이 한때 브리튼 제도에 살았다는 증거라고 오인하기도 했다.[1]

인간의 초기 선조들과 말의 초기 조상들은 이후 수백만 년에 걸쳐 점점 더 분기하며 진화의 길을 걸었다. 숲 환경에서 잘 살 수 있게 적응한 영장류들은 아프리카 일부 지역에서 번성했다. 몇몇 영장류 종은 아마도 열매를 맺는 식물과 공진화 관계에 적응하면서 높은 지능과 이족 보행 능력을 키웠다.[2] 약 500만 년 전부터는 두 발로 걷는 영장류 일부가 죽은 동물의 고기를 구하고 사냥하고 채집하는 데 능

---

* 초식동물은 상대적으로 높은 곳에 있는 잎사귀나 과일을 먹는 브라우저와 주로 땅바닥에 난 풀과 식물을 먹는 그레이저로 나눌 수 있다.

숙해지면서 폐쇄적인 숲을 떠나 사바나에 적응했다. 초기 인간은 세련된 도구 제작 능력, 지능, 협동을 통해 가는 지역의 거의 모든 곳에서 최상위 포식자가 되었다.

새벽말 또한 진화의 길을 걷던 도중 숲에서 나왔다. 그 시기는 인간의 혈통보다 훨씬 더 앞섰다. 5,000만 년보다 더 전에, 작은 몸집의 새벽말은 장차 많은 후손의 대표적인 능력이 될 달리기에 이미 탁월했다. 에오히푸스는 보폭을 넓게 벌릴 수 있는 길고 호리호리한 다리, 달릴 때 머리를 안정적으로 유지하도록 설계된 척추를 지니고 있었다.[3] 장차 세상에서 가장 빠른 동물 몇몇은 새벽말의 후손들 중에서 배출된다. 새로운 생태계 유형도 출현하여 이들에게 힘을 더했으니, 말과에 속하는 동물들의 진화와 인류 역사를 재정의하게 될 또 하나의 생태계 유형인 초원이다.**

## 초원의 진화

말과 인간이 이 이야기의 주인공이라면, 초원은 두말할 나위 없이 중심 무대라 할 수 있다. 오늘날 풀(볏과에 속하며, 가느다랗고 액체를 운반하는 관이 있는 식물)에는 미국인들의 교외 주택 정원에 깔린 왕포아풀부터 대나무, 밀, 그리고 우리가 주방에서 빵을 만드는 데 쓰는 작물에 이르는 모든 것이 포함된다. 이들은 건조하고 배수가 잘되는 환경에서 살아가며 실리카 함량이 높아 억세고, 씹거나 소화하거나 분

---

** 사바나도 초원의 일종이지만 군데군데 나무가 있다. 초원은 강한 건조기후에서 삼림이 형성되지 않아 나타나며, 사바나는 삼림과 초원의 중간 형태이다.

쇄하기가 어렵다. 원래 열대식물이었던 풀에도 대규모 멸종 사태가 오히려 도움이 되어, 멸종 이후 형성된 지형에서 독보적일 정도까지는 아니더라도 광범위하게 퍼졌다.

처음에 풀은 숲의 개활지와 하목층*에 살면서 숲 생태계에서 조연급 역할을 했을 것이다.[4] 그런데 약 2,000만 년 전 풀이 장악하는 새로운 생태계가 세상 곳곳의 개활지대 서식지에서 급증했다. 이러한 변화의 원인은 여전히 논의되고 있지만, 어쨌든 풀이 주인공인 생태계는 몇몇 대륙에서 광대한 영역을 차지했다.

이러한 '초록 바다'는 진취적인 초식동물에게 풍부한 식량을 제공했다. 다만 '풀을 주식으로 생존할 수만 있다면'이라는 단서는 붙는다. 풀을 먹고 사는 일은 쉽지 않았다. 유기체가 그렇게 거칠고 실리카 함량이 높은 물질을 먹으며 생존할 정도로 충분한 에너지를 얻으려면 방대한 양을 섭취해야 한다. 그런데 억센 풀은 소화기에서 처리하기 전에 먼저 분쇄하고 씹는 과정이 필요하며, 풀 자체가 치아를 마모시킬 뿐 아니라 건조한 서식지에 흔한 흙먼지와 모래도 묻어 있어 씹을 때마다 치아가 심각하게 손상된다. 초원에서는 안전에 대한 염려도 중대한 문제였다. 접근성 있는 수원(水源)이 거의 없고 기온은 극단적으로 뜨겁거나 추웠다. 몸을 숨길 수 있는 식물이 없으니 아주 작은 초식동물을 제외하면 포식자들에게 위험하게 노출

---

\* 숲을 수직적 층상 구조로 구분할 때 바닥의 임상층부터 그보다 조금 높은 하목층, 키 큰 나무들이 형성하는 임관층, 열대우림에서 임관층보다 더 높이 튀어나오는 돌출층 등 네 개 층으로 나눌 수 있다.

되었을 것이다. 초식동물들은 고대 세계에 새로이 출현한 대평원에서 살아남기 위해 혁신적인 해결책이 필요했다(도판 2 참조).

## '풀' 파워 머신

한때 말은 일직선 진화의 교과서적 사례로 여겨졌다. 원시 에오히푸스의 개선점들이 연속적으로 쌓이면서 그 영광스러운 정점에 이른 것이 현대 말이라고 생각되었다. 그러나 이제 우리는 그러한 사고방식에 허점이 있음을 안다. 진화란 단계별로 척척 이루어지지 않으며, 새로운 환경에 적응하고 또다시 새로운 환경에 적응하면서 이를 거듭하는 식으로 이루어진다. 장기적인 목표가 있다 한들 그 목표에 부합하는 점도 있고 반하는 점도 있다. 기제목 계통도는 일직선으로 진행한다기보다는 망상 하천** 같은 모양새를 띤다. 그 안에는 각종 서식지와 생태적 지위에 적응되고 적응하는 크고 작은 동물들이 가득하다.[5] 에오세부터 기제목은 온갖 다양한 서식지를 활용하는 다양성 있는 집단이 되었다. 정글을 헤집고 다니는 맥, 갑옷을 두르고 습지를 좋아하는 코뿔소 같은 동물들이 생겨났다. 이러한 다양화를 통해 최초의 원시말이 등장했다. 최초의 원시말은 개활지대의 건조한 초원이라는 특별한 조건의 영향을 강하게 받았다. 말과에 속하는 초기 동물 몇몇(도판 2 참조)은 건조한 대평원에서 생존하고 번성할 수 있게 해주는 행동학적·해부학적(신체적) 도구를 수백만 년에 걸쳐

---

** 여러 물길이 나뉘고 합쳐지는 것을 반복하며 형성되는 그물 모양 하천.

서 개발했다. 이러한 적응 과정을 일반적으로 에너지, 속력, 의사소통 세 가지 범주로 나누어 살펴볼 수 있다.

## 에너지

초원에 적응하는 데 가장 근본적인 문제는 풀을 먹는 방법을 찾는 것이었다. 커다란 유기체가 어떻게 가늘고 뻣뻣한 식물을 먹고 살 수 있을까? 심지어 칼처럼 생겨서 영어로 '칼날(blade)'이라 지칭되며, 함유된 셀룰로스와 실리카 벽 때문에 소화하기가 엄청나게 어려운데?

일단 한 가지 답을 들자면 말의 특별한 치아다. 말의 치아는 풀의 범상치 않은 방어력을 무너뜨리는 공격의 선봉이다. 핀서*처럼 생긴 말의 앞니는 풀을 줄기에서 싹둑 잘라낼 수 있다. 앞니에 잘려 입속으로 들어온 풀은 입 한쪽마다 어금니와 앞어금니 여섯 개가 한 줄로 길게 늘어선 '뺨 이빨'로 옮겨진다.** 뺨 이빨 하나하나는 평평한 표면에 석화된 에나멜이 날카로운 능선을 이룬다. 말이 턱을 돌리는 특유의 동작으로 씹으면, 입속 식물이 으깨지고 갈리면서 소화를 어렵게 만드는 질긴 보호막이 부서진다. 초원에서 몇백만 년을 살아간 이후의 초기 말은 특히 중대한 새로운 혁신을 이루기도 했다. 원시말 집단인 말아과(*Equinae*)에 속한 동물들이 힙소돈트(hypsodont)

---

\* 흔히 펜치라 부르는 것과 비슷한 공구.
\*\*  예를 들어 말의 아래턱 왼쪽에는 앞어금니 세 개와 어금니 세 개가 한 줄로 나 있고, 아래턱 오른쪽과 위턱 좌우도 마찬가지다.

가 된 것이다. 이들에게서 치관이 긴 치아 형태가 발전했다는 뜻이다.*** 힙소돈트는 잇몸 선 위아래에 숨겨진 이빨의 추가 부분을 나중에 쓸 수 있어서 효과적이었다. 옛날 원시말들은 단단한 이빨 표면이 일생 동안 풀 때문에 마모되면, 닳아 없어진 부분을 서서히 추가 부분으로 대체할 수 있었다.

초기 말들이 초원에서 에너지를 얻을 수 있었던 두 번째 비결은 소화 방식이었다. 소, 사슴, 양 등 몸집이 큰 초식동물 몇몇은 반추위라는 혁신적인 소화기관으로 대응했다. 반추위는 네 개의 방 구조를 활용하며, 우선 삼킨 풀을 발효하여 단단한 성분들을 분해한다. 분해된 물질은 되새김질을 통해 다시 입안에서 씹힌 후 더 아래쪽에 있는 다른 방들로 옮겨지고 영양소가 흡수된다.

말의 위는 인간이나 개와 마찬가지로 방이 한 개뿐이다. 한 개의 방으로 된 위는 섬유질 식물을 처리하는 데 상대적으로 비효율적이다. 섬유질 식물은 소화되지 않은 상태로 몸속을 빠르게 이동한다. (이런 이유로 소화가 안 되고 속이 막혔을 때 식이 섬유 보충제가 처방되는 경우가 종종 있다.) 그렇다면 말은 어떻게 풀을 먹고 살아갈 수 있을까?

고대 기제목과 여타 포유류는 위에 딸린 독특한 주머니 같은 맹장이라는 기관을 가지고 있었다. 여러 개의 방이 있는 반추위를 발전시키지는 않았지만, 이 역시 새로운 소화 기능을 수행하는 데 적

---

*** 이빨에서 잇몸 위로 보이는 부분을 치관이라 하며, 사람 치아처럼 치관이 짧은 형태를 브라키돈트, 소나 말의 치아처럼 치관이 긴 형태를 힙소돈트라 한다. 말아과는 말과의 하위 계통이며, 말속은 말아과의 하위 계통이다.

응한 결과였다. 말의 맹장은, 풀의 세포벽을 구성하는 질긴 결합 성분을 분해하여 더 작고 활용하기도 더 쉬운 화합물로 변환하는 능력을 지닌 특별한 미생물군 유전체가 살 수 있게 진화했다. 말이 먹은 풀은 소화 과정에서 맹장에서 결장으로 이동하며, 결장에서 마지막으로 얼마간 재흡수된 후 곧 몸 밖으로 배출된다. 반추위 방식에 비해 비효율적인 이 소화 방식 때문에 말은 필요한 칼로리를 섭취하기 위해 끊임없이 풀을 뜯어야만 하며, 하루 동안 체중의 2.5퍼센트 정도를 먹는다. 말의 치아는 초원에서 살아가는 데 강력한 도구가 되었지만, 말은 끊임없이 풀을 뜯어야 했고 이는 두 번째 적응 범주인 속력과 움직임에 영향을 끼쳤다.

## 속력과 움직임

풀로 에너지를 얻는다 해도, 대평원에서 살아가려면 물이 필수적인데 수원은 매우 드물다. 따라서 말이 생존에 필요한 많은 식사량을 충족할 만큼 드넓은 영역에서 풀을 뜯으려면 긴 시간 동안 규칙적으로 이동하기 위한 지구력이 반드시 필요하다. 탁 트인 초원의 노출된 환경에서는 포식자의 공격을 받을 위험도 높은데, 속력 외에는 위기를 모면할 방법이 거의 없다. 말과에 속하는 초기 동물들은 포식자를 따돌릴 만한 속력, 그리고 넓은 영역을 다니면서 풀을 뜯을 지구력이 필요했다.

원시말들은 오랜 세월에 걸쳐 무수히 많은 방법으로 이 문제에 대응했다. 일부는 크게 성공했고 일부는 멸종했다. 시간이 흐르면서 원시말들의 몸은 보폭을 매우 넓게 벌릴 수 있는 더 길고 강건한 다리, 탁월한 근육, 특별한 인대 구조 등의 특징을 갖추는 쪽으로 수렴했다. 이러한 몸으로 별로 힘들이지 않고 지속적으로 서 있으면서도 순간적으로 재빠른 행동을 취할 수 있었다. 말속(Equus)에 속한 동물들의 경우는 에오히푸스 같은 원시말들의 발가락 서너 개가 발굽 한 개로 간소해졌다. 따라서 점점 더 몸집이 커지는 이들의 넓은 보폭과 힘찬 다리 움직임을 지탱할 수 있었다.[6] 이러한 몸 구조 덕분에 뛰어난 체력과 속도를 갖출 수 있었다.

## 행동 및 의사소통

초원에서 살아가기 위해서는 형태와 식이 적응이 매우 중요했던 한편으로 행동 적응 또한 무엇보다 중요했다. 포식자의 공격에서 벗어나려면 빠른 속력도 필수적이지만, 사회집단이 제공하는 보호가 훨씬 더 강력한 효과를 발휘할 수 있다. 탁 트인 대평원에서 생존하려 하는 어린 동물에게는 특히 더 그렇다. '수적 우위' 전략이다. 약한 동족을 보호하려면 집단생활이 유리하기에, 초원에서 생활하는 중대형 초식동물 다수는 결속력 있는 집단 구조와 군집 행동을 진화시켰다. 초기 영장류와 여타 포유류가 진화시킨 사회 체계와도 유사하다.

오늘날 말속에 속하는 동물들은 모두 어떤 형태의 집단 사회구조를 보이며, 일반적으로 두 가지 형태 중 하나를 취한다. '영역' 형태는 당나귀와 얼룩말에게서 발견된다. (자원이 부족한 사막 환경에서 더 흔하다.) 암컷들과 새끼들은 여러 개의 작은 무리를 지어 모여 있고,

수컷들은 최대한 많은 암컷이 있는 범위를 아우르는 가장 큰 영역을 독차지하기 위해 자기들끼리 경쟁한다.[7]

길들여진 말과 그 자매종 야생말(프르제발스키말, *Equus Przewalski*)들은 '하렘'을 형성한다. 모든 암컷과 새끼가 함께 살고, 여기에 우두머리 수컷 한 마리가 함께한다. 하렘에 속하지 않는 수컷들은 서너 마리에서 10마리 이상에 이르기도 하는 독신자 집단을 이룬다.[8] 이러한 구조는 오늘날 사람들에게는 이상해 보일지 몰라도 영장류를 포함해 포유류에게 상당히 흔하게 나타난다. 회색랑구르원숭이 사회에서 발견되는 사례들도 충분히 보고되어 있다. 주의 깊게 수행된 여러 현장 연구에 따르면 야생말들은 대규모 사회집단 안에 살면서 친밀한 우정을 쌓으며, 풀을 뜯고 잠자는 패턴을 면밀하게 조율하여 포식자로부터 서로를 보호하고 초원의 위험한 환경에서 생존할 수 있는 결속력 있고 질서 정연한 집단을 이룬다.[9] 말의 사회조직은 유연성도 있어서, 말과에 속하는 몇몇 동물은 새로운 환경을 접하면 다른 사회 체계로 전환하기도 한다고 알려져 있다.[10] 특히 신생대에 진화하는 동안 전 지구적으로 많은 기후 변동이 일어나는 가운데 역동적으로 진화한 집단생활은 말의 조상들이 대평원과 초원의 노출된 환경에서 생존하는 데 도움이 되었다.

말은 이처럼 안정적, 장기적, 복합적인 사회적 관계와 함께 높은 지능과 독특한 의사소통 능력도 발전시켰다. 현대 말은 아마도 사회적 삶이 복잡해서인지 정교한 수준의 사회적 인식을 지니고 있다. 집단 내 다른 말들의 상호작용을 서로 엿들을 정도이다.[11] 말은 복잡한 학습, 암기, 개념 형성 능력도 가지고 있다.[12] 이러한 사회적·행동적 체계의 옛 모습을 화석 기록으로 추적하기는 어렵지만, 우두머리 수컷이 지배하는 서열, 정교한 사회적 관계, 뛰어난 의사소통 기술, 집단생활에 필요한 포용력 등 말 사회의 핵심 요소는 말의 조상들이 고대 세계의 초원에서 살아가는 데 도움이 되었을 것이다.

## 말, 당나귀, 얼룩말

지난 5,000만 년 동안 원시말의 많은 계통이 나타나고 사라졌지만, 게놈 연구가 시사하는 바에 따르면 말과에 속하는 현존하는 모든 동물은 약 400만 년 전 북아메리카에서 진화한 말속에 속하는 하나의 계통에서 내려온 것으로 보인다.[13]* 그 하나의 계통은 곧 두 개의 하위 계통으로 나뉘어 각각 길게 이어졌다. 한쪽은 이른바 카발라인말(caballine horses) 계통, 즉 현대의 길들여진 말과 여러 면에서 유사한 말들의 계통이며, 다른 한쪽은 얼룩말과 야생당나귀와 당나귀의 계통이다.[14] 오늘날 이 두 계통은 인간과 침팬지의 구분을 무색하게 할 정도로 유전적 차이가 상당하다. (아마도 다양한 환경에 다양한 방식으로 적응한 결과일 것이다.)

얼룩말과 야생당나귀의 조상들은 플라이스토세 전까지 북아메리카에만 살면서 초기 말들과 공존했을 것이다. 대략 260만 년 전부터 약 1만 5,000년 전까지 지속한 플라이스토세는 다른 시대보

---

* '속'이 '과'보다 하위 분류 단계지만 말, 얼룩말, 당나귀 등 말과에 속하는 현존하는 모든 동물은 말속에 속한다.

다 더 추웠고, 빙기와 따뜻한 간빙기가 빠르고 극적인 변동을 반복했다. 플라이스토세의 첫 번째 빙기 동안에 카발라인말 집단과 얼룩말/야생당나귀/당나귀 집단 모두 베링육교*를 건너 아시아로 흩어졌고, 200만 년 전쯤에는 아프리카로도 들어갔다.[15]

플라이스토세에는 가끔씩 혹독할 정도로 춥고 건조한 기후가 닥쳐 많은 동식물이 어려움을 겪었다. 그러나 말과에 속하는 동물들은 그렇지 않았다. 초원 생활에 특별히 적응해 있었기에, 더 추운 기간에 온대 우림이 말라서 초원으로 바뀌면 오히려 도움이 되었다. 북아메리카에서 유콘말을 포함해 강건한 다리를 가진 말들은 호리호리한 다리에 야생당나귀 같은 특징을 지닌 동물과 함께 살았다. 다리가 호리호리한 이 동물을 말속으로 분류하는 연구자들도 있지만 해링턴히푸스(*Harringtonhippus*)라는 별도의 속으로 분류하는 연구자들도 있다.[16] 동물들이 북아메리카 밖으로 퍼져나가면서 말속은 소규모로 적응방산했다. 최근 유전체 염기 서열 분석이 시사하는 바에 따르면 유라시아의 카발라인말들은 아마도 약 100만 년 전에 북아메리카 조상들에게서 유전적으로 갈라져 나왔을 것이다. 물론 그 후에도 베링육교를 통해 퍼지면서 서로 뒤섞이는 과정 또한 여러 번에 걸쳐 나타났다.[17]

아시아에서는 위도상 남쪽의 더 따뜻한 지역이 야생당나귀가 좋아하는 서식지가 되었고, 야생당나귀는 티베트캉, 몽골쿨란, 페르시

---

\* 빙기에 간빙기보다 더 많은 바닷물이 얼면 그만큼 해수면이 낮아지면서 육지가 더 많이 드러났다. 이때 드러나 아시아와 북아메리카를 연결했던 지형을 베링육교라고 한다.

아오나거 등 다양한 아종으로 나뉘었다. 한편 지금은 멸종한 시베리아말, 그리고 프르제발스키말, 길들여진 말의 조상 등 말과 비슷한 말과에 속하는 동물들은 더 추운 북쪽 지역에서 번식했다. 유럽 이베리아반도에서는 아직 이름이 붙여지지 않은 야생마 계통이 살았는데, 아마 다른 지역에도 있었을 것이다.[18] 아프리카에서는 야생당나귀와 얼룩말이 사바나에 쉽게 적응하여, 누비아야생당나귀와 소말리아야생당나귀 등 야생당나귀 두 종이 적어도 세 종의 얼룩말과 함께 번식했다. 그리고 파나마를 통해 아메리카 대륙을 남북으로 연결하는 지협이 다시 형성되면서 말과에 속하는 야생동물들이 남아메리카에도 들어갔고, 작은 말 비슷한 에쿠스 네오게우스(*Equus neogeus*), 그리고 히피디온속(*Hippidion*, 말속의 고대 친척 속)의 여러 종이 남아메리카에서 번식했다. 물론 이 모든 지역에는 언급하지 않은 다른 종들도 있었을 것이다. 유전체 데이터를 이용한 개체 수 추정 연구는 야생말들의 개체 수가 약 4만 년 전에 최대에 이르렀음을 시사한다. 이때는 길들여진 말의 조상이 프르제발스키말에게서 별도의 종으로 분리된 시기이다.[19] 플라이스토세 후기에는 말, 야생당나귀, 얼룩말, 그리고 이들의 친척 동물들이 오스트레일리아와 남극 대륙을 제외한 모든 대륙에 살고 있었다.

## 정리

소행성 충돌 이후 나타난 새벽말은 개만큼 몸집이 작았고 숲 변두리에서 나뭇잎이나 관목을 뜯어 먹고 살았다. 이들의 후손들은 5,000만 년의 시간이 흐르면서 탁월한 능력을 지닌 대평원 동물이 되었다. 풀을 먹기 위해 특별한 식이 적응을 했으며, 탁 트인 초원에서 속력을 내고 포식자를 피하기 위해 신체나 행동 면에서 뛰어나게 적응했다. 플라이스토세에 접어들면서 아메리카에 살던 말속 동물들은 세계 여러 대륙으로 퍼져 적응방산 과정을 거치며 다양한 야생당나귀, 얼룩말, 말로 분화했다. 말은 대규모 집단을 유지할 수 있는 영역을 점유하면서 의사소통 및 협력 체계를 갖춘 하렘 사회를 발전시켰다.

빙하기의 추운 기후 조건에서 유라시아 내 서식지가 시원하고 탁 트인 환경을 유지하면서 상황은 밝아 보였다. 그런데 말속에 속하는 초기 동물들은 새로운 여러 대륙으로 퍼져나가면서 '대량절멸' 사건의 또 다른 후예와 마주친다. 고생물학자들이 한때 새벽말과 혼동했던 자그마한 원시 영장류의 후손들이다. 이 영장류는 이때쯤 되면 말고기를 먹을 줄 아는 치명적이고 눈치 빠른 육식동물이 되어 있었다.

# 02

# 연결

세계의 기온이 내려가면서 땅과 땅을 잇는 육교가 열리자 초기 말들은 서쪽으로 퍼져나갔다. 발굽을 따각이며 이동하여, 이르면 260만 년 전에는 유럽과 인도 아대륙에 도달했다.[1] 말속에 속하는 동물들은 곧 분화하며 새로운 환경에 적응했다. 초기 얼룩말 같은 종들은 아프리카 사바나에서 뛰어난 적응력을 보였고, 야생당나귀들은 아프리카와 유라시아의 위도상 중간 지역에서 번성했다. 추운 환경을 더 잘 견딘 말들은 아시아와 유럽의 고위도 지역 초원과 삼림에서 번성했다. 그러나 아메리카 대륙과 달리 이 새로운 대륙들에는 호모 에렉투스와 그 친척들 같은 인간의 선조들, 호미닌이 가득했다. 이들은 아프리카에서 처음으로 퍼져 나와 남쪽으로는 아프리카, 서쪽으로는 유럽에서 동아시아의 해안 지대에 이르는 전 세계에 걸쳐 인류의 적응방산 과정을 경험하고 있었다. 50만 년 전의 어느 시점에는 초기 호미닌인 호모 하이델베르겐시스가 지중해를 둘러싼 모든 지역에 거주했다. 도구를 만드는 데 전문가이자 몸집 큰 동물을 사냥하는 데 능숙했던 이들은 더 추운 기후에서도 성공적으로 살아간 첫 인간 선조가 되었다. 유라시아에서 이 초기 호미닌들과 말들의 운명은 영원히 서로 떨어질 수 없게 된다.

초기 인류가 초기 말과 처음 접촉한 시기를 정확히 말하기는 쉽지 않다. 어느 증거에 따르면 최초로 아프리카를 떠난 인간들이 말의 친척들과 상호작용했을 가능성도 있다. 조지아(러시아와 이란 사이에 있는 유라시아 국가) 드마니시(Dmanisi) 유적에서 발굴된 약 170만 년 전까지 거슬러 올라가는 대량의 화석 뼈 모음에는 호모 뼈와 말속 동물 뼈가 동일한 퇴적층 안에 포함되어 있었다.[2] 그러나 이 드마니시 동물은 진정한 카발라인말이 아니었을 것이며, 같은 유적에서 발견된 초기 호모가 이 동물을 사냥하거나 먹었다는 직접적인 증거는 없다.[3]

고고학 기록을 통해 인간과 말의 첫 관계가 드러날 때마다, 말은 초기 인류가 가장 오래전부터 사냥했던 동물 중 하나였을 수도 있다는 점이 어김없이 나타난다. 독일 북중부 지역 노천 탄광 쇠닝겐(Schöningen) 유적에서 인간과 말 사이에 일어난 첫 상호작용의 단면을 살펴볼 수 있다. 고대 호수 층의 기슭을 따라 1만 개가 넘는 동물 뼈가 호모 하이델베르겐시스와 관련된 석기 및 쓰레기와 함께 발굴되었다. 희생된 동물들은 도망칠 구석이 별로 없는 호숫가에서 물을 마시던 중에, 매복해 있던 인간들의 습격을 받은 것으로 보인다. 쇠닝겐 말들은 사냥당한 후 동일한 유적에서 발견된 석기로 도살되었다.

또 하나의 중요한 고고학 발견은 쇠닝겐 사건이 일회성이 아니었으며 말이 초기 유럽 호미닌의 식단과 생활 방식에 훨씬 복합적 역할을 했음을 알려준다. 영국 박스그로브(Boxgrove)의 백악 절벽 부근에서 사냥당한 후 광범위하게 도살된 나이 어린 성체 암컷 말 한 마리의 잔해를 고고학자들이 발굴한 적이 있다. 쇠닝겐에서처럼 이 말 역시 매복해 있던 인간들에게 갯벌에서 기습당해 꼼짝 못 하고 잡힌 듯하다. 아마 말이 물을 즐겨 마시는 장소를 인간들이 눈여겨봐두었을 것이다. 말의 뼈가 신속하게 갯벌 안에 묻혔기에, 뼈 표면에 난 아주 작은 절단 자국까지도 보존되었다.

고고학자들은 이러한 작은 자국들이 배치된 모습을 관찰하여 고대 사냥꾼들이 말을 죽인 후 도축하고 활용한 전략과 처리 과정을 재구성할 수 있다. 고고학자들은 고대 사냥꾼들이 박스그로브 말의 척수, 뇌, 혀를 끄집어냈을 뿐 아니라 속이 빈 뼈 대부분을 부수어 그 안의 골수도 꺼냈다는 결론을 내렸다. 골반뼈 일부와 다른 뼈들도 '무른 망치(soft hammers)'를 만드는 데 사용되었다. 무른 망치는 무뎌진 돌칼을 날카롭게 만드는 데 쓰인 도구다. 비교적 큰 사회집단을 이루어 함께 작업한 것으로 보이는 사냥꾼들은 그 후 말의 흉곽을 제거해 고기를 들고 본거지로 돌아갔다. 박스그로브에서 발견된 가장 흥미로운 것은 말의 가죽을 처리하는 데 사용된 듯한 뼈 도구일 것이다. 이 도구는 초기 호미닌이 말가죽 옷을 입었거나, 아니면 말의 연조직으로 물건이나 의류를 만들었을 수도 있다는 것을 시사한다.[4]

박스그로브 유적은 쇠닝겐보다 10만 년 정도 더 오래되었다고 추측되기에, 사람과 말이 훨씬 더 이른 시기에 접촉했음을 짐작해볼 수 있다.[5] 종합하면 두 유적은 초기 인류가 말을 어떻게 활용했는지 세세하게 보여주며, 카발라인말이 적어도 50만 년 전쯤 이미 인간 사냥꾼들의 식단에서 중요한 역할을 했음을 알려준다. 그 후 오랜 세월 동안 고대 말은 시베리아 남부 알타이산맥에서 유럽 서부에 이르는 넓은 지역에서 호모 하이델베르겐시스와 그 후손 네안데르탈인에게 계속 사냥당한다.[6] 4만 년도 더 전에 유라시아 북부 지역으로 퍼진 첫 현생인류 또한 말과 깊은 관계를 빠르게 발전시킨다.

## 초기의 말 사냥 전략

고위도 지역으로 이주한 인간 사냥꾼들에게 말은 여러 중요한 특징 중에서도 특히 몸집이 크고 행동에 일관성이 있다는 점 때문에 사냥감으로 안성맞춤이었다. 고고학 기록이 시사하는 바에 따르면 해부학적 현생인류는 말의 하렘 집단에 있는 야생 카발라인말을 사냥했으며, 강과 호수를 비롯한 지형적 특성을 활용하여 원하는 지점으로 몰이를 한 다음 매복하여 잡았다. 구석기 사냥꾼들은 종종 물가에 자연적으로 형성된 골짜기, 계단 지형, 얕은 물길 등을 활용하여 여러 마리의 말 집단을 매복 사냥하기도 했다. 공간이 제한되면 말들이 달릴 곳이 없기 때문에 엄청난 속력의 이점을 살리지 못하는 점을 이용했다.[7] 말을 대량으로 사냥하려면 일정한 자연 지형을 활용하는 경우가 많았을 테니 몇몇 사냥 장소는 아마 연중 상시로 이용했을 것이며, 그 외에 특정한 시기에만 이용한 곳도 있었을 것이다.[8] 구석기 사냥꾼들은 프랑스 중부에 있는 솔뤼트레(Solutré) 바위의 일정한 장소에서 대략 2만 년이 넘는 기간 동안 말을 사냥했다. 구석기 시대 중기에서 후기로 이어진 시기(어림잡아 4만 3,000년~2만 8,000년 전 사이 어느 때부터 약 1만 2,000년 전까지)였다.[9] 이곳에서 인간들은 골짜기 바닥에 있는 말들을 자연적으로 형성된 막다른 곳으로 몰아넣으며 자연 지형의 이점을 활용해 대량으로 도살했다.

이런 유형의 고고학 유적 중 몇몇 장소에서는 불운한 말들 한 무리 전체가 사냥에 희생된 잔해가 발견된다. 유적에서 발굴된 뼈 모음에는 말의 거의 모든 부위가 나타나며, 말 외에 다른 동물의 흔적은 거의 발견되지 않는다.[10] 솔뤼트레의 경우 확인할 수 있는 뼈 전체의 약 94퍼센트가 말의 뼈였다. 그리고 유적마다 발견된 말들의 개체 통계학적 구성은 사냥당한 말 집단의 성격에 따라 달랐다. 하렘 집단이 도살당한 곳에서는 주로 성체 암컷과 어린 말의 뼈가 많은 반면, 수컷 독신 무리가 사냥당한 곳에서는 모두 성체 수컷의 뼈가 나온다. 인간이 지속적으로 활용하며 두 가지 유형의 집단을 모두 사냥한 곳에서는 수컷과 암컷의 뼈 비율이 대체로 고르게 나올 것이다.[11] 이러한 고고학 발견은 사람이 북쪽 고위도 지역에 발을 들인 초기부터 포식자와 먹이로서 말과 중요한 관계를 맺었음을 보여준다.

말 무리를 놀라게 하여 물가 막다른 곳으로 몰아넣는 초기 사냥꾼들. 바버라 모리슨(Barbara Morrison) 그림.

## 말 조각상

말 사냥이 유라시아 북부 초원 지대 구석기인의 경제생활의 중심에 놓이면서, 말은 매우 이른 시기부터 문화, 예술, 영적 세계에도 들어왔다. 대략 3만 2,000년~3만 1,000년 전으로 연대가 추정되는 독일 남부 포겔헤르트(Vogelherd) 동굴 유적에서는 고대 동물 뼛조각 7,000여 점이 발굴되었으며, 그중에서 말과 순록 뼈가 가장 많았다.[12] 뼈 모음보다 큰 주목을 끈 것은 유적에서 나온 예술 작품이다. 포겔헤르트에서 발견된 여러 특별한 유물 중에는 매머드, 사자, 들소, 말 등 빙하기 포식자 및 먹잇감 동물들의 형상을 상아로 조각한 작은 조각상 및 펜던트 10개가 있었다. 그중 아마도 가장 유명한 건

포겔헤르트 말이라고 통칭되는 정교하고 추상적인 말 조각상일 것이다. 말 조각상에는 등 부분을 따라 갈기와 꼬리를 나타내는 작은 'X' 표시가 장식되어 있다.

포겔헤르트 조각상이 구석기 시대의 가장 이른 시기 예술 작품 사례에 속하기는 하지만, 이것만이 아니라 유라시아 대륙 전체에 걸쳐 말 중심 예술 전통이 일고 있었다. 구석기인들은 뼈, 돌, 상아, 그리고 추측하건대 시간을 견디고 살아남지 못했을 다른 부드러운 유기물질 등을 포함해 사용할 수 있는 거의 모든 도구에다가 말을 그리고 조각하고 새겼다. 그러한 표현 속에서 구석기 말들은 달리고 먹고 짝짓기하고 배변하는 모습, 야생 포식자에게 공격받거나 인간에게 사냥당하는 모습 등을 보인다.[13] 구석기 말들은 적갈색부터 검은 회갈색까지 다양한 색상에 얼룩말 같은 목 줄무늬, 심지어 표범 반점을 가지고 있는 것으로도 묘사된다.[14] 많이 보이는 것은 오늘날 프르제발스키말에서도 나타나는 회갈색과 흰색이 섞인 패턴이다. 예술 작품 속 말들의 다양한 모습에는 현실이 충실히 반영되어 있었다. 연구자들은 구석기 말 뼈에 보존된 고대 DNA의 유전체 분석을 통해 말의 원래 피부색을 재구성하여, 야생말들의 모습이 동굴벽화에 묘사된 것과 다르지 않았다는 사실을 알아냈다.[15]

포겔헤르트 유적과 비슷한 시기에 만들어졌다고 추정되는 프랑스 쇼베(Chauvet) 동굴벽화에는 물결이 일렁이는 듯한 벽 표면을 따라 말들과 다른 동물들이 아름답고 사실적으로 그려져 있다. 그래서 깜박이는 불을 비추면 움직이는 것처럼 보인다. 몇몇 동굴벽화나 조각은 구체적인 얼굴 근육을 묘사했을 정도로 해부학적으로 세밀하고 생생하다. 유럽 구석기 예술 작품에서 4,700점 이상의 이미지를 취합한 데이터베이스를 분석한 결과에 따르면 말이 매우 빈번하게 등장해 전체 동물 이미지 중 약 3분의 1을 차지했으며, 그림 중심에 놓일 때가 많았다(도판 3 참조).[16] 따라서 마지막 빙기가 끝날 때쯤 유라시아에서는 말이 이미 인간의 생활 방식, 경제, 예술, 문화 속에 깊이 들어와 있었던 듯하다. 인간은 세련된 전략으로 말을 사냥하며 때로는 일정한 장소에서 대량으로 잡았고, 말에게서 영감을 받아 조각과 그림 등 놀라울 정도로 다양한 예술 작품을 만들었다.

## 말과 최초의 아메리카인

최종 빙기 극대기(Last Glacial Maximum, LGM)라고 불리는 시기가 끝나는 약 2만 년 전부터 세상은 따뜻해지기 시작했다. 기온이 오르고 빙하가 녹자, 플라이스토세 초기에 북아메리카, 유라시아, 아프리카의 초원에서 말속 동물들이 번식하는 데 도움이 됐던 더 건조한 환경은 종말을 고했다. 고대 말 개체 수를 감당했던 광대한 초원들이 파편화되기 시작하면서 말도 사람도 새로운 기회와 도전에 직면했다.

따뜻해지는 세계 속에서 환경이 변하면서 아메리카 대륙에서도 인간과 말이 처음으로 접촉했다. 최종 빙기 극대기에 북아메리카는 알래스카와 시베리아 사이에 솟아난 땅인 육교를 통해 유라시아와 계속 이어져 있었고 그 육교는 툰드라 초원 식물로 덮여 있었다. 이러한 육상 연결 통로를 염두에 두면, 오늘날 알래스카와 유콘* 지역은 현재의 인식처럼 북아메리카의 일부라기보다 시베리아의 추운 고위도 지역 초원이 생태적으로 연장된 환경이라고 보는 편이 더 타당할 수 있다. 그런데 이 '북아메리카 시베리아' 지역은 땅을 뒤덮고 있던 거대한 빙상에 가로막혀 아메리카 대륙의 나머지 부분과는 단절되었다. 캐나다 유콘 북부의 블루피시(Bluefish) 동굴 유적에서 나온 석기 및 도살된 동물 잔해는 사람이 약 2만 4,000년 전 북아메리카의 이곳에 살았음을 보여준다.[17]

고고학 발굴 결과에 따르면 최초의 북극권 북아메리카 거주민들은 당시 이미 말과 관계를 형성하고 있었다. 블루피시 동굴에서 발견된 유물과 뼈에는 부러진 말 턱뼈 파편 하나가 있었으며, 이 파편에는 살진 진미였을 말의 혀를 꺼냈음을 말해주는 절단 자국이 뚜렷하다. 기후가 따뜻해져 베링육교와 저위도 지역을 갈라놓았던 거대한 빙상이 녹으면서 최초의 주민들은 남쪽으로 이동했다. 처음에는 내륙보다 일찍 해빙된 해안가 회랑을 따라 이동했을 것이다. 내륙에서 얼음이 녹아 지나갈 만한 땅은 더 이후에 생겼다.[18] 빙상 지대 남쪽으로 내려와서도 사람과 말의 관계는 계속되었다. 말 뼈는 대략 1만 6,000년 전으로 추정할 수 있는 아이다호주 쿠퍼스페리(Cooper's Ferry) 유적을 비롯해 빙상 지대 남쪽의 매우 오래된 고고학 유적 일부에서, 그리고 고인디언** 사냥꾼들과 관련된 10여 개 고고학 유적에서도 발

---

\* 알래스카의 동쪽에 접한 캐나다 북서부 영토.

견된다.[19] 아메리카 대륙에서 가장 오래된 인간 배설물이 발견되어 부끄러운 명성을 얻은 오리건주 페이즐리(Paisley) 동굴에서도 말 뼈가 나왔다.[20]

고대 남북아메리카의 최초 인간들에게 야생말은 언제 어디에서 마주쳐도 중요했다. 대략 1만 3,300년 전으로 추정되는 캐나다 앨버타주 월리스비치(Wally's Beach) 유적에서는 고인디언 사냥꾼들이 한 무리의 말 일곱 마리를 도살했다. 이들은 유라시아에서 인간들이 오랫동안 했던 것처럼 물가 근처에서 말들을 몰아서 잡았다.[21] 앨버타주의 다른 유적들에서 발견된 오래된 카발라인말 잔해들은 인류 문화의 도구와 직접적인 관련이 있다. 예를 들어 1만 2,700년 전으로 추정되는 브라조(Brazeau) 저수지 유적에서는 석기 및 고인디언의 투사체 촉 몇 개가 보관된 은닉처가 함께 발견되었다.[22] 동물고고학 기록에는 사냥 같은 경제활동의 기록이 일부만 보존되어 있지만, 말 골격 잔해들은 초기 아메리카 대륙의 말에 사회적으로 더 깊고 복잡한 의미가 있었다는 명확한 증거 또한 보여준다. 예를 들어 플로리다, 뉴멕시코, 네바다처럼 서로 멀리 떨어진 여러 곳에서, 고인디언들은 신선한 상태에서 부순 말 뼈(말이 죽은 뒤 금방 뼈를 부수어서 뼈가 마르지 않았다는 의미)로 칼과 도구 손잡이를 만들었다.[23] 이주민들이 계속 남하하여 남아메리카에 들어갔을 때는 에쿠스 네오게우스 및 당나귀 같은 히피디온(말속의 고대 친척 속)과도 조우했다. 남쪽으로

** 베링육교를 건너 아메리카 대륙으로 건너온 최초의 사람들을 고인디언 또는 팔레오인디언이라고 칭한다.

많이 내려온 아르헨티나 지역의 1만 3,000년 전 무렵의 유적에서 두 계통 동물들의 잔해가 발견된다.[24]

빙상 지대 남쪽으로 내려와 북아메리카와 남아메리카로 들어간 첫 이주민들은 급격하게 변화하는 역동적인 지형에 맞닥뜨렸다. 마지막 빙기가 끝나고 지구가 따뜻해지면서 거대한 대륙 빙상들이 부서졌으며, 북아메리카 전역의 빙상 지대 변두리에 가득했던 추운 초원 환경도 파편화되고 사라지기 시작했다. 따뜻한 기후와 생태계 변화 때문에 매머드, 낙타, 들소, 말 등 초원의 대형 초식동물이 큰 타격을 입었고, 이 타격은 대형 초식동물에 의존하던 검치호랑이와 다이어울프 등 대형 육식동물에게도 고스란히 옮겨갔다. 빙하기 초식동물들은 이러한 환경 변화의 압박을 점점 더 거세게 받다가 홀로세(대략 1만 2,000년 전부터 현재까지의 지질시대) 초기 수백 년이 지나서는 대부분 멸종해버렸다.

결국 아메리카 야생말도 급격한 환경 변화의 압박을 견디기가 힘들었을 것이다. 알래스카에서는 말의 몸집이 일관되게 작아진 것으로 보인다. 먹이와 서식지에 대한 접근성이 줄어든 결과였을 것이다.[25] 1만 년 전쯤 되면 아메리카 대륙 대부분의 지역에서 나온 화석 기록에 말은 더 이상 뚜렷한 모습을 남기지 않았다. 그럼에도 퇴적물에서 발견된 DNA 조각을 분석한 새로운 연구 결과에 따르면, 유콘의 고위도 지역 같은 일부 지역에서는 말의 토착종들이 훨씬 더 오래, 아마 5,000년 전까지 살아남았을지도 모른다.[26] 현재 우리 손에 있는 고고학 기록은 홀로세 중기쯤 되면 말속 동물 진화의 고향인 아메리카 대부분의 지역에서 말이 사라졌음을 시사한다. 다만 몇몇 학자는 말이 더 오래 살아남았다거나 아메리카 대륙에서 말이 사라진 적은 한 번도 없다고 주장한다. 말이 사라졌든 살아남았든, 북아메리카 고대 토종말들에 대한 문화적 기억은 오늘날에도 많은 원주민의 구전으로 전해진다.[27]

## 유라시아와 아프리카에서의 멸종

다시 베링해협 건너 유라시아를 살펴보면, 전 지구적 기후변화로 말의 서식지가 격변하면서 유라시아에서도 말 개체 수가 급감하고 있었다. 현대 말과 고대 말의 유전체 다양성 분석을 활용해 과거의 대규모 개체 수 변동성을 추적할 수 있다. 분석 결과는, 길들여진 말의 원시 형태인 에쿠스 페루스(*Equus ferus*)의 개체 수가 약 2만 년 전에 급격히 줄기 시작했음을 시사한다.[28] 시베리아 전역에 걸쳐, 사실상 빙하기에 속하는 모든 고고학 유적에는 말 뼈가 포함되어 있었다. 하지만 기후 온난화와 식생 변화로 초원 서식지들이 삼림으로 바뀌었고, 말이 인간의 식단에 포함되는 빈도와 고고학 유적에 등장하는 빈도가 점점 줄어들었다.[29]

대부분의 빙하기 말 화석은 뼈만 보고는 분간하기 어렵다. 그래서 플라이스토세가 끝날 때 말의 종이 얼마나 많았는지를 정확히 알기란 쉽지 않을 수 있다. 그러나 고대 DNA에서 나온 새로운 연구 결과가 시사하는 바에 따르면 최종 빙기 극대기 이후 많은 종이 멸종한 것으로 보인다. 시베리아의 영구동토* 또는 독특한 퇴적 환경 속에 보존되어 있던 고대 말의 얼어붙은 잔해에는 그런 환경이 아니라면 훼손되었을 DNA가 종종 보존되어 있다. 잘 보존된 말 뼈나 미라를 분석한 우리는, 이제 '유령'이 되어버린 종들 중에서 적어도 한 개 종(고생물학 문헌에 나오는 레나말일 수도 있다)이 홀로세 이전에 에쿠스 카발루스(Equus caballus, 현대의 길들여진 말) 및 프르제발스키말(Equus przewalskii)과 함께 살았다는 사실을 알아냈다.30

빙하의 영향을 받던 초원들이 물러나면서 수많은 말도 함께 물러났다. 레나말(Equus lenensis)은 북쪽으로 이동하여 시베리아 북극의 최북단 가장자리에서 약 5,000년 전까지 버텼지만 결국 멸종한 것으로 보인다. 아시아와 아프리카에 살던 당나귀, 야생당나귀, 얼룩말은 오래전에 사막 환경에 적응했기에 따뜻한 홀로세가 훨씬 더 살기 좋았지만, 아프리카 북부에서 살던 카발라인말의 경우 적어도 한 개 분류군**은 이때 멸종했을 것이다.31 유럽에서도 지금은 멸종한 적어도 한 개 종의 카발라인말이 이베리아에서, 그리고 아마 다른 곳에서도 기원전 제3천년기*** 및 기원전 제2천년기 초반까지 살다가 홀로세의 상대적으로 늦은 시기에 사라졌다.32

빙하기에 적응했던 말들은 홀로세의 온난화 압박을 받으면서도

---

\* 지층의 온도가 연중 섭씨 0도 이하로 항상 얼어 있는 땅.
\*\* 분류군(taxon)이란 속이나 종과 같은 하나의 생물 분류 단계에 함께 속하는 생물군을 뜻한다.
\*\*\* 기원전 제3천년기는 기원전 3000~기원전 2001년의 1,000년을 가리킨다. 기원전 제1천년기는 기원전 1000~기원전 1년, 제1천년기는 서기 1~1000년의 기간이다.

유라시아 많은 지역에서 살아남았다. 이베리아에서 발트해까지 유럽에서 야생말의 여러 분류군은 더 낮은 빈도수로 생존을 이어갔다.[33]* 아나톨리아**에서는 기원전 6000년 무렵의 몇몇 유적에서 나온 동물 뼈 중에서 야생말의 뼈가 거의 25퍼센트를 차지했는데, 기원전 4500년~기원전 3000년 사이에는 그 비율이 2퍼센트도 안 될 만큼 내려갔다. 그렇지만 이들은 적어도 기원전 2000년 무렵까지는 살아남았다.[34] 사실 몇몇 초원 지역에서는 야생말 개체 수가 홀로세 중기 및 후기까지도 건실하게 유지되어, 아시아 북부 및 중부의 다양한 곳에서 말이 고고학 잔해의 40퍼센트나 차지했다.[35]

## 정리

말은 고대에 고위도 지역 사람들이 가장 먼저 활용할 때부터 사람들의 생존 전략뿐 아니라 의류, 도구, 예술, 종교에 이르는 여러 문화적 측면에서 중심적인 역할을 한 것으로 보인다. 그 외에도 호모 하이델베르겐시스 같은 초기 인류는 수십만 년 전에 세련된 사냥 전략을 구사했으며 가죽 옷 재료 등 다양한 용도로 말을 활용했다. 지구가 최종 빙기 극대기를 벗어나면서 고위도 지역에 살던 말속 동물들은 환경 변화의 위협을 받았고, 인간의 식단에서 차지하던 역할이 전 지구적으로 줄어들었다. 남북아메리카에서는 말이 결국 화석 기록

---

\* 분류군의 빈도수가 낮다는 말은 특정 서식지에서 해당 분류군의 개체 수가 적다는 뜻이다.
\*\* 오늘날 튀르키예 영토에 해당하는 반도.

에서 사라졌다. 다만 위도가 더 높은 지역에서는 말이 훨씬 나중까지 살아남았음을 시사하는 새로운 연구 결과도 있다. 한때 유럽, 시베리아, 동아시아에서 야생을 떠돌았던 다른 고대 종들은 개체 수는 줄었지만 계속 살아남았다. 야생말들은 홀로세의 따뜻해진 기후 아래 개체 수가 줄어드는 가운데에도, 특히 내륙 아시아 초원 지대에서는 여전히 인간 생활의 많은 면에서 핵심 역할을 했다.

# 03

# 길들여진 시기

기후 온난화, 개체 수 감소, 서식지 소멸에 직면한 홀로세의 야생말은 어떤 과정을 통해서였든 사람에게 길들여짐으로써 사람과 협력 관계를 맺은 모습으로 나타났다. 그런데 어떻게 그리고 왜 그렇게 되었을까? 고고학자들과 생물학자들은 수십 년 동안 이 질문과 씨름했다. 이 질문에 대한 답을 찾으려면 우선 길들여진다는 의미가 무엇이며, 이를 고고학 기록에서는 어떻게 확인할 수 있는지를 물어야 한다.

야생동물과 길들여진 동물의 차이는 한눈에 직관적으로 알 수 있을 것 같다. 많은 사람이 집에서 키우는 개나 고양이와 친밀한 우정을 쌓으며 성장했고, 길들여진 동물은 일생 동안 대부분의 측면에서 사람에게 깊이 의존한다. 우리는 키우는 동물이 무엇을 먹을지(그리고 그걸 언제 어디에서 먹을지) 통제하고, 움직임을 제한하며, 번식을 할지 말지 선택한다. 우리는 키우는 동물의 건강을 책임진다. 방을 함께 쓰거나 아예 침대를 함께 쓰기도 한다. 키우는 동물에게 이름을 붙이기도 하며, 기온이 낮아지면 스웨터를 입히기도 한다. 심지어 언제 죽을지를 제어할 수도 있다. 이처럼 인간에게 깊이 의존하는 삶은 늑대나 살쾡이의 삶과 한눈에 쉽게 구분된다.

그런데 더 면밀히 관찰해보면, 가장 철저히 길들여진 동물들도 인간과 실제로 맺는 관계의 양상은 매우 다양하다. 할리우드 여배우의 핸드백 안에 들어앉아 편하게 이동하는 치와와가 있는가 하면, 살을 에는 듯 추운 몽골 초원에서 늑대의 공격에 대비해 보초를 서며 사람의 집에는 거의 들어가지 않는 치와와도 있다. 오스트레일리아에서 야생 딩고(길들여진 개에서 내려온 종)는 야생 육식동물로 살아가지만, 예전에 오스트레일리아 원주민들은 동일한 딩고를 돌보고 훈련시켜 사냥에 활용했다.[1] 지난 몇천 년 동안 시기와 장소를 막론하고 길들여진 개 두 마리만 놓고 보더라도 인간과의 관계가 온전히 같았다고 말하기는 어렵다.

길들여진 개의 사례는 동물을 길들인다는 것의 의미가 얼마나 복잡하고 문화적으로 다양한지 여실히 보여준다. 이제는 많은 연구자가 동물 가축화를 이분법적인 개념보다 연속적인 개념으로 본다. 길들여진 동물 중 일부는 야생 선조와 몇 가지 유전적 차이 또는 행동 차이를 분명하게 보이지만, 그런 차이가 거의 없는 동물도 있다.

길들여진 동물이 다시 야생으로 돌아가면 행동, 심지어 겉모습이 급격히 변화할 수 있다. 집에서 길들여진 고양이는 사람이 안아주면 좋아하거나 크리스마스 장식을 툭툭 때리며 놀기도 하고 간혹 피아노를 치기도 하지만, 길에서 사는 고양이는 도시와 교외 환경의 작은 동물들을 너무 많이 죽여서 생태계에 심각한 문제를 일으킬 수도 있는 위험한 포식자다.

반대 경우로 코끼리, 회색곰, 호랑이, 범고래 등 위험한 짐승들을 포획하고 길들여 사람이 안아줄 수도, 재주를 가르칠 수도 있다. 이러한 야생동물들도 난방되거나 냉방된 곳에 살거나 시중에 판매되는 음식을 먹을 수도 있고, 정기적으로 수의사의 검진을 받을 수도 있다. 심지어 미국 옐로스톤 국립공원의 늑대나 남극 대륙의 펭귄처럼 지구상에서 가장 외딴곳에 사는 야생동물 일부에게도 학자들이 라디오 목줄이나 위성추적 장치를 장착해 이동, 번식, 행동을 관찰한다.

이처럼 동물의 왕국 전반에 걸쳐 사정이 복잡하고 다양하니, 동물 가축화 연구에서는 어떤 특정한 특성이나 행동을 찾을 것이 아니라 인간과 동물의 관계, 그리고 시간 흐름에 따른 관계 변화를 깊이 들여다보는 방법이 더 유용할 것이다.

### 최초의 동물 가축화

인류 역사 대부분의 기간에는 길들여진 동물이 없었다. 최근 연구에 따르면 인간과 친밀한 길들임 관계를 발전시킨 첫 동물은 늑대(회색

늑대 또는 그 가까운 친척 중 한 종)였다. 늑대는 유라시아 북동부의 더 추운 기후에 사는 인간 집단들과 처음 함께했던 것으로 보인다.[2] 따뜻해지는 대륙에서 빙하기의 거대 동물들 수가 감소하면서 갯과 동물들이 인간의 거처 주변에서 안전을 확보하고 먹이 찌꺼기를 찾는 기회를 발견했을 가능성이 높다. 더 추운 고위도 지역에서는 고기를 쉽게 비축할 수 있었다.[3] 개는 음식 찌꺼기와 안전을 얻는 대신 사람에게 보답했다. 쓰레기를 최소화하고, 사람이 포식자와 낯선 이에게서 거처를 지키는 것을 돕고, 사냥과 운송 같은 활동을 할 때 더없이 귀한 동료가 되어주었다. 개들이 인간의 영역 안으로 들어온 시기는 더 이르긴 하겠지만, 길들여졌다고 확실하게 말할 수 있는 최초의 개들은 유라시아 고고학 기록에서는 약 1만 6,000년 전쯤, 아메리카 대륙에서는 적어도 1만 년 전쯤에 발견된다.[4]

사람에게 다가간 최초의 개들은 고기 때문에 이끌렸겠지만, 고대 인간들에게 대단히 중요했던 동물 다수는 육식동물이 아니라 초식동물이었다. 그러니 사실 동물 가축화에서 가장 중요한 단계 중 하나는 식물을 길들인 작물화였다. 약 1만 2,000년 전부터 시작된 홀로세 초기에 '비옥한 초승달 지대' 및 여기에 인접한 자그로스산맥 지대(오늘날 이란, 이라크, 시리아, 튀르키예)에 살던 사람들이 밀과 보리 같은 최초의 곡물을 경작하기 시작했다.[5]

작물 경작이 점점 더 믿음직한 성과를 내자, 경작하던 사람들은 특정 장소에 묶이게 되었다. 정착해서 거주하는 마을이 형성되면서 마을 주변의 사냥 대상 동물들은 과도한 사냥 때문에 수가 줄어들기 시작했을 것이다. 아마 사냥할 야생동물이 서서히 줄어드는 데 대응할 뿐 아니라 재배한 곡물의 비축량이 늘어나는 데도 힘입었기 때문일 텐데, 서아시아 초기 농부들은 그곳의 대형 포유류 종들을 잡아서 키우기 시작했다. 양, 소, 염소 등 최초로 길들여진 대형 초식동물이었다.

이란 서부의 간즈다레(Ganj Dareh) 유적에서는 현재까지 확인된 것 중 가장 오래된 가축 염소들의 잔해가 나왔다. 그중 일부의 유전체 염기 서열 분석이 시사하는 바에 따르면, 이 염소들을 처음 가축화했을 때는 울타리에 가두고 어린 수컷을 도살해 번식을 통제하는 정도로 제한된 개입만 했을 것이다.[6] 이러한 초기 가축들은 오로지 고기를 얻기 위해 키웠을 것이다. 나중에서야 우유와 양모 등 다른 특정 용도를 위해 사육하기 시작했다.[7]

길들인 작물과 가축을 활용하는 새로운 경제활동은 문화적, 사회적으로 몇 가지 중대한 결과를 가져왔다. 극단적인 기후나 질병 같은 재난이 닥치면 키우는 가축 수가 적거나 경작지가 넉넉하지 않은 이들이 다른 이들보다 더 막심한 피해를 입었다. 사람들은 가축 및 비옥한 농지나 목초지를 다른 사람들과 공유하기보다는 자식 세대에게 물려주었고, 불운한 농부의 아들딸은 재산이 부족할 수밖에 없었다. 결국 비옥한 초승달 지대의 가축화는 많은 사람이 더 푸른 목초지를 찾아 외지로 이주하는 결과를 낳았다. 농사짓는 이들과 가축 키우는 이들은 지중해 동부와 메소포타미아 지역을 떠나 유럽, 아프리카, 아시아의 넓은 땅으로 퍼져나가면서 식량 생산 전략과 가

초기 목축 경제는 말의 가축화 시기보다 수천 년 앞서 비옥한 초승달 지대와 레반트에서 발전했다. 바버라 모리슨 그림.

축을 전파했다. 또 한편으로는 반드시 인구 이동을 수반하지 않더라도 이웃 지역 사람들이 자발적으로 경제적 전략, 작물, 가축을 받아들여, 기원전 약 6000년 무렵에는 가축화한 양이 키르기스스탄과 중앙아시아까지 퍼졌다.[8] 중국에서도 독자적인 작물화와 가축화가 일어나고 있었다. 인간은 벼와 기장 같은 곡식을 재배했고, 이어서 돼지를 잡아다가 키웠다.[9] 농경 및 목축 세계가 크게 확장하면서 가축과 작물이 유라시아 스텝 벨트*의 가장자리까지 도달했다. 유라

---

\* 동유럽에서 러시아 남부 및 중앙아시아 북부를 거쳐 몽골과 만주까지 이르는 길다란 띠 모양의 스텝 지대.

시아 스텝은 더 따뜻해진 빙하기 이후의 세계에 성공적으로 적응한 야생말들의 본거지였다. 고고학자들이 말 최초의 가축화에 대한 단서를 찾는 곳은 바로 이 지점, 경계선이 계속 바뀌고 있던 농경-목축 영역의 변두리였다.

## 인간과 말의 가축화 관계

고고학 기록에서 말의 가축화를 확인하려면, 우선 말의 가축화라는 범주에 들어가는 굉장히 다양한 역할과 관계를 규정하는 것이 중요하다. 오늘날 말은 매매, 군중 통제, 경마 등의 용도로도 쓰이지만, 사람과의 관계에서 가장 대표적인 쓰임새는 운송에 있다. 말은 쟁기와 방아 같은 농기구, 그리고 마차와 수레 같은 운송 기구를 끈다.

 길들여진 말은 일상적으로 많은 관리를 받기도 한다. 길들여진 말의 번식은 세심하게 통제될 때가 많다. 거세되거나, 사람이 개입하지 않았다면 그러지 않았을 짝과 짝짓기하게 될 수도 있다. 사람들은 말의 환경과 식단을 다양한 수준으로 통제한다. 길들여진 말은 1년 내내 한 장소에서 울타리에 갇혀 있을 수도 있고, 계획에 따라 특정 기간에 특정 목초지에서 풀을 뜯는 식으로 반쯤 자유롭게 방목될 수도 있다. 인간이 가공한 곡식으로 만든 인위적 먹이를 먹으면서 마구간 한 칸 안에서 혼자 살 수도 있다. 사람이 털을 손질해주거나, 갈기나 꼬리를 깎거나 땋고 소유권을 표시하기 위해 낙인을 찍는 등 길들여진 말의 몸을 변형할 수도 있다. 길들여진 말은 건강 관리를 위해 보살핌을 받는 경우가 많다. 인간이 개입해 부러진 다리를 치료하거나, 문제가 있는 치아를 뽑거나, 질병을 고치기 위해 의료 시술 또는 치유 의식을 행하는 등의 도움을 제공할 수 있다. 또 한편으로는 말의 젖을 짜서 발효주인 아이락(몽골어) 또는 크므즈를 만들기도 하고, 도살하여 말고기를 얻기도 한다.

오늘날 전 세계적으로 말이 활용되는 다양한 방법을 살펴보면 가축화가 말에게 끼친 생물학적 및 골학적 영향을 연구하는 데 도움이 된다. 현대 말들이 수행하는 많은 역할은 키우고 먹이고 움직이고 젖을 짜는 것 등 고고학 기록 속의 보살핌과 말 활용에 관련된 모든 과정에 대해 이정표를 제시한다. 하지만 타임머신을 타고 돌아가 아주 오랜 옛날에 일어난 상호작용을 실제로 관찰할 수는 없는데, 과연 어떻게 하면 제대로 추적할 수 있을까?

## 말 뼈를 통해 추적하는 가축화

오랫동안 고고학자들은 가장 이른 시기의 가축화를 추적하기 위해 고대 예술품부터 도기 조각에 붙어 보존된 음식 부스러기에 이르는 여러 대용품을 조사했다. 하지만 말 가축화의 초기 역사를 재구성할 가장 직접적이고 좋은 기회는 불완전하며 잘 활용되지 않았던 과학 자산, 다름 아닌 고대 말의 뼈에서 찾을 수 있다. 동물고고학이라고 칭하는 과학인 동물 뼈 잔해 연구는 말과 사람의 고대 상호작용에 관해 가장 직접적이고 견실한 통찰을 제공한다.

동물고고학이라는 학문이 20세기에 말 가축화를 통찰하며 관심을 끌기 시작했을 때, 처음에는 인간 행동과 말 뼈를 연결하는 직접적인 연결 고리가 거의 없었다. 처음에 관련 학자들이 부딪힌 벽은 말과에 속하는 동물 뼈에 대한 기본적 확인조차 논리적으로 쉽지 않을 수 있다는 점이었다. 에쿠스 카발루스(현대 말)를 프르제발스키말 같은 가까운 친척들과 구별해줄 신뢰할 만한 특징이 거의 없기 때문이다. 말은 야생당나귀, 당나귀, 얼룩말 등 말과에 속하는 다른 동물들과도 쉽게 구별되지 않는다. 게다가 뼈가 잘 보존되지 않은 경우에는 문제가 더 심각하다. 물론 연구자들이 손상, 절단, 도살 패턴을 살펴보고 말이 도살당해 먹힌 경우를 쉽게 확인할 수는 있다. 그러나 도살이나 음식 준비 패턴은 말을 키우다 잡아먹은 것인지, 아니면 인류의 유구한 전통이자 유라시아 생활 초기의 큰 특징이었던 말 사냥을 통해 잡아먹은 것인지 구별하는 데는 그다지 도움이 되지 않는다.

　대안이 없으니 말 연구자 대다수는 인간 영향력의 간접적 증거를 찾으려 하면서 특히 고고학 유적에서 발견된 말 뼈의 시기, 장소, 수효 등을 패턴화했다. 그런 정보가 흥미롭고 중요하긴 하지만 이를 인간 행동과 연결하기는 매우 어렵다. 예를 들어 지금도 논의되는 일반적인 접근법 중 하나는 새로운 지역의 말 개체 수나 출현 빈도가 급증했다는 정보가 초기에 길들여진 말의 흔적을 추적하는 데 도움이 될 수도 있다는 것이었다. 그러나 말 뼈의 분포나 출현 빈도는 인간이 개입하지 않은 다른 과정에도 쉽게 영향을 받을 수 있다. 예를 들어 어느 기간 고고학 유적들의 말 뼈 수가 증가했다면 이는 환경 변화에 따라 해당 지역 야생동물의 수가 전체적으로 증가했다는 사실을 나타낼 수도 있고, 또는 고대 사냥꾼들의 식단에서 야생말이 차지하는 비중이 더 커졌다는 사실을 나타낼 수도 있다.

가축화에 관심을 둔 동물고고학자들이 살펴본 또 다른 요인은 뼈의 크기와 형태였다. 영향력 있고 창의적인 몇몇 학자들은 인간이 말의 번식과 환경을 통제하여 말의 뼈 형태가 변화했을 수도 있다는 가설을 제시했다.[10] 고고학 유적에서 발견된 말 뼈의 크기와 형태가 많이 변화했다는 사실이 초기에 길들여진 말들의 뼈 모음과 사냥당한 말들의 뼈 모음을 구별하는 데 도움이 될 수 있을까?

아쉽게도, 더 깊이 들여다보면 각 패턴마다 마찬가지로 그럴듯한 다른 설명들이 가능하다. 초기 유라시아 뼈 모음에서 관찰된 말 뼈의 크기, 형태, 분포의 변화는 기후 및 환경 변화에서 비롯되었을 수도 있다. 지난 1만 년 동안 유라시아 많은 지역의 기후는 상당히 변화했다. 마지막 빙하기가 끝난 후 지역마다 식생, 기온, 강수량 등이 변하면서 말이 살 수 있는 서식지 분포에도 커다란 영향을 끼쳤다.[11] 약 9,000년 전 태양 활동이 정점에 이르고 최고기온을 찍은 후 홀로세 중기에는 유럽과 북아시아의 많은 지역이 일반적으로 시원한 추세였다.[12] 야생말들의 몸집 크기는 환경 변수들에 적응한다고 알려져 있으며, 일반적으로 사용 가능한 자원이 부족한 시기에는 크기가 줄어들고 살기 좋은 조건에서는 커진다.[13] 삼림과 초원 사이에서 조건이 바뀌고 식생이 크게 변동하며 나타난 특정 지역 야생말 개체 수 증가, 몸집 크기 변화, 분포 범위 등이, 한때 가축화의 증거라고 가설로 제시된 패턴을 가축화와 상관없이 쉽게 만들어냈을 수도 있다.

초기 목축민(가축에서 말은 제외된다)들이 야기한 인위적인 환경 변화도 홀로세 중기 야생말 개체 수에 영향을 미쳤을 것이다. 기원전 6500년 무렵부터 농업경제가 근동 밖으로 나와 유럽으로 확산했다. 이에 따라 숲에 불을 놓거나 벌목하여 삼림을 경작 가능한 땅으로 바꾸는 일이 잦았다. 이러한 삼림 파괴 행위만으로도 고고학 유적에서 말 뼈가 발견되는 비율이 상당히 증가하는 이유를 설명하기에 충분할 것이다.[14] 인간이 숲을 없애 만들어낸 새로운 초원 환경의 변두리에 살던 야생말들은 작은 몸집이 변화하지 않았더라도, 초원 안쪽에 살던 야생말들은 영양을 더 잘 섭취하여 몸집이 더 커졌을 수 있다. 결국 서식지 변화로 인해 말과에 속하는 야생동물들 몸집 크기가 변화했을 수도 있고, 고대 유라시아 지역에서 이들이 더 번성했을 수도 있다.

사실 초기 가축화와 관련 있다고 추정되는 홀로세 중기 말 뼈 모음 대부분은 더 이른 시기에 사냥된 말 뼈 모음과 수상쩍을 만큼 유사해 보이기도 한다. 흑해 스텝 지대의 초기 유적에서 나온 말 뼈는 일반적으로 대량의 다른 야생동물들과 함께 발견되지만, 길들여진 동물 뼈와 연관되어 발견되지는 않는다.[15] 기원전 제4천년기 이전에 러시아 우랄 지역의 야생말 뼈 출현 빈도는 적게는 겨우 몇 퍼센트부터 많게는 확인된 모든 표본 수의 절반 이상에 이르기까지 편차가 심했다. 이는 홀로세에 들어서도 되는 대로 사냥하는 기회주의적인 도살이 이따금씩 야생말 뼈 비율을 매우 높였음을 보여준다.[16] 신석기 후기 유적에서 도살된 말의 몸통 전체가 정기적으로 보이고 성체 동물이 높은 빈도로 발견되는 것도 구석기 몰이 사냥 유적의 뼈 모음이 보여주던 전형적인 특징이다. 말 뼈 출현 빈도 및 형태 변화를 가축화와 연결하려는 노력은 고고학 문헌에서 계속되고 있지만, 사람과의 관계 변화에 대한 실제적인 연결 고리를 구축하기는 어렵다.

## 말 가축화의 초기 모델

말 뼈에서 신뢰할 만한 정보를 추출하긴 어렵지만, 연구자들은 다른 종류의 간접적인 고고학 단서에 크게 의존하여 초기 말 가축화에 관한 그럴듯한 서사를 한 땀 한 땀 이어 붙이기 시작했다. 일찍이 가장 유력한 단서 중 하나가 얌나야(Yamnaya) 문화의 고분에서 나왔다. 얌나야 문화는 카스피해 북쪽에서 동유럽과 서아시아에 걸친 흑해 스텝 또는 폰토스-카스피 스텝이라는 이름의 초원 지대에 분포해 있었다.[17] 기원전 제4천년기 동안의 얌나야 문화 여러 고분에서, 해체된 바퀴 달린 수레와 길들여진 동물들의 증거를 볼 수 있다. 기원전 제4천년기 동안 얌나야 및 다른 고고학 문화들은 동유럽과 서아시아의 새로운 지역으로 퍼져나갔다. 고고학 데이터는 얌나야 사람들이 양, 염소, 소, 돼지를 가축으로 키우고 밀과 보리 같은 곡물을 재배했음을 보여준다. 이들은 흑해 스텝의 고향에서 나와 상당한 거리를 이주하여, 동쪽으로는 유라시아 대륙의 거의 절반에 가까운 거리를 이동해 기원전 약 3000년쯤 몽골 중부의 산맥 지대에 도달했고, 서쪽으로는 적어도 기원전 2500년쯤 독일과 중유럽에 들어갔다.[18] 얌나야 사람들의 이주는 인도-유럽 언어 및 쿠르간이라고 부르는 커다란 분구묘를 포함한 새로운 스텝식 매장 관습의 전파와도 그럴듯한 관련성이 있다.[19] 연구자들은 이 놀라운 사회적 변화가 최초의 말 가축화와 관련 있다는 가설을 오랫동안 제시해왔다.

기원전 제4천년기 동물고고학 기록에서도 흥미로운 변화가 보인다. 말 잔해가 발견되는 빈도수는 빙하기 이후 수천 년 동안의 고고학 유적에서 감소했으나 독일 남부와 발칸반도를 비롯한 중유럽의 많은 지역에서 급증했고, 이와 함께 말 뼈 형태 변동성도 눈에 띄게 증가했다.[20] 의존할 만한 더 직접적인 지표가 없는 상황에서 플라이스토세 후기의 꾸준하던 하향세가 이처럼 예상치 못하게 역전되자, 연구자들은 이를 초기 말 가축화의 증거로 해석했다.[21]

얌나야 가축화 가설을 지지하는 자료에 다른 간접적 고고학 단서들도 더해졌다. 예를 들어 얌나야 지역에서 나온 예술적 형상에서 가끔씩 말이 발견되며, 인간 무덤 안에서도 간혹 말과에 속하는 동물의 뼈가 출토된다. 두 사례 다 흑해 스텝의 지역 문화와 우주론에서 말이 중요한 역할을 했음을 암시한다.[22] 이 시기 물품 중 일부가 초기의 굴레 장비라는 가설도 제시되었다. 이를테면 굴레의 볼 피스* 부분을 닮은 구멍 난 사슴뿔 조각이 있다.[23] 이처럼 말에 관련된 간접적 증거들이 모여서, 기원전 제4천년기 유라시아 대륙에서 말 가축화가 얌나야 사람들, 인도-유럽 언어, 가축 등의 전파를 촉진했다는 주장에 힘을 실었다. 이 모델은 단순하며 지리적 범위가 방대해 오랫

---

\* 말의 양쪽 볼 부위에서 입의 재갈과 굴레를 이어주는 부속.

동안 힘을 잃지 않았고, 지금도 고고학 문헌의 페이지를 들추다 보면 흔히 마주칠 수 있다. 그러나 얌나야 모델의 타당성을 확립하려면 인간이 말을 통제했다는 직접적인 증거가 꼭 있어야 했다.

## 가축화의 직접적 표시

최근 수십 년 동안 동물고고학이 과학적으로 발전하면서 오랜 옛날 인간과 말의 관계를 추적하는 데 유용한 다양한 도구를 제공하고 있다. 특히 인간 활동이 유발한 말 뼈의 변화를 진단할 수 있다. 뼈는 강하고 튼튼해 고고학 퇴적물 속에서 살아남을 수 있으며, 살아 숨 쉬던 생물의 유물로서 그 뼈가 한때 속했던 동물의 삶의 발자취를 직접적으로 반영한다. 적절한 배경지식을 갖추고 세심하게 관찰하면, 뼈는 동물의 삶에서 일어났던 활동, 행동, 작용 등을 놀랍도록 상세한 단면으로 제공할 수 있다.

단순한 개체 통계학적 패턴은 가축 관리 과정을 추적하는 중요하고 강력한 도구다. 말의 무리를 키우면서 번식을 관리하려면 일반적으로 젊은 수컷을 죽이거나 거세할 필요가 있다. 젊은 수컷은 세 살 무렵이 되어 성적으로 성숙하면 무리의 위계를 어지럽히기 때문이다. 연구자 마샤 르빈(Marsha Levine)은 몽골과 카자흐스탄에서 말 무리를 키우는 이들을 대상으로 민족지학 연구를 주의 깊게 수행하여, 목축 무리에 속한 동물들의 연령 및 성별 패턴을 확인했다.[24] 성체 암컷들은 번식을 위해 사육되며, 성체 수컷은 무리당 한두 마리의 종마를 제외하고는 대개 거세된다. 따라서 목축을 통해 관리된 말들의 뼈 모음에는 말 주인이 묻힐 때 함께 묻힌 것과 같은 특별한 경우를 제외하고는 번식 가능한 나이의 성체 동물, 특히 한창때 암컷의 뼈는 거의 없다. 가축 말들의 고고학 퇴적물에서는 주로 암컷인 나이 든 말들과 주로 수컷인 번식 가능한 나이에 이르지 않은 어린 말들의 비율이 특이할 정도로 높다.[25]

이러한 개체 통계학적 패턴은 건강한 성체 비율이 높은 경향이 있는 사냥당한 말 뼈 모음과 강한 대조를 이룬다. 만약 어느 유적이 가족 집단/하렘을 사냥하거나, 또는 암컷을 차지하지 못한 수컷 무리를 사냥하거나, 또는 그 두 집단을 모두 사냥하여 형성되었다면, 각각의 경우 사냥당한 말 뼈 모음은 주로 암컷이거나, 또는 주로 수컷이거나, 또는 암수가 동등한 비율을 이룰 것이다. 그런데 중요한 점은 가축 말 뼈 모음에는 번식 가능한 연령의 성체 암컷이 대량으로 포함된 경우는 거의 없을 거라는 점이다. 희생 의식이 관련된 경우에도 마찬가지다. 그러므로 연구자들은 고고학 뼈 모음의 연령 및 성별 패턴을 재구성함으로써 어떤 뼈 모음이 어떻게 생성되었을지, 사냥을 통해서일지 목축을 통해서일지 또는 다른 과정을 통해서일지 그 가능성을 평가할 수 있다.

초기 말 가축화의 답을 찾는 모험은 인간이 말을 통제했음을 직접적으로 보여주는 다른 지표들을 발견하면서 대혁신을 맞이했다. 고대 이집트 동물들을 연구했던 줄리엣 클러튼브록(Juliet Clutton-Brock)과 메리 리타우어(Mary Littauer) 등을 필두로 고고학자들은 말을 운송 수단으로 사용하면 때때로 말의 치아에 독특한 손상을 유발할 수도 있었다는 사실을 인지했다. 재갈에 의한 치아 마모(bit wear)라고 하는 현상이다.[26] 이러한 손상은 사람이 말을 탈 때 굴레 중에서 말 입에 물리는 부분인 재갈이 말의 아래쪽 앞어금니의 씹는 표면과 접촉할 때 발생한다. 만약 운송 과정에서 재갈이 말의 치아와 부딪히거나, 또는 말이 재갈을 치아 사이에서 놀리면서 재갈이 가하는 압박과 싸우거나 그 압박에서 벗어나려고 시도하면 더 연약한 치아 표면이 더 단단한 금속 표면에 특이한 방식으로 마모될 수 있다. 현대의 많은 승마 체계는 훈련, 그리고 통증을 주지 않는 간접 신호에 더 의존하기에 그처럼 고통스러운 상호작용은 이제 거의 일어나지 않는 편이다. 그러나 오늘날에도 기계적 힘을 활용하는 의사소통과 제어에 크게 의존하는 굴레 체계에서는 재갈에 의한 치아 마모가 여전히 발생한다.[27]

재갈에 의한 치아 마모에 관한 줄리엣 클러튼브록, 그리고 데이비드 앤서니(David Anthony)와 도커스 브라운(Dorcas Brown) 같은 학자들의 연구 토대 위에서 이제 동물고고학자들은 말 뼈에서 인간 활동을 직접적으로 추적하는 다양한 과학 기술을 개발해냈다.[28] 이러한 도구들을 통해, 말이 운송을 했다는 사실을 고고학적 뼈 모음에서 직접적으로 확인할 수 있다. 야생말과 길들여진 말의 뼈를 세심히 비교하여, 굴레에서 말 입에 물리는 금속 부위가 말의 치아를 상하게 할 뿐 아니라 턱뼈에 금이 가게 하거나 턱뼈 일부를 부스러뜨리거나 턱뼈에 변형을 가할 수도 있다는 사실을 알아냈다.[29] 굴레나 고삐를 썼던 말은 코뼈에 미약하지만 분명하게 인식할 수 있는 홈이 생기는 경우가 많다. 이 흔적은 3D 스캐너로 확인할 수 있다.[30] 사람이 올라타고 다녔던 말, 특히 부드러운 깔개 안장만 댔던 말의 등 가운데 부분에서는 금이 가거나 붙어버리거나 뼈에 돌기가 자라나는 것 같은 흔적이 발견된다. 마차나 수레를 끌었던 말은 목과 어깨에 문제가 발생하고, 때로는 윗니 치열에 독특한 손상이 생기기도 한다(도판 4 참조).[31] 턱을 최대한 활용하는 굴레를 씌워 사람이 타고 다니는 말은 골관절염이 생길 수 있으며, 힘을 많이 쓰는 말은 호흡에 관련된 뻣뻣한 근육이 코뼈와 접촉하면서 전악골*에 특정한 구조적 변화가 생긴다.[32]

말을 보살피고 움직임을 통제한 과정 또한 뼈에 기록되는 경우가 많다. 말은 갇힌 공간에서 사는 데 따르는 특정한 질병이 생긴다.[33] 길들여진 말은 병이 나거나 상처가 생기면 사람의 보살핌을 받는 경우가 많고, 그러한 치료나 외과 시술의 흔적이 뼈에서 관찰될 수 있다.[34] 말 치아의 에나멜 안에 석화된 탄소, 산소, 질소, 스트론튬 분자 속 동위원소 비율을 측정하여 말이 겨울에도 곡물을 먹은 시기, 지역의 물 자원을 섭취한 시기, 어릴 때 새로운 지역으로 팔려 간 시기 등을 확인할 수도 있다.[35] 뼈 형태만으로는 야생말과 길들여진 말을 구별하기가 모호한 면이 있었지만, 뼈의 보존 상태만 좋다면 이제는 고대 DNA를 이용해 그 둘을 명확하게 구별할 수 있다.[36] 가죽 색깔이나 걸음걸이 같은 구체적인 특징들에 대한 유전적

---

* 위턱뼈에서 앞니가 박혀 있는 부분.

선택을 포함해 고대의 가축 무리 관리 관습에 관한 단서들이 DNA에 암호처럼 기록되어 있기 때문에 실험실에서 재구성할 수 있다. 이처럼 풍부한 과학 도구들을 통해 연구자들은 길들여진 말의 운송, 번식 관리, 보살핌 등을 고고학 뼈 모음에서 명확하고 직접적으로 확인할 수 있다.

## 인도-유럽 가설에 대한 직접적인 증거?

재갈에 의한 치아 마모에 관한 연구는 고고학 기록에서 말의 운송을 추적하는 최초의 직접적인 방법 중 하나였다. 데이비드 앤서니와 동료들이 우크라이나 데레이프카(Deriyevka) 유적에서 나온 수컷 말의 두개골에서 확인한 재갈 손상 사례는 흑해 스텝 지대에서 초기 말 가축화가 나타났음을 뒷받침하는 확실한 증거처럼 보였다.[37] 데레이프카 유적에서 발견된 유물들을 정교하게 비교한 결과, 이 재갈 손상 사례는 기원전 약 4000년, 신석기/청동기 시대 전환기까지 거슬러 올라가는 것으로 추정되었다. 만약 이게 사실이라면, 데레이프카 말은 얌나야 사람들이 말을 길들였고 말을 이용해 유라시아 전역에 퍼져나갔다는 가설을 뒷받침할 뿐 아니라, 바퀴를 발명하기 전에 말을 타고 다녔을 수 있음을 시사한다. 바퀴는 고고학 기록에서 수백 년 뒤에 처음 등장한다.

안타깝지만 이 멋진 이야기는 사실이 아니었다. 이후 직접적인 방사성탄소연대측정(radiocarbon dating)을 통해 데레이프카 말의 기원이 기원전 약 700~기원전 200년 사이로, 철기 시대에 묻힌 가축 말이 이미 존재하던 고대 유적 안으로 들어가 퇴적된 것이라는 사실이 밝혀졌다.[38] 데레이프카 말의 지위가 하락하면서 얌나야 가설은 제자리로 돌아왔다. 흥미로운 가능성을 품고 있지만 여전히 결정적인 증거는 없다.

## 다른 방식의 설명

만약 데레이프카, 얌나야, 또는 흑해 지대의 다른 초기 말들을 사람이 타고 다니지 않았다면(그리고 길들이지도 않았다면), 말 뼈 출현 빈도와 형태의 대규모 변화, 말과 관련된 예술품, 명백해 보이는 말 장비 등 가축화를 가리키는 듯한 다양한 증거들을 어떻게 설명해야 할까?

 2장에서 보았듯이 예술품에 말이 등장하거나 제의 퇴적물에 말이 포함되어 있다고 해서, 더 이른 시기 유라시아 사회 사람들이 말을 사냥했던 것과 달리 신석기 후기 흑해 지대에서는 말을 길들였다고 할 수는 없다.[39] 사실 말 그림, 조각, 제의적 묘사는 지난 3만 년 동안 유라시아 북부의 많은 지역에서 수렵 채집 예술품의 가장 뿌리 깊은 전통이었을 것이다.

 또한 겉보기에는 말을 탈 때 사용한 장비처럼 보이는 것도 더 세심하게 조사하면 말과의 관련성은 부족한 것으로 드러난다. 한때 굴레 부속품으로 사용되었다고 여겨진 구멍 난 사슴뿔도 말과의 명확한 관련성이 거의 발견되지 않는다.[40] 대개 구멍이 하나뿐이기에, 나중에 말굴레 부속품으로 사용된, 구멍이 여러 개인 볼 피스 또는 살리아(psalia)와는 설계가 근본적으로 다르며, 말 장비가 아니라 결합 도구*의 부속품이었을 가능성이 높다.⁴¹ 마찬가지로 흑해 스텝 남쪽 캅카스 마이코프(Maikop) 문화의 고분에서 발견되어 굴레 볼 피스라고 묘사되기도 하는 구리 고리는 발굴 현장을 종합적으로 분석한 결과 길들인 소를 모는 데 쓰였던 코뚜레임이 밝혀졌다.⁴²

## 두 번째 구리-석기 시대 후보: 보타이

데레이프카가 초기 말 가축화 후보에서 멀어지자 최근 몇십 년 동안 학계의 관심은 우크라이나에서 동쪽으로 옮겨가 카자흐스탄 북쪽 변방, 보타이(Botai)라고 알려진 고고학 유적으로 향했다. 기원전 약 3500~기원전 3000년으로 거슬러 올라가는 고대 마을 보타이에서 연구자들은 말 잔해가 99퍼센트 이상 포함된 대규모 동물상 유물군을 발굴했다. 데레이프카 및 얌나야 문화처럼 보타이 또한 동유럽과 서아시아의 확장하는 목축 세계의 끝자락, 야생말들의 1급 서식지 안에 있었다.

처음 발견되었을 때, 이전 연구자들로 하여금 얌나야 말 모델을 주장하도록 만든 여러 고려 사항들이, 보타이에서 길들여진 말을 사용했다는 주장에도 흥미로운 증거를 제공하는 것처럼 보였다. 보타이 유적에서는 정교하게 조각된 말 뼈 몇 개와 제의적 특징을 띤 것들(말 잔해로 둘러싸인 한 사람의 무덤 같은)이 발굴되었다.⁴³ 보타이에서

---

* 구석기 후기 뼈, 뿔, 나무 등에 작고 예리한 석기를 칼날처럼 장착(결합)하여 사용했던 도구를 총칭한다. 날 역할을 하는 석기가 망가지면 도구 전체가 아니라 해당 날 부분만 교체할 수 있으므로 효율성이 혁신적이었다.

말 뼈는 도구를 제조하는 데 사용되었다. 기둥을 땅에 박을 수 있는 구멍이 발굴을 통해 드러났고, 가축 울타리용 기둥을 세웠을 가능성이 있다는 가설이 제기되었다. 또한 집 구조 내부에 부패한 유기물질이 대량으로 퇴적되어 있었다.[44] 보타이에서 발견된 말 치아 중에 금속 재갈 때문에 앞어금니의 위쪽 표면에 생기는 전형적인 손상을 보여주는 것은 하나도 없었지만, 데이비드 앤서니와 도커스 브라운은 굴레의 유기물 마우스피스가 보타이 말 일부에게 더 모호한 형태의 손상을 입혔을 수도 있다는 가설을 세웠다.[45] 이번에도 기원전 제4천년기에 말을 길들였다는 주장을 뒷받침하는 정황 증거가 모이는 것처럼 보였다. 그러나 이번에도 가축화에 대한 직접적인 표시는 여전히 손에 잡히지 않았다.

## 보타이에서 나온 가축화의 직접적 증거?

현대 고고학자들은 오래되고 새로운 방법론 모두를 활용하며 다양한 기술로 무장하고 직접적 증거를 통해 말 가축화의 기원을 발견하려 한다. 그러나 얌나야 또는 보타이 문화에서 초기 가축화가 나타났을 거라는 주장을 뒷받침하는 직접적인 증거는 거의 없다.

보타이에서 나온 척추뼈 모음을 분석한 마샤 르빈은 사람이 타고 다님으로써 유발되는 말 척추뼈 손상의 증거를 발견하지 못했다. 자연적인 노화 과정과 일치하는 작은 변화 몇 가지만 발견될 뿐이었다.[46] 보타이 말에게서 재갈에 의한 치아 마모로 보이는 흔적을 확인했다는 도커스 브라운과 데이비드 앤서니의 주장은 곧 동물고고학자 샌드라 L. 올슨(Sandra L. Olsen)에게 반박당했다. 올슨은 야생 말의 자연적인 치아 마모도 본질적으로 동일한 패턴들을 생성할 수 있으며, 따라서 반대편 치아와 함께 분석하지 않는다면 그러한 특색을 말 가축화의 표시로 신뢰할 수 없다고 설명했다.[47]

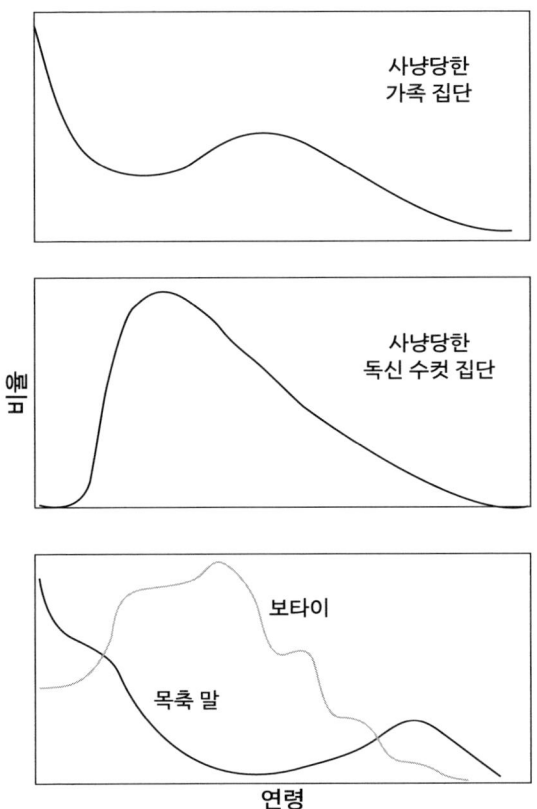

고고학 뼈 모음에서 사냥당한 말 가족 집단(맨 위)과 사냥당한 독신 수컷 무리(가운데)의 연령 분포 그래프. 관리된 목축 말 무리에서 고기용으로 도살되는 말의 연령 분포(아래, 검정색 곡선) 및 보타이 말의 연령 분포(아래, 회색 곡선). 저자 그림.

말을 사육하고 돌보는 관점에서 보더라도, 보타이 뼈 모음에서 나온 결과는 가축화와 일치하지 않는 면이 많았다. 연구자들은 보타이 말들의 크기와 형태를 더 이른 시기에 발견된 야생말들과 구분할 수 없으며, 가축화가 야기하는 형태학적 변화의 증거도 보이지 않았다는 사실을 알아냈다.[48] 독립적으로 수행된 세 개의 연구(뼈 형태 및 DNA 모두를 활용한)가 보여주듯이, 보타이 말 뼈 모음은 관리된 가축 무리에게 예상되는 개체 통계 추세와 일치하지 않는다. 보타이 말 뼈 모음에서는 수컷과 암컷 비율이 대체로 동등하며, 대부분 3~8세의 성체였다.[49] 이러한 개체 구조는 더 나중 시기에 고기나 마유, 또는 둘 다를 얻기 위해 관리된 어떠한 목축 말 뼈 모음의 개체 구조와도 부합하지 않는다. 번식력이 있는 성체 동물을 도살하면 무리의 번식 역학에 커다란 문제가 발생하기 때문이다.[50] 보타이 패턴은 오히려 다른 많은 구석기 유럽의 사냥당한 동물들 뼈 모음 패턴, 특히 오랜 기간에 걸쳐 하렘 집단(대부분 암컷)과 독신 집단(대부분 수컷)을 가리지 않고 사냥하는 데 반복적으로 활용되었던 장소의 유적에서 나온 뼈 모음 패턴과 가깝게 일치한다.

마지막으로, 보타이 뼈 모음에는 말들이 사냥당했다는 사실에 대한, 논의의 여지가 없는 증거가 포함되어 있다. 투사체 여러 개가 보타이 말 뼈 모음과 연관되어 발견되었으며, 적어도 한 마리가 흉곽에 뼈 화살을 맞은 적이 있다는 증거가 있다. 가축화의 직접적인 표시가 없으니, 보타이 가축화를 지지하는 학자들조차도 보타이의 많은 말 또는 대부분의 말이 사냥당했음을 일반적으로 수긍했다.[51]

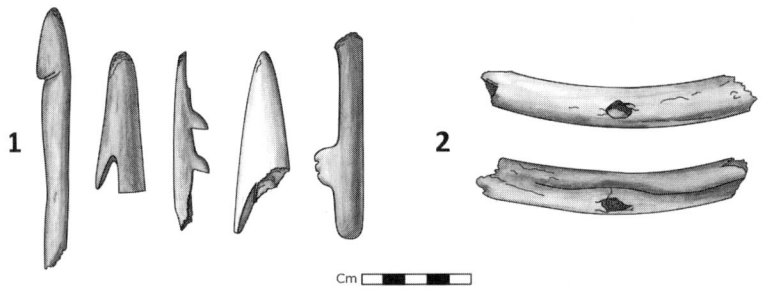

1. 보타이에서 출토된 뼈 또는 사슴뿔로 만든 투사체. 충격이 강했던 듯하다. 2. 사냥 중에 타격을 받았다는 증거를 보여주는 말의 갈비뼈. 샌드라 L. 올슨의 「카자흐스탄 보타이에서의 말 이용(The Exploitation of Horses at Botai, Kazakhstan)」에 포함된 이미지를 수정하여 게재. 마크 윌리엄스(Mark Williams) 그림.

## 보타이 합의를 향하여

보타이에서 말 가축화가 나타났다는 주장에 상당한 허점이 있었지만, 재갈에 의해 마모되어 손상된 보타이 말의 치아, 마유용으로 보타이 말을 사용했음을 가리키는 세라믹 잔류물 같은 결정적인 증거를 찾아낸 듯한 논문 한 편이 큰 주목을 받으면서 2010년쯤에는 학자들의 의견이 보타이 말 가축화를 옹호하는 방향으로 급격히 바뀌었다.[52]

우선 메타포디알(metapodial, 아랫다리 뼈) 형태를 이용해 보타이 말 잔해를 분석한 학자들은 보타이 말들이 야생말이 아니라 길들여진 에쿠스 카발루스였음을 입증하려고 했다. 각종 수치를 측정해 빙하기 야생말, 현대 몽골 말, 청동기 시대의 길들여진 말과 통계적으로 비교한 결과는 보타이 말들이 비교군 중 길들여진 말 쪽에 가장 가깝다는 사실을 보여주는 것 같았다.

보타이 말에게서 재갈로 인한 치아 마모가 나타난다는 더 이른 시기의 주장은 신뢰할 수 없다고 판명되었다. 그러나 보타이 말의 두 번째 앞어금니 앞쪽 가장자리에서 재갈로 인한 치아 마모 형태가 새로 발견되었고, 연구자들은 이를 더 신뢰할 수 있는 형태라고 보면서 더 자신감 있게 금속 재갈과 연결할 수 있었다.[53] 보타이에서 나온 말 표본들을 재분석한 결과, 이빨 한 개가 그와 같은 마모 형태 (형태상 양옆이 평행이며, 이빨의 단단한 에나멜 아래에 있는 에나멜보다 부드러운 물질인 상아질이 눈에 보이게 노출된)를 보이는 것으로 드러났다. 또한 보타이 말 몇 마리는 턱에서 치아가 없는 다이아스테마 또는 바(bars)라는 부위를 따라 작은 뼈 플라크가 자라난 모습을 보이기도 했다. 이는 야생동물에게서 일반적으로 발견되는 것보다 더 크게 자라난 것처럼 보였다.[54] 이렇게 더 설득력 있는 재갈에 의한 치아 마모 형태 두 가지가 드러나면서 학계 여론은 보타니 말들 중 일부는 사람이 타고 다녔다는 쪽으로 기울었다.

이 연구에서 또 하나의 핵심적인 주장은 보타이 주민들이 규칙적으로 마유를 섭취했다는 의견이었다. 유적에서 나온 세라믹 도기 파편을 본 연구진은 일단 세라믹에서 발견된 잔류물의 동위원소 비율을 (양, 염소, 소, 돼지, 말, 물고기 지방에서 나온) 일반 참좃값과 비교했다. 보타이 도기의 유기 잔류물은 고대 말의 지방에서 나온 찌꺼기일 가능성이 높아 보였다. (유적에서 나온 동물 중 99퍼센트가 말 잔해였기에 이는 놀라운 사실도 아니었다.)[55] 연구진은 나중에 이 잔류물이 고기 지방에서 나온 것인지 마유 지방에서 나온 것인지 구별하기 위해 후속 작업을 했다. 연구진이 측정한 탄소 동위원솟값으로는 둘을 구별할 수 없었지만, 중수소라고 하는 수소 동위원소에서 여름의 계절 특성을 강하게 보여주는 특징을 발견했다. 마유는 여름에 생산된다. 연구진은 이 명백한 계절 특성을 근거로 잔류물이 마유에서 나온 것이라고 주장했다. 그러나 지금까지 그 세라믹 파편에서 고대 마유 단백질 같은 마유의 직접적인 흔적이 나온 적은 한 번도 없다.

이처럼 당시 사람들이 말을 타고 마유를 얻었다는 새로운 증거가 보타이 연구 결과를 뒷받침하면서, 보타이 말들이 말 가축화의 가장 이른 증거라는 인식이 널리 받아들여지는 쪽으로 저울추가 기울었다. 척추뼈 이상이 보이지 않는다는 점과 인위적 개체 조절이나 번식 통제에 관련된 개체 통계학적 증거가 없다는 점 등 보타이 뼈 모음이 오랫동안 받아온 비판은 대부분 잊혔다. 보타이에서 최초로 말을 가축화했다는 모델은 얌나야 가설의 새로운 수정 버전이 되었다. 보타이 모델의 설명에 따르면, 보타이의 초기 가축 말들이 얌나야를 비롯해 인도-유럽어를 사용하는 이들에게 전해졌고, 그리하여 이들이 말을 이용해 기원전 제4천년기 동안 유라시아 북부에서 이주했다. 이러한 주장이 현재 말 가축화를 설명하는 지배적 모델로 많이 사용되고 있다.

## 보타이 및 얌나야 서사를 뒤엎는 신기술의 등장

그런데 첫 보타이 연구 논문이 공개된 이후 고고과학 연구 기술이 빠르게 발전하면서 보타이 말 가축화 결론에 완전히 배치되는 다양한 시각이 등장했다. 고대 DNA의 염기 서열을 분석하고 포착할 수 있는 도구들이 획기적으로 개선되면서, 말의 분리된 뼛조각*에서 핵 유전체의 완전한 염기 서열을 생성할 수 있었다. 초기 학자들은 형태학에 근거해 카발라인말을 구별해내는 데 어려움을 겪었지만, 이제 고대 DNA를 이용하면 뼈와 치아 파편만으로도 정확한 종, 세부적인 조상 관계 비교, 몸의 특징 등을 확인할 수 있다.

아랫다리 뼈 형태를 근거로 보타이 말이 길들여진 말에 가깝다고 했던 기존 주장과 달리, 깜짝 놀랄 만한 2018년 연구와 보타이 말들의 전장 유전체 DNA 분석을 통해 보타이 말들이 프르제발스키말임이 드러났다. 프르제발스키말은 에쿠스 카발루스의 가장 가까운 친척이지만 한 번도 길들여져 관리된 적이 없다.[56] 야생말 프르제발스키말은 공격적이고, 눈앞에 인간이 보이는 것을 용납하지 않으며, 사람이 타고 다니는 것은 불가능에 가깝다. 역사가 기록된 이래 운송에 사용된 적은 한 번도 없다.[57] 같은 해인 2018년에 발표된 보타이 사람들의 DNA를 분석한 연구에서는 보타이 사람들의 혁신적인 말타기를 전수받았다고 하는 얌나야 사람들과 보타이 사람들 사이에 연관성이 발견되지 않았다.[58] 이 두 번의 타격만으로 보타이 및 얌나야 가설의 핵심 가정(보타이 말은 현대의 길들여진 말의 선조 격이며,

---

\* 고고학에서 '분리된 뼈(isolated bones)'란 몸 전체의 뼈에서 떨어져 나와 따로 발견된 뼈를 가리킨다. 분리된 뼈가 생성된 원인은 다른 동물의 공격, 침식 같은 환경적 영향, 인간이 제의에 사용한 경우 등 다양하다.

기원전 제4천년기의 광범위한 사회 변동을 촉진했다는)은 완전히 논파되었다.

말 치아에 관해 점점 더 세부적인 사실을 이해하면서 보타이에서 말을 운송에 사용했던 것처럼 보이던 증거도 힘을 잃었다. 나는 말 가축화 연구를 전문 분야로 삼은 동물고고학자로서 말 뼈에서 말 운송 역사를 추적하는 방법론과 자연적 과정을 문화적 과정에서 분리하는 방법론을 개선하는 데 주력해왔다. 2021년에 나는 야생말 골학 권위자인 로열앨버타박물관의 크리스티나 배런오티즈(Christina Barrón-Ortiz)와 공동 저술 논문을 발표했다. 배런오티즈는 수년 동안 플라이스토세 북아메리카 고대 말들의 치아 발달 및 마모를 분석하고 있다. 우리가 보타이 말들과 플라이스토세 북아메리카 야생말들을 비교한 결과, 보타이 말의 이빨 하나에서 재갈에 의한 치아 마모 현상이라 여겨졌던 손상은 자연적 현상으로 야기되었을 가능성이 더 높았으며, 플라이스토세 북아메리카 야생말들에서도 유사한 특징을 볼 수 있었다.[59] 구체적으로 말하면, 재갈에 의한 손상으로 해석되었던 에나멜의 작은 흠들은 실제로는 구멍 형태의 에나멜 형성 저하 증상일 수도 있다. 치아 발달 과정에서 에나멜 형성에 파열이 생겨 야기된 일종의 치아 결함이다. 우리는 또한 앞어금니 앞쪽 가장자리의 에나멜 노출이 야생말에게서도 발생할 수 있다는 점을 보여주었다. 이는 치관을 덮는 얇은 시멘트질 영역의 자연 마모에 의해 야기될 수 있다. 마지막으로, 보타이에서 재갈을 사용했다는 주장과 연결된 아래턱뼈 형성 문제에 관해 우리는 그 정도의 아래턱뼈 형성 문제는 초기 북아메리카 인간 집단에게 사냥당한 야생말들에게서도 발견된다는 사실을 알아냈다. 이러한 새로운 사항들을 고려해보면, 보타이 뼈 모음은 말을 운송에 사용했음을 가리키는 어떠한 명확한 단서도 더 이상 제공하지 못한다.

보타이에서 마유를 먹었다는 주장도 재검토해야 한다. 새로운 방법을 이용하면 유제품과 직접적으로 연관된 고대 단백질을 세라믹 잔류물이나 사람 치아의 치태에서 확인할 수 있다. 동위원솟값보다 훨씬 직접적인 조사 방법이다. 연구자들이 보타이 세라믹과 치석에서 마유 단백질을 확인하려고 노력했지만, 지금까지 마유는 물론이고 어떠한 유제품 섭취의 증거도 나오지 않았다.[60] 보타이 부근 유라시아 서부 지역에서 초기 목축을 했던 사람들의 치아에서 나온 유 단백질에 대한 최근 연구는 당시 사람들이 양유만 섭취했음을 시사한다.[61] 이 새로운 정보에 비추어 보면 보타이 사람들이 마유를 섭취했을 가능성은 이제 매우 낮아 보인다. 보타이 세라믹 도기 파편에서 발견된 동위원소 패턴은 다른 원인으로 생성되었을 가능성이 있으며, 더 나은 참조 샘플과 비교하면 그 원인을 밝혀낼 수 있을 것이다.

현재 확보된 고고학 증거를 보면 보타이에서 말은 사냥되기만 했을 거라는 모델이 많은 면에서 훨씬 더 명쾌한 설명을 제공한다. 보타이 사람들은 정착 생활을 하면서 수혈주거\*로 마을을 건설했고 다른 가축이나 운송에 이용한 동물도 없었던 듯하다. 게다가 이러한

---

\* 땅에 구덩이를 파고 지붕을 덮은 형태의 집. 움집.

주거 방식은 전문적으로 가축 말을 키우는 목축민들의 생활과는 조화되기 어렵다. 목축민들은 말이 한 곳에서 과하게 풀을 뜯어 먹는 현상과 질병을 피하기 위해서 정기적으로 장거리 이동을 했다. 맥락이 모든 것을 설명한다. 땅에 기둥을 박을 수 있는 구멍 또는 한때 배설물층으로 여겨졌던 부패한 식물성 물질 또는 울타리 같은 보타이 기록의 구성 요소들이 이제는 수렵 채집 사회구조의 자취로 보이면서도 거슬리지 않을 수 있다.

구석기 시대의 말 사냥 장소 다수가 물이 있는 곳이나 물을 건널 수 있는 곳 부근, 또는 동물이 이동하는 좁은 통로를 고려하여 선택되었던 것처럼, 보타이 문화도 여름 몇 달 동안 식량을 대량으로 획득하기 적합했을 듯한 지역의 강기슭 부근에 위치했다. 3~8세의 건강한 성체 수컷과 암컷 말이 대체로 균등한 비율을 보이는 연령 및 성별 분포, 말 뼈를 이용해 만든 예술품, 심지어 말 뼈를 활용하는 적극적인 도구 제작 등 모든 부분에서 보타이는 구석기 사냥 전통과 매끄럽게 연결된다. 이전 데레이프카와 마찬가지로 이제 보타이도 불필요한 가정을 벗겨내면, 당시 사람들이 기술적이고 전문적으로 야생말을 대량으로 사냥한 곳으로 이해된다. 보타이 사냥꾼들은 한때 유라시아와 남북아메리카에 널리 퍼졌던 구석기 유산의 마지막 장을 이어나갔다.

## 정리

홀로세 후기 유라시아 사람들의 말 이용에 관한 이처럼 방대하고 복잡한 증거를 논의하다 보면 초기 말 가축화를 확인하기가 특히 어려움을 실감한다. 가축화라는 것도 결국 사람과 말 사이에 이루어지는 여러 가지 관계에 이어지는 개념이다. 데레이프카, 보타이 등 몇몇 후보가 초기 가축화가 있었다고 믿을 만한 정황을 보여주긴 했지만, 기원전 제2천년기 이전에 말을 키우거나 타고 다녔다는 증거는 고고과학이 발전하면서 무너져버렸다. 그렇다면 최초의 말 가축화를 어떻게 설명할 수 있을까?

두 번째
걸음

# 수레

The Cart

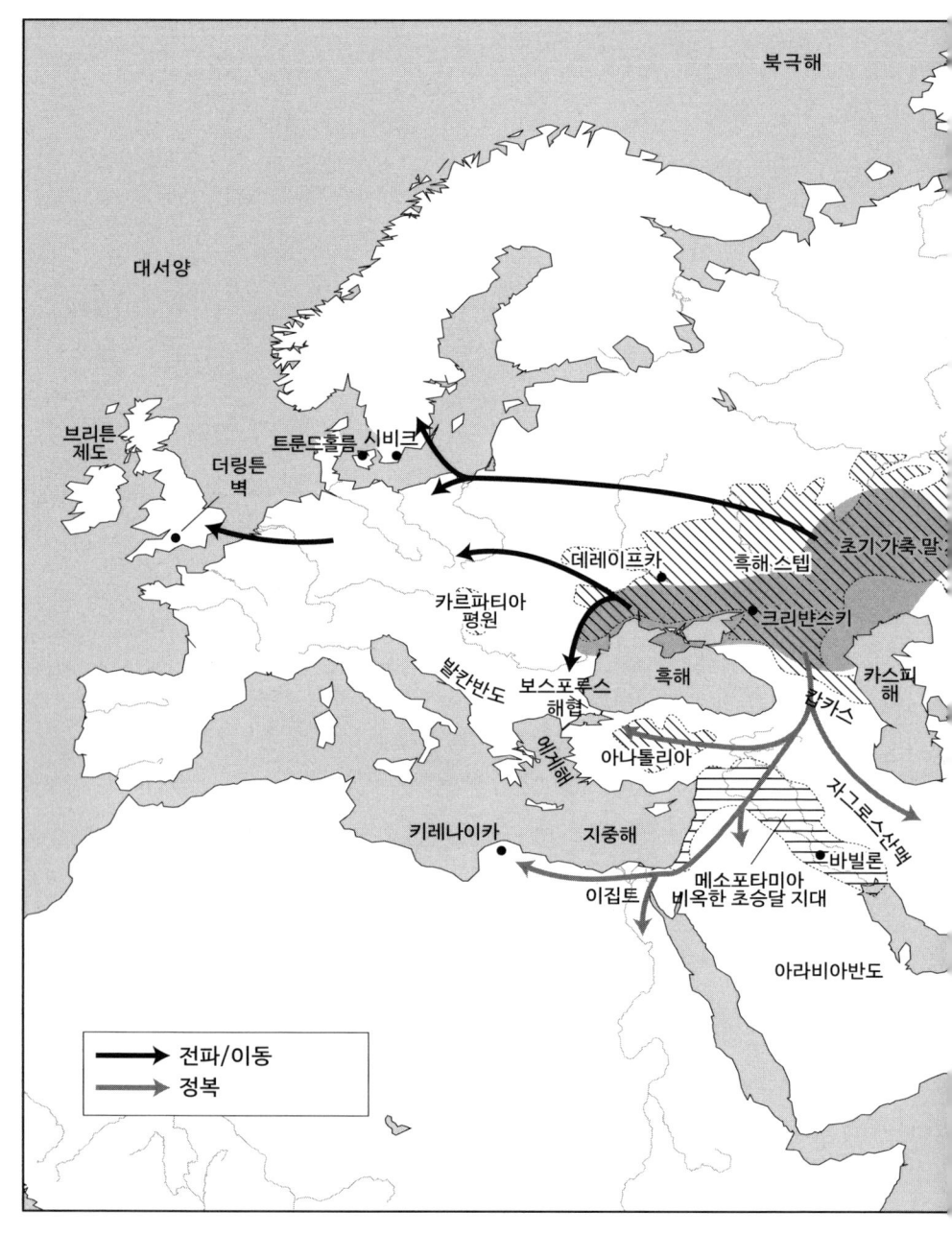

유라시아 및 북아프리카의 초기 운송용 말 가축화와 전파. 빌 넬슨 작성.

# 04

# 바퀴

기원전 제4천년기 말엽 유라시아 서부에서는 사람과 몸집이 큰 동물들의 관계가 대격변하고 있었다. 농업 공동체들이 도시 중심지 및 상업적 가치를 지닌 농경지의 모습을 갖추면서 고대 농민들은 생활과 농업 노동에 효율성을 높여주는 기술적 혁신을 이루어나갔다. 그 혁신 중 가장 중요한 것 하나가 동물이 끄는 바퀴 달린 장치다. 이 장치는 서아시아 또는 동유럽에서 초기 가축 중 가장 몸집이 크고 힘이 센 소(*Bos taurus*)와 함께 시작했다.

최초로 소를 이용한 운송이 정확히 언제 또는 어디에서 시작되었는지에 관해 고고학 기록상 완전히 답이 나온 것은 아니다. 그러나 유럽 남동부 발칸반도 고고학 유적에서 나온 소의 아랫다리 뼈의 병리적 변화가 시사하는 바에 따르면, 소는 기원전 약 6100~기원전 4500년의 어느 시점부터 쟁기질과 끄는 작업에 이용되었을 것이다.[1] 동물의 힘으로 사람을 끄는 데 사용된 탈것의 처음 형태는 더 이른 시기부터 농사용으로 사용하던 쟁기를 변형한 단순한 썰매였을 것이다.[2] 썰매에 구르는 바퀴(도기 돌림판에서 영감을 얻어 만들었든 독립적으로 발명했든)를 장착하니 모든 지형에서 이동할 수 있는 탈것으로 바뀌었고, 이 탈것은 엄청난 인기를 얻었다. 기원전 제3천년기 및 기원전 제4천년기에는 비옥한 초승달 지대와 동유럽의 여러 문화권에서 왜건*을 발견할 수 있었다.[3]

가축 소 한 쌍이 끄는 바퀴 달린 수레는 무거운 사람들 또는 상품들을 장거리 운송하는 데 효율적으로 이용할 수 있었다. 바퀴는 특히 산악 및 초원 지형에서 유용성을 자랑했기에 거리의 장단을 막론하고 이동에 새로운 가능성이 열렸다. 기원전 제3천년기 초반으로 거슬러 올라가는 캅카스산맥 남쪽의 쿠라-아락세스(Kura-Araxes) 문화 유적에서 나온 소 잔해의 엉덩이와 아랫다리 부위 뼈에서 보이는 병리는 소를 쟁기나 수레를 끄는 데 이용했음을 시사한다.[4] 바퀴 달린 왜건은 캅카스산맥에 퍼졌고, 마이코프 문화의 풍요로운 쿠르간 고분에서 처음 등장한다.[5] 바퀴 달린 탈것의 존재는 마이코프 사람들의 생계에 중대한 영향을 끼쳤다. 마이코프 사람들은 곡물 농사를 지으면서 야생 자원 채집도 했지만 주거 건축에는 노력을 덜 기

---

\* 카트(cart)는 바퀴가 두 개, 왜건(wagon)은 바퀴가 네 개인 수레를 지칭하는 경우가 많다. 저자가 두 단어를 모두 사용하니 'cart'는 '수레'로, 'wagon'은 '왜건'으로 번역했다.

울였고 돼지도 거의 키우지 않았다. 주거 건축과 돼지 사육은 정착 생활 방식과 관련성이 많은 편이다.[6] 같은 시기에 왜건과 왜건 부품들은 얌나야 문화권을 포함해 동유럽 및 흑해 스텝의 다른 지역에도 등장했다.

초기 소 수레는 구조가 비교적 단순했고, 소의 몸 구조에 맞춰 특별히 설계된 제어 체계를 사용했다. 마이코프의 쿠르간 출토품에 포함된 독특한 구리 물건들은 한때, 3장에서 논의했듯이 사람이 말을 타는 데 사용했던 초기 굴레 부속의 일종으로 여겨지기도 했다.[7] 그러나 최근 고고학 조사를 통해 발굴 현장을 종합적으로 분석한 결과, 소를 제어하는 고삐가 묶여 있었을 코뚜레임이 드러났다(도판 5 참조).[8] 이러한 초기 운송 소가 끌었던 왜건은 바퀴가 네 개 달린 무거운 수레로, 널빤지에서 잘라낸 빈틈 없는 통짜 바퀴를 장착했다.[9] 소에게 씌워진 무거운 멍에 또는 가로대는 수레와 짐의 무게를 가운데 막대기에서 소의 강인한 목과 앞다리로 옮겼다.

풀은 넉넉했지만 작물을 경작할 변두리 땅은 넉넉지 않았던 춥고 건조한 스텝 환경 변두리에 거주하던 목축민들은 소를 이용한 운송 덕분에 선택의 여지가 많아졌다. 수레와 함께 이동하는 목축민은 무거운 짐을 끌고 장거리를 다니면서 쉽게 잠자리를 철수하거나 새로운 자리를 잡을 수 있었다. 유라시아 북부에서 초기에 왜건을 이용한 사람들은 때때로 엄청난 거리를 이동했다. 얌나야 사람들 또는 그들과 유전적으로 가까운 친족들은 바퀴의 힘으로 흑해 스텝에서 북서쪽으로 흩어져 중유럽으로 들어갔다. 그들의 후손은 매듭무늬

토기 문화를 이루어 인도-유럽 혈통과 언어를 유럽 대륙의 광대한 지역에 퍼뜨렸다.[10] 얌나야 이주민들은 동쪽으로도 스텝의 목초지 벨트를 따라 시베리아 중남부까지 나아갔다. 그들의 문화를 아파나시에보(Afanasievo) 문화라고 부르는데, 그들이 키운 가축은 기원전 약 3300~기원전 2900년 러시아 알타이 지역에서도 확인된다.[11] 우리가 고고학자와 유전학자 팀과 협력하여 연구한 결과는 바퀴를 사용한 이들이 사실상 몽골 초원에까지 이주했음을 보여준다. 우리는 몽골 중부 항가이산맥 샤타르출루(Shatar Chuluu) 유적의 고대 몽골 고분 2기에서 나온 유전체를 완전히 재구성하여, 기원전 약 3000년까지 거슬러 올라가는 고대의 두 종족이 얌나야와 비슷한 혈통임을 발견했다.[12]

그렇다면 이 목축민들은 흑해 스텝에서 출발해 수백 년 동안 4,000킬로미터가 넘는 거리를 여행하며 물을 건너고 산림-초원 변두리를 지나서 내륙 아시아 너머 몽골고원 중심부로 들어간 것이다. 이 초기 목축민들은 해체된 왜건일 수도 있는 것을 양 그리고(또는) 염소, 소, 길들여진 개의 잔해와 함께 무덤 속에 묻었다.[13] 샤타르출루 목축민들의 치태에서 나온 미량의 동물 젖 단백질은 몽골 아파나시에보 문화가 유제품도 이용했음을 보여준다. 유제품은 양에게서, 그리고 아마 소에게서도 얻었을 것이다.[14]

수십 년 동안 많은 연구자가 얌나야 사람들의 이 특이한 이주를 최초의 말 가축화와 연결하려고 했다. 최근 연구자들은 얌나야 고분에서 나온 유해들의 허리와 골반/엉덩이 부위 뼈에 문제가 있다는 사실에 주목했다. 이는 더 나중 시기에 말 등에 올라타고 다닌 사람들에게서 발견되는 문제와 유사했다. 따라서 얌나야 사람들이 기원전 약 3000년 또는 그 이전에 말을 타기도 했다는 추론이 가능하다.[15] 하지만 만약 그게 사실이라면 말은 어디에 있을까?

몽골이나 그 인접 지역의 아파나시에보 문화와 연결할 수 있으며 연대가 확실하게 측정되거나 확인된 말 뼈, 마유 단백질 등 말 가축화의 증거는 아직 없다. 이는 분명하다. 초기 얌나야 고분에서는 말 장비와 관련된 유물, 말타기를 의미하는 그림, 운송에 동원된 결과로 병리 현상을 보이는 말 뼈 등을 전혀 찾아볼 수 없다. (사실 말 뼈 자체가 거의 없다.) 초기 얌나야 사람들의 뼈에서 나타나는 병리적 특성은 이 시기에 관련된 고분과 그림에서 발견되는 소가 끄는 수레를 오랫동안 모느라 발생한 것이 거의 확실하다. 우차로 울퉁불퉁한 길을 이동하며 오래 앉아 있어도 허리와 팔다리에 동일한 종류의 병리를 유발할 수 있었을 것이다. 고고학 기록은 말이 아니라 소가 수레를 끄는 운송이 기원전 제4천년기의 대륙을 가로지르는 목축민의 이동을 촉진했음을 분명하게 보여준다.

처음으로 소가 수레를 끄는 운송이 시작되면서 마이코프와 얌나야 같은 문화권이 이동 능력을 얻긴 했지만, 우차는 느리고 육중해서 짧은 시간에 이동할 수 있는 거리가 제한적이었다. 예를 들어 가축 무리를 몰고 주변 목초지를 옮겨 다니는 데는 불편이 따랐다. 내륙 아시아 초원과 사막에서는 대부분의 비가 특정 계절에 집중해서 내리기에, 한 장소만 고집하다 보면 금세 가축들이 그곳 풀을 과하

몽골 중부 샤타르출루에서 초기 가축을 데리고 야영 준비를 하는 아파나시에보 목축민들. 바버라 모리슨 그림.

게 뜯어 먹는 일이 발생할 수 있다. 여기에 심한 겨울 추위마저 겹치면 많은 지역에서 정착형 목축이 거의 불가능해진다.

 아마도 그러한 제약 때문에 초기 스텝 목축민들은 더 습한 북쪽 지역과 물이 넉넉한 산림-초원 변두리에서 어지간하면 벗어나지 않았다. 그처럼 강우량이 많은 지역에서는 식단을 다른 많은 전략(사냥, 낚시, 채집, 농사 포함)으로 보충하면서 가축 무리를 유지할 수 있었기 때문이다. 세계에서 가장 건조한 초원 중 한 곳인 몽골 지역은 1년 강수량의 거의 전부가 한여름의 짧은 폭우에서 나온다. 그러나 몽골의 고산지대(서부의 알타이산맥과 중부의 항가이산맥)에는 조금 더 많고 안정적인 수준의 비가 내린다. 이 빗물에 더해 고산지대에 축적돼 있던 얼음도 여름에 녹으면서 담수와 함께 비옥한 여름철 산 목초지를 제공하니, 1년 내내 안정된 목축 활동을 할 수 있다.[16] 이러한 산악지대는 아파나시에보 목축민들에게 안전하고 거주할 만한 오아시스 역할을 했으며, 아파나시에보 문화의 고고학 증거는 오직 알타이산맥과 항가이산맥의 산악 지대 변두리를 따라서만 발견된다.[17] 그러나 말이 없었기에, 기원전 제3천년기 또는 기원전 제2천년기 초반에는 아파나시에보 문화도, 그 뒤를 이은 다른 목축 문화들도 산이라는 거점을 넘어 더 나아가지는 못했던 것 같다.

## 말과에 속하는 동물의 첫 운송

내륙 아시아에서 이동과 정착 생활을 병행한 목축민들이 소가 끄는 수레를 몰고 초원의 길을 개척했을 때, 한참 멀리 떨어진 곳에서는 말과에 속하는 동물이 처음으로 길들여져 운송용으로 이용되고 있었다. 이 선구적인 동물은 말이 아니라 겸손한 당나귀(*Equus asinus*)였다. 신석기 혁명기에 길들여진 동식물이 비옥한 나일강 통로\*로 퍼진 후 나일강 통로 지역은 사회적, 경제적, 문화적으로 중요한 변화를 경험했다. 규모가 큰 도시 중심지와 복잡한 통치 조직이 나일강 상류와 하류에 걸쳐 나타났고, 다른 초기 농경 사회처럼 해야 할 일도 많았다.

---

\*   아프리카 적도 부근 나일강 상류에서 지중해 삼각주에 이르는 길쭉한 땅.

당나귀를 인간 세상으로 끌어들인 원동력은 이집트 초기 왕조의 농업 노동력에 대한 수요였을 것이다. 당나귀는 아프리카 북동부에 살던 야생 선조의 계통에서 기원전 3000년보다 앞선 어느 시점에 처음 길들여졌다고 추측되는데, 최근 유전체 추정이 시사하는 바에 따르면 그 시기는 훨씬 앞선 기원전 5000년에 가까울 수도 있다.[18] 이 매우 이른 시기 당나귀의 선조는 지금은 멸종한 누비아야생당나귀였을 가능성이 높다.[19] 이집트 아비도스(Abydos) 유적에 묻혀 있던 기원전 약 3000년까지 거슬러 올라가는 당나귀 뼈에서 보이는 척추 변형은 당나귀가 운송에 사용되었음을 가리킨다. 무거운 짐을 나르거나 등에 사람을 태웠을 것이다. 몇몇 초기 이집트 그림에도 나타나는 운송 형태다.[20] 동시대인들 일부가 당나귀 고기를 먹긴 했지만, 처음 길들여진 이 당나귀들이 고기, 젖, 또는 다른 제품용으로 키워졌다는 증거는 지금까지 거의 없다. 당나귀는 특별히 운송용 동물로 길들여진 것으로 보인다.

## 당나귀를 이용한 근동의 운송

당나귀는 초기 이집트 무대에 깜짝 출연한 후 동아프리카, 아시아, 유럽으로 퍼져나갔다. 동물 뼈와 치아의 안정적인 동위원솟값은 고고학자들이 고대의 이동·교역·교환 과정을 추적하는 데 도움이 된다. 이 방법을 활용해 초기 근동에서 나온 당나귀 잔해를 분석한 연구 결과는 기원전 제3천년기 초반에 당나귀가 교역을 통해 레반트 및 동지중해 지역으로 들어갔음을 시사한다.[21] 그 과정에서 당나귀를 이용한 운송은 소를 이용한 운송 및 바퀴 달린 탈것의 초기 전통과 충돌했다.

당나귀를 이용한 운송은 서아시아의 따뜻한 사막에서 많은 이점을 제공했다. 당나귀는 소보다 물을 적게 마셨으며 고온에서 일하는 데도 잘 적응했다. 당나귀는 한 마리만 놓고 보면 소만큼 힘이 세지는 않았지만 대신 더 가볍고 더 매끈하고 더 빨랐으며, 여러 마리를 수레에 매면 소보다 더 빠른 속력을 낼 수 있었다. 당나귀는 아시아에서 인기가 치솟았고 근동 사회·경제 인프라의 중요한 요소가 되었다. 기원전 제3천년기 근동 지역의 글과 이미지에는 쟁기질, 타작, 운반 등의 농사 활동 및 상업과 교역에서 당나귀를 이용하는 모습이 기록되어 있다.[22]

## 말과에 속하는 동물의 운송 제2라운드

아시아의 바퀴 달린 탈것 기술과 아프리카 당나귀의 결합은 몸집이 큰 다른 포유류에 대한 실험을 촉진했다. 당나귀뿐 아니라 말과에 속하는 다른 여러 야생 종도 서아시아 산악 및 산지 지대 토종이었다. 여기에 포함되는 동물은 카발라인 야생말, 유럽야생당나귀(*Equus hydruntinus*) 같은 오나거(hemiones)류, 그리고 시리아 아종(*Equus hemionus hemippus*)과 이란 아종(*E. hemionus onager*)을 비롯한 아시아야생당나귀(*Equus hemionus*)의 여러 아종 등이었다. 아마도 이 우아한 동물들은 친척들이 플라이스토세 중기에 티베트 지역과 몽골 초원 지역을 개척하기 전에 서아시아 사막에서 처음 진화했을

것이다.[23]

토종 분류군(taxon)인 야생당나귀는 특히 비옥한 초승달 지대에서 성공적으로 살아갈 준비가 되어 있었다. 오나거는 생김새가 당나귀와 비슷하지만 아프리카의 사촌들보다 더 매끈하고 빠르며, DNA 분석이 시사하는 바에 따르면 오나거와 말의 관계가 오나거와 당나귀 또는 얼룩말의 관계보다 더 가깝다.[24] 오나거의 놀라운 속력은 말과 진화적으로 가까움을 보여준다. 오나거는 당나귀보다 훨씬 더 빠르며 말과 거의 비슷하다.

고대 메소포타미아의 문서 기록은 당나귀가 도입된 이후 오나거 또한 일시적으로 가축 영역에 들어왔음을 시사한다. 메소포타미아 남부 문명의 초기 언어인 옛 수메르어로 적힌 사료에서 말과에 속하는 여러 다양한 가축이 언급된다.[25] 사료에서 확인되는 동물 중에는 '안셰리비르(ANŠE.LIBIR)'가 있다. 당시 사람들이 이 동물을 말과의 다른 동물과 이종교배하여 '안셰바르안(ANŠE.BAR.AN)'이라는 잡종이 나온 것으로 보인다.[26] 남아 있는 비문을 바탕으로 추정하면, '안셰리비르'는 가끔씩 농사일과 바퀴 달린 탈것을 끄는 데 이용된 듯하다. 잡종 동물은 초기 왕조 IIIb 시대(대략 기원전 2500~기원전 2000년)에 바퀴 달린 탈것을 끌거나 심지어 타고 다니는 데 선호되었다.[27]

기원전 제3천년기 근동의 그림에는 말과에 속하는 동물의 초기 운송 모습이 시각적으로 묘사되어 있다. 가장 유명한 예시는 기원전 26~기원전 25세기로 추정되며 흔히 '우르의 깃발(Standard of Ur)'이라고 부르는 장식 상자일 것이다. 상자의 장식 면에 있는 색색의 모자이크에는 사륜차를 타고 전쟁에 나가는 군인들이 묘사되어 있으며, 말과에 속하는 털이 짧은 동물 네 마리가 각각의 사륜차를 끈다. 모자이크 아래쪽에서 사륜차를 끄는 동물이 달리는 발굽으로 불운한 적을 무자비하게 짓밟는 장면은 이 동물이 끄는 사륜차의 용도가 전쟁이었음을 확실히 보여준다.

그런데 '안셰리비르'는 어떤 동물이었을까? 많은 학자가 얌나야에 대한 가정 및 말 가축화에 대한 고고학 기록을 바탕으로 이 동물이 초기의 길들여진 말이었다고 추측했다. 만약 그렇다면 '안셰바르안'은 길들여진 말과 당나귀 사이에서 난 잡종, 오늘날 노새 또는 버새라고 부르는 동물이어야 할 것이다. 그러나 수메르 문헌에 말과 노새는 완전히 다른 용어로 등장하는 데다, 두 단어 중 어느 것도 기원전 제2천년기에 접어들 때까지는 문서 기록에 등장하지 않는다.[28] 최근에 L. 레흐트(L. Recht)는 그간의 연구 결과를 종합해 정리하며 '안셰리비르'가 길들여진 당나귀임을 확인했다.[29]

초기 근동 그림에서 운송에 이용되는 모습으로 묘사되는 말과에 속하는 동물 대부분(전부는 아니더라도)은 당나귀 또는 오나거 또는 잡종을 나타내며, 흔히 가정하는 것처럼 길들여진 말은 아닐 가능성이 크다.[30] 아시아야생당나귀는 말보다 몸집이 작고, 꼬리와 갈기에 길들여진 말과는 질적으로 다른 점이 일부 있지만, 한편으로는 짧은 귀가 말의 귀와 닮아서 둘을 구별하기가 쉽지는 않다.[31] 예술 표현 속에서 말과에 속하는 동물들을 구분하려고 노력하는 학자들은 그런 이유 때문에 대체로 꼬리와 갈기 묘사의 사소한 차이에 의존하는 수밖에 없다. 이를테면 추정을 바탕으로 덥수룩한 술이 달린 꼬리(당나귀와 오나거에게 흔함)나 앞갈기(말은 갈기가 머리 앞부분까지 이어짐)의 모습을 확인하는 식이다. 그러나 기원전 제3천년기 그림 대부분에 사용된 추상 수준을 고려하면 이 같은 미묘한 세부 사항에 관한 추론에 많은 의미를 두거나 신뢰하기는 어렵다. 실제로 초기의 말 탄 사람으로 가장 흔히 인용되는 사례(이라크 남부에서 출토된 기원전 제2천년기 초반으로 추정되는 구운 찰흙 명판)에서 사람을 태운 네발짐승이 처음에는 거대한 울프하운드라고 여겨지기도 했다![32] 해부학적으로 세세하게 묘사한 이미지 중 근동 지역에서 카발라인말을 묘사한 것으로 보이는 경우는 극소수이며, 이마저도 일반적으로는 야생의 프르제발스키말을 묘사한 것으로 보인다.[33]

고대 메소포타미아에서 말과에 속하는 동물이 운송하는 모습을 묘사한 이미지에서 대부분의 경우에는 해부학적으로 세세할수록 말보다 당나귀나 야생당나귀에 대한 묘사임이 더 명백하다. 기원전 제3천년기 근동에서 그려진 이러한 이미지에서 운송하는 동물은 매끈하고 털이 없으며 갈기가 곤두서 있고 종종 덥수룩한 술이 달린 꼬리를 명확히 드러내기도 한다. 이러한 특징은 오나거와 당나귀에게는 자연스럽게 나타나지만 말에게는 나타나지 않는다. 많은 경우에 운송을 하는 말과에 속하는 동물은 등에 줄무늬도 장식되어 있다.[34] 이 독특한 색상 패턴은 당나귀의 조상과 관련이 있다.[35]

고대의 말과에 속하는 동물 묘사에서 가장 의미 있는 정보는 실상 그 동물을 타고 있는 사람의 모습일 수도 있다. 당나귀와 오나거 둘 다 기갑,* 즉 어깨 부위가 높이 솟지 않아서 카발라인 사촌과는 구별된다. 이러한 해부학적 특성 때문에 사람이 등에 올라타면 무게가 동물의 뒤쪽으로 더 가게 앉아야만 한다. 그래야 사람의 무게가 이들 동물의 뒷다리에 더 편하게 배분될 수 있다. 고고학자들과 역사학자들은 이 자세를 가리켜 흔히 '당나귀 타는 자세'라고 한다.[36] 사람이 말 등에 올라탔다는 증거를 찾는 이들은 고대 근동의 이미지에서 당나귀 타는 자세가 어리둥절할 정도로 곳곳에 등장하니, 당시 사람들이 말의 해부학적 특성을 잘 몰라서 그랬다고 간혹 설명한다. 하지만 그보다는 가장 먼저 동물 등에 올라탔던 사람들이 전부 당나귀 또는 오나거 또는 그 사이에서 난 잡종을 탔다고 하는 설명이 훨씬 간단명료하다.

## 동물고고학 기록

고대 근동에서 말이 아니라 당나귀와 오나거를 운송용으로 이용했다는 사실은 동물고고학 기록으로도 확인된다. 뼈를 바탕으로 말과에 속하는 동물들의 분류군을 분석하는 일은 그 자체가 힘겨운 작업이다. 역사적으로 학자들은 치아 또는 뼈의 특정 요소의 크기와 형태에 나타나는 미세한 차이를 소량의 현대 참조군과 비교하는 식으로 작업할 수밖에 없었다. 이처럼 오류 가능성이 상당한 접근법을

---

* 기갑(withers)이란 네발동물의 견갑골 사이 능선을 지칭하며, 말과 개의 키를 측정할 때 이 부위를 기준으로 삼는다.

사용했음에도, 야생 분류군도 살았던 튀르키예와 이란의 산악 지대를 제외하고는 기원전 2000년 이전 근동 대부분 지역의 고고학 유적에서 말이 발견된 경우는 극히 드물다.[37] 기원전 제2천년기보다 앞선 것으로 확인된 카발라인말 중에서도 운송에 이용되었다는 증거가 골학적으로 제시된 사례는 전혀 없다. 스텝 지대 남쪽의 말 운송에 대한 가장 오래된 동물고고학 증거는 오늘날 이란에 있는 기원전 제2천년기 초반 유적 탈 이 말얀(Tal-e Malyan)에서 나왔다. 이 유적에서 나온 카발라인말 한 마리의 턱에서 관찰된 치아 마모 현상은 이 말이 굴레를 쓰고 운송에 이용되었음을 보여준다.[38]

동물고고학과 새로운 유전체 분석 기술을 결합하면 고대 근동에서 말과에 속하는 동물들이 어떻게 이용되었는지에 대한 의문을 해결할 수 있을지도 모른다. 몸집이 작고 당나귀처럼 보이는 말과에 속하는 동물들이 레반트와 메소포타미아의 기원전 제3천년기의 여러 유적에 묻혀 있었다.[39] 이란 서부의 고딘테페(Godin Tepe) 유적에서 발굴된 기원전 약 2000년까지 거슬러 올라가는 내용물에서 나온, 형태학적으로 오나거(*E. hemionus*)로 확인된 다리뼈들의 내부 구조를 비교한 결과에 따르면 이 동물들은 작업에 이용된 것으로 보인다.[40] 기원전 제3천년기 중반까지 거슬러 올라가는 시리아 움엘마라(Umm el-Marra) 유적의 쓰레기 더미와 매장지에서는 고고학자들이 말과에 속하는 동물의 뼈 26구를 발굴했다(도판 6 참조). 고고학자들은 대체로 온전한 뼈들을 주의 깊게 형태학적으로 비교하여 그 동물들이 전부 당나귀나 오나거 또는 잡종임을 확인했다.[41] 2021년에 연구자들이 움엘마라 유적에서 나온 말과에 속하는 동물들 뼈의 유전체 분석을 수행한 결과에 따르면 이들은 시리아야생당나귀 수컷과 길들여진 당나귀 암컷 사이의 자식이었다.[42] 이 발견으로 오나거, 구체적으로는 몸집이 작은 시리아 아종 한 마리와 당나귀들을 교배하여 '안세바르안'을 낳게 했다는 사실이 의심의 여지 없이 입증됐다. 이 잡종들은 당나귀보다는 힘이 더 세고 더 빨랐으며 야생 오나거보다는 더 고분고분했을 가능성이 높다. 그래서 운송에 이용할 때 다루기가 더 쉬웠을 것이다. 그러나 잡종은 생식능력이 없었을 것이기에 정기적인 이종교배가 필요했을 것이다.[43]

기원전 제1천년기 중반의 육중한 전투용 차(상단 왼쪽)와 더 가볍고 우스꽝스러운 '양다리를 벌리고 앉는 차'(상단 오른쪽)는 고대 근동에서 육중한 바퀴 달린 탈것이 말과에 속하는 동물의 속력에 맞춰 변화하는 여러 단계를 보여준다. 오나거를 탄 고대인(하단)이 동물 뒤편에 '당나귀 타는 자세'로 앉아 채찍, 뱃대끈, 고삐 고리를 이용해 동물을 제어하고 있다. 바버라 모리슨 그림.

## 초기 오나거와 당나귀 운송 기술

문화적으로 당나귀와 오나거의 중요성이 부각되면서, 당시 사람들은 말과에 속하는 동물을 이용하는 운송에서 나타나는 어려움에 맞춰 운송 기술을 개선해가야 했다. '우르의 깃발'에 묘사된 것처럼, 처음에 당나귀가 끌던 탈것은 무겁고 느렸다. 차축은 널빤지를 덧대어 만든 통짜 목재 원판 바퀴에 고정되어 있었다. 이 초기 수레의 두꺼운 바퀴에 사람들은 때때로 금속을 박거나 금속 테를 두르기도 했다.[44] 얼마 동안은 소가 끄는 탈것과 말과에 속하는 동물이 끄는 탈것의 디자인이 거의 동일해 보였다.[45]

그러나 오래지 않아 이 우직하고 느린 운송은 당나귀와 오나거의 체형과 속력에 맞춰 변했다. 소에게 씌우는 멍에는 말과에 속하는 동물 목에 맞춰 멍에 안장으로 바뀌었다. 'V' 자 형태의 이 나무는 멍에의 무게를 분산하고, 멍에가 기갑/어깨 앞쪽에서 벗어나지 않게 유지해주었다.[46] 바퀴 네 개의 전차는 양다리를 벌리고 앉는 정체불명의 차 같고 바퀴가 두 개인 탈것으로 바뀌었고, 사람도 이 탈것에 새로운 방식으로 올라탔다.[47] 이 가벼운 운송 수단은 왜건의 기본적인 구성 요소(중심 막대, 무거운 바퀴, 차축)를 유지했지만, 바퀴 두 개와 무거운 플랫폼이 제거되고 핸들과 탑승자 한 명이 앉을 수 있는 일종의 자전거 안장 같은 것이 추가됐다. 마치 고대 메소포타미아식 '세그웨이'* 같은 생김새였다. 양다리를 벌리고 앉는 차는 결국 플랫폼 차로 대체

---

\* 현대 미국의 유명한 전동 이륜차 브랜드.

되었다. 전차의 원형이라 할 수 있는 플랫폼 차는 가림막이 있는 플랫폼을 채용했지만 여전히 통짜 원판 바퀴를 사용했다.[48]

플랫폼 차 기술이 더 이른 시기에 출현했다는 간접적인 암시도 있지만, 시간 추정이 가능한 고고학 맥락에서 출토된 가장 오래된 재갈들은 기원전 제2천년기에 들어선 이후의 것이다.[49] 굴레나 재갈이 아직 발명되지 않았기에 당시 사람들은 초기의 말과에 속하는 동물들도 수레를 끄는 소에게 한 것과 동일한 방식으로 단순히 코와 입에 고리를 걸어 제어했던 것 같다. 이러한 고리로는 차를 모는 사람이 개별 동물마다 방향을 제어하기가 극히 힘들었고, 고리는 주로 제동장치처럼 기능했을 것이다.[50] 그러나 동물 두 마리나 네 마리의 한 팀을 고삐로 제어하면 개별 동물의 고삐를 당기는 강도를 조절함으로써 더 기술적인 방향 조작 및 전환도 가능했을 것이다.[51] 고삐는 차의 중심 막대에 부착된 고삐 고리 또는 고삐 분리기를 이용해 정리해서 고삐줄이 교차하거나 뒤엉키지 않게 했다.[52]

이러한 제어 시스템은 초기 운송에 이용됐던 말과에 속하는 동물들의 뼈에 명확하고 식별 가능한 흔적을 남겼다. 움엘마라 유적에서 나온 잡종들의 경우, 앞쪽 윗니의 잇몸선 위 얇은 치조골과 단단한 에나멜 보호막이 어떤 단단한 물질에 마모된 것으로 보인다. 원래 이런 치아 표면은 일반적으로 손상에 노출되지 않기 마련이다(도판 6 참조). 초기 그림에서 볼 수 있는 것 같은 입에 거는 금속 고리를 장기간 사용했다는 설명 외에는 이러한 패턴을 설명할 방법이 없다. 비대칭적 마모 패턴은, 수레를 끄는 두 마리나 네 마리로 구성된 팀에서 이 동물이 왼쪽 자리를 맡았음을 반영한다고 볼 수 있다. 이러한 발견은 고리-고삐 시스템을 더 세부적으로 이해하는 데 도움이 된다. 즉, 움엘마라 치아 마모의 해부학적 위치는 고리가 코가 아니라 윗입술의 살을 뚫고 끼워졌을 가능성이 높다는 것을 암시한다.

사람이 등에 올라탔을 때도 당나귀와 야생당나귀 모두 고삐-고리 장치로 제어했던 것 같다. 말과에 속하는 동물을 초기에 이런 식으로 타고 다니는 것은 좀 위험했다. 동물 입에 고리를 거는 시스템도 투박할 뿐 아니라, 올라앉은 사람은 안장이 없어서 오로지 동물 가슴에 두른 뱃대끈에만 의존해 몸의 균형을 유지했던 듯하다. 당시 동물 등에 올라타고 가는 경우는 위험이 덜한 상황 또는 메신저나 정찰병처럼 속도가 우선하는 특정 임무를 띠고 채찍으로 동물을 재촉해야 하는 상황만으로 한정되었을 것이다.[53] 기원전 제3천년기에는 대부분의 경우 바퀴 달린 탈것이 가장 안정적이고 유용하고 신뢰할 수 있는 수송 형태의 지위를 유지했다.

## 정리

다양한 언어 및 그림 데이터, 동물고고학/생체분자 데이터는 기원전 제3천년기에 바퀴 달린 탈것으로 운송하고 동물을 직접 타고 다니는 데 말이 아니라 당나귀와 오나거를 이용했음을 입증하는 방향으로 수렴한다. 아프리카 북동부에서 근동으로 전해졌을 가능성이 높은 길들여진 당나귀로 시작해서, 근동 지역 사람들은 소를 이용하는 운송을 위해 고안한 왜건 및 제어 장비 기술을 더 빠르고 더 가벼운 전차 같은 탈것에 맞춰 개선하며 점진적인 혁신을 이루었다. 다만 탈것은 여전히 단순한 코걸이와 무거운 원판 바퀴로 움직였다. 오나거의 빠른 속력에 고무된 사람들이 가축화 및 당나귀와의 이종교배를 시도하여 운송에 쓰이는 말과에 속하는 동물 여러 종이 생겨났고, 때로는 이를 사람이 직접 타고 다니기도 했다.

근동 지역 사회들은 더 빠르고 효과적인 탈것을 이용해 밭을 갈고, 곡물을 타작하여 운송하고, 이전의 어느 때보다 더 효율적으로 교역할 수 있었다. 말과에 속하는 동물을 타고 달리는 메신저를 통한 장거리 커뮤니케이션은 중앙아시아, 북아프리카, 유럽 변두리 등 근방 지역과 새롭게 관계 맺는 데 도움이 되었을 것이다. 당나귀나 오나거가 끄는 수레는 전투에서 유용함을 증명했고 초기 도시국가의 부상을 촉진하는 데 기여했다. 초기 도시국가들은 사막에 적응한 동물들을 효과적이고 수월하게 길러낼 수 있었다. 한편 북쪽의 추운 초원에서는 곧 고대 세계 전역에 퍼지며 큰 의미를 갖게 되는, 사람과 말의 관계가 서서히 나타나고 있었다.

# 05

# 전차

## 최초의 가까운 관계

과학 데이터 연구가 발전함에 따라 데레이프카와 보타이 같은 이른 시기 사례들의 위신은 추락했고, 초기 얌나야나 고대 근동에서 말을 이용했다는 신뢰할 만한 증거도 없다. 그렇다면 가장 이른 시기의 말 가축화를 설명할 길을 어디서 찾아야 할까?

한 연구 프로젝트는 최초의 길들여진 말의 기원에 대한 유전체 단서를 찾기 위해 지난 몇 년간 전례 없는 수준으로 유라시아의 여러 고고학 유적에서 나온 고대 말 뼈 수백 구를 분석하고 시기를 추정했다. 이 작업은 길들여진 말의 가장 앞선 조상이 흑해 지대 및 그 근방의 동유럽과 아나톨리아 지역에서 살아가던 야생 카발라인 분류군이었음을 의심의 여지 없이 보여준다.[1] 이 새로운 DNA 데이터는 기원전 약 2900~기원전 2600년의 어느 시점에 길들여진 말의 첫 직계 조상들, 'DOM2' 유전자 계통이 얌나야 문화의 매우 늦은 시기의 고고학 유적에 등장했음을 알려준다. 이 초기 원시말들은 처음에는 오늘날 러시아와 우크라이나에 있는 드네프르강과 돈강 사이 흑해 스텝의 작은 영역만 차지하고 있었다.[2] 길들여진 말의 조상은 러시아 남서부에서 역사적으로 알려져 있던 야생말 타르판(*E. ferus ferus*)이라는 가설을 수년 동안 학자들이 제시했지만, 타르판 표본의 염기 서열 분석 결과는 타르판이 더 나중 시기의 토착 유럽 야생말 계통과 'DOM2' 계통 길들여진 말의 잡종임을 보여주었다.[3]

기원전 제3천년기 후반 흑해 지대에서 무엇 때문에 말이 사람의 직접적인 통제하에 놓였는지에 관한 답은 여전히 극히 부족하지만, 이 시기로 추정되는 사람 고분에 대한 새로운 과학적 분석이 어느 정도 단서를 제공한다. 그 이전 수천 년이 넘는 시간 동안 흑해 지대 사냥꾼들은 식단에서 중요했던 말속 동물을 사냥하면서 이들의 생태와 행동을 이미 속속들이 알고 있었다. 과학자 셰반 윌킨(Shevan Wilkin)이 이끈 연구진(나도 포함되었다)은 초기 얌나야 및 흑해 지대 고분 16구를 분석하며 고대 목축민들의 치아에 보존된 고대 동물 젖의 단백질을 이용하여, 기원전 제4천년기에 소, 양, 염소 등 다른 동물들을 길들여 유제품을 얻었음을 확인했다.[4] 이 지역에 가축이 들어오고 동물을 이용한 운송 기술이 들어왔을 때 얌나야의 위치는 흑해 스텝 지대의 말과에 속하는 야생동물과 새롭게 무언가를 시도하기에 완벽했다.

고대 유제품에 관해 연구하던 우리는 초기 얌나야 샘플 중에서 말에만 존재하는 독특한 식이 단백질이 남아 있는 치아 두 개를 확인했다. 그 단백질은 에쿠스 카발루스(길들여진 말)의 것일 가능성이 매우 높았다. 러시아 돈강 기슭 크리뱐스키(Krivyanskiy) 유적에서 나온 이 치아 두 개는 사람이 말을 가축으로 관리했음을 말해주는 가장 오래된 직접적인 증거일 수도 있다.[5] 그러나 더 확실한 증거가 발견될 때까지는 반박 불가능한 데이터라고 할 수는 없을 것이다. 인간 유해의 방사성탄소연대측정은 간혹 편향될 수도 있다. 특히 생선을 비롯해 해산물이 풍부한 식단을 먹고 사는 유기체는 여러 동위원솟값을 지닌 탄소가 체내에 포함되기 때문에 측정 연대가 더 오래된 것처럼 보일 수 있다. 이러한 식이 효과의 가능성을 고려하면, 이 최초 마유 단백질의 추정 연대를 기원전 제3천년기 초반 또는 그 이전이라고 확신하기 어려울 수 있다.

그런데 설령 얌나야 목축민들이 정말로 마유 섭취를 실험해보았다 해도, 마유가 그들의 식단에서 차지한 전반적인 중요성은 무시할 만하거나 거의 없다시피 했을 것이다. 마유에 대한 증거는 크리뱐스키에만 한정되어 있다. 그뿐 아니라 최근의 대규모 연구들은 얌나야 및 다른 초기 목축민들이 기원전 약 2800년까지는 거의 전적으로 양유에 의존했으며, 이후에도 기원전 제1천년기까지 양유에 더해 주로 염소와 소의 젖을 섭취했지 마유를 섭취하지는 않았음을 보여준다.[6] 지금까지 번식, 고기 생산, 운송, 그 밖의 다른 활동의 측면에서도 말이 가축화 과정에서 수행한 역할을 이해하는 데 사용할 수 있는 동물고고학 데이터는 거의 없다. 실상 대부분의 경우 기원전 제3천년기 흑해 지대 유적에서 나온 말 잔해들은 야생동물인지 가축인지가 불분명하다. 이 중요한 의문들을 추가 연구를 통해 정리하기 전까지는 최초의 말들이 흑해 지대 경제에서 얼마나 중요했는지를 수량화하기 어렵다.

## 말을 통한 운송의 기원

길들여진 말은 고고학 기록에 처음 등장한 지 몇백 년 안에 아프리카부터 동아시아까지 고대 세계를 흔들어놓은 변화의 원동력이 되었다. 변화의 핵심에는 말이 끄는 전차라는 단 하나의 혁신이 있었다.

기원전 제3천년기 동안 서아시아에서 당나귀와 오나거를 이용하는 운송이 확산하면서 유라시아 대륙은 문화 교류, 분쟁, 교역 등을 통해 점점 더 연결되었다. 소가 끄는 수레가 메소포타미아에서 당나귀에게 맞춰 개량된 이후 오나거처럼 말과에 속하는 다른 야생동물들도 탐나는 실험 대상으로 눈길을 끌었다. 하지만 당나귀와 오나거는 따뜻한 사막지대에서 잘 살았기에 이들의 속력이 뛰어나더라도 스텝의 추운 기후는 이들에게 상대적으로 부적합했다. 그 결과 당나귀와 오나거가 끄는 수레는 흑해 지대 북쪽으로는 의미 있게 퍼지지 못했다.

말은 운송에 이용되던 기존 어떤 동물보다 힘이 세고 빨랐으며, 당나귀, 오나거와 달리 북부 스텝에도 이미 적응해 있었다. 그래서 말과에 속하는 동물 및 소를 이용하는 운송에 익숙해 있던 스텝 목축민들에게 말은 특히 탐나는 대상이 되었다. 그러나 말을 그런 목적으로 이용하기에는 큰 문제 두 가지가 있었으니, 말의 행동 방식과 몸 구조였다. 말은 포식자에게 잡아먹히는 동물이기에 몸과 인지 체계, 사회적 시스템이 인간 같은 위험한 포식자를 피하도록 설계되어 있다. 지난 50만 년 동안 말의 가장 주요한 포식자는 호모 사피엔스였다. 이들이 조금만 가까이 접근해도 엄청난 위험에 빠질 수 있는 야생동물은 투쟁-도피 반응을 일으킨다. (로데오 경기에 참가해본 사람의 얘기를 들어보면 알 것이다.) 초기 말을 이용한 운송에서 가장 먼저 넘어야 할 벽 중 하나는 탁월한 힘과 속력을 지닌 말의 그러한 행동 특성을 헤쳐나가는 것이었을 것이다. 이를 뒷받침하는 최근 유전체 연구에 따르면, 초기 에쿠스 카발루스에게 사람이 가한 가장 강력한 선택적 압력*은 말의 공격성을 줄이는 데 초점이 맞춰져 있었다.[7]

## 공격성 극복

초기 말의 행동 특성을 어느 정도 극복하는 데 도움이 된 것은 수레다. 야생동물에게는 사람이 등에 올라탄 채 시야 밖에 머무르는 것만큼이나 패닉을 유발하는 행위는 거의 없다.[8] 이러한 패닉은 수레를 이용하면 어느 정도 완화된다. 수레를 모는 사람이 뒤쪽으로 멀찍이 떨어져서 동물과 직접 접촉하지 않기 때문이다. 수레에서는 도

---

\* 자연선택을 유도하는 진화적 압력.

피 반응이 오히려 유용하기도 했다. 말이 앞으로 나아갈 동기를 얻었기 때문이다. 게다가 말은 무리 짓는 동물이므로, 수레를 모는 팀에 동료가 함께하면 진정되는 효과도 있었다.[9] 수레는 사람의 신체적 위험도 최소화한다. 탈것 플랫폼에서 떨어지는 것이 동물의 등에서 떨어지는 것보다 덜 위험하다.

이러한 사항들을 비롯한 여러 요인 때문에 사람에게 행동 적응이 되지 않은 말과에 속하는 야생동물은 등에 타는 것보다 수레를 끌게 하는 것이 근본적으로 더 쉽고 안전하다. 종종 최소한의 장비만 갖추거나 안장이 없어도 올라탈 수 있는 현대의 길들여진 동물에 익숙한 이들에게는 이러한 주장이 직관에 반하는 듯할 수도 있다. 그냥 훌쩍 뛰어 올라타서 걸터앉아 갈 수 있는데 어째서 그토록 다양한 장비를 챙기느라 고생해야 할까?

## 말 이전의 수레

공격적이고 예측할 수 없는 동물을 다룰 때 수레의 이점은 오늘날의 얼룩말 이야기에 잘 나타난다. 17~20세기 미국과 많은 서구 열강은 아프리카 식민지를 착취하는 데 여념이 없었다. 이 당시 말은 서구 열강의 운송, 산업, 군사력의 중추였지만 아프리카 열대지방에서는 문제가 생겼다. 아프리카로 데려온 말들이 트리파노소마증과 아프리카말병 같은, 벌레가 옮기는 치명적인 질병에 걸려 엄청나게 많은 수가 생명을 잃었다.[10]

그런데 말과에 속하는 동물이면서 아프리카 대륙 토착인 야생

얼룩말은 그 많은 질병 앞에서도 훨씬 잘 살았다. 데려온 말들이 떼 죽음을 당하는 가운데 17세기 중반 남아프리카의 네덜란드 식민 당국부터 시작해 몇몇 서구 열강은 야심 차게 얼룩말을 운송용으로 길들이려 했다.[11] 20세기 초 미국에서도 유사한 노력이 있었다. 아비시니아 왕이 시어도어 루스벨트 대통령에게 선물한 댄이라는 이름의 고집 센 얼룩말 한 마리를 계기로, 관리할 수 있는 성질을 지닌 얼룩말을 생산하려는 정부 차원의 육성 프로그램이 시작되었다.[12] 이 프로그램은 실패로 끝났을 뿐 아니라, 다른 프로그램들도 거의 성공을 거두지 못했다. 남아프리카의 어느 신문이 애처롭게 표현했듯이 얼룩말의 성질은 "사람의 통치를 완전히 넘어서는" 것이었다.[13]

사람들이 얼룩말에 올라탈 수는 없었지만, 일부 얼룩말은 수레와 마차를 끄는 데 잠시나마 반짝 인기를 끌기는 했다. 마차용 마구를 장착하니 이 변덕스럽고 공격성 강한 동물조차도 어느 정도 안전하게 이용할 수 있었다. 색다른 얼룩말 마차는 잠시 동안이지만 남아프리카에서 뉴질랜드까지, 심지어 뉴욕에서도 붐을 일으켰다.

말과에 속하는 공격성 강한 야생동물을 수레 운송에 효과적으로 이용한 다른 역사적 사례도 많다. 1860년대에 캔자스와 콜로라도를 연결하던 '오버랜드 역마차(Overland Stage)' 코스에서 마차를 운행한 한 마부 이야기에 따르면, 19세기 미국 서부 역마차 마부들은 길들여지지 않은 야생 무스탕*에게 정기적으로 마차를 끌게 했다. 지루함 때문에 재미로 그렇게 하기도 했지만, 평지에서 빠듯한 일정으로 운행할 때는 무스탕이 다른 말보다 더 빠르고 활력이 넘치기 때문이기도 했다.¹⁴ 오버랜드 왜건 코스에서는 소가 끄는 수레에 가끔 야생 들소를 매어 수레를 끌게 하기도 했다.¹⁵ 이러한 역사적 사례는 말 가축화의 가장 이른 단계에서 길들여지지 않은 동물을 운송의 필요에 따라 적응시킬 때 바퀴 달린 탈것의 진정한 이점을 생생히 보여 준다.

## 동물 몸에 맞추기

말을 운송에 이용하기 위해 넘어야 했던 두 번째 벽은 카발라인말의 독특한 몸 구조였다. 4장에서 언급한 '당나귀 타는 자세'로 당나귀와 야생당나귀에 올라타면 탄탄한 골반 구조 위에 사람의 무게가 실린다. 그러나 말 위에 걸터앉으면 말의 어깨와 뒷다리 사이로 지지대 없이 뻗어 있는 척추에 엄청난 무게가 실린다. 따라서 말을 이용한 운송을 신뢰할 만한 형태로 개발하기 위해서는 우선 말의 취약한 척추 중간 부위에 해부학적으로 안정적인 시스템을 개발하는 것이 필수였다. 유전 분석이 시사하는 바에 따르면 가장 이른 시기에 말을 번식시키던 사람들에게 이 취약한 척추의 건강 문제가 특히 중요한 사항이었을 수도 있다.¹⁶

수레 운송이 그러한 문제에 대응하는 한 가지 해결책이 될 수는 있었지만, 당나귀/오나거 수레에 사용된 통짜 목재 바퀴는 무거울 뿐 아니라 속력을 높이기도 어려웠다. 더욱이 소, 당나귀, 오나거에

---

\*  식민지 시기에 유럽에서 아메리카로 들어온 길들여진 말들 중 사람 손을 벗어나 다시 야생으로 돌아간 개체들로, 길들여진 말과 생물학적으로 동일한 종.

게 사용된 단순한 고삐-고리 시스템은 매우 단순한 수준의 제어만 가능해서 말이 끄는 수레에 장착하여 일상적으로 사용하기에는 너무나 위험했을 수도 있다. 사상 처음으로 말의 힘을 동력화하기 위해서는 기술혁신이 필요했다.

## 전차

서아시아 목축민들은 앞 세대의 기술을 개량하여 처음으로 말을 동력화하는 똑똑한 도구를 만들어냈다. 얌나야 문화 후기에 얌나야 문화에서 갈라져 나온 카타콤(Catacomb) 문화 사람들은 기원전 약 2400년 이후 어느 시기에 캅카스 북쪽 변두리와 흑해 스텝 지대에서 바퀴 두 개가 달린 탈것을 실험하는 독자적 전통을 구축하기 시작했다. 이들은 크기가 작고 덧대지 않은 단일 원판 바퀴로 더 가벼운 수레를 제작했다.[17] 카타콤 유적들에서 말을 운송에 이용했다는 명백한 증거는 나오지 않았지만, 동물고고학 데이터는 카타콤 문화가 몇몇 유적에서 말고기를 소비하고 말을 제의적으로 매장하기도 했음을 보여준다.[18] 기원전 제3천년기 말엽 흑해 스텝 지대에는 바퀴가 두 개 달린 가벼운 탈것, 목축, 야생말에 정통한 지식 등 초기 말 운송의 모든 핵심 요소가 있었다.

길들여진 말을 운송에 이용했음을 보여주는 최초의 명확한 증거는 신타시타(Sintashta) 문화 유적에서 나왔다. 위치는 카자흐스탄과 러시아 사이의 북서쪽 국경 부근이다.[19] 기원전 제2천년기의 처음 수십 년 동안 신타시타 고분들 속에는 말, 마구, 전차에 관한 증거가

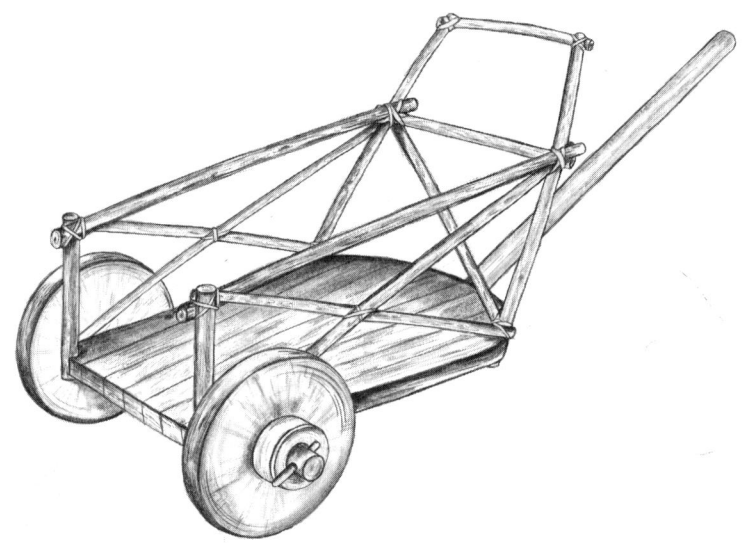

'티아구노바모길라 묘지'(우크라이나)에서 출토된 이륜 수레를 아티스트가 재구성한 그림. S. 푸스토발로프(S. Pustovalov)의 「'티아구노바모길라' 고분과 바퀴를 이용한 운송의 문제 (The 'Tjagunova Mogila' Burial Mound and the Problem of Wheeled Transport)」에 게재된, 비율이 유지된 드로잉을 재구성한 3D CAD 모형을 바탕으로 그린 이미지. 다리아 체추시코바 (Daria Chechushkova) 그림.

포함되기 시작한다. 고분에서는 말 머리와 아랫다리들의 잔해가 일반적으로 짝을 지어 발견되며, 흙의 상태도 한때 이 말들이 가벼운 이륜 수레를 끌었음을 보여준다.[20]

신타시타 고분들은 두 가지 중대한 기술적 혁신에 관한 최초의 고고학 증거를 내놓았다. 두 가지 혁신은 초기의 바퀴 달린 탈것을 말의 행동적·해부학적 특이성에 맞춰 개량하는 데 기여했다. 우선 신타시타 사람들은 앞선 시기의 입술-고리 시스템을 대체하는 최초의 굴레와 재갈을 발명했다. 이 중요한 장치에는 앞선 시기 당나귀/오나거 시스템의 미숙한 입술 고리 대신 말이 입에 무는 마우스피스

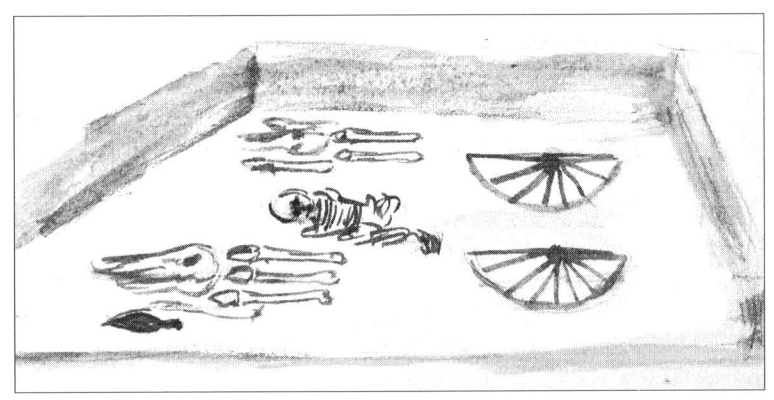
러시아 트랜스-우랄 지역의 신타시타에 매장되어 있던 말과 전차 일부를 그린 아티스트의 스케치. 바버라 모리슨 그림.

가 쓰였다. 마우스피스는 양쪽에 있는 측면 볼 피스로 동물 머리에 고정되며, 양쪽 볼 피스는 이중으로 된 고삐에 부착되었다. 견고하며 종종 뾰족하기도 했던 볼 피스는 양쪽 입가를 따라 평행하게 위치했다. 고삐를 한쪽으로 당기면 반대편 볼 피스가 말의 얼굴 조직 위에 눌리면서 구조적으로 말의 고개가 말을 탄 사람이 원하는 방향으로 돌려졌고, 이로써 측면 제어 수준이 훨씬 높아졌다. 이 최초의 신타시타 마우스피스는 부드러운 유기물로 만들어져서 두 동강 나거나 동물이 씹어서 끊을 수도 있었다.[21] 그러나 전차를 끄는 동물이 두 마리였기에 그런 일이 어쩌다 발생해도 큰 문제는 아니었을 것이다.

신타시타 굴레에는 새롭고 더 효과적인 제동 시스템인 굴레 코밴드도 부착되어 있었다. 당나귀와 오나거의 경우에는 한 줄로 된 고삐에 연결된 코걸이가 제동을 걸고 방향을 전환하는 두 가지 기능을 모두 수행했다. 새로운 말굴레에서는 두 가지 신호가 분리될 수 있었다. 양쪽 볼 피스에 연결된 밴드가 말의 코 위를 덮고 있어, 고삐 두 줄을 한꺼번에 잡아당기면 말 머리에 아래쪽으로 향하는 힘을 가해 말이 속력을 늦추게 한다. 방향 전환과 제동이라는 새로운 두 기능 덕분에 말을 모는 사람은 고집 센 에쿠스 카발루스를 조종하는 데 필요한 더 세분화된 제어 능력을 갖게 되었다.

신타시타에서 발견된 핵심적 혁신 중 두 번째 것은 바큇살이었다. 저속으로 운행할 때는 통짜 널판지 바퀴로도 충분했지만, 말의 속력과 힘을 활용하려면 더 가볍고 튼튼한 바퀴 설계가 필요했다. 삼림-스텝 문화에서 오랫동안 축적된 벤트우드 목공 기술로 나타난 바큇살 달린 바퀴는 고속 안정성을 개선했다.[22] 이렇게 가볍고 안정적이면서 새로운 굴레와 재갈 시스템으로 제어할 수 있는 말이 끄는 전차는 그동안 인류의 여러 사회에 알려져 있던 어떠한 수레 기반 운송 시스템보다도 빨랐다.

## 말 목축의 등장

전차는 내륙 아시아 초원의 목축 생활에 혁명을 일으켰다. 말이 등장하기 전에는 스텝 지대 변두리를 점유한 대부분의 문화권 사람들이 1년 내내 정해진 영역 안에서 농사, 목축, 사냥을 병행하며 살았다.[23] 농사가 잘되지 않는 지역과 방목으로 풀을 과하게 소비하기 쉬운 지역에서는, 말을 이용하는 운송 덕분에 자유롭게 이동할 수 있게 된 목축민들이 양과 염소처럼 이동성이 더 좋고 건조한 환경에 잘 적응하는 가축을 예전보다 더 많이 키우면서 목초지를 찾아 더 먼 거리를 몰고 다닐 수 있었다. 이렇게 목초지를 찾아 이동하는 과정의 효율성이 높아지면서, 초기 전차를 이용하는 사람들은 야생 자원에 의존하는 정도가 낮아졌다. 신타시타에서, 그리고 목재 무덤 문화로도 알려진 스루브나야(Srubnaya) 문화(기원전 17~기원전 14세기)를 비롯한 이후의 러시아 남부 삼림-스텝 문화들의 여러 유적에서 야생동물의 수가 급격하고 의미심장하게 감소했다. 기원전 제2천년기의 첫 500년 동안 사람들의 식사와 관련된 뼈 모음에서 야생동물이 차지하는 비율은 일부에 불과했다.[24]

말 자체도 가축으로 훨씬 더 유용해졌다. 자유롭게 풀을 뜯는 말의 대규모 무리를 도보로 제어하기는 거의 불가능하지만, 말을 이용한 운송 덕분에 말의 집단을 효과적으로 사육할 수 있었고, 말은 식사용 고기의 중요한 공급원이 되었다. 고고학 유적에서 발견된 뼈를 살펴보면, 러시아 남부와 카자흐스탄 북부의 많은 초기 스텝 지대 말 목축민들의 식사와 관련된 뼈 모음 중에서 말이 15퍼센트 또는 그 이상을 차지하기 시작했다.[25] 이 지역 유적들은 사람이 말 번식을 통제했다는 사실도 명확하게 보여주기 시작했다. 예컨대 어린 수컷과 나이 든 동물의 빈도가 높다.

목축 경제에 말이 더 많이 추가되면서, 스텝의 혹독한 겨울 동안 다양한 종 무리들의 전반적인 회복력도 증가했을 것이다. 겨울에 눈이 내려 땅이 얼 수 있지만 말은 커다란 발굽으로 얼음 표면을 뚫을 수 있다. 즉 땅이 얼어붙은 겨울 동안 몸집이 더 작은 가축이 자칫하면 굶주릴 수도 있는 지역에서 말은 얼음 아래에 있는 풀을 밖으로

노출시킬 힘이 있었다.²⁶

최초의 말 운송에 이어 마유 같은 말의 부차적인 생산품도 스텝 생활의 중요한 부분이 되었다. 전 세계의 많은 사람이 그렇듯이 아시아의 많은 사람도 성인이 되면 유당불내증*을 겪는다. 그런데 초기 말을 키웠던 여러 사회는 해결책을 발견했다. 마유를 발효시키는 것이다. 발효는 당을 분해하고 젖에 대한 소화력을 향상시켜, 단백질이 과다할 수 있는 목축민의 식단을 다양화한다. 기원전 제2천년기 말엽에 마유는 몽골에서 우크라이나에 이르기까지 사람들 식단의 핵심 요소였던 것으로 보인다.²⁷ 말 목축과 운송에 힘입어 목축민과 말은 동쪽으로는 시베리아로, 남쪽으로는 카자흐스탄과 중앙아시아의 개활 초원으로 더 퍼져나갔다.

## 스텝 사회의 전차 활용

말이 끄는 최초의 전차는 실제로 어떤 모습이었을까? 고전 시대 역사에서 전차는 전쟁이나 경주 또는 사회 엘리트층의 놀이에만 쓰이는 엘리트 운송 수단으로 인식되는 경우가 많다. 또 어떤 학자들은 이동하면서 활을 쏘는 궁수들을 실어 나르는 폭이 넓은 플랫폼처럼 구체적인 전투 기능을 갖춘 이륜 수레만 진정한 전차로 규정한다.²⁸ 그러나 전차에 대한 그런 시각들은 기원전 제2천년기 동안 스텝에서 사용된 탈것의 실제 모습과는 거리가 멀다. 비록 스텝에서 온전

---

\* 유당분해효소가 부족하여 우유처럼 유당이 풍부한 음식을 소화하는 데 어려움을 겪는 증상.

한 형태의 전차가 출토된 적이 없지만, 고대 이집트 투탕카멘 고분에서 나온 것 같이 기원전 제2천년기의 고고학 맥락에서 알려진 극소수의 온전한 전차들은 위성류 식물과 생가죽처럼 스텝 현지에 풍부한 원료로 제작되었음을 보여준다.[29] 이 전차들은 가볍고, 현지에서 만들어졌으며, 초원에서의 목축 생활을 위해 설계된 실용적인 탈것이었음이 틀림없다.

스텝 전차의 사회적 역할에 대한 더 직접적인 생각을 내륙 아시아 암면 미술\*\*에서 엿볼 수 있다.[30] 에스더 제이컵슨테퍼(Esther Jacobson-Tepfer)가 이끄는 연구진은 몽골과 서부 스텝 지대 사이에 분명한 경계를 형성하는 알타이산맥에서 많은 고대 암각화를 채록했다. 말과 전차를 묘사한 청동기 시대 장면도 다수 포함되어 있었다. 일련의 알타이 암각화에서 전차가 전투 장면의 일부로 나타난 경우는 극히 드물었다.[31] 그보다는 사슴이나 대형 사냥감을 사냥하는 데 이용되거나, 많은 동물이 함께 있는 평화롭고 규모가 큰 장면에 등장한다.[32] 몇몇 장면에서는 전차가 가축 무리를 안내하는 모습도 나온다. 중앙아시아 암면 미술이 보여주는 모든 장면에서 고대 전차는 중심 막대, 플랫폼, 바퀴가 장착된 크기가 작고 단순한 모습이다. 때로는 사람과 고삐가 있는 마부석도 달려 있다.[33] 최초의 전차들은 분명 스텝 생활에서 실용적인 역할을 하면서도 장례 제의에서 두드러진 모습을 보이는 등 중요한 사회적 위신의 원천이었다.

\*\* 암벽이나 바윗덩어리에 그리거나 새긴 미술 작품.

그리고 신타시타 같은 일부 지역 고분에서 무기가 발견되는 사례가 늘고 요새화된 정착지가 증가하는 것은 전차가 전투에서 사용되었음을 가리킨다.34 하지만 이 빠르고 가벼운 수레는 기원전 제2천년기 스텝 사회에서 '롤스로이스'라기보다는 '포드 F-150'*에 가까운 작업용 탈것이었다.

## 초기 전차의 동물고고학

최초의 운송용 말들이 어떻게 이용되었는지에 관한 최고의 직접적인 고고학 증거는 이번에도 동물고고학에서 나왔다. 기원전 제2천년기 초반 맥락에서 나온 가장 주의 깊게 연구된 말 잔해는 노보일리이놉스키 2(Novoil'inovskiy 2) 유적에서 나왔다. 이 유적은 신타시타의 바로 동쪽, 러시아-카자흐스탄 국경을 따라 시베리아 서부의 토볼강 기슭에 있다.35 이 유적에서 발굴된 페트롭카(Petrovka) 문화(신타시타와 밀접하게 연결된)에 속한 말 한 쌍은 방사성탄소연대측정 결과 기원전 약 1800년의 것으로 추정되었다. 이 유적의 말들은 굴레 볼 피스 및 청동 무기와 함께 묻혀 있었다.

전차 잔해는 나오지 않았지만, 연구자 이고르 체추시코프(Igor Chechushkov)가 유적의 뼈들을 골학적으로 세심하게 분석한 결과는 이 말들이 굴레를 쓰고 운송에 이용되었음을 말해준다. 코뼈 위에 알아볼 수 있을 정도로 옴폭 파인 부분은 굴레 코 밴드를 장기간 사용

* 미국에서 대중적 인기가 높은 픽업트럭.

했음을 가리키며, 줄지은 어금니 앞쪽 가장자리의 제한된 마모는 신타시타를 비롯한 초기 스텝 말 매장지에서 발견되는 것 같은 부드러운 유기물 재갈로 제어됐음을 시사한다. 노보일리이놉스키 2 유적의 말들은 전악골**에 무거운 힘에 의해 파인 홈도 있다.³⁶ 앞서 언급한 암수 한 쌍이 사람을 직접 태웠을 가능성도 있지만, 만약 전차를 함께 끌었다면 수컷은 거세한 수컷이었음을 시사한다. 거세하지 않은 종마를 임신 가능한 암말과 함께 전차를 끌게 했다가는 수컷이 운송에 큰 위험을 초래하기 때문이다.

## 스텝에서 확산되는 전차

전차의 힘이 박차를 가하면서 초기의 길들여진 말은 스텝 서부의 고향에서 바깥으로 빠르게 퍼져나가 유럽과 아시아, 심지어 북아프리카에도 들어갔다. 전차를 끄는 말은 기원전 약 2000년 무렵부터 시작해 고작 200~300년이라는 짧은 시간 만에 유라시아 대륙의 광범위한 지역에 빠르게 확산했다.³⁷ 전차 매장지들, 그리고 짝을 이뤄 함께 묻힌 말 매장지들이 트랜스-우랄 지역의 알라쿨(Alakul) 문화 지평 및 카자흐스탄 북부의 페트롭카 문화에 등장했다.³⁸ 기원전 제2천년기 중반에는 동쪽으로 러시아 알타이까지 퍼졌다. 말은 기원전 약 1600년 시베리아 남부와 카자흐스탄 동부의 페도로보(Fedorovo) 문화 고분에, 기원전 약 1500년에 미누신스크 분지의 카

---

** 앞니가 붙어 있는 위턱뼈의 한 부분.

라수크(Karasuk) 문화 유적에 나타났다.[39] 길들여진 말은 남쪽으로 이동해 카자흐스탄과 중앙아시아 대초원으로 들어갔고, 기원전 약 1900~기원전 1400년으로 추정되는 키르기스스탄 중부 '아이가르즈할 2(Aygarzhal 2)'의 톈산산맥 깊은 곳에서 발견되었다.[40] 스텝과 관련된 도기 스타일 및 스텝과 연결된 문화들의 여러 정착지는 남쪽 멀리 타지키스탄의 자라프샨 계곡까지 퍼졌다. 그곳에서는 기원전 제2천년기 초반까지 거슬러 올라가는 고고학 맥락에서 신타시타 스타일의 볼 피스가 출토되었다.[41]

## 유럽으로의 확산

북쪽 지역에서 말과 전차의 유용성이 드러나자 스텝 지대 밖에서도 그 수가 불어났다. 길들여진 말과 전차는 서쪽으로는 중유럽 및 서유럽의 초원과 삼림 지대로 퍼졌다. 말과 전차는 아바셰보(Abashevo) 문화부터 시작해 루마니아와 발칸반도로 전해졌으며, 이는 기원전 제2천년기 고분들에서 발견된 전차용 마구 장비로 증명된다.[42] 기원전 1950~기원전 1750년 무렵 전차 매장지는 러시아 서부에 이르렀고, 폴란드와 체코공화국의 우네티체(Únětice) 문화 유적에서 나온 어린 카발라인말들이 정말로 길들여진 종이라면, 이른 시기에 유럽 북동부에도 확산했을 것이다.[43] 몇 세기 안에 말들은 발트해를 건너 스웨덴 남부에까지 도달했다. 스웨덴 남부 키빅에 있는 기원전 약 1300년의 왕의 무덤 벽판에 전차가 묘사되어 있다.[44] 기원전 14~기원전 12세기 무렵에는 말과 전차 모두 브리튼 제도에 이르렀다. '더링튼 벽(Durrington Walls)' 유적에서 나온 물질의 직접적인 방사성탄소연대측정 결과가 이를 입증한다.[45]

## 남쪽 땅 정복

유라시아 북부에서는 말이 이주, 방산, 교역 등의 과정을 통해 이동했지만 남쪽으로 퍼지는 과정은 확실히 더 거칠었다. 길들여진 말이 흑해 스텝 지대의 고향에서 위도가 더 낮은 지역으로 들어갔을 때 첫 진입 지점은 흑해와 카스피해를 연결하면서 유럽과 소아시아를 분리하는 캅카스산맥이었던 듯하다.

메소포타미아의 여러 고대 언어에는 최초의 말과 전차에 관한 언어적 기억이 새겨져 있다. 전차 또는 살이 달린 바퀴에 관해 언급하는 가장 이른 시기의 문헌은 기원전 20세기부터 메소포타미아 북부, 시리아 북서부, 아나톨리아 동부 등 캅카스 지역에 인접한 지역들에서 나온다.[46] 길들여진 말을 가리키는 수메르어 단어 '안셰쿠르라(ANŠE.KUR.RA)'가 사상 처음으로 사료 문헌에 등장하며, 대강 번역하면 '동쪽 산맥의 말'이라는 뜻이다.[47] 고대 메소포타미아 북부에서 사용되던 아카드어에서 전차를 탄 전사를 뜻하는 단어는 '마르얀누(maryannu)'다. 아나톨리아(소아시아) 지역 언어인 후르리어(Hurrian)의 복수형 접미사를 활용하여 인도-이란어파 어근을 융합한 단어로 보인다.[48] 기원전 18세기 아카드 비문들은 '바큇살'을 가리키는 단어가 외래어였음을 시사한다.[49] 이 아카드 비문들은 말과 전차 둘 다 당시 새로운 외래 문물이었음을 보여주며, 길들여진 말이 남쪽으로 확산하는 데 캅카스와 아나톨리아가 발판이 되었음을 시사한다.

기술적·생체분자학적 고고학 데이터도 말이 캅카스를 통해 서아시아에 도달했다는 견해를 뒷받침한다. 재갈이 있는 굴레처럼 스텝 지대에서 처음 알려진 말 장비는 기원전 제2천년기에야 캅카스 남쪽에 등장한다. 그리고 근동 지역 최초의 재갈이 간혹 청동으로 주조되었지만, 디자인은 더 이른 시기 스텝 지대의 유기물 재갈에서 그대로 이식된 것으로 보인다.[50] 최근 튀르키예에서 말과에 속하는 동물의 고고학 잔해의 유전체를 연구한 결과는 기원전 제2천년기 이전 튀르키예 지역에는 초기 길들여진 말(DOM2) 계통과 관련 없는 야생말 계통들만 존재했음을 보여준다.[51] 이 유전체 데이터는 또한 말이 보스포루스해협 같은 다른 길이 아니라 캅카스를 경유해 아나톨리아에 도착했다는 견해도 뒷받침한다.\* 언어·고고학·유전체 단서들 모두 말이 기원전 제2천년기의 초반 수십 년 동안 캅카스에서 나와서 근동으로 들어가는 식으로 남하했음을 가리키는 쪽으로 수렴하는 것 같다.

말과 전차 기술이 서늘한 북쪽 초원 지대에서 나오면서, 말과 전차를 가진 이들은 그렇지 않은 이웃에 비해 엄청난 기술적·군사적 이점을 누렸고, 빠르게 지정학적 먹이사슬의 최상단에 올라섰다. 기

---

\* 지금의 튀르키예 영토를 가로지르는 보스포루스해협을 통해 전파된다는 것은 흑해 스텝 지대의 동유럽(지금의 루마니아 또는 불가리아) 방면에서 아나톨리아 북서쪽으로 들어온다는 의미이며, 캅카스를 경유한다는 것은 흑해 스텝에서 캅카스산맥을 넘어 지금의 조지아 또는 아르메니아 방면을 통해 아나톨리아 북동쪽으로 들어온다는 의미다.

원전 17세기에 아나톨리아와 시리아에 걸쳐 있던 히타이트 왕국 사람들은 근동 지역에서 전투에 가장 먼저 전차를 사용한 이들로 손꼽힌다.[52] 히타이트인은 말이 끄는 전차를 이용하여 효과적으로 적의 도시를 포위해 고립시킬 수 있었고, 전차는 이동하면서 투사체를 발사하거나 부대를 빠르게 수송하는 플랫폼으로 대단히 유용했다.[53] 메소포타미아 남부를 몇백 년 동안 지배한 고바빌로니아 제국은 기원전 16세기 히타이트인과의 전쟁에서 패한 후, 자그로스산맥 출신으로 역시 말과 전차를 사용하던 집단인 카시트인에게 패권을 내주었다. 아나톨리아 동부의 후르리인은 미탄니 왕국에서 비옥한 초승달 지대 북부와 지중해 동부 지역을 장악했다.

초기 정복을 수행한 이들은 대부분 메소포타미아 북부와 아나톨리아 출신의 인도-유럽어족 언어를 사용했다. 이들 외에도 말과 전차를 일찍 활용하여 힘을 얻은 이들이 있었다. 예를 들어 레반트인이나 셈족에서 기원했다고 여겨지는 힉소스인은 기원전 18~기원전 17세기에 북쪽에서 내려와 이집트를 침략하여 도시와 신전을 파괴했다.[54] 아마도 그 과정에서 힉소스인이 아프리카 북부 지역에 길들여진 말과 전차를 처음 들여왔을 것이다. 이집트 고고학 기록에 말 잔해가 처음 등장한 시기가 이때이기 때문이다.[55] 기원전 17세기 이후 고대 북아프리카에서는 말이 흔해졌으며 동물고고학 기록도 이 지역에서 말을 운송에 이용했다는 명확한 증거를 보여준다.[56] 말은 아라비아 북부 가장자리 및 지중해에 면한 아프리카 가장자리로 더 퍼져나가면서 기원전 1500~기원전 1000년에는 리비아 해안 지역

의 키레나이카에 이르렀고, 사하라 북부의 많은 지역에도 도달했을 것이다.[57]

서늘한 스텝 지대에서는 말을 대량으로 사육할 수 있었지만, 스텝 바깥 지역에서는 말과 전차를 구하기 어려웠기에 군사력과 사회적 위신의 표상이 되었다(도판 7 참조). 말이 장례 의식에 포함되는 일은 거의 없었지만, 이집트 고고학 유적에서 알려진 말 미라가 몇 구 있기는 하다. 기원전 제2천년기 중반으로 추정되는 한 무덤에는 여성 파라오 하트셉수트의 건축가 소유였던 성체 암컷 말의 미라가 잘 보존된 상태로 매장되어 있었다. 함께 있던 천 제품은 초기 안장깔개 또는 미지의 장비일 수도 있다.[58] 기원전 14세기 말 젊은 나이에 세상을 떠난 이집트 파라오 투탕카멘의 무덤에는 정성 들여 장식한 전차 여섯 대가 해체된 상태로 들어 있었다. 아마도 아나톨리아나 남캅카스에서 들여온 전차였을 것이다.[59] 젊은 왕과 함께 매장된 말 장비에는 전투 도중 말이 흥분하는 것을 예방하기 위해 말의 시야를 제한하는 특수 '차안대(blinkers)'를 비롯한 도구들도 포함되어 있었다.[60] 람세스 2세 궁전을 발굴했을 때는 500마리에 가까운 동물을 위한 시설이 딸린 광대한 왕가 축사 공간이 드러났다. 그곳에는 말 손질(grooming)을 위한 특별한 홀과 말 사육 인원을 위한 숙소가 포함되어 있을 뿐 아니라, 축사가 축축해지지 않도록 각 칸마다 바닥에 소변기가 설치되어 있었다. 람세스 2세의 축사는 보존 상태가 너무 좋아서 일부 구역은 바닥에 말의 발굽 자국도 남아 있었다.

이처럼 말을 키우기 힘든 지역이지만 전차 부대를 세심하게 유지 관리하는 것이 기원전 제2천년기 후반 지중해에서 정치권력 유지를 위한 핵심 과제가 되었다. 전차 설계 또한 전투를 위해 최적화되어, 높은 속력을 내는 데 더 적합한 후방 차축을 이용하는 쪽으로 옮겨갔다.[61] 말에 대한 신뢰가 커지면서 오나거와 당나귀 이용은 감소한 것으로 보이며, 특히 고속 운송의 경우에 더 그랬다. 근동 지역에서는 말과 당나귀 사이에서 난 잡종(오늘날 노새라고 부르는 동물)이 끌거나 짐을 나르는 일에서 점점 더 인기를 얻음에 따라 오나거와 당나귀 사이에서 난 잡종 '바르안(BAR.AN)'은 쓰임새를 잃었다.[62]

## 유럽 남동부의 말과 전차

말과 전차는 에게해 건너편 펠로폰네소스반도와 그 주변 군도에도 영향을 끼쳤다. 후기 헬라딕 3기라고 부르는 기원전 15세기 후반 그리스 고고학 유적과 고분에 말 잔해가 처음 등장한다. 말의 두개골이나 골격만 따로 발견되는 경우도 있고, 다른 가축과 함께 발견되는 경우도 있다.[63] 전차 이미지는 미케네 궁전의 프레스코화에 처음 등장한다. 미케네 역시 이 시기에 패권을 잡기 시작했다.[64] 말 장비를 근거로 추론하면 말이 끄는 전차를 처음 도입한 시기는 좀 더 이를 수도 있다. 그리스 중부에 있으며 만조 때 섬이 되는 미트로우(Mitrou) 유적을 최근 발굴한 결과 기원전 16세기쯤으로 추정되는 말굴레 부속이 출토되었다. 한편 에게해 건너편에서는 기원전 약 1750~기원전 1300년으로 추정되는 트로이 유적 6층에서 말굴레 볼 피스가 발견되었다.[65]

처음 들어온 말과 전차는 북쪽의 동유럽에서 왔을까, 아니면 물 건너 동쪽의 아나톨리아에서 왔을까? 역사학자 로버트 드루스(Robert Drews)는 저서 『그리스인의 출현(Coming of the Greeks)』에서 미케네 문명의 발흥은 아나톨리아 동부에서 온 전차를 타는 여러 집단의 침입에 의해 직접적으로 촉발되었다는 가설을 제기한다.[66] 그러나 굴레 장비 같은 다른 고고학 데이터에 따르면 이 초기 말 전차는 그보다 북쪽의 스텝 문화와의 접촉과 관련되었을 수도 있다.[67] 2017년에 수행된 연구에서 고대 그리스인의 유해에 보존된 고대 DNA를 분석한 연구진은 시베리아/동유럽에서 기원하여 스텝이나 캅카스를 경유해 들어왔을 것으로 추정되는 새로운 집단이 DNA에 4~16퍼센트 정도 기여했음을 확인했다.[68] 동쪽에서의 침입과 북쪽과의 접촉 중 어느 쪽과 관련 있든, 말과 전차는 초기 그리스 문명이 출현하는 데 의미 있는 역할을 했을 것이다.

## 아시아 중남부의 말과 전차

전차를 이용하는 이들이 지중해의 정치적 지형을 재구성할 때 또 다른 정복 과정이 남쪽 멀리 오늘날 인도와 파키스탄 지역에서 진행되고 있었다. 인더스 계곡은 기원전 제3천년기 중반에 하라파 문명의 부상과 함께 번성했지만, 기원전 제2천년기 중반에는 격변을 겪었다. 같은 시기에 처음으로 외래 언어와 풍습이 들어오기도 했다. 그 중에는 북쪽 지역과 관련된 인도-유럽어족에 속하는 언어인 산스크리트어도 포함되어 있었다. 산스크리트어로 쓰인 고대의 신성한 찬가 모음인 『리그베다』 텍스트에는 길들여진 말과 이에 관련된 제의에 관한 묘사가 여러 번 언급되며, 제의에 관한 묘사에는 중앙아시아 북부의 기원전 제2천년기 고고학 유적을 통해 알려진 풍습이 그대로 반영되어 있다.[69] 이러한 요인들을 고려하여 많은 학자는 기원전 제2천년기 중반 남아시아에서 일어난 사회 변화의 원인이 북쪽에서 내려온 전차를 탄 사람들의 침입이라고 보고 있다.[70]

고고학적 관점에서는 이 가설이 평가하기 어렵다고 판명되었다. 남아시아의 고고학 뼈 모음에서 말과 전차는 둘 다 극도로 희귀하며, 고고학 유적에서 말과에 속하는 동물 잔해가 나온다고 해도 신뢰할 수 있을 만큼 특정 분류군으로 확인되거나 직접적으로 연대가 추정되는 경우는 거의 없다. 최근 인도 북부 우타르프라데시 지방의 시나울리 유적에서 고고학자들이 목재와 구리로 만든 바퀴가 두 개 달린 수레들을 발견했다.[71] 그러나 이 수레들은 초기 전차처럼 바큇살이 없다. 대신 말이 등장하기 전에 인기 있던 유형의 통짜 원판 바퀴가 달려 있다.[72] 게다가 시나울리 유적은 아직 과학적 연대측정이 이루어지지 않은 데다 이곳에서 어떤 동물 잔해도 발견된 적이 없다. 이 수레를 끄는 데 이용된 동물이 말이 아닐 수도 있다는 뜻이다.

아프가니스탄과 파키스탄 서부에 있는 하라파 및 인더스 계곡 문화의 여러 유적에서는 말이 기원전 제2천년기까지 기본적으로 발견되지 않아, 기원전 제2천년기 이전에는 말이 없었다는 견해를 뒷받침한다.[73] 말과에 속하는 동물의 뼈가 기원전 약 1800년까지 거슬러 올라가는 것으로 여겨지는 갈가이 2기(Ghalegai II) 시대의 동물고고학 유물군에서 나온 적은 있지만, 종의 명명이나 그 뼈 모음의 정확한 연대를 자신하기는 힘들다.[74] 기원전 16세기로 추정되는 스와트 계곡의 칼라코데레이(Kalako-deray) 유적에서 동물상 연구를 수행한 결과에서는 말과에 속하는 동물 잔해의 증거가 발견되지 않았다. 다만 동시대의 유적으로 여겨지는 스와트 계곡의 장소에서 말과에 속하는 동물 뼈가 발견되었다.[75]

몇몇 연구자는 전차를 탄 사람들의 침입에 관한 고고학적 특징을 찾는 과정에서 '간다라 무덤(Gandhara Grave)' 지구라고 알려진 문화 지평으로 시선을 돌렸다. 파키스탄 북부 스와트강 지역에서 발견된 간다라 무덤 지구는 큰 틀에서 거석묘 양식을 기준으로 하여 하나의 고고학 그룹으로 규정된다. 다만 비슷한 거석묘 전통이 히말라야 정면 추력*을 따라 다른 곳에서도 발견되기는 한다.[76] 간다라 무덤 지구는 한때 기원전 제3천년기부터 기원전 시대가 끝나갈 무렵까지 긴 시간에 걸쳐 이루어졌다고 여겨졌다.[77] 스와트 계곡의 간다라 묘지에서는 매장된 말 잔해가 최소 두 구 발견되었다. 아랫다리 뼈의 병리적 형태는 말이 운송에 이용되었음을 보여주었다.[78] 그러나 이 말들에 대한 직접적인 방사성탄소연대측정은 아직 수행된 적 없다. 그리고 간다라의 다른 매장지에 대한 최근의 대규모 연대측정 결과가 시사하는 바에 따르면 대부분이 실제로는 기원전 제2천년기보다 이후 시기에 매장되었을 가능성이 높아, 가설을 뒷받침하지

---

\* 지질학 용어로, 인도판과 유라시아판 사이 경계에서 힘을 가하는 단층. 인더스-갠지스 평원과 히말라야산맥 기슭 사이에 있다. 스와트강은 히말라야산맥 서쪽 끝자락에 있다.

않는다.[79] 따라서 현재 드러난 증거에 기반하여 간다라 무덤 문화와 더 이른 시기의 전차나 말을 이용한 정복 사이에 직접적인 관련이 있는지 여부를 말하기는 어렵다.

그러나 전차를 탄 사람들이 침입했다는 견해에 신빙성을 더하는 다른 고고학 단서들도 있다. 투르크메니스탄 남부에서 나온 굴레 유물은 말과 전차가 기원전 제2천년기 초반에 남아시아 변두리 근처에 있었음을 시사한다.[80] 특히 의미심장하게도 최근 대규모 인간 유전체 연구에서 기원전 제2천년기 초반에 인도, 이란, 중앙아시아/카자흐 스텝 사이에서 유전자 이동이 증가했다는 증거가 발견되었다.[81] 이 유전자 이동은 주로 남성 침입자들에게서 비롯되었던 것 같다. 이는 새로운 혈통이 들어온 것이 대대적인 이주 때문이 아니라 아마도 정복 때문이었다는 것을 의미한다. 종합하면, 기원전 제2천년기에 말이 인도와 남아시아에서도 초기 전차를 탄 사람들의 대륙 간 이동 및 남쪽 지역 정복을 가능하게 했다는 견해를 고고학 데이터가 뒷받침한다고 볼 수도 있다.

## 정리

영국, 이집트, 시베리아 그리고 남아시아에 이르기까지 말 가축화는 처음 시작된 후 세 대륙에서 빠르게 전파되었다. 스텝에서는 말이 목축민의 삶에 대단히 중요한 존재가 되었다. 초기 말 운송이 전쟁을 증가시키고 성공한 가문과 개인의 사회적 지위를 높이는 등 여러 스텝 사회의 구조에 큰 영향을 끼친 것도 사실이겠지만, 스텝에서 말은 무엇보다도 이동성과 목축 생활에 가장 중요한 영향을 끼쳤다.[82] 이와 달리 지중해와 남아시아를 포함한 다른 지역에서는 전차를 탄 전사들이 통치 시스템을 전복하며 (종교에 기반한 경우가 많았던) 기존 권력 체제를 새로운 군사적 힘의 구조로 대체했다.[83] 이러한 지역에서 전차는 엘리트층의 강력한 도구가 되었다. 이러한 집단의 전부는 아니지만 다수가 인도-유럽 언어를 사용했으며, 셈족 계통 힉소스인들처럼 인도-유럽 언어를 사용하지 않는 다른 집단들도 이른 시기에 말과 전차를 활용하여 효과적으로 정치적·군사적 힘을 얻을 수 있었다.

말과 전차가 서아시아의 스텝과 농경 문명 사이에 새로운 연결고리를 만들면서 유라시아 대륙 전역에서 둘 모두의 수요가 증가했다. 고고학 기록은 말이 초원의 '세계화'에 도움이 되었다는 사실을 보여준다. 최초의 전차가 발굴된 신타시타의 매장지에서도 아프가니스탄 산악 지대의 청금석* 및 중앙아시아와 관련 있는 청동거울 등 멀리 떨어진 지역의 교역 상품이 출토되었다.[84] 말이 곧 힘을 얻는 열쇠가 되면서 이전에는 변두리에 불과하던 초원 지역들이 운송과 군사력의 열쇠를 쥐었다. 스텝의 말 문화는 스텝 변두리로 확산되어 그곳의 사회와 통합되었다. 야금 제품도 내륙의 광대한 거리를 여행하기 시작했고, 사람이 재배한 작물도 이전에는 유라시아 대륙 어느 한쪽 구석에서만 접할 수 있던 것(동아시아의 기장과 이란고원의 쉽

---

\* **고대부터 보석으로 여겨진 돌.**

게 탈곡되는 밀 등)이 대륙 반대편 끝자락까지 퍼졌다.[85]

이런 식으로 말은 기원전 제2천년기에 사람, 상품, 생각, 언어, 유기체 등을 이전에는 그것이 왕래하지 못했던 지역으로 실어 나르면서 진정한 세계화의 첫 신호탄을 쏘아 올리는 데 기여했다. 전차를 탄 사람들은 기존 왕조를 무너뜨리고 새 왕조를 건설했으며, 말을 어떻게 다루고 활용하느냐가 새 왕조들의 토대를 이루었다. 기원전 제2천년기 후반에 말은 유라시아 서부의 많은 지역에 걸쳐서 없는 곳이 없었다. 몽골 대초원 변두리까지 도달했고, 그곳에서 인류를 영원히 바꿀, 사람과 말의 관계가 이루어진다.

세 번째
걸음

# 말을 타는 사람

The Rider

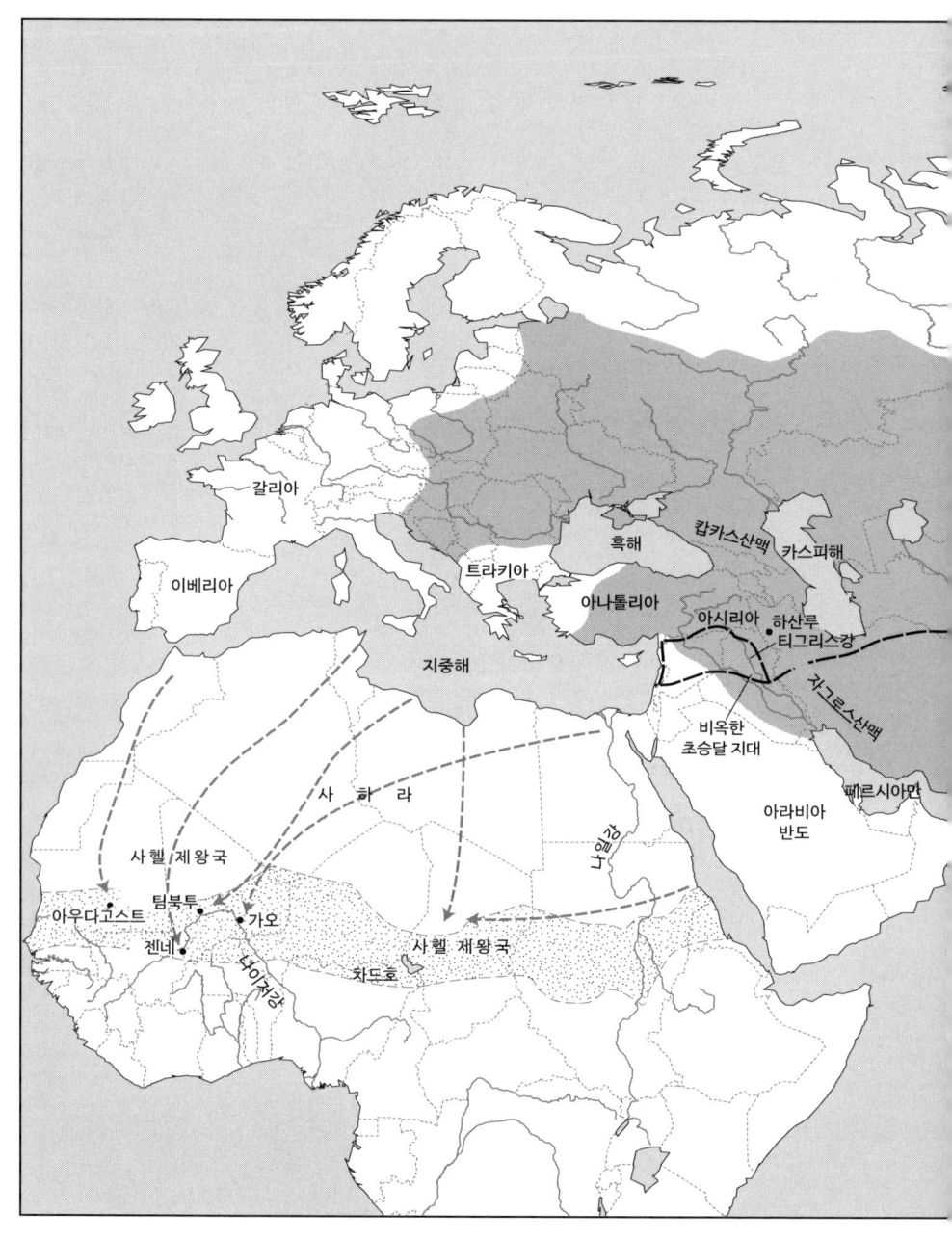

유라시아와 아프리카의 사막과 스텝에서 말을 통해 이루어진 연결. 빌 넬슨 작성.

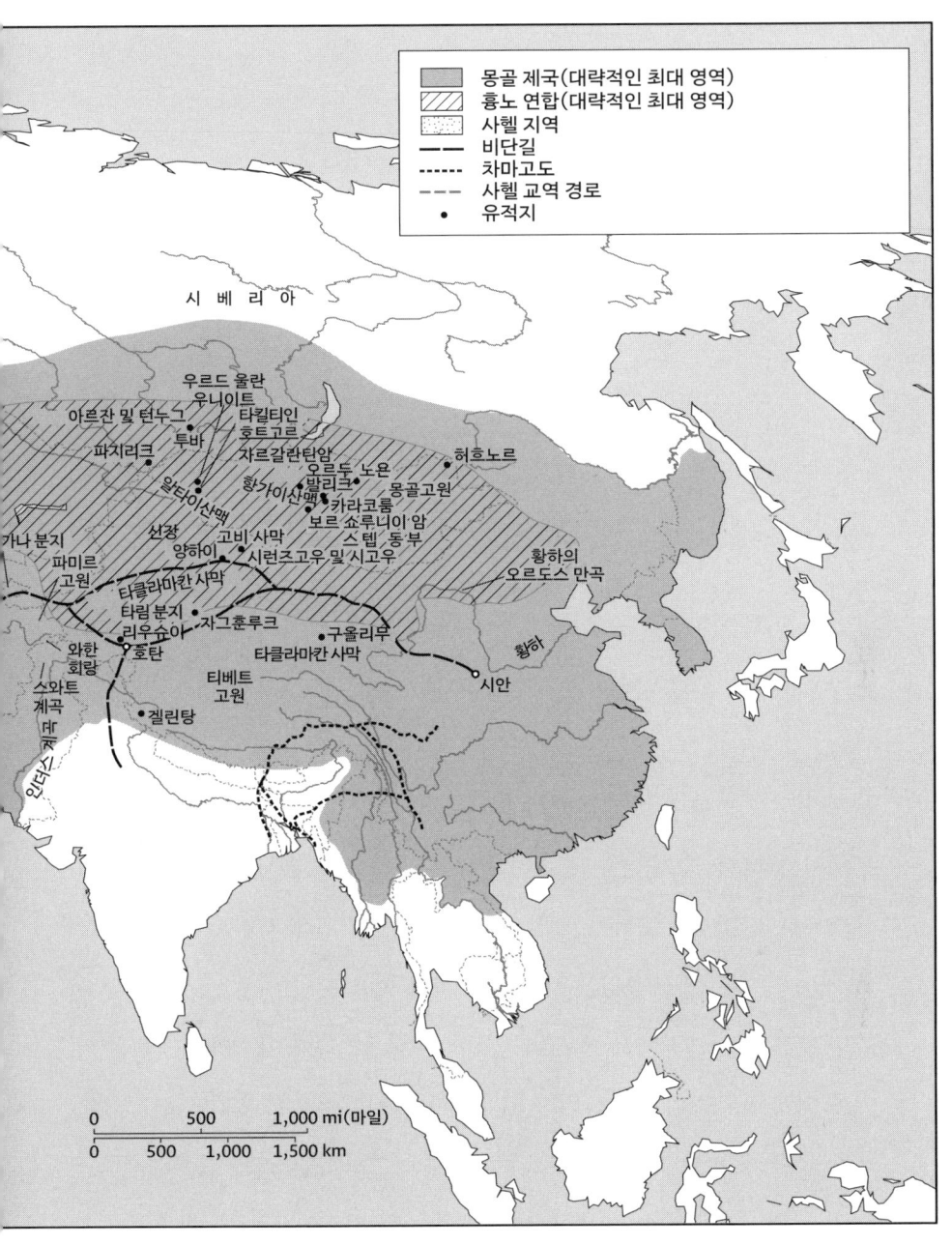

# 06

# 갑골문

건조한 동쪽 스텝 지역의 삶에서 풀과 초식동물은 언제나 핵심적인 존재였다. 하지만 그러한 생활 방식은 길들여진 말이 들어오면서 근본적으로 바뀌었다. 알타이산맥이 만드는 비그늘* 안에 자리하며 살을 에는 듯 추운 몽골고원은 사람이 사는 데 많은 고난이 따르는 극한의 환경이다. 그럼에도 이 지역은 최초의 현생인류가 아시아에 들어온 이래 사람들의 보금자리가 되어왔다. 플라이스토세 후기에 건조한 고비 사막은 오늘날보다 더 푸르고 습했으며 몽골 스텝에는 매머드, 낙타, 말, 오록스, 털코뿔소, 심지어는 타조에 이르는 큰 짐승

---

\* 산맥이 습한 바람을 막으면 바람이 산을 넘어가며 건조해져서 산 너머 지역에는 비가 적게 내리는 비그늘이 생긴다.

들이 살았다.[1] 이 시기에 몽골은 초기 호모 사피엔스가 동아시아로 이동하는 데 핵심적인 역할을 했을 것이다. 동아시아에서 현생인류는 기존의 다른 인류 종들과 섞였다.[2] 스텝에는 야생말을 비롯해 말과에 속하는 동물들도 있었다. 프르제발스키말, 야생당나귀, 시베리아/동아시아 에쿠스 오보도비(*E. ovodovi*) 등이다. 에쿠스 오보도비는 빙하기 포유류의 특징이 있음에도 기원전 제4천년기까지 오래 살아남았다.[3]

최종 빙기 극대기 이후 빙하기가 끝나고 기후가 따뜻해지면서 몽골의 풍요롭고 다양한 거대 동물들은 수가 줄었다. 부근의 여러 문화가 홀로세 초기 및 중기에 식물을 키우고 쌀과 기장 같은 작물이 동아시아를 점령해도, 몽골은 관개농업을 받아들이지 않았다. 스텝의 인구밀도는 낮은 수준을 유지했고, 작물 재배나 농경을 하되 체계는 없었던 스텝 지역의 제한된 신석기 문화들은 어떤 면에서 진정한 스텝 문화였다기보다 근방의 중국이나 시베리아 지역에서 일어난 현상들의 연장으로 간주될 수도 있다.

### 말 등장 이전의 목축

스텝 동부에서는 풀을 먹는 길들여진 가축의 도래와 함께 삶의 균형이 변화했다. 풀을 먹는 가축 덕분에 몽골의 끝없이 펼쳐진 건조한 대초원은 예측 가능하고 지속 가능한 영양분으로 변신했다. 몽골에서 가장 이른 시기의 가축과 관련한 증거는 기원전 약 3000년의 얌나야/아파나시에보 이주 시기까지 거슬러 올라간다. 당시의 이주 목축민들이 몽골 지역에 가축 양, 염소, 소를 처음 들여왔다. 몽골 서부 얌나야/아파나시에보 문화는 기원전 제3천년기에 체무르첵(Chemurchek) 문화에 자리를 내주었다. 또 다른 목축 집단이었던 체무르첵 문화는 중앙아시아 남부 지역과 유전적·계통적 관계가 있는 것 같다.[4] 체무르첵 문화인은 얌나야처럼 양, 염소, 소를 주로 키웠다. 이들은 알타이산맥 가장자리 가까이에 머물렀으며 동쪽의 사막과 건조한 초원으로는 별로 나가지 않았다. 신기하게도 이 초기 목축민 집단들 중 어느 쪽도 고대 몽골의 유전자 풀(gene pool)*에 지속적으로 기여한 것으로는 보이지 않는다.[5] 한편 몽골 북부, 시베리아 남부의 바이칼 지역, 그리고 아마도 스텝 동부의 다른 지역 사람들은 기원전 제2천년기에 족히 들어서서도 수렵 채집 생활 방식을 그만두지 않은 듯하다.[6]

체무르첵의 제의 유적지들과 한 군데의 야영지에서 발견된 말과에 속하는 동물의 분리된 뼈 몇 개(아직까지 종 수준으로 확인되지는 않았다) 외에는 동아시아의 기원전 제2천년기 초반 문화들이 길들여진 말을 키웠다는 암시는 없다.[7] 이를 연구 부족 때문이라고 볼 수만은 없다. 내가 속한 연구 팀도 몇 년 동안 몽골에서 초기에 길들여진 말의 증거를 찾고자 했다. 2017년에 우리는 몽골 서부 바잉울기 주의 알타이산맥에 있는 주거지 유적을 발견하여 발굴했다. 기원전 약 1650년으로 추정되며, 주거지로서는 가장 이른 시기 유적 중 하

---

* 유성생식을 하는 생물 집단 전체의 유전정보.

나다. '차강아스가(Tsagaan Asga)'라는 이름의 이 유적은 직선 형태의 주거 구조물 여러 개와 울타리 같은 것들로 구성되었다. 울타리 같은 것 안에는 동물 뼈 조각과 세라믹, 그리고 청동이나 구리의 슬래그가 가득했다.[8] 유적에서 나온 뼈는 대부분이 심하게 조각나 있어서, 동물고고학자들이 참조 표본들과 주의 깊게 형태학적 비교를 하는 방식의 일반적인 기술로는 확인하기 어려웠다. 그러나 우리는 콜라겐 핑거프린팅이라는 기술을 통해 그곳에 있던 동물 중 다수를 확인할 수 있었다. 이 기술은 레이저로 뼈 내부 콜라겐 구조의 차이점을 확인하며, 콜라겐 구조의 차이는 분류군을 구분하는 데 도움이 된다. 이 분석으로 우리는 차강아스가 주민들이 양(*Ovis*)과 소(*Bos*)를 키우고 먹었다는 사실을 알아냈다. '빌루트(Biluut)'라는 또 다른 초기 유적에서는 화로에서 불탄 양과 소 잔해의 증거를 발견했다. 하지만 그 외에 다른 종은 없었다.[9] 이러한 사항들을 종합한 몽골의 동물상 기록에 따르면 스텝 동부 목축 이야기의 제1장에는 말이 빠져 있었던 듯하다.

## 몽골 스텝 최초의 말

말과 전차는 흑해 스텝에서 동쪽으로는 몽골고원 변두리로 전파되었다. 몽골 북서쪽으로 접하는 남시베리아 미누신스크 분지에서는 말이 기원전 17세기 무렵 페도로보 문화 지평의 매장지에서 처음 발견된다.[10] 카라수크 문화(기원전 약 1400~기원전 1000년)는 계속해서 길들여진 말을 운송에 이용했다. 카라수크의 여러 유적에서 수시로 나타나는 뼈로 만든 굴레 볼 피스가 이를 증명한다.[11] 우리는 과학적 방사성탄소연대측정을 통해 카라수크 굴레 볼 피스 한 개의 연대를 직접적으로 분석했다. 사슴뿔로 만든 볼 피스의 연대는 기원전 약 1536~기원전 1323년(보정 연대)이었다. 그러한 유물이 뜻하는 바는 아무리 늦어도 기원전 제2천년기의 중간 어느 시점에는 몽골에 접한 시베리아 남부 지역에서 말과 말 운송을 이용했다는 것이다.

말이 시베리아 남부로 들어왔을 때, 다양한 문화 지형에는 야생 자원과 길들여진 자원을 모두 이용하는 복합적인 혼합 목축 경제가 이미 자리 잡고 있었다. 말은 그 다양한 문화 지형 안에 통합되었다. 얌나야 문화가 유입된 후 (공들여 조각한 사람 형태의 아름다운 선돌로 이름난) 오쿠네보(Okunev) 같은 토착 집단들도 양, 염소, 소를 자신들의 경제에 편입시켰다.[12] 기원전 제3천년기 내내, 그리고 기원전 제2천년기에 들어서도 많은 집단이 사냥 및 목축 전략을 혼합한 것으로 보인다.[13]

그런데 우리가 이해하고 있던 사람과 말의 이야기는 최근 몇 년 사이 새로운 고고학 발견에 근거해 극적으로 바뀌었다. 2019년 여름 나는 고고과학자들의 소규모 국제 협력 팀과 함께 새로운 프로젝트를 시작했다. 목적은 알타이산맥에서 고지대 눈과 빙판을 조사하여 몽골의 가장 이른 시기 목축 문화들의 생활 방식을 알아보는 것이었다. 수천 년간 얼어붙어 있던 이 지역 영구 빙판은 지구온난화 때문에 놀랍도록 빠르게 녹고 있다. 그 과정에서 수천 년 동안 눈과 빙판 속에 숨어 있던 고대 유물과 동물 잔해가 나오고 있다. 이처럼 희귀한 발견은 어떤 종류의 고고학 맥락에서도 발견할 수 없는 몽골의 가장 이른 시기 목축 문화의 여러 측면을 정리하는 데 도움이 된다.

2022년 여름에 우리 팀 고고학자들은 굉장한 발견을 했다. 해발 4,000미터에 가까운 어느 산 정상에서, 그리고 고대 화살과 동물 뼈가 포함된 수십 가지 유물 속에서 고대 말들의 잔해를 발굴했다. 게다가 말발굽을 깎아 다듬는 트리밍 작업을 통해 발굽에서 깎여 나온 지 얼마 되지 않아 묻힌 부스러기들이 얼음 가장자리에서 녹고 있었다. DNA 분석에 따르면 더 이른 시기의 잔해들은 야생 프르제발스키말의 것이었다. 그러나 발굽을 깎아 다듬은 흔적은 기원전 약 1350년으로 추정되며, 길들여진 동물의 것이 분명했다. 이 발굽은 야생 양의 일종인 아르갈리의 잔해 및 사냥 도구들(온전한 화살 여러 개 포함)과 함께 출토되었다. 발굽이 고산지대에 나타난 것은 아마도 아르갈리의 잔해를 가져가려는 고대 사냥꾼들 때문이었을 터다. 이들은 여름철에 그 양을 쫓아 고산의 얼어붙은 곳까지 왔을 것이다. 더 이른 시기 표본들이 앞으로 더 발견될 수도 있겠지만, 이것이 몽골 고고학 기록에서 가장 오래된 길들여진 말일 것이다. 길들여진 말이 흑해 지역의 고향에서 출발해 기원전 약 14세기에는 몽골 알타이까지 퍼졌다는 의미였다.

### 사슴돌-헤렉수르 문화

길들여진 말이 들어오면서 모든 게 바뀌었고, 몽골 최초의 말 문화가 전면에 등장했다. 이 문화는 '사슴돌-헤렉수르(Deer Stone-

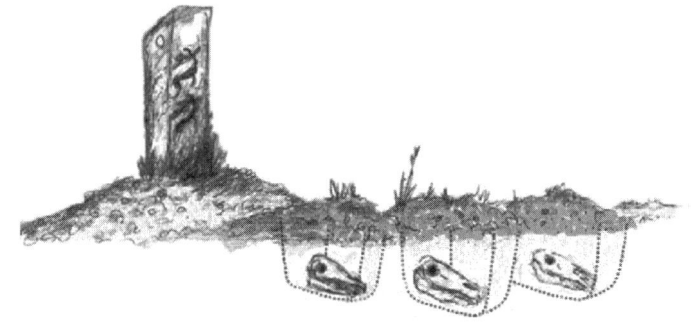

몽골 자브항주 다아간델(Daagan Del)의 사슴돌 이미지(위). 사슴 이미지와 함께 벨트, 도구들, 말 장식, 그리고 귀고리를 비롯해 사람처럼 꾸민 특징들이 보인다. J. 바야르사이항(J. Bayarsaikhan) 박사가 제공한 이미지. 하단 일러스트에서 아티스트는 말 세 마리의 매장지를 도식화했다(아래). 사슴돌 가장자리의 소규모 돌무지 안에 묻힌 말 머리들은 동쪽을 보고 있다. 바버라 모리슨 그림.

Khirigsuur, DSK)' 지구라고 일컫는다. 몽골의 광대한 지역과 주변 영역에 빠르게 등장한 두 가지 연관된 형태의 석조 기념물 때문에 이 이름이 붙었다.[14] '사슴돌'은 사람을 어렴풋이 닮은 형태로 복잡하게 조각된 선돌 또는 돌기둥을 지칭한다. 높이는 0.5미터를 조금 넘는 것부터 수 미터에 이르는 것까지 다양하며, 대부분은 도구와 무기를 매단 벨트, 목걸이, 방패 등의 장비나 장식을 두른 모습이 조각되어 있다. 조각된 장식 무늬 중에서 작은 말도 종종 찾아볼 수 있다. 사람 얼굴을 조각한 것도 있으며, 많은 사슴돌에 하늘을 나는 사슴 이미지를 공들여 장식했다. 사슴돌이란 이름은 여기서 나왔다. 현재 사슴돌 기념물은 오랜 세월 풍화되어 마모된 것이 많지만, 연구 결과는 사슴 이미지 중 적어도 일부가 원래 진한 붉은색으로 채색되었음을 시사한다.[15] 사슴돌은 어느 하나도 동일한 것이 없다. 몇몇 학자는 사슴돌이 특정한 조상이나 세상을 떠난 지도자를 기리는 기념물 역할을 했을 거라는 가설을 제시한다.

    초기 고분 지역에서 사슴돌과 함께 나타나는 사례가 많은 헤렉수르는 사람 유해가 포함된 돌무지 무덤이다. 헤렉수르는 때때로 함께 뭉뚱그려져 취급되는 삭사이(Sagsai) 무덤처럼 부장품이 거의 없고, 가운데 돌무지가 핵심적인 특징이다. 하지만 삭사이 무덤과 달리 헤렉수르는 별도로 공을 들인 원형 또는 정사각형의 돌울타리 같은 구조가 돌무지를 둘러싸고 있다. 사슴돌과 헤렉수르 둘 다 몽골 스텝의 광범위한 지역에서 급증하면서 러시아 남부, 카자흐스탄 동부, 중국 북서부, 심지어 키르기스스탄의 이식쿨호 기슭에도 도달했다.[16]

## 몽골 최초의 말 문화

사슴돌-헤렉수르 유적에서 유물은 거의 나오지 않지만, 동물고고학 기록을 통해 몽골 최초 말 중심의 풍성한 목축 경제와 문화의 면목이 드러난다. 사슴돌 유적과 헤렉수르 유적 모두 멀리 떨어진 변두리에는 돌이 원형으로 배치된 공간 안에 불에 탄 양, 염소, 소의 잔해가 들어 있지만, 중심부에는 말이 등장한다.[17] 대부분의 사슴돌 및 헤렉수르에는 희생물로 바쳐진 말들의 부분적인 골격이 포함된 돌무지들이 주위에 배치되어 있다. (대개 기념물의 동쪽이나 남동쪽 가장자리에 집중되어 있다.) 말이 묻힌 개별 돌무지는 지름이 최대 몇 미터에 이르기도 하며, 대개 그 안에는 말 머리와 목뼈, 그리고 발굽 한 쌍이나 두 쌍이 들어 있다. 간혹 꼬리뼈 같은 추가 골격 요소들이 함께 출토되어, 말의 가죽이나 다른 부분들도 원래 포함되어 있었음을 시사하기도 한다.[18] 사슴돌-헤렉수르 유적 중에는 말이 묻힌 돌무지가 하나도 없거나 극히 적은 곳도 있지만, 그 외의 유적에서는 말 매장지 수를 전부 합하면 수가 수백 또는 수천까지 이른다.[19]

우리는 사슴돌-헤렉수르 유적에서 나온 말들의 골격을 연구하여, 말들이 작고 뾰족한 도끼나 뭉툭한 도구로 머리를 강타당해 죽임당한 경우가 많다는 사실을 알아냈다.[20] 사람들은 말을 죽인 후 때로는 먹기도 했다. 척추뼈에서 살을 바르고 혀를 제거하고 많은 부분을 분리했다. 매장지에서 결코 발견되지 않는 것은 말의 가장 맛있고 살진 부위들(몸통과 아랫다리)이다. 아마 사람들이 제의 연회에서 그 부위들도 먹었을 것이다.[21] 말 뼈 표면이 기후와 햇빛에 노출되어 생긴 작은 변화는 말을 죽인 후 완전히 묻기 전에 얼마 동안 바깥에 놓아두었을 가능성도 있음을 시사한다.[22] 사슴돌 또는 헤렉수르 기념물 지구 중 일부는 한 번에 건설된 것이 분명하지만, 주의 깊은 탄소연대측정 결과가 시사하는 바에 따르면 그 외 유적에서는 말 매장지들이 한두 세대에 걸쳐 여러 번 간헐적으로 누적되었을 것이다.[23]

## 사슴돌-헤렉수르의 말 운송

몽골은 기후가 춥기 때문에 뼈와 치아 내부 생체분자의 보존 상태가 대단히 좋은 경우가 종종 있다. 우리는 사슴돌-헤렉수르 말들의 유전체 염기 서열을 분석하여 유라시아 대륙 고대 유전체의 대규모 데이터 세트와 비교했다. 그 결과는 사슴돌-헤렉수르 말들이 원래 흑해 스텝에서 발견되는 'DOM2' 계통의 초기 분파에 속하며, 신타시타에서 나온 최초의 길들여진 말들과 밀접한 관련이 있음을 보여준다.[24] 더 직접적인 증거도 있다. 사슴돌-헤렉수르 말들의 두개골에서 코가 있는 부분의 변화는 말들이 오랫동안 무거운 짐을 끌었음을 보여준다. 한편 가느다란 코뼈도 운송 중 압박을 받아 변형되었으며, 이는 고대 굴레를 사용했음을 명확히 드러낸다.[25] 이러한 지표들은 사슴돌-헤렉수르 말들이 굴레를 쓰고 운송에 이용되었다는 결정적인 증거를 제공한다. 골격 병리 패턴을 바탕으로 추론해보면, 사슴돌-헤렉수르 사람들은 운송에 수컷 성체 말을 선호했던 것으로 보이지만 때로는 힘이 센 암말과 두 살 정도의 어린 말도 이용했다.[26]

## 태양의 말

말과 말 운송은 사슴돌-헤렉수르 장례 의식의 영적 핵심이었다. 아마 내세관의 영적 핵심이기도 했을 것이다. 하늘을 나는 사슴 이미지를 사슴돌에 장식한 의도가 영혼을 내세로 인도하는 것이었다면, 사슴돌-헤렉수르 기념물들 또한 말 운송 개념을 바탕으로 세워졌음이 분명하다.[27] 대부분의 헤렉수르 기념물에서는 개별적으로 분리된 말 돌무지들이 기념물 동쪽 가장자리를 따라 특별히 한 줄로 배치되어 있는 모습을 볼 수 있다. 이 특별한 줄의 돌무지에는 전성기 연령대(5~15살)의 수컷 말 잔해들만 묻혀 있다. 사슴돌-헤렉수르 유적에서 발견되는 다른 말들과 비교할 때 이 특별한 줄에서 나오는 말들은 운송에 강도 높게 이용되었음을 암시하는 골격 병리의 정도가 더 높다. 아마 죽은 사람이 개인적으로 특별히 아끼던 말들을 나타낸다고 볼 수 있다.[28]

말, 전차, 태양 사이의 고대 종교적 연관성도 사슴돌-헤렉수르 유적에서 전면적으로 관찰된다. 이러한 성격은 신타시타 같은 더 이른 시기의 말 문화들에서 물려받았을지도 모른다. 몇몇 사슴돌에는 말 네 마리가 차례대로 태양 이미지를 향해 달려가는 모습이 묘사되어 있다.[29] 대부분의 말은 머리를 동쪽으로 향한 채 묻혀 있고, 많은 헤렉수르에서 마치 죽은 사람을 떠오르는 태양 쪽으로 끄는 것처럼 배치되어 있다. 모퉁이가 바퀴 모양 같은 몇몇 헤렉수르의 매장지 설계를 살펴보면 말이 끄는 바퀴 달린 천막 같은 것, 더 나중 시기 스텝 제국들의 대칸과 카간이 사용한 게르 테렉(유르트 수레)과 유사한

형태가 연상된다.³⁰

## 초기의 말 탄 사람

길들여진 말이 사슴돌-헤렉수르 문화에서 차지한 중요성과, 고고학 기록에 등장하는 규모는 고대 유라시아에서 독보적이었다. 이처럼 말 고고학이 갑자기 엄청난 존재감을 드러내니 우리는 고대 세계에 어떤 새로운 일이 일어났었는지 궁금해졌다. 사슴돌-헤렉수르 사람들은 전차 운송만 했을까, 아니면 고대 목축민으로서 말 등에 올라타 초기 형태의 말타기도 했을까?³¹ 사슴돌-헤렉수르 고분에서는 운송 전략을 구분하는 데 가장 유용한 골격 요소인 척추뼈 아랫부분이 발견되지 않는다. 척추뼈 아랫부분은 전차를 끌 때와 등에 사람을 태울 때 각각 다른 방식으로 손상된다(도판 4 참조). 사슴돌 조각에 말을 탄 사람이 묘사된 경우는 전혀 없는 반면, 적어도 두 개의 사슴돌은 말이 이륜 전차에 묶인 모습을 보여준다. 사슴돌-헤렉수르 말들의 골격은 부드러운 유기물 마우스피스가 야기한 위턱 치아의 이상한 손상 형태를 보여준다.³² 그런데 만약 말 등에 올라타 이런 마우스피스를 사용했다면 특히나 위험했을 것이다.³³ 이러한 골학적 분석 결과는 많은 사슴돌-헤렉수르 말이 전차를 끄는 데 이용되었음을 시사한다.

그러나 인접한 동아시아와 중앙아시아 지역의 맥락적 단서들은 사슴돌-헤렉수르 말 문화의 폭발적 존재감이 말 등에 올라타는 말타기의 출현과 관련 있었을 것임을 시사한다. 중국 서부 신장 지역

타클라마칸 사막의 뜨거운 모래밭은 이 지역의 유구한 고대 목축 문화들의 연약하고 망가지기 쉬운 유기물 기록을 고스란히 보존한 경우가 많아 식물, 동물 잔해, 유기 유물 등을 풍성하게 제공한다. 신장의 이 사막 무덤에 보존된 놀라운 것들 중에는 기원전 약 1000년까지 거슬러 올라가는 리우슈이(Liushui) 유적에서 나온 말 잔해가 있다.[34] 대개 적어도 한 쌍의 동물이 포함된 더 이른 시기 중앙아시아 전차 매장지와 달리 리우슈이 말들은 혼자 묻혀 있었다.

더 북쪽에서 (역시 기원전 1000년까지 거슬러 올라가는) 양하이(Yanghai) 무덤을 발굴한 결과 세계에서 가장 오래된 바지가 출토되었다.[35] 이 특화된 바지는 가랑이 부분이 별도의 천을 덧대 두터웠다. 어쩌면 용도가 말을 타는 것이었을지도 모른다.[36] 다른 무덤들에는 채찍이 있었다. 채찍은 말 위에서 말을 자극하는 데 사용된 것으로 보인다. 공과 막대기도 발견되었다. 연구자들은 공과 막대기가 마상 스포츠에 사용되었을 수도 있다고 추측한다.[37] 쿤룬산맥 자그훈루크(Zhaghunluq) 유적에서는 흰색 양모를 안에 채워 넣은 안장깔개가 출토되었다. 연대는 기원전 1450~기원전 900년으로 추정되었다. (연대 추정이 목재 기준으로 이루어졌기에, 안장깔개는 제작 시기가 더 늦을 수도 있다.)[38]

2022년에 우리는 암각화 하나를 발견했다. 사슴돌-헤렉수르 말 문화의 주목할 만한 변화가 말 등에 올라타는 말타기와 관련 있음을 암시하는 암각화였다. 몽골 서부 고비-알타이 지방의 아스강혼드(Asgan Khond) 유적에서 발견한 청동기 암각화에는 전차 두 대가 묘사되어 있었다. (한 대는 말들이 매어 있고, 다른 한 대는 동물이 매여 있지 않았다.) 동물이 매이지 않은 전차 옆에는 사슴돌에 묘사된 것과 같은 독특한 갈매기 무늬의 작은 방패가 보인다. 이를 근거로 이 이미지를 사슴돌-헤렉수르 시기와 연결할 수 있다. 두 대의 전차 아래에는 말 탄 사람이 한 명 있다. 말 탄 사람은 활 또는 깃발 같은 것을 들고 있는 것도 같고, 아니면 전차에 연결된 줄을 당기고 있는지도 모른다. 물론 말 탄 사람이 나중에 암각화에 추가되었을 가능성도 배제할 수는 없다. 하지만 사슴돌-헤렉수르 말 문화가 폭발적인 존재감을 드러내던 맥락, 그리고 겨우 1세기 정도 후에 신장에서 등장한 바지와 안장처럼 말 등에 올라타 말타기를 했다는 최초의 고고학 증거를 함께 고려하면, 암각화의 이미지가 기원전 1000년 무렵 변화하는 사람과 말의 관계의 한 단면을 보여준다고 주장할 수도 있다.

## 청동기 말 목축민

말타기는 몽골 스텝 생활이 유지하던 균형에 변화를 일으켰다. 말에 올라탄 사슴돌-헤렉수르 목축민들은 많은 가축을 데리고 장거리 이동을 하기가 더 수월해졌고, 그리하여 더 변두리 쪽에 있는 환경의 활용도가 더 높아졌다. 사슴돌-헤렉수르 목축민들은 새로 얻은 이동 능력을 활용하여 (또한 아마도 그 지역 초원의 질을 높인 더 서늘하고 습한 기후에 고무되기도 하여) 가축을 몰고 산 가장자리를 넘어 건조한 사막까지 진출했다.[39]

몽골 스텝의 후기 청동기 시대 문화인들은 말타기를 계기로 훨씬 더 많은 말을 고기 및 마유 용도로 기를 수 있었다. 고고학자들이 후기 청동기 시대와 연결되었다고 확인한 소량의 쓰레기 더미에서 도축된 말 뼈가 눈에 띄며, 마유를 기반으로 하는 유제품에 대한 증거도 사람 치석을 분석하여 수집한 식이 기록에 나타난다.[40] 이 시점 이후로 스텝 동부 지역에서는 암말의 젖을 발효시켜 만든 아이락 또는 크므즈가 식단과 문화에서 핵심 요소가 된다. 이 최초의 몽골 말 사육인들은 말을 돌보는 새로운 방법들을 고안하여 동물 관리에 커다란 혁신을 이루었다. 2018년에 나는 협업 팀과 함께 몽골국립박물관에서 사슴돌-헤렉수르 말의 대규모 소장품을 분석하다가, 이 청동기 시대 목축민들이 실제로 어린 말들에게 초보적인 수준의 치과 수술을 한 증거를 발견했다. 그 어린 말들은 유치나 젖니가 잘못 나 있어서 먹이는 데 어려움이 있었을 것이며 굴레를 씌우거나 운송에 이용하기도 어려웠을 것이다.[41] 동물 치아 치료와 관련해 세계에서 가장 오래된 증거로 꼽히는 이 사례는, 몽골 목축 문화들이 말과 친숙해진 점을 활용하여 말을 돌보는 데 새로운 도약을 이루고 이른바 '문명화'된 농경 세계의 동시대인들이 이룬 수의학적 성취를 능가했음을 보여준다.

### 말과 사슴돌-헤렉수르 사회

몽골에 말이 들어오면서, 특정 개인이나 가문의 지위가 높아져 사회적 불평등에 크게 일조한 것처럼 보이는 것도 사실이다. 이러한 견해를 뒷받침하는 증거는 몽골 북중부 지역의 물이 풍부한 계곡에 있는 사슴돌과 헤렉수르 지구의 크기와 규모이다. 그곳에는 사람 한 명의 무덤에 딸린 말 매장 돌무지가 때로는 수백 개에 달하는 경우도 있다. 엄청난 시간과 노동이 들어갔을 일이다.[42] 사슴돌-헤렉수르 조각들은 더 이른 시기와는 달리, 전쟁에 높은 사회적 가치가 부여되었다는 암시를 준다. 사슴돌 대부분이 활과 도끼 같은 무기들과 방패 같은 방어용 장비로 장식되어 있으며, 많은 사슴돌에 말 이미지가 포함되어 있다.[43] 그렇다고 이러한 암시들이 반드시 성 불평등을 의미하지는 않는다. 헤렉수르 고분에서 발견되는 남녀 비율은 완전히 균등하지는 않더라도 비슷한 수준이다.[44] 우리가 알아낼 수 있는 것을 토대로 추측하자면, 말 등에 올라타는 말타기가 도입되면서 아마도 사회조직에서 적어도 어느 정도는 변화가 촉진되었고 말과 말타기 기술이 곧 부를 추구하는 수단이 되는 새로운 풍조가 생겨났다고 볼 수 있다.

## 말과 초기 중국

몽골에서 말 문화가 분출하면서 그 여파가 고대 동아시아의 다른 지역에도 스며들었다. 말 중심의 사슴돌-헤렉수르 지구가 몽골 북부와 서부에서 번성하는 동안 말은 몽골 동부 및 고비 사막을 점유한 근방 문화들로도 퍼져나갔고, 사슴돌-헤렉수르 유적들에 처음 등장한 것과 본질적으로 같은 시기에 울란주크(Ulaanzuukh)/쇼르굴진(Shorgooljin)/테브시(Tevsh) 문화의 유적들에도 등장했다.[45] 홀로세 중국에도 프르제발스키말, 에쿠스 오보도비, 레나말 등 여러 야생 카발라인말 분류군이 있었지만, 아마도 몽골 목축 문화들이 확장하면서 말이 중국 중부 지역 변두리에 처음 오게 되었을 것이다. 중국 중심부는 상 왕조의 초기 국가가 통치하고 있었다.[46] 중국에서 초기에 길들여진 말에 대한 직접적인 방사성탄소연대측정이 이루어진 사례는 놀라울 정도로 드물지만, 초기에 길들여진 말은 기원전 1300년 이후 어느 시점에, 아마도 기원전 1150년 이후 나타났을 가능성이 매우 높다. 그 시기에 인접한 스텝의 말 문화가 폭발적으로 확산됨에 따라 중국 중심부에 도달했던 것으로 보인다.[47]

기원전 제2천년기 후반 중국 고분들에서 발견되는 부장품 같은 고고학 데이터는 상 왕조 중국과 북쪽 스텝 및 사막 사이의 연결 고리가 증가하고 있었음을 가리킨다.[48] 그러한 연결 고리에는 인구 이동도 포함되어 있었을 것이다. 북쪽의 매장 풍습(얼굴을 아래로 향하게 묻는 몇몇 고비 문화의 독특한 방식)이 남쪽으로 퍼져, 초원이 있는 중국 북부의 황하 만곡, 오르도스라고 부르는 지역에도 나타났기 때문이다.[49] 인구 이동과 함께, 말을 키우는 문화들이 근방에 끊임없이 늘어서 있었으니 고대 중국의 변두리 지역들이 내륙 아시아의 나머지 지역들과도 연결되었다.

이 변두리에서 문화 교류가 활발하게 이루어졌다. 손잡이에 동물 머리가 조각된 청동검(러시아의 카라수크 유적들에서 발견된 것들 및 몽골 사슴돌의 도구 벨트에 조각된 것들과 동일한 스타일)처럼 스텝과 연결된 물건들이 중국 고분에서 등장하기 시작했다. 스텝과 연결된 다른 이미지들도 함께 나타났다.[50] 정치적으로도 연결되었다. 상나라 황제 무정의 왕후 부호는 원래 스텝 문화 출신이었다고 여겨진다.[51] 하지만 정착이 이루어진 스텝 경계를 넘어 유입된 모든 것 중에 가장 중요한 건 말이었으며, 중국에서 말에 대한 수요는 멈추지 않고 커져갔다.[52]

## 갑골문

중국에 들어온 말과 전차는 상나라 엘리트층의 인기를 끌었다. 깊은 황토 퇴적물에 아로새겨진 그들의 귀족적인 고분들은 최초의 말들을 놀라울 정도로 세세하게 보존했다. 고고학자들은 상나라 시대 고분에서 전체 형태를 갖춘 전차들과 마구를 착용한 말들을 발굴했다. 말들은 대개 두 마리가 한 조로 희생되었다. 하지만 간혹 상나라 전차에는 최대 여섯 마리의 말이 속하기도 했고, 전차를 모는 사람과 청동 무기류가 함께 있기도 했다. 상나라 고분에는 활처럼 생긴 독특한 물건도 포함되어 있다. 이는 전차의 고삐 걸이로 여겨지며, 많은 사슴돌의 벨트 부위에 새겨진 이미지들과 동일하다.[53]

상나라 전차들은 몽골 및 범유라시아 암각화에 묘사된 것들과 동일한 바큇살 구조를 비롯해 스텝에서 온 것이 틀림없는 기술적 특색을 보인다.[54] 스텝 암각화에서 볼 수 있는 전차처럼, 상나라의 탈 것에는 한 개의 견인 막대와 중심 차축이 있고 멍에를 말의 목에 맞춰주는 멍에 안장이 사용되었다. 상나라에서는 청동을 쉽게 이용할 수 있었음에도 많은 전차가 유기물 굴레 마우스피스를 사용했다. 이 또한 스텝 전통과 일맥상통한다.[55] 그 외의 상나라 재갈은 유기물 디자인을 야금 제작용으로 수정한 것으로 보이는 다양한 디자인을

활용해 청동으로 주조되었다.56

청동기 시대 내륙 아시아의 대부분 문화들과 달리 상나라 중국은 이 최초의 말들이 어떻게 이용되었는지에 관한 문헌 기록도 제공한다. '갑골문'이라고 부르는 이 상형문자는 일반적으로 거북이 배딱지나 소의 견갑골에 새겼으며, 중요한 일에 관해 점을 치는 데 사용된 초기 형태의 문자였다. 점을 칠 준비가 되면(때로는 갑골에 구멍을 뚫은 뒤) 불로 갑골에 열을 가해 갑골이 갈라지는 모양에서 점의 의미를 읽었고, 때로는 그 의미를 갑골에 새기기도 했다. 갑골문은 농사의 성과나 왕이 직면한 어려운 사회적·정치적 결정을 묘사할 때가 많아 고고학적으로도 역사적으로도 풍부한 데이터를 제공한다. 여기에는 상나라 사회에서 말이 맡은 역할에 관한 단서도 포함되어 있다.

말에 관해 갑골문에 언급된 내용을 전반적으로 살펴보면 상나라 사회에서 희귀했으며 스텝에서 들여온 지 얼마 되지 않은 짐승이었음을 시사한다.57 갑골문에서 전차를 가리키는 상형문자는 스텝 암각화에 묘사된 이미지에서 거의 직접 따온 것처럼 보인다.58 현대 중국어에서 말을 뜻하는 '마(马)' 자에도 과거 스텝의 흔적이 포함되어 있다. 아마 인도-유럽 조어 또는 이란 조어에서 파생(몽골어 '모리[морь/ᠮᠣᠷᠢ]'처럼)했을 것이다.59 갑골문에서 말은 큰 힘이라는 의미를 내포하는 것으로 보인다. 상나라에 알려진 말들은 색깔이 매우 다양했다. 문헌에는 검정 말, 얼룩무늬 말, 불그스름한 밤회색 말이 언급되며, 특히 불그스름한 밤회색 말은 의식에 쓰이는 희생 제물로 선호되었다.60 흰색 말도 특별히 상서롭다고 여겨졌다.

## 말, 초원, 그리고 동아시아 지정학의 변화

상나라는 말을 귀하게 여기긴 했지만 말이 제공하는 전략적 이점을 제대로 활용했다고는 볼 수 없다. 북쪽 몽골 스텝에서는 말타기가 성행했지만 중국 엘리트들은 전차만 이용했다. 상나라 주민들이 거주하는 농경 저지대는 질병, 영양부족, 말 서식지 부족 등의 문제가 있어서 현지에서 말을 대량으로 사육하기가 어렵기도 했다.[61] 북쪽 스텝에 더 가까이 있던 집단들은 스텝과의 교역에 커다란 이점이 있었기에 현지에서 가축을 사육하는 데 더 성과를 거두었다. 말에 대한 접근성의 차이로 인해 북쪽 집단들은 말과 전차의 힘을 더 크게 축적할 수 있었고, 이는 중국 내 통치 세력들 사이에 유의미한 힘의 불균형을 낳았다. 기원전 11세기 중반, 원래 스텝에서 왔다고 여겨지는 제후국 서주가 대읍상\*을 전차 부대로 멸망시키고 오늘날 산시성 시안\*\* 부근에 새로운 수도를 세웠다.[62] 이러한 변화로 중국의 북쪽 변두리 지역들이 정치적·군사적 힘을 주도하게 되었다. 이후 수백 년 동안 말 공급에 대한 통제력 및 스텝 장비와 기술의 활용이라는 동일한 사안이 초기 중국 국가들의 정치적 운명을 이끄는 길잡이 역할을 하게 된다(도판 8 참조).[63]

---

\* 상나라 수도. 지금은 흔히 은허라고 한다.
\*\* 고대 및 중세에는 '장안'이라고도 했다.

## 정리

동아시아에서 길들여진 말은 처음에 주로 목축민들에 의해 확산되었다. 스텝 동부의 가혹한 환경에서 말 등에 올라타는 말타기로 촉발된 말 문화의 폭발적 존재감은 이동성 있는 새로운 유형의 목축 생활 방식을 낳으며 사회 변화를 촉진했다. 스텝 동부 지역 최초의 말 문화인 사슴돌-헤렉수르 지구의 인상적인 제의 유적들 및 관련된 말 매장지들은 동아시아 사막의 건조한 변두리 및 초원 지역에서 말 그리고 말을 이용한 사람들의 급속한 확산을 보여준다.

동아시아 목축 영역이 확장하면서 스텝 집단들은 상나라 중국의 변두리 지역들과 접촉하게 되었고, 그곳에서 말 교역은 새로운 사회적·경제적·정치적 연결이 이루어지는 데 일조했다. 전차와 말은 처음에는 비교적 희귀하고 엘리트층만 이용했지만, 금세 정치적 지형을 바꾸는 원동력이 되어 서주의 발흥을 뒷받침하고, 수백 년 동안 지속되던 상나라 통치를 무너뜨렸다. 말 등에 올라타는 말타기는 몽골 스텝 목축 생활 속에 점점 더 융합되었다. 그러면서 새로운 운송 형태를 넘어 전투용으로 바뀌면서, 스텝 세계와 정착 세계 어디에서나 사회적 역학을 재정의할 태세를 갖추었다.

# 07

# 말타기

기원전 제2천년기가 막을 내릴 때쯤 길들여진 말은 북아프리카, 유럽, 내륙 아시아의 여러 사회에 편입되었다. 스텝에서는 목축민들이 이동성을 적극 활용하고 있었다. 사람들은 빠르고 강력한 전차로 전보다 더 먼 거리를 이동해 이주하고, 공격하고, 여행하고, 교역했다. 말은 신화, 종교, 문화에 깊이 스며들었다. 그러나 아직도 말 운송에는 많은 한계가 있었다. 전차는 크고 부서지기 쉬워서 만들고 유지하는 데 상당한 시간과 노력이 들었으며 유럽, 시베리아, 남아시아의 습지와 진창에 빠지기도 쉬웠다. 스텝 외부 지역에서는 말을 구하기가 어렵고 공급에도 한계가 있었는데, 전차를 운용하려면 적어도 두 마리의 말이 필요했다. 전차는 권력과 부를 가진 이들의 사치품이었다. 스텝 내부 지역에서는 전차가 고분에 부장품으로 포함되거나 고고학적으로 발견되는 경우가 감소했다.[1] 하지만 전차용 말의 영향력이 줄어드는 것처럼 보이던 때에 내륙 아시아의 초원과 사막 지역에서 말 등에 올라타는 말타기에 필요한 안전하고 신뢰할 만한 수단들이 개발되면서 두 번째 혁명적인 변화가 촉발되었다. 첫 번째보다 훨씬 중대한 변화였다.

말 등에 올라타는 말타기가 그 자체로 혁명적인 것은 아니었다. 4장에서 살펴본 것처럼 기원전 제3천년기에 당나귀를 길들이던 시절부터 사람들은 말과에 속하는 동물의 등 위에 올라타는 것의 장점을 이미 발견했다. 필요할 때는 오나거나 잡종에게도 올라타기 전략을 사용했다. 그러나 아시아 서부에서 처음 말을 길들인 후 말의 시대 초기 수백 년 동안에는 말타기가 주로 메시지를 전하거나 재주를 과시하는 등 특별한 경우에만 수행되었다.[2] 고대 시리아의 '마리'라는 도시의 왕이 받은 편지는 기원전 제2천년기 중반의 것으로 추정된다. 편지를 쓴 사람은 왕에게 말에 직접 올라타는 말타기를 하지 말고 잡종 동물이나 더 위엄 있는 전차를 탈 것을 촉구한다.[3] 기원전 15세기 투트모세 3세 통치 시기 고대 이집트에서도 일찍이 사람이 말에 올라탄 모습을 묘사했다.[4] 람세스 2세의 군대와 히타이트인들이 기원전 13세기에 벌인 전차 전투를 묘사한 이집트 부조에서는 말을 탄 사람 몇 명의 모습을 곳곳에서 볼 수 있다(도판 7 참조). 정찰병으로 분류되는 말 탄 사람들은 알몸으로 말을 타고 전투에는 직접 참여하지 않은 것으로 보인다. 이러한 자료는, 기원전 제2천년기 대부분의 시기에 말 등에 올라타는 말타기가 가능하기는 했지만(그리고 가끔은 실제로 했지만), 전투 상황 또는 기동성과 미묘한 제어가 필요한 상황에서는 말타기가 너무 위험해서 신뢰할 수 없었음을 보여준다.

기원전 제2천년기에는 기술이 거듭 변화하며 말을 제어하는 방식이 개선되었다. 뾰족한 형태의 볼 피스가 있는 최초의 신타시타 스타일의 재갈은 제동을 보조했던 굴레 코 밴드와 함께, 단순한 코걸이보다 훨씬 효과적으로 말을 제어했다. 마부는 고삐를 당겨 말의 방향을 전환할 수 있었다.[5] 그러나 부드러운 물질로 만든 마우스피스는 해지거나 끊어질 경우 타고 있는 사람을 굉장히 위험한 상태로 몰아넣었을 것이다.[6] 메소포타미아와 근동에서는 말굴레의 마우스피스가 원래 유기물이던 것이 청동으로 개조되어 말과 당나귀를 제어하는 데 사용되었으며, 중국 상나라와 주나라에서도 비슷한 개조가 이루어졌다.[7] 금속 막대 재갈 덕분에 새로운 설계도 가능해졌다. 예를 들어 마우스피스의 연장된 부분을 이용해 추가적인 효과를 얻을 수도 있었다.[8]

말 등에 올라타는 말타기의 발전에 도움이 된 핵심 요인 한 가지는 길들여진 말을 선택적으로 번식시키는 것이었다. 선택적 번식을 통해 더 다루기 쉽고 해부학적으로도 안정적인 말을 얻을 수 있었다. 유전체 연구는 초기 가축화 과정에 공격성을 줄이는 것, 그리고 말의 민감한 척추 부위를 강화하는 것에 초점이 맞춰진 강력한 선택적 압력이 수반되었음을 보여준다.[9] 그러한 선택적 노력이 고도로 긴장된 상황 속에서 말타기를 수행하는 데 도움이 되었다.

기원전 제2천년기의 가장 중요한 기술 발전 중 하나로 금속 재갈의 새로운 설계를 꼽을 수 있다. 스내플 마우스피스는 금속 '캐넌 재갈' 두 개가 중심부에서 결합된 형태이다. 고삐를 당기면 재갈이 말의 입속 민감한 구석 부위에 압력을 가한다. 말을 탄 사람이 이 새로운 재갈을 숙련된 손으로 사용하면 말과 더 섬세하게 의사소통할 수 있으며 말이 고삐의 움직임을 거부하기 더 어렵게 만들 수 있다. 결합형 금속 재갈 디자인이 처음 등장한 시기를 추정하기는 어렵지만 기원전 15~기원전 14세기로 추정되는 고고학 발견이 이집트, 튀르키예, 아르메니아에서 알려져 있다.[10] 약간 다르게 설계된 결합형 마우스피스들도 주나라 시대 중국에서 개발되었다. 독자적인 개발이었을 수도 있다.[11]

스텝 목축민들의 가장 이른 시기의 말타기는 굴레 기술이 특별히 혁신되지 않은 상태에서 발생했을 것이다. 결합형 청동 재갈이 신장의 이른 시기 말타기용 말과 함께 등장하기는 하지만, 기원전 제2천년기 후반으로 추정되는 몽골 사슴돌-헤렉수르 말들의 손상 패턴은 이른 시기 말타기용 말들이 단순한 유기물 마우스피스로 제어되었으며 전투용으로는 여전히 전차가 선호되었음을 시사한다.[12] 스텝 최초의 말타기가 만약 목축과 사냥처럼 비교적 긴장감이 높지 않은 상황에서만 수행되었다면, 결합형 금속 재갈이 제공하는 말 제어의 기술적 이점이 딱히 필요치 않았을 가능성이 높다.

## 초기 기병대

기원전 제1천년기 초반에 새로운 굴레 기술은 내륙 아시아 깊은 곳까지 널리 보급되었다. 그곳에서는 초기 말타기 실험을 그보다 수백 년 전에 시작했을 것이다. 시베리아의 기원전 제1천년기 초반 고고학 유적인 아르잔(Arzhan)을 발굴한 결과, 희생 제물로 쓰인 말 잔해가 가득한 커다란 바퀴 모양의 왕족 고분 몇 구가 드러났다. 아르잔의 말들도 결합형 금속 재갈과 함께 발견되었으며, 그중 일부 재갈에는 볼 피스 또는 굴레 장식으로 사용된 멧돼지 엄니가 짝을 이루고 있었다.[13] 아르잔 유적에서 가장 오래된 '아르잔 1'에서 나온 말들은 손상이 너무 심해 고생병리학 연구를 수행할 수 없었지만, 이후 시기에 속하는 '아르잔 2' 고분들에서 나온 말들은 전차 끌기보다 사람이 직접 올라타는 말타기에 사용된 사례와 일치하는 척추뼈 손상 패턴을 보여준다.[14]

말 등에 올라타는 말타기가 정찰병, 메신저, 목축민이 수행하는 특별한 활동에서 유라시아 전역의 군사적 방법론으로 올라서는 데는 그처럼 말을 제어하는 데서 발전을 이룬 것이 중요한 역할을 한 듯하다. 처음으로 기병대를 직접적인 역사적 묘사의 대상으로 삼은 건 기원전 9세기로 추정되는 아시리아 벽화일 것이다. 벽에 새겨진 부조는 초기 말타기 모습을 놀라울 정도로 또렷하고 세세하게 보여준다. 부조에 묘사된 초기 기병대 모습은 근본적으로 전차 팀과 다를 바 없지만 전차는 빠져 있다. 말 두 마리와 말 탄 사람 두 명이 짝을 지어 한 팀으로 함께 움직이되, 한 명은 말 두 마리를 제어하고 다

아슈르나시르팔 2세 통치 시기로 추정되는 님루드(Nimrud)의 아시리아 부조. 말 탄 사람 두 명이 짝을 지어 한 명은 말 두 마리의 고삐를 다루고 다른 한 명은 활을 쏘는 방식의 초기 기병대 모습이 보인다. 다리아 체추시코바 그림.

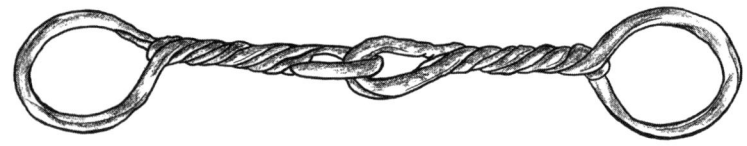

결합형 금속 스내플 재갈. 기원전 제1천년기 초반의 혁신으로, 말에 대한 제어 능력을 높이고 전투처럼 긴장된 상황에서도 말 등에 올라타는 말타기에 대한 신뢰도를 높였을 것이다. 다리아 체추시코바 그림.

른 한 명은 전투를 수행했다.[15] 진정한 의미의 안장이나 등자가 없었기에, 최초로 말을 탄 이 사람들은 말 위에 걸터앉아 다리 힘만으로 말을 붙들고 버텼다. 팀 동료의 도움과 금속 스내플 재갈이 제공하는 추가적인 제어 덕분에 올라탄 말을 효과적으로 제어할 수 있었고, 기록된 역사상 처음으로 말타기를 전투에 이용할 수 있었다.

기마 전투를 기록한 것은 아시리아 부조가 처음이지만, 아시리아인들도 아마 기마 전투 개념을 이란 북서부 지역과 그 너머에 거주하는 인접 집단으로부터 받아들였을 것이다.[16] 기원전 제1천년기가 시작될 무렵 넓은 이란 지역, 캅카스, 더 넓은 카스피해 지역은 말 매장지와 말 장비의 등장 빈도가 높아지는 등 스텝과 관련된 문화적 특성을 지닌 고고학 흔적이 증가하는 모습을 보이는 측면이 있다.[17] 이란 북서부 하산루(Hasanlu)에서 기원전 약 800년 무렵에 벌어진 무서운 전투로 마구간 한 채가 무너져, 당시 말을 이용하던 모습의 한 단면이 보존되었다.[18] 하산루에서 나온 유물 중 상아 조각품들은 말이 전차와 말타기의 두 가지 용도에 모두 이용되는 모습을 보여 준다. 유물에는 정교한 말굴레 및 금속제 말 안면 갑옷(말 머리를 보호하게 설계된 전투용 투구) 같은 다른 장비도 포함되어 있다. 이처럼 말과 말 문화 흔적이 증가한 것은 전투에서 말타기를 활용하는 움직임이 커짐에 따라 스텝 문화들이 아시아 서부 변두리로 세력을 확장한 흐름을 반영한다고 볼 수 있다.

## 내륙 아시아의 초기 기마 문화

기원전 제1천년기의 처음 몇 세기 동안 말타기는 전차를 밀어내고 유라시아 대륙의 지배적인 운송 방식이 되었다. 그러면서 말을 타는 집단들과 말타기를 받아들인 통치 조직들이 스텝과 사막에서 나타났다. 내륙 아시아는 점차 긴밀한 문화권으로 통합되었고 이를 중심으로 사상, 기술, 사람들이 유동적으로 오갔다. 기원전 제1천년기 초반부터 많은 스텝 문화들이 유라시아 전역의 영향이 다양하게 뒤섞인 특색을 보이기 시작했다. 특히 일종의 동물 예술 전통은 멀리 몽골과 페르시아까지 아우르는 광범위한 스타일의 영향이 혼재되어 있었다.

기원전 제1천년기에 이처럼 합쳐진 여러 갈래의 물질적 흐름은 실제 인구 이동이 반영된 결과였을 것이다. 최근 대규모로 수행된 유라시아 대륙의 인간 유전체 염기 서열 분석 결과는 이 시기에 알타이 지역에서 카자흐스탄과 그 너머 스텝으로 사람들과 유전자들이 새로이 유입되었음을 보여준다.[19] 그러한 문화적 영향력의 충돌을 보여주는 한 가지 사례를 러시아 투바에 있는 아르잔 부근 '턴누그 1(Tunnug 1)' 유적의 최근 발굴 결과에서 확인할 수 있다. 학자들은 턴누그 1 유적의 고분이 몽골 사슴돌-헤렉수르의 디자인 요소들과 진흙 사용처럼 중앙아시아에서 영향을 받은 측면들이 혼재되어 있다고 설명한다.[20] 말 등에 올라타는 말타기가 전파되면서 고대 스텝 집단들의 지리적 지평이 확장되었고, 그리하여 사람, 사물, 사상은 점점 더 큰 범위에서 돌고 돌다가 새롭고 중요한 방식들로 수렴할 수 있었다.

### 스텝 말 문화의 출현

스텝에서 초기에 말을 타던 사람들은 말 사육 방법에 혁신을 일으키기 시작했고, 운송과 전투에서 말을 훨씬 더 뜻대로 움직일 수 있는 효과적인 도구로 연마해갔다. 초기 DOM2 계통 말은 다부지고 힘이 세고 빨랐지만 효과적인 기마술에 필요한 중요한 특징들이 부족했다. 유전체 데이터에 따르면 기마술이 전차를 대체하면서 중앙아시아에서는 선택적 번식에 중대한 변화가 나타났다.[21] 기마용 말을 번식할 때는 근력, 지구력, 속도, 심지어 외모에도 초점을 맞췄다. 유전체 재구성을 통해 살펴보면 이 시기에 아름다운 노란색 계열의 팔로미노 색깔을 포함해 훨씬 더 다양한 털색이 이 지역에 출현했다.[22] 골격을 바탕으로 추정하니 키가 큰 말에 대한 문화적 선호 또한 증가세를 보였다. 키가 큰 말은 보폭이 넓고 올라탄 전사의 위치도 높아져서 전투에서 우위에 설 수 있었다.[23] 카자흐스탄, 러시아 남부, 신장 등지에서 발굴된 말들은 기원전 제1천년기 내륙 아시아 말들의 키가 1.4미터에서 1.45미터에 육박했음을 보여준다. 초기 길들여진 말들에 비해 상당히 커졌으며, 말에 올라탄 사람에게 전투에서 뚜렷한 이점을 제공했을 것이다.[24] 기원전 약 300년 무렵에는 동아시아 말들에게 이미 큰 키를 물려주는 유전자가 매우 자주 나타나고 있었다.[25]

기마술이 확산하면서 스텝 목축민들은 훨씬 더 많은 말을 키울 수 있었다. 러시아 남부 유적들의 쓰레기 퇴적물에서 발견된 뼈의 비율은 기원전 제1천년기에 30퍼센트로 상승했고 이 비율은 중세 시대까지 유지되었다.[26] 중앙아시아에서도 비슷한 패턴이 나타나, 몇몇 동물 뼈 모음에는 말 뼈가 50퍼센트 가까이 포함될 정도로 비율이 상승했다.[27] 말고기와 마유는 이동이 잦은 가축 경제에서 많이 소비되었다.[28] 말을 타고 다니는 목축민들은 생활 방식에서 굉장한 수준의 유연성도 얻었다. 암각화를 비롯한 데이터가 시사하는 바에 따르면 사람들이 거처로 왜건 수레와 유르트의 초기 형태 둘 다 이용하기 시작했을 가능성이 높다.[29]

분쟁, 질병, 생태 파괴 등에 직면하면 말을 탄 사람들은 신속하게 자리를 옮길 수 있었다. 말을 탄 사람들의 나라는 전쟁에서 지더라도 진정으로 멸망하는 일은 결코 없었다. 기마 시대가 세상에 끼친 한 가지 영향으로 일종의 문화적 도미노 효과를 꼽을 수 있다. 스텝 한쪽에서 권력이 공고해지면 패배한 상대 세력들이 물결처럼 외부로 밀려나 서쪽으로 이동하면서 파괴와 혼란을 일으켰다.

첫 번째 도미노는 기원전 8세기에 쓰러졌다. 아마 스텝에서의 압박을 이기지 못해 흑해-카스피해 지역에서 이동해 온 이주민이었을 킴메르인이라는 침략자 집단이 아나톨리아 동부의 일부 지역을 정복하고 지중해 세계의 역사 기록 속으로 들어왔다.[30] 스텝 문화들의 서쪽으로의 침입은 제1천년기 내내 계속된다. 그리스 역사가 헤로도토스는 기원전 5세기에 여행하던 중 흑해를 방문해, 가축을 데리고 유목 생활 하는 집단을 발견했다. 그들은 기이한 관습을 가지고 있었으며 말 위에서 무서운 능력을 보였다. 스키타이인이라고 지칭되는 이 낯선 이들은 공포의 대상이자 신화적 존재가 되었다. 현대에는 '스키타이인'이라는 용어의 범위가 확장되어, 본질적으로 흑해에서 알타이산맥까지 중앙아시아 내륙에서 말을 타던 모든 집단을 통칭한다.

스텝에서 말을 타고 나타난 새로운 위협을 맞닥뜨린 건 유라시아 대륙에서 그리스 세계 혼자만이 아니었다. 말타기는 중유럽과 서유럽에도 뿌리를 내렸다. 기원전 8세기부터, 켈트의 원형 문화로 헝가리에서 프랑스까지 뻗어 있는 할슈타트(Halstatt) 문화 및 라텐(La

Tene) 문화의 여러 유적에서 말이 등장한다. 슬로베니아 코바리드(Kobarid) 유적의 성체 수컷 말 매장지 여러 구에는 기마용 장비가 포함되어 있고, 여기에서 나온 아랫다리와 척추뼈의 병리적 변화는 이 말들이 운송에 이용되었음을 암시한다. 그 운송은 기마 운송이었을 가능성이 매우 높다.[31] 고대 프랑스 고분들을 대상으로 수행한 인간 유전체 분석 결과는 기원전 7세기 동안 스텝과 관련된 혈통이 서유럽에 대규모로 유입되었음을 시사한다.[32] 말이 서쪽으로 전파되면서 말타기와 말 사육은 유럽의 정치적·사회적 지형에서 발판을 마련했다.

중앙아시아에서 말을 타는 다른 이들이 페르시아에서 타클라마칸에 이르는 넓은 지역에 걸쳐 등장했다. 이들은 종종 사카라는 이름으로 뭉뚱그려진다.[33] 사카인들에 관한 역사 기록은 불완전하고 부족하지만, 쿠르간의 고고학 발굴을 통해 풍요로운 물질문화가 드러난다. 사카 귀족들이 동물 모양, 금과 청동 제품, 아름다운 말 장비 등으로 꾸미는 것을 즐겼음은 분명해 보인다.[34] 기원전 제1천년기 동안 중앙아시아의 말 타는 사람들 문화는 남아시아 가장자리까지도 전파되었을 것이다. 파키스탄의 간다라 무덤 문화의 말 매장지에서 이를 알 수 있다.[35] 동아시아에서도 말타기가 고고학 기록에 등장하는 빈도가 늘어났다. 연구자들은 기원전 제1천년기 중반으로 추정되는 몽골 판석묘 문화의 여러 유적에서 사슴뿔 볼 피스와 결합형 금속 재갈을 포함해 종류가 다른 굴레 장비들을 발굴했다.[36]

## 정리

이전의 전차와 마찬가지로, 말 등에 올라타는 말타기가 발전하면서 고대 세계의 구조는 근본적으로 변동했다. 더 이른 시기에 전차가 불러일으켰던 이동성 확대, 목축민의 생활이나 사회구조에 일어난 변화 등의 과정들이 말타기와 함께 계속되거나 가속화되었다.

말타기는 스텝에서 이미 심화하던 사회적 불평등을 계속해서 가속화했다. 엘리트층 쿠르간 무덤들과 사치스러운 부장품들은 기원전 제1천년기 동안 많은 지역에서 부유한 엘리트층이 출현했음을 반영한다. 그러나 말타기의 사회적 영향력은 더 다양한 함의를 품고 있기도 했다. 말타기에 필요한 특수 장비는 최소한의 수준이었기에, 스텝에서 기마용 말이 전차보다 접근성이 더 좋았다. 말 위에서 활을 쏘면 여자도 전장에서 남자만큼 위협적이고 효과적이었다. 이 시기 전사 무덤을 비롯한 역사적·고고학적 증거에서는 여성이 발견되는 빈도가 높다. 이를 바탕으로 추론해보면 스키타이 및 사카 세계에서 초기 기마 시대는 여성 전사들에게 많은 기회를 제공한 것으로 보인다.[37]

또한 말타기라는 혁신으로 이전에는 서로 떨어져 있던 고대 세계의 여러 지역이 정기적이고 가까운, 그러나 종종 달갑지는 않은 접촉을 하게 되었다. 유라시아에서 진정한 세계화가 나타난 첫 징후였다. 스텝 집단들은 유라시아 대륙의 변두리 정착지들 속으로 스며들면서 새로운 어족과 새로운 유전자, 새로운 생활 방식, 새로운 생각, 새로운 기술을 가져왔다. 이렇게 스텝과 사막의 길이 새롭게 연결되면서 이후 동아시아에 출현하는 왕조들과 서구 문명들 사이에 지속적으로 이용되는 여행길, 외교 관계, 교역이 형성된다. 새로 부상하는 그 네트워크의 중심부에는 인류 역사가 나아갈 길에 엄청난 영향을 끼치는 새로운 유형의 사회, 내륙 아시아의 말 나라들이 있었다.

## 08

# 말을 타는 사람들

말 가축화와 말타기가 촉발한 스텝 르네상스는 내륙 아시아의 말타기 문화들을 유라시아 대륙의 정착 사회들과 충돌하는 길로 이끌었다. 이질적인 습성, 길고 뾰족한 모자, 정교한 문신 등을 지니고 때때로 이동식 거처에 살면서 마유를 마시는 낯설고 새로운 집단들이 고대 그리스, 메소포타미아, 중국 같은 곳의 주민들 눈에는 충격적으로 보였을 것이다. 스텝에서 온 말 타는 사람들은 추측과 신화화의 대상이 되었다. 고대 그리스 신화 속 여성 전사들의 왕국인 아마존 같은 전설도 전투에 나선 스텝 여성들을 바탕으로 생겨났을 가능성이 높다.[1] 유라시아 내륙의 말 문화 사람들을 거친 떠돌이 야만인이라는 틀에 박힌 모습으로 규정한 고정관념은 서구 문화에 스며들어

21세기까지 지속된다.[2]

고고학 발견을 통해 신화를 벗겨내고, 스텝에서 가장 이른 시기에 말을 탄 사람들의 일상생활에 대한 통찰을 얻을 수 있다. 고고학 발견은 기원전 제1천년기 그들의 복잡성과 다양성을 보여준다. 건축부터 고대 식물 잔해에 이르는 고대 생활의 흔적들은 떠돌이 야만인이라는 이들 중 다수가 실은 숙달된 농민이었으며, 비교적 이동하지 않거나 아예 정착하고 살았음을 시사한다.[3] 스키타이와 사카라는 광범위한 이름 아래 뭉뚱그려진 다양한 집단과 문화에는, 중앙아시아 오아시스에 영구 정착촌 형태로 거주하는 농-목축민부터 얼어붙은 몽골 툰드라에서 자주 이동하고 동물 젖을 마시고 계절에 따라 야영하며 사는 유목민까지 모두 포함되었다.

이들의 문화적 관습과 생활 방식은 다양했지만 기원전 제1천년기 많은 내륙 아시아 집단들에게는 부정할 수 없는 전형적인 모습이 있었으니, 모두 기가 막힐 정도로 말타기를 잘했다. 이 시기의 말에 대한 태도를 알타이산맥(러시아 시베리아, 카자흐스탄, 몽골 지역에 걸쳐 있는)에 위치했던 파지리크(Pazyryk) 문화의 고고학 기록에서 상세히 살펴볼 수 있다. 여기서는 엘리트층 사람들이 묻힌 깊은 고분들이 영구동토층이 된 경우가 많아, 손상되기 쉬운 유기물질도 놀라울 정도로 잘 보존되어 있다.

파지리크 고분들에서 발견된 것들은 기원전 제1천년기 내륙 아시아의 생활 및 물질문화의 단면을, 다른 고고학 기록에서는 보기 드문 수준으로 대단히 풍부하고 상세하게 제공한다. 펠트 같은 물질이나 목재 장식품은 대개 고고학자들이 발굴하기 훨씬 전에 분해되곤 하지만, 파지리크 유물들 중에는 뾰족한 펠트 모자, 작은 주머니, 부츠, 셔츠, 그리고 가죽과 양모로 만든 담요 등이 포함되어 있다. 고분에 묻힌 사람들 중 일부는 공들여 만든 쓰개를 머리에 쓰거나 가짜 머리를 땋았거나 심지어 가짜 턱수염을 하고 있었다. 미라화된 파지리크 사람 몇 명의 피부에는 육식동물과 먹이를 묘사한 문신이 아름답게 그려져 있다. 목재 그릇, 숟가락, 국자에는 죽은 이의 사후 세계를 위하여 고대 유제품이 가득 채워져 있거나 짐승 고기가 준비되어 있었다. 파지리크 고분 한 구에는 심지어 현악기가 들어 있었다. 현이 두 줄 있는 하프 스타일 악기였다. 파지리크 문화에서 말 타기 전투에 높은 가치를 두었음은 부장품으로 분명히 확인할 수 있다. 고분에 묻힌 이들 대부분이 단검, 도끼, 활, 화살, 소형 목재 방패 등 말타기 전투용 휴대품들과 함께 묻혀 있었다.

파지리크 부장품이 보여주는 또 다른 핵심 유산이 있다. 이들이 춥고 외딴 알타이산맥에 살았음에도 유라시아 대륙 반대편에 살던 사람들과 경제적, 문화적으로 점차 통합되는 모습이 나타난다. 고분에서 나온 아름다운 태피스트리와 양탄자는 멀리 페르시아와 인도 지역 스타일의 영향 또는 그 지역에서 제작된 증거를 보여주며, 바퀴 달린 수레는 중국에서 제작된 것으로 추정된다.[4] '야만인'이라고 불린 이들이 기원전 제1천년기의 다른 고대 문명 사람들과 다를 바 없이 고급 장식품과 세계적인 사치품을 즐겼던 것으로 보인다.

그런데 파지리크의 모든 발견 중에서 가장 놀라운 것은 바로 말이다. 많은 고분에서 말이 한 마리만 나왔지만, 부유했던 인물의 고분에서는 간혹 10마리 이상씩 나오기도 했다.[5] 매장된 말 중 다수에게 좋은 마구가 달려 있고 멋진 의상이 입혀져 있었다. 그중에는 야생동물과 가축이 함께 장식된 금빛 굴레들, 그리고 말을 사슴, 아이벡스 산양, 또는 전설의 동물 그리핀처럼 보이게 하는 근사한 머리 장식들도 있었다. 굴레 재갈은 대개 철로 만들어졌고, 청동이 쓰이기도 했다.

근사한 장식품 외에도, 파지리크 말은 말을 돌보고 키우는 데 활용된 세련된 기술을 어느 정도 보여준다. 말 몇 마리는 보존이 매우 잘되어 있어서, 남아 있는 연조직을 통해 파지리크 말들도 거세당했다는 사실을 분명히 알 수 있다.[6] 거세라는 중요한 관습은 번식 가능한 연령대의 수컷 말들을 대량으로 방목할 수 있게 해줄 뿐 아니라 수컷 말들을 더 유순하게, 힘든 상황에서도 통제하기 더 쉽게 만들어주었다. 거세와 관련된 호르몬 변화가 아마 거세된 말들의 지속적인 골격 발달을 촉진하기도 했을 것이다. 그리하여 거세된 말들은 거세되지 않은 종마보다 다리가 약간 더 길어졌고, 이는 말을 타고 싸우는 전투에서 중요한 이점이었다. 파지리크 말 몇 마리는 거세로 유발될 수 있는 골반뼈의 특징을 보여준다.[7] 파지리크 말 미라의 귀에 작은 흠집이 생겼다가 치유된 자국은 말의 귀가 종종 특정 패턴으로 깎였음을 보여준다. 아마 가축의 낙인 비슷한 소유권 표시였을 것이다.[8] 동물고고학이 보여주는 바에 따르면, 몽골의 파지리크 말 목축민들은 이른바 '늑대 이빨'이라는 말의 첫 번째 앞어금니를 발치하는 수술도 했다. 늑대 이빨은 간혹 이빨과 이빨 사이 공간에 자라나 금속 재갈로 인한 통증을 유발할 수 있다. 이 정도로 말을 돌보는 기술은 당시 중국이나 유라시아 서부에서는 거의 없는 수준이었다.[9] 이러한 고고학 발견들은 어떻게 해서 내륙 아시아의 스텝 및 산악 지대가 풍족한 말 탄 사람들의 본고장이 되었는지를 보여준다. 이곳에서 이들은 말을 돌보는 방법을 혁신하고, 점점 더 가까워지는 세계의 중심에서 번성했다.

## 말 장비의 혁신

파지리크를 비롯해 스키타이와 사카 영역 말 문화의 사람들은 말을 제어하고 말 위에서 싸우는 새롭고 더 좋은 방법도 개발하고 있었다. 지중해와 근동의 사람들이 안장 없이 말을 탔을 때 스텝 집단들은 초기 형태의 안장을 실험하기 시작했다. 파지리크와 신장 타클라마칸의 잘 보존된 고분들에서 나온 유물을 통해 초기 안장이 처음에는 단순한 깔개였음을 알 수 있다. 깔개 안에는 동물 털로 만들어 누빈 속깔개가 들어 있는 경우가 많았다. 양하이 유적의 성인 여성 무덤에서 출토된 기원전 700~기원전 400년 사이로 추정되는 초기 안장은 가죽 두 장을 겹쳐 꿰매고 그 안에 낙타털과 사슴털, 짚을 채워 만들었다.[10] 파지리크 안장은 그런 단순한 안장에 더 공을 들인 형태였다. 때로는 목재나 뼈 지지대로 안장 끝부분을 강화하고, 말 가슴에 두르는 뱃대끈과 내리막길에서 안장이 앞으로 미끄러지지 않게 말 꼬리에 두르는 크루퍼를 이용해 안장을 말의 등에 안전하게 붙들어두었다.[11] 이 같은 초기 안장은 구조적으로는 단순했지만, 가죽과 펠트로 공들인 장식으로 꾸며질 때도 많았다(도판 9 참조). 개선된 마구는 사람이 말을 더 안전하게 타는 데 도움이 되었다.

    기원전 제1천년기에 효과적인 마구, 활과 화살, 가벼운 방패, 도끼 등으로 무장하고 말을 탄 스키타이와 사카의 남자들과 여자들은 기민한 동시에 치명적이었다. 말 타는 사람 일부는 가벼운 형태의 비늘갑옷을 착용하기도 했다. 비늘갑옷은 몸을 보호하면서도 이동하거나 안장에 오래 앉아 있기에 전혀 불편함이 없었다. 가설에 따르면 비늘갑옷 스타일의 기원은 아시아 남서부이며, 기원전 제1천년기 초반 동안 동쪽으로 전파되어 멀리 신장에까지 전해졌다.[12]

### 말타기가 서아시아에 끼친 영향

말, 그리고 말을 어떻게 다루느냐가 정치권력에서 더 핵심적인 역할을 하면서, 내륙 아시아의 비옥한 말 서식지를 통제하는 이들이 지정학적으로 두각을 나타냈다. 고대 그리스, 페르시아, 로마 같은 제국들의 정복 활동은 동유럽과 중앙아시아 초원에서 들여온 말에 힘입은 바 컸으며, 정복 사업을 지탱하는 바탕은 말에 기반한 상업 및 통신 시스템의 성장이었다.

    말타기를 일찍 받아들인 아시리아인들은 이집트 왕국, 아나톨리아의 많은 지역을 포함해 페르시아만에서 지중해에 이르는 지역 대부분을 정복했다. 기원전 7세기에 아시리아 제국이 멸망한 후에는 그 영토의 많은 부분이 아케메네스 왕조 페르시아 제국의 통제 아래로 들어갔고, 페르시아 제국은 영토를 확장하여 기원전 6세기 후반에는 중앙아시아의 파미르고원과 나일강 삼각주 사이 영역의 많은 부분을 차지했다. 페르시아인들은 새로운 말 장비와 기술을 개발했다. 예를 들어 굴레 코 밴드에 부착되는 제3의 고삐는 방향 전환의 정확도를 높이는 데 도움이 되었다.[13] 말타기용 말은 이 거대한 지상 제국 안에서 멀찍이 떨어진 지역들을 연결하는 데 도움이 되는 핵심 인프라를 제공했다. 키루스 통치하에 연락 중계 시스템이 시행되었다. 페르시아만 지역에 있는 제국의 수도 수사는 말을 타고 하루를 꼬박 달려서 갈 수 있는 거리마다 배치된 일련의 역을 통해 아나톨리아와 연결되었다.[14]

기원전 제1천년기의 가장 영향력 있는 군사 지도자 중에는 마케도니아의 알렉산드로스 대왕(기원전 356~기원전 323년)이 있다. 알렉산드로스는 그리스와 내륙 아시아를 통합하게 되는 군사 원정을 시작하기 전에 우선 트라키아 영토부터 정복했다. 트라키아는 유라시아 스텝 벨트의 서쪽 끝에 걸쳐 있었고, 알렉산드로스의 확장되는 제국에 말을 공급했다. 알렉산드로스의 말 부케팔로스는 메소포타미아와 내륙 아시아를 가르는 자그로스산맥 출신의 혈통이었을 것이다.[15]

지중해 세계에서 중기병의 위치가 공고해지자 전차의 역할이 크게 바뀌었다. 고대 그리스 철학자 크세노폰은 「기마술」이라는 글에서, 말을 탄 사람들이 무거운 갑옷을 입고 안장 없는 말에 올라앉아 재블린*으로 싸우는 모습을 묘사한다. 스텝에서 볼 수 있는 대부분의 기마 전투와는 매우 다른 모습이다.[16] 기원전 제2천년기 한때 지중해 지역 전투에서 중요한 역할을 했던 전투용 경량 전차는 경기병과 함께 쓰일 수 있었던 더 무겁고 탱크 같은 탈것에 자리를 내주었다.[17] 그리스 및 이후의 로마 사회에서 전차는 서서히 여행이나 전투보다는 경주용으로 더 중요해졌다. 이 전환기의 모습이 79년 폼페이와 헤르쿨라네움의 로마 빌라들을 덮친 베수비오산 분화로 보존되었다. 화산재 아래에는 마구간 몇 채도 묻혀 있었고(도판 10 참조), 그 안에서 나온 말과에 속하는 동물들의 뼈와 유전체를 분석한 결과 크고 작은 다양한 말들과 당나귀들이 있었음이 드러났다. 마구가 씌워진 동물도 세 마리 있었고 그중 한 마리는 부드러운 붉은 천과 청동 추로 장식되어 있었다. 어쩌면 옆에 있는 마당에서 발견된 의식용 대형 전차를 끌 준비를 하던 중 최후를 맞이했을지도 모른다.[18]

## 말타기가 동아시아에 끼친 영향

말 문화와 기마 전투가 대세가 되면서 중국의 초기 국가들도 결국 말 등에 올라타는 말타기를 받아들이지 않을 수 없었다. 고고학자들과 동물고고학자들로 구성된 팀(나도 포함되었다)은 타클라마칸 사막, 고비 사막, 히말라야고원의 교차점에 위치한 시런즈고우(Shirenzigou) 및 시고우(Xigou) 고분들을 연구했다. 연구 결과는 아무리 늦게 잡아도 기원전 4세기에 고대 중국의 변방 바깥에서 사람들이 말타기를 하고 말 위에서 활쏘기를 했음을 보여준다. 시런즈고우

---

\* 던지기 쉬운 가벼운 창. 원거리에서 던지거나 근거리에서 들고 싸울 수도 있다.

및 시고우 유적에서 말 여덟 마리의 척추뼈 조각을 진단한 결과가 시사하는 바에 따르면, 이 말들은 말타기에 이용되었으며 어쩌면 부드러운 물질로 만든 초기 안장도 쓰였을 수 있다. 고분들에는 화살통들이 함께 묻혀 있어, 묻힌 이들이 활 쏘는 사람들이었음을 보여준다. 신장의 사막들부터 몽골 중부 스텝들을 아우르는 지역에서도 비슷한 발견들이 이루어져, 기마 전투가 대세로 떠오르면서 고대 중국 초기 왕조들의 변방을 잠식하기 시작했음을 말해준다.

먼 지방의 사람들, 생각, 교역, 영향력 등이 유라시아 대륙 반대편에 있던 문화들의 일상생활에 유입되기 시작했다. 그렇게 주목받기 시작하던 동서 연결을 가장 잘 설명해주는 것은 아마 신장 서부 지역 호탄 근처에 있는 샨푸루(Shanpulu) 유적의 장대한 사막 고분일 것이다. 기원전 제1천년기 후반으로 추정되는 이 고분은 심하게 도굴되었지만, 고고학자들은 남아 있던 유물을 조사하다가 놀라운 발견을 했다. 켄타우로스와 그리스 전사가 묘사된 그리스 태피스트리를 재작업하여 만든 것으로 보이는 바지였다(도판 11 참조).[19] 특색 있는 지중해 디자인의 직물이 어떻게 해서 타클라마칸 사막 변두리에서 말을 타던 유목민의 무덤에까지 오게 되었을까? 말과 말타기를 통해 연결되면서 멀리 떨어진 유라시아 각 지역이 갑자기 이전보다 훨씬 훨씬 더 가까워졌다.

얼마 동안 중국의 초기 국가들은 말타기로의 전환에 저항했다. 기원전 8세기에 견융('개 야만인'이라는 뜻의 멸칭) 부족이 주나라 수도를 공격한 후 중국은 정치 지형이 쪼개져 여러 제후국이 난립하는 춘추

전국시대로 들어섰다. 농경에 쓰이는 황하의 저지대 평야는 말을 키우기에는 바람직하지 않은 환경이었다. 따라서 대량의 말을 공급받기가 어려웠다.[20] 그러나 전국시대에 서쪽에 있던 진(秦)나라와 조(趙)나라는 고비 사막 및 스텝 동부 지역 변두리와 접해 있어서, 황하의 오르도스 만곡처럼 귀한 가치가 있는 초원 지대를 활용했다. 북쪽과 서쪽에서 말을 키우는 문화들의 침입이 늘자, 진나라와 조나라는 누구보다도 먼저 기마 시대의 부상이라는 현실에 대응할 수밖에 없었다. 스텝에서 오는 침입자들의 압박을 받던 조나라 무령왕은 바지를 입고 말을 타면서 활을 쏘는 전술을 배워야 한다며 스텝 침입자들의 복식과 전술을 받아들여 조나라 군대에 적용했다.

기마술을 일찍 받아들인 것은 중국 서부 지역 제후국들에 큰 혜택이었다. 그중 조나라가 전쟁에서 몇 번 승리를 거두긴 했지만, 기병의 등장으로 덕을 본 진정한 승자는 진나라였다. 진나라는 오늘날의 시안 부근에 있는 셴양\*에 근거지를 두고서 스텝 가장자리라는 위치를 활용하여 대규모의 효과적인 기병을 규합했다. 정복 전쟁을 시작하여 기원전 3세기 후반에 중국을 통일한 진나라는 오르도스 만곡에서 기마 유목민을 몰아낼 수 있었다.

중국 통일 과정에서 말이 얼마나 중요했는지 가장 분명하게 보여주는 지표를 진나라의 정복 전쟁을 지휘한 진시황의 능에서 찾아볼 수 있다. 진시황 사후에 병사 개개인을 복제한 테라코타 모형 수

---

\* '함양'이라고도 한다. 시안과 약 25킬로미터 떨어져 있다.

천 개가 들어가는 거대한 능이 건설되었다. 그 안에는 전차 부대 모형과 150개가 넘는 실물 크기의 기마용 말 등 말 모형 수백 개도 함께 묻혀 있었다.

굴레 장비를 온전히 갖춘 테라코타 말은 내륙 아시아와의 연관성을 반영한다. 각각의 말은 부드러운 깔개, 뱃대끈, 크루퍼를 포함해 알타이 및 타클라마칸 고분에서 발견되는 장비를 거의 완벽하게 복제했음직한 초기 안장을 착용하고 있다. 병사 모형들은 중무장은 하지 않았으며, 아마 원래는 활과 화살을 들고 기마 궁수 역할을 했을 것이다.[21] 진시황릉에는 테라코타 말 모형만이 아니라 실제 말도 있었다. 진시황릉의 부장품 매장지에서 출토된 말 24마리의 뼈를 분석한 최근 연구 결과는 기마용으로 사용되던 키가 큰 성체 수컷들이 선택되어 묻혔음을 보여준다.[22] 진나라가 활용한 기병의 수는 더 나중 시기의 제국들에 비해서는 적었을 것이다. 아마 경기병 1만 명에 전차 1,000대 정도에 불과했을 것이다. 하지만 진시황릉을 바탕으로 추정해보면, 그 정도의 제한된 수조차도 초기 중국 통일 과정에서는 변화의 바람을 일으키는 군사적·문화적 힘이 되었음이 명백하다.[23]

## 최초의 스텝 대제국: 흉노

진나라가 말의 도움을 받아 중국을 통일했을 때, 북쪽 스텝에서는 대세가 된 기마 전투가 새로운 종류의 정치 통합체인 스텝 제국의 출현을 촉발했다. 목축민들은 말을 타기 시작한 초창기부터 중국의 정착 마을을 습격하곤 했지만, 오르도스에서 진나라 군사에게 밀려 집단으로 쫓겨난 일이 계기가 되어 몽골 스텝의 유목민들이 조직적으로 뭉쳤을 것이다.[24] 기원전 200년 무렵 말을 타는 유목민들이 몽골 중심부에서 묵돌 선우(디즈니 애니메이션 〈뮬란〉의 무자비한 악당 샨유의 모델)의 지휘 아래 연합했다.*

이 집단을 흉노(몽골어: Khünnü)라고 한다. 흉노의 세력 확장은 멈추지 않았다. 통합된 스텝 세력의 힘이 너무나 강했기에 진나라는 흉노와 그 뒤를 이은 집단들을 막기 위해 장성을 건설하기 시작했다. 대륙을 가로지르는 엄청난 규모의 장성은 이후 1,000년에 걸쳐 축조되었다.[25] 진나라가 혼란에 빠진 이후 중국에서는 초한 전쟁이 벌어졌다. 몽골 스텝을 장악한 흉노는 오손과 월지 등 다른 집단들을 스텝 변두리에서 쫓아냈다. 말과 기병이 거의 마르지 않는 샘물처럼 공급되던 흉노는 전략적으로 중요한 신장의 간쑤 회랑**과 타림 분지도 정복했다. 이전에는 느슨하던 목축 유목민들의 연합이 눈 깜짝할 사이에 동아시아 대부분의 지역에서 여행과 교역을 통제했다.

제국의 급성장은 스텝에서의 물자 이동에 심각한 문제를 초래했다. 대다수가 서로 멀리 떨어져 유르트 무리를 이루고 살면서 특별한 일이 있을 때만 모였기 때문이다. 흉노는 제국을 관리하기 위해

---

\* '선우'란 흉노의 최고 지도자를 가리키는 용어로, 묵돌(묵특이나 모돈이라고도 한다)은 기원전 209년에 선우가 되었다. 한편 애니메이션 〈뮬란〉의 배경은 분명하지는 않으나 5세기 무렵 남북조 시대다.
\*\* '하서주랑'이라고도 한다.

텅 빈 스텝 중심부에 행정 중심지들과 도시들을 건설했다. 초기 물류 중심지들 중 한 곳이 중국 역사 기록에 용성이라는 이름으로 남아 있다. 용의 성이라는 뜻이며, 현대 몽골인들은 루트(Luut)라고 부른다. 2,000년 동안 잊혔지만 2017년 몽골 울란바토르대학교 연구자들이 오르홍강 기슭을 따라 있는 루트의 원래 위치를 확인했다. 항가이산맥 안에 아늑하게 자리 잡은 중심적 위치의 푸르른 유역은 흉노의 뒤를 이은 여러 스텝 제국의 행정 중심지 역할을 하게 된다.[26] 흉노는 행정 중심지 외에 정착용의 영구적 주택, 사원, 그리고 벽으로 둘러싸인 소규모 집합 건물 등도 건설했다. 이러한 건축 방식의 변화는 사슴돌-헤렉수르, 판석묘, 파지리크 등 더 이른 시기에 이 지역에 나타났던 문화들의 일회성 건축 방식을 탈피했다는 중요한 의미를 띤다.[27]

파지리크와 마찬가지로 흉노의 몇몇 고분은 매우 깊어서 영구동토층 아래까지 내려가 내부가 깨끗하게 보존되어 있었다. 일부 고분에서 발견된 것들을 보면 스텝 지역과 유라시아의 나머지 지역 사이에 활발해지고 있던 특별한 관계가 뚜렷하게 드러난다. 노용올(Noyon Uul) 유적에서는 펠트 아플리케\*로 장식된 스키토-시베리아 전통 담요와 그리스-박트리아 또는 헬레니즘 이미지로 장식된 담요가 출토되었다. 은 쟁반 하나에는 그리스 영웅 헤라클레스와 리디아 여왕 옴팔레가 사랑을 나누는 장면이 묘사되어 있기까지 하다(도판 12 참조).[28]

---

\* 헝겊을 오려 붙이는 입체적 표현 방식.

또 다른 흉노 왕족 고분 지구인 골모드(Gol Mod)에서 고고학자들은 로마 유리로 만들어진 것으로 보이는 유물들과 특이하다 못해 우스꽝스럽기까지 한 전혀 몽골답지 않은 파라솔이 장착된 중국 엘리트층 전차 잔해를 발굴했다.[29] 농사를 지어 재배한 기장, 밀, 보리 등의 곡물은 처음으로 일부 흉노 목축민의 식단에 포함되었다.[30]

흉노 세계가 점차 코즈모폴리턴적 성격을 띠어가는 것은 인구 변화에서도 나타난다. 우리가 최근 수행한 흉노 시대 DNA의 대규모 연구 결과는 초기 흉노 제국이 중앙아시아, 시베리아, 중국 등지에서 사람들을 끌어들였음을 보여준다.[31] 기원전 제1천년기 후반에는 몽골 북중부의 추운 계곡 지역들이 유라시아 대륙 양쪽의 사회적·경제적 구조에 깊이 얽힌 상태가 되었다.

흉노는 말을 제어하고 돌보는 기술에서도 혁신을 계속했다. 청동과 철로 만든 고품질의 굴레와 재갈을 제작하는 한편, 뼈나 사슴뿔 같은 유기물질도 여전히 활용했다. 유기물질은 금속을 이용할 수 없을 때 쉽게 대체재 역할을 할 수 있었다.[32] 노용올 및 다른 고분들을 발굴한 결과를 보면 흉노 사람들은 안장에 단단한 목재로 내부 지지대를 갖추어, 초기에 훨씬 복잡한 안장을 사용함으로써 말의 척추에 가해지는 압박 일부를 위로 올렸다. 그러면 말 타는 사람과 말 모두 신체적 긴장이 줄어들고 전투처럼 긴장도가 높은 상황에서 더 안전할 수 있었다.[33]

더 앞선 시기에 가축에게 표시하던 방식은 뜨겁게 달군 쇠로 가문을 상징하는 인장 자국을 동물 가죽 위에 영구적으로 남겨 소유권을 나타내는 진정한 낙인 방식으로 대체되었다. 이러한 인장을 '탐가'라고 한다.[34] 탐가는 특히 엘리트층 사이에서 씨족 정체성을 나타내는 중요한 표시가 되었으며, 흉노 시대에 고급스럽게 옻칠한 용기부터 절벽의 벽면에 이르기까지 온갖 곳에 찍히기 시작했다. 탐가로 표시하는 방식은 스텝 문화의 구조적인 원리가 되어 현대에까지 이어졌다.

## 정리

초기 시대에서 고전 시대로 진입하는 시기에 말타기는 좋고 나쁘고를 떠나 유라시아 모든 곳에서 삶의 일부였다. 말 가축화와 전차로 촉발되어 유라시아 대륙에 걸쳐 느리게 일어나던 새로운 상호작용의 작은 물줄기는 말타기와 함께 급류가 되었다. 스텝 말 문화들은 말 제어 기술 및 장비의 혁신을 계속했고 스텝 말을 키가 더 크고, 힘이 더 세고, 말을 더 잘 듣는 동물로 변화시켰다. 기마 전쟁은 농경 중심의 거대한 나일강 유역, 티그리스-유프라테스강, 황하로부터 권위와 지정학적 권력을 떼내어 추운 툰드라, 고산지대, 건조한 스텝, 바싹 마른 사막에 사는 이들에게 이전했다. 한때 방어막 역할을 했던 이러한 지역들은 말을 키우는 귀한 땅, 활기찬 교역 및 정치권력 중심지가 되었다. 스텝 연합체들이 점점 성장하는 대륙 횡단 교역을 통제하는 조직된 제국의 모습을 갖춰가면서 말 공급은 생존의 필수 요소가 되었다.

**09**

# 비단길과 차마고도

스텝에서 목축 권력이 부상하면서 말 수요가 커져감에 따라, 새로운 지역에서 나오는 말을 차지하려는 쟁탈전이 광범위하게 촉발되었다. 시간이 지나면서 말이 부족한 현상이 점차 심각해졌다. 특히 비단과 장식품의 활발한 교역이 이루어지던 스텝과의 관계가 지정학적 위기로 변모한 동아시아에서 더 그랬다. 기원전 2세기에 조직된 흉노 세력은 황하의 오르도스 만곡을 다시 정복하고 신장과 간쑤 회랑에 대한 통제권도 손에 넣었다. 그리하여 유라시아 동부에 있는 양질의 말 서식지 대부분을 성장하는 제국의 직접적인 통제 아래에 두었다. 중국의 핵심 영역에서 키우는 말들은 스텝에서 키우는 말들보다 힘과 체력이 떨어졌다. 기원전 160년에 중국의 한 관리는 "산을 오르내리고 협곡과 급류를 건너는 일에서 중국의 말은 [흉노의] 말과 비교가 되지 않는다"라고 탄식했다.[1] 북쪽에서 내려오는 무장한 기마 습격대는 굉장히 위험했고, 진나라와 그 뒤를 이은 한나라가 계속해서 쌓아 올린 장성은 침략을 막는 데 도움이 되었다. 하지만 장성 때문에 가축의 이동이 제한되기도 했다.[2] 그리고 스텝 집단들과 공식적인 분쟁이 일어난다는 것은 무엇보다도 기병 양성에 필요한 교역망이 제한됨을 의미했다. 스텝 집단을 이기려면 군대에 말이 필요했다.

## 천마

기원전 제1천년기를 지나오면서 유라시아의 내륙 산악 지대는 키가 크고 힘이 세고 아름다운 기마용 말을 길러내는 곳으로 이름이 났다. 기원전 2세기 말엽 흉노와의 분쟁 때문에 뾰족한 수 없이 막다른 길에 몰린 중국 한나라 왕조는 중앙아시아 남부 산악 지대에서 구원의 길을 찾고자 서쪽으로 도박과도 같은 절박한 원정을 시도했다. 한나라 무제는 외교 사절 장건을 멀리 서쪽으로, 오늘날 신장 지역으로 보냈다. 한나라는 흉노의 서쪽에서 흉노와 전쟁을 벌인 적 있으며 이전에 말의 주요 공급원 역할을 하기도 했던 또 다른 목축 집단 월지와 손을 잡기를 바랐다.[3] 그러나 월지는 흉노의 공격을 받은 직후 원래 지역을 떠나 다른 곳으로 이동해 있었다. 장건은 월지의 이동로를 따라가다가 페르가나 분지에 도달했다. 페르가나 분지는 톈산산맥과 남쪽으로는 파미르고원 및 알라이산맥에 둘러싸인 비옥한 계곡이다(도판 13 참조).

　페르가나에서 장건은 대단히 인상적인 말들을 발견했다. 키가 크고 힘이 좋았으며, 내륙 아시아의 사막과 초원을 달릴 때 모공에서 "피 같은 땀"을 흘리는 것처럼 보였다. 이 전설적인 말은 마치 천상의 광택 같은 붉은빛이 돌았다. (별로 낭만적이지 않은 얘기지만 그 효과는 기생충 감염 때문에 생겼을 수도 있다.)[4] 이 놀라운 말 '천마'에 대한 소식이 한나라에 전해지자, 무제는 천마를 공물로 가져오기 위해 원정대를 연속으로 파견했다. 첫 번째 군사 원정은 재난을 만났으며, 더 많은 수의 두 번째 원정대는 임무에 성공했지만 귀환 여정에서 천마 50마리만이 살아남았다.

　중앙아시아 진출 시도는 뜨뜻미지근한 성공이라 할 수 있었지만, 어쨌든 중국 전역에서 서역 말에 대한 경제적·정치적 관심이 일제히 높아졌다. 중앙아시아에서 온 천마는 중국 예술, 문화, 신화에 깊이 뿌리내렸다. 유명한 천마상이 그러한 경향을 보여주는 가장 좋은 예시다. 간쑤의 한나라 말기 고분에서 출토된 하늘을 나는 모습의 청동 천마상은 페르가나 또는 중앙아시아 말을 묘사했다고 보는 것이 정설이다.[5] 더 공식화된 교역로가 톈산산맥을 따라 형성되어, 파미르고원을 지나 와한 회랑을 통해 남아시아의 스와트 계곡과 인더스 계곡에까지 이르렀다.[6] 흉노도 중앙아시아에서 영향력이 커지면서 점점 더 전문화되는 기마용 품종을 손에 넣을 수 있었을 것이다. 기원전 100년 무렵 중국 역사가 사마천은 흉노에게 특히 좋은 말 두 종류가 있었으며 그중에는 중앙아시아에서 입수한 말도 있었

을 거라고 썼다.[7]

말에 대한 수요가 중국 쪽에서 경제적 통합을 가속화하는 데 도움이 된 것처럼, 로마와 카르타고 같은 서쪽 지중해 제국들도 기마 수요 때문에 말을 키우는 북쪽 지역(갈리아, 이베리아, 트라키아), 남쪽 지역(아프리카 북부), 동쪽 아시아 지역과 경제적, 정치적으로 더 깊이 연결될 필요가 있었다.[8] 모든 면에서 말의 경제는 브리튼 제도부터 태평양까지 뻗는 육상 교역 시스템 형성에 도움이 되었다.

## 히말라야 안으로

말은 문화적·경제적 가치가 치솟으면서 고대 세계의 새로운 지역으로 스며들었다. 여기에는 티베트와 히말라야 고산지대가 포함되며, 이곳에서 말은 기원전 제1천년기 초반 또는 중반에 말타기와 함께 등장한 것으로 보인다.[9] 티베트 서부 겔린탕(Gelintang)의 한 유적에서는 거의 완전한 모습을 갖춘 말 한 마리가 넉넉잡아 기원전 약 500년에서 기원후 100년 사이로 추정되는 세라믹·금속·목재 물품들과 함께 묻혀 있었다.[10] 이 지역에서 가장 오래된 고고학 표본 중 하나는 티베트 북부 암도 지방에 있는 부타시옹취(Butaxiongqu)의 고분에서 나왔다. 이곳에서 양/염소 및 길들여진 개의 잔해와 함께, 방사성탄소연대측정 결과 기원전 약 760~기원전 415년(보정 연대)으로 추정되는 말 두개골과 아랫다리가 발굴되었다('헤드-앤드-후프 [head-and-hoof]' 스타일 무덤).[11]

히말라야의 가혹한 환경은 강하고 힘이 좋은 기마용 말을 길러냈다. 현대 유전체 연구는 티베트 말이 스텝 북부의 체력이 좋고 추위를 잘 견디는 말과 가까운 관계임을 시사한다. 티베트 말은 원래 스텝 북부에서 퍼져 나왔을 것이다.[12] 말은 고지대 왕국들의 문화와 경제 안에 확실하게 자리 잡았다. 티베트와 네팔 등의 지역에서 희생 제물로 바쳐진 말 매장지에 말과 장비가 함께 나타난다. 7세기에는 말이 장례 전통의 핵심 요소가 되어 있었다. 간혹 지위가 높은 인물의 무덤에 기마용 말 수백 마리가 묻히기도 했다. 궈리무(Guolimu) 유적의 고분에서는 장식된 말을 장례 의식 제물로 바치는 모습이 관에서 발견된 정교한 여러 그림에 묘사되어 있다. 죽은 이가 사후에 이용할 말이다.[13]

## 차마고도

스텝 말들은 중국의 북쪽 변경을 따라 중국과 적대 관계에 있는 목축민들의 통제를 받았다. 강한 히말라야 기마용 말은 페르가나 천마처럼 스텝 말들의 대안으로 환영받았으며 지리적 접근성도 더 좋았다. 특히 스텝 집단들과 분쟁하던 시기에는 말에 대한 수요가 높아져 말을 키우고 공급하는 중요한 기반으로 떠오르기 시작한 히말라야 고산지대와 중국의 연결이 강화되었다. 서기 초의 몇 세기 동안 티베트고원과 중국 남부 저지대, 히말라야 남쪽 측면에 있는 갠지스 삼각주를 잇는 육상 교역로가 형성되기 시작했다. 고도가 높은 곳에서 말을 키우는 이들은 중국의 상품을 좋아하게 되었다. 특히 차나무가 서기 초에 티베트고원에 전파되었다.[14] 고지대를 잇는 교역망

은 범위 면에서 점점 더 중요해져 중세 초기에 최고조에 이른다.[15]

## 정리

기원전 제1천년기부터 점점 더 좁아지던 세계에서, 말에 대한 통제권이 정치적·경제적 운명을 가르기 시작했다. 기마술은 흉노 같은 신흥 세력들에게 부, 정치권력, 군사력을 제공했다. 말을 충분히 비축한 목축 세력들에 맞서 많은 농경 국가들, 특히 동아시아 국가들은 외적 방어 및 경제, 군대, 사회 유지를 위해 충분한 말을 찾아 쟁탈전을 벌여야 했다. 동아시아와 중앙아시아에서는 이러한 말 수급의 불균형으로 인해 비단길이 처음으로 형성되고 티베트고원과 중국 저지대 사이에 탄탄한 교역 및 통신 경로가 생겨났다.

# 10

# 스텝 제국들

 말타기가 유라시아에서 정치적·경제적 힘의 대표적 수단이 되면서 스텝 거주민들은 말의 힘을 모아 동서로 광대하게 뻗은 더 크고 통합된 연합체를 만들어냈다. 기원전 제1천년기 후반 흉노의 흥기는 시작일 뿐이었다. 서기가 시작될 무렵부터 많은 스텝 출신의 세계적 초강대국이 세상의 운명을 좌우하기 시작했다. 이 광대한 통치 조직들은 대륙 내 연결을 강화하는 한편 말을 타고, 제어하고, 돌보는 새로운 방법을 계속 개발해나갔다.

## 스텝의 말 관련 기술과 전쟁의 혁신

 말타기에 관련된 새로운 기술과 전략이 동유럽에서 몽골에 이르기까지 말을 활용하는 나라에서 계속 나타났다. 유럽에서는 동유럽과 중유럽의 할슈타트 문화 사람들이 최초로 박차를 사용하기 시작했다. 부츠 뒤에 작고 뾰족한 금속을 달아 극도의 공포감을 조성하여 말이 빠른 속력을 내게 만드는 박차는 기원전 5세기 고고학 기록에 등장한다.[1] 이후 기원전 1세기 로마 제국이 부상할 때 동유럽 스텝 지대 가장자리의 발칸에 사는 사람들이 새로운 방식의 재갈을 개발했다. 현재 커브 재갈이라고 부르는 이 재갈은 지렛대 원리의 역학을 이용해 말의 입과 아래턱에 강한 힘을 가한다. 박차와 커브 재갈 모두 이후 시기에 로마 기마술에 통합되어 유럽에 전파되었으며, 오늘날 서구 세계에서도 계속 사용된다.[2] 이러한 사례들도 스텝 지역들이 기술 발전을 이끄는 데 중요한 역할을 했음을 보여준다.

스텝에서 등장한 가장 혁신적인 기술은 아마도 등자와 프레임 안장일 것이다. 오늘날 등자와 프레임 안장은 말타기와 동의어나 다름없어 그것 없는 말타기는 상상하기 어려울 정도다. 하지만 기마 시대 초기 몇백 년 동안에는 둘 다 존재하지 않았다.

기마 전투가 보편화되면서 전투 중 말 위에서 균형을 잃지 않고 버티는 것이 중요해졌고, 이를 위해 창조적인 방법들이 모색되었다. 혼란스러웠던 중국의 삼국시대(220~280년)부터 오호십육국시대(304~439년)의 벽돌 그림을 비롯해 아시아의 많은 고고학 맥락에서 발견되는 초기 그림에는 말을 탄 사람이 천 소재의 긴 고리를 사용하는 모습이 묘사되어 있다. 천 고리는 말 탄 사람의 발을 어느 정도 안정적으로 받쳐주었을 것이다(도판 14 참조). 중앙아시아와 남아시아의 다른 유물들은 말 탄 사람의 발을 받치는 발가락 고리나 대롱대롱 늘어뜨려진 갈고리 같은 훨씬 더 정교한 시스템이 있었음을 암시한다.[3] 이러한 초기 발 지지대가 어느 정도 안정성을 높이기는 했겠지만, 말을 탄 채 지지대를 밟고 서거나 큰 충격을 받아도 버틸 수 있었을지는 의심스럽다.

부드러운 깔개 안장은 깔개를 독특한 모양으로 꿰매거나 단단한 바깥 판으로 덧대는 등 다양한 방식으로 강화되었다. 서기 제1천년기가 시작될 무렵 내륙 아시아와 동아시아 문화권에서 사용하던 안장은 현대 안장의 안장머리 및 안장꼬리와 비슷한 크고 단단한 바깥 판은 있지만 내부 프레임이 없었다.[4] 이러한 초기 안장은 말 탄 사람의 무게를 견디는 데 심각한 한계가 있었을 것이다. 그래서 결국 말 탄 사람이 말의 척추를 피해 앉게 설계된 결합형 목재 프레임(또는 안장 트리)에 금속 등자 두 개가 연결된 안장으로 대체되었다. 이 프레임 안장이 개발된 시기를 6세기로 보는 것이 고고학계의 통설이다. 같은 시기 내륙 아시아의 많은 지역 고고학 기록에도 등장한다.[5]

일반적으로 초기 등자의 혁신은 한국과 중국에서 일어났다고 여겨진다. 한국과 중국에서는 최초의 등자 같은 물건이 3~4세기 테라코타 모형과 일부 고분에 등장한다.[6] 그런데 한 쌍이 아니라 한 개만 등장하며 말의 왼쪽에 있는 모습만 묘사되기에, 이 초기 등자는 원래 안장에 올라앉을 때 발을 받치는 보조 도구 역할을 했을 것이다.[7]

몽골 산악 지대 및 스텝의 이 시기 고고학 데이터는 구하기가 더 어렵지만, 최근 이 지역의 고고학 발견은 등자와 안장의 초기 혁신과 전파에 스텝 지대도 중요한 역할을 했음을 시사하면서 등자와 안장의 역사에 대한 기존의 인식을 뒤집었다. 몽골 북동부 허흐노르(Khukh Nuur) 유적의 한 고분에서 출토된 보기 드문 쇠등자는 확실치 않지만 3~4세기 것으로 추정된다. 추정이 맞다면 알려진 것 중 세계에서 가장 오래된 등자 유물에 속한다.[8] 그리고 2016년에는 J. 바야르사이항(Bayarsaikhan) 박사가 이끄는 몽골국립박물관 연구자들이 도굴된 고분이 있다는 현지 경찰의 제보를 듣고 몽골 서부 허브드(Khovd)의 작은 산비탈 동굴을 찾아갔다. 여기서 바야르사이항 박사 팀은 미라화된 남자 한 사람과 말 한 마리의 잔해를, 완전하게 구비된 굴레 장비를 비롯한 여러 장비와 함께 발굴했다. 우르드 울란 우니이트(Urd Ulaan Uneet)라고 알려진 이 동굴에서 발굴된 많은 주목할 만한 것들 중에는 거의 완벽하게 보존된 목재 프레임 안장이 있었다. 이 안장은 안장머리, 안장꼬리, 안장 트리가 구비되어 있고, 자작나무 껍질을 손으로 조각해 만들었으며, 말가죽으로 레이스 장식이 되어 있었다(도판 15 참조). 몽골을 비롯한 여러 나라 과학자들로 구성된 대규모 팀과 나는 바야르사이항 박사와 함께 작업하며 사람 잔해와 안장 모두에 정밀한 방사성탄소연대측정을 수행했다. 측정 결과 안장은 4세기 말이나 5세기 초에 만들어진 것으로 추정되었다. 그렇다면 고고학 기록상 발견된 프레임 안장 중에서 가장 오래된 사례로 볼 수 있다. 최근 몽골에서의 이러한 발견들은 서기 초 몇 세기 동안 프레임 안장과 등자의 초기 혁신 및 전파에 스텝 지대가 중심적 역할을 했을 가능성을 높인다.

## 혁신과 스텝 제국들

기마술을 활용하는 스텝 통치 조직들은 안장과 등자 덕분에 또다시 전투에서 이웃들보다 상당한 우위를 점했다. 프레임 안장에 고정된 등자는 강한 충격이 오가는 전투에서 말을 탄 사람이 버티는 데 도움이 되었다. 말을 탄 사람은 랜스,* 검, 창 같은 무기를 이용해 강한 타격을 가할 수도, 견뎌낼 수도 있었다.[9] 안장과 등자라는 혁신 덕분에 말 탄 사람은 자리에서 일어설 수도 있었고, 말이 중간 정도 속도로 걸을 때의 안정성도 향상되었다.[10] 한 쌍으로 사용하는 목재 등자는 5세기에 한국과 중국 등지에서 널리 쓰였고, 6세기에 더 튼튼한 금속 등자로 발전하면서 유라시아의 훨씬 더 많은 지역에 전파되었다.[11] 6세기 중반에는 돌궐(5~8세기)이 세력을 키우면서 유연을 서쪽으로 몰아내고 패권을 잡아, 유라시아 스텝 동부와 서부 전체를 장악했다. 이 '푸른 튀르크인'**들이 흑해 스텝 지대부터 한국까지 뻗는 광대한 제국을 수립했을 때, 밀려난 유연은 동유럽 안으로 흩어졌다. 새로운 유전체 분석에 따르면 동유럽에 들어온 유연 사람들이 동로마 제국을 공격한 '아바르인'들과 연결된다. 그리고 아바르인들이 유럽에 등자를 전했을 수도 있다.[12]

---

\*   기병이 돌격할 때 쓰던 창.
\*\*  돌궐을 가리키는 '괵튀르크'라는 이름은 '푸른 튀르크'라는 뜻이다.

## 기후변화와 말의 힘

내륙 아시아의 건조한 초원은 수분을 거의 받지 못하므로 기온 변동이 습기에 큰 영향을 미칠 수 있다. 기온이 떨어지면 수분 증발이 덜 일어나 자연은 더 축축한 상태로 남는다. 물이 많아지고 풀이 많아지면 가축도 더 많아진다. 말도 여기에 포함된다.

최근 고기후학 연구에 따르면, 몽골에서는 지난 수천 년 동안 햇빛을 덜 받는 기간(일사량이 적은 기간)이 지속되면서 호수 수위가 높아지고 초원이 더 습해졌다.[13] 이처럼 좋은 기후 조건이 오래 이어지면서 스텝 지대에서는 사회적·정치적 통합을 이루기 유리한 조건이 조성되었다. 크게 감소한 일사량은 흉노뿐 아니라 돌궐과 몽골 제국(1200년 무렵)의 흥기에도 도움이 되었다. 이 같은 초원과 습기의 확장으로 목축 문화들은 중앙아시아 저위도 지대에서 더 강력한 발판을 마련하였고 대규모 말 목축의 생산성이 향상되었을 것이다. 칭기즈 칸과 쿠빌라이 칸의 통치 기간에는 신장의 황량한 사막조차 습하고 생산력 있는 오아시스가 되었다.[14]

한편 동일한 기후변화가 농경 세계에는 오히려 반대의 효과를 일으키는 경우가 많았다. 전 지구적 기온 하락과 강수량 감소로 중국 초기 국가들은 농작물 수확에 어려움을 겪었으며, 비슷한 시련이 3세기에 시작된 로마 제국의 멸망을 더 재촉했을지도 모른다.[15] 서늘해진 기후변화가 기마 목축민들에게 좋은 운으로 작용해 이들이 사막 변두리로 확장하여 더 크고 광대한 제국을 형성하는 데 도움이 된 반면, 내륙 아시아 가장자리에 사는 농경 사회들에는 종종 좋지 않게 작용했다.

사람과 동물이 한 번씩 집단으로 스텝 밖으로 진출할 때마다 유라시아 대륙에 새로운 문화적·생물학적 연결 고리들이 형성되었으며, 이러한 연결 고리가 때로는 무서운 결과를 초래하기도 했다. 돌궐의 흥기뿐만 아니라, 진정한 의미로 세계 최초의 팬데믹이라고 할 수 있는 끔찍한 전염병 유스티니아누스페스트*가 동로마 제국과 사산 제국을 덮쳤다. 최근 유전체 연구에 따르면 이 전염병은 아시아에서 퍼져나간 것으로 추측되는 스텝 마멋**이 보균하던 페스트균(Y. pestis)이 유발한 듯하다.[16] 가축에게 유리하게 작용했던 기후가 전염병을 옮기기 쉬운 설치류에게도 유리하게 작용하여, 팬데믹 재난이 로마 멸망부터 14세기까지 몇 차례에 걸쳐 유라시아 서부를 파괴할 수 있는 환경이 만들어졌다.[17] 이처럼 주기적인 재난이 일어나, 서구 역사에서 이 시기는 종종 암흑 시대(Dark Ages)라고 지칭된다. 그러나 스텝의 말 문화권에는 이 시기가 분명 황금 시대였다.

## 스텝의 도시들

스텝에 유라시아를 횡단하는 제국이 형성될 때마다, 인구밀도가 높지 않은 스텝 지역들은 문화와 행정의 중심지 역할을 해야 했다. 수도는 거대한 목축 통치 조직들의 행정적·경제적 필요에 부응하기

---

\*   541~542년 동로마 제국, 사산 제국, 지중해 연안 지역에 유행한 전염병으로, 최대 5,000만 명이 사망했다고 추정된다.
\*\*  다람쥣과의 초식동물.

위해 건설되었다가, 수도가 필요했던 특수한 상황이 의미를 잃으면 거의 흔적도 없이 사라졌다. 오늘날 그러한 고대 도시 대부분은 지상보다 하늘에서 더 잘 보이며, 그 희미한 자취 위에서 양 떼가 유유히 풀을 뜯는다.

임시 수도들이 오늘날에는 볼품없어 보여도, 고고학은 우리에게 이 도시들이 한때는 사람들과 고대 세계 각지에서 운송된 상품들이 가득한 대륙의 심장부였음을 보여준다. 몽골 중부의 푸르른 오르홍 계곡은 스텝 동부의 살기 좋은 곳이다. 이곳에 흉노는 수도 루트를, 돌궐은 동쪽 수도 외튀켄(Otuken)을 건설했으며 이후 이곳은 위구르 제국의 도시 오르두발리크(Ordu-Baliq)가 되었다. 오르두발리크는 고대 몽골에서 가장 규모가 큰 도시 환경이었다. 이 고대 도시들의 성벽 안에서는 사람들이 북적이는 다양한 사원, 궁, 광장, 가게 등을 볼 수 있었을 것이다.[18]

내륙 아시아에 건설된 모든 거대한 기마 통치 조직 중 영토 면적이나 영향력 면에서 몽골 제국(약 1200~1400년)에 필적할 만한 건 없다. 처음에 몽골 제국은 13세기 초 칭기즈 칸의 정복 활동과 함께 형성되기 시작했다. 몽골인들이 스텝 동부에서 영토를 넓히고 정치적 패권을 장악하며 동서로 펼쳐진 영토를 지배하기 시작했을 때, 행정 수도에 대한 필요성이 급격히 대두되었다. 한창 성장하는 제국의 초기 중심지 한 곳은 몽골 동부에 있는 아바르가(Avarga)의 겨울 궁이었다. 최근 오스트레일리아국립대학교와 몽골과학아카데미의 협력 연구 팀이 아바르가 유적을 발굴한 결과, 목재 및 다진 흙으로 지은 건물들이 있는 비교적 수수한 모습이 드러났다. 아바르가 주민들은 소와 양처럼 현지에서 구할 수 있는 동물을 먹었고, 말과 염소도 가끔 식단에 추가했다.¹⁹

　제국이 확장하면서 제국의 수도도 크게 바뀌었다. 칭기즈 칸이 세상을 떠난 후 아들 오고타이 칸이 오르홍강 유역에 수도 카라코룸(Kharkhorum)을 세웠다. 흉노, 돌궐, 위구르의 큰 도시들의 폐허 옆이었다. 카라코룸 유적에서는 중국식 가마, 대장간, 그리고 유리와 뼈 제품 생산 구역의 잔해가 발굴되었다. 동물 뼈 모음에는 전 세계 각지의 짐승과 음식이 나타난다. 양, 염소, 소, 말 등의 현지 가축만이 아니라 마멋, 사슴, 가젤 같은 야생 분류군도 보인다. 카라코룸의 중국인 구역에서는 돼지 비율은 높게, 말고기 비율은 낮게 나타난다. 동물고고학 뼈 모음에는 코끼리 엄니도 포함되어 있다. 틀림없이 수백 또는 수천 킬로미터 떨어진 아시아 남부에서 운송되었을 것이다.

　제국 행정 운영에는 일반적인 목축민이 사용하던 것과는 다른 종류의 기록 관리도 필요했다. 제국이 새로 일어날 때마다 스텝 문명들은 다른 문자를 받아들여 사용했던 것으로 보인다. 선비(1~3세기 무렵), 거란(10~12세기) 같은 몇몇 집단은 중국 한자와는 문법과 화법 체계가 매우 다른 언어를 쓰고 있었지만 한자를 받아들여 자신들 언어를 표기했다. 돌궐은 룬 문자와 비슷한 아름다운 문자를 사용했다. 아시아 서부 문자 체계를 가져와 수정했을 것이다. 몽골 제국은 여러 문자 체계를 사용했다. 그중에 포함되는 고전 몽골 문자는 위구르 문자를 수정해 만들었다. 위구르 문자 또한 옛 소그드 문자에 중국 한자 및 추상적인 사각 모양의 두르불진 문자 체계 일부를 섞어 수정한 것이다. 이렇듯 스텝 제국들은 문자 체계가 복잡하여 역사 문헌이 드물고, 깊이 이해하기도 어렵다. 따라서 스텝 제국들이 세계사에 끼친 영향을 이해하는 데 고고학 데이터의 중요성이 커진다.

## 글로벌 시스템

스텝 제국들은 고대 세계의 이질적인 조각들을 한데 봉합했다. 처음에는 산발적으로 일어나던 사람과 상품의 이동이, 나중에는 고도로 발달하여 공식화된 본격적인 교환 시스템으로 성장했다. 몽골 제국 통치 기간에는 카라코룸을 중앙아시아, 카스피해, 심지어 한참 멀리 있는 볼가 지역과도 연결하는 공식적 우편 도로가 오늘날의 러시아 서부 지역에 확립되었다.[20] 이 도로망은 모두 합쳐 6만 킬로미터가 넘었고 4만 4,000마리 이상의 말과 양 떼, 썰매 개가 사용되었다.[21] 도로의 중요한 구간에는 총 1,400개가 넘는 얌이라는 명칭의 공식적 역참이 대략 40~48킬로미터마다 배치되어 있었다. 얌은 허가증인 파이자를 소지한 허가된 여행자와 메신저에게 음식, 쉴 곳, 새로운 말을 제공했다.[22] 몽골 행정부는 지폐도 발행했으며 내륙의 교역, 여행, 통신을 보호했다. 몽골 제국은 전장에서는 무자비했지만 사회정책은 능력주의적이고 관대한 경우가 많아, 다양한 배경과 종교를 가진 사람들이 공존할 수 있게 했다.[23]

군사 정복과 전염병이라는 비싼 비용을 치르긴 했지만, 스텝 제국들이 패권을 잡으면서 내륙 횡단 여행이 흔하고 편해졌으며 수익성도 띠게 되었다. 물질적으로는 몽골의 영향이 태평양 너머에도 뻗쳤다. 시베리아 북극에서 몽골 확장과 관련한 이동의 여파로 사람과 말이 아시아 북동부의 추운 북쪽 영역으로 들어갔고, 그곳에서 청동제품(아마 용도가 변경된 말 장비)이 교환을 통해 베링해협을 건너 북아메리카로 들어가기도 했다.[24]

## 정리

장비의 이점과 혁신에 힘입어, 말은 스텝의 통치 조직들이 최초의 세계적 초강대국으로 자리매김하는 데 도움이 되었다. 대규모 기후변화가 유럽과 아시아의 농경 사회들에는 불리하게 작용했지만 동일한 기후변화가 스텝의 가축 경제 사회들에는 종종 이롭게 작용했다. 대제국의 전성기에는 몽골 제국의 우편 중계 시스템 같은 복잡한 인프라가 뒷받침된 국제적 중심지가 내륙 아시아 중심부에 나타났다. 점점 좁아지는 세계에서 유라시아 대륙 한 곳의 문제는 금세 다른 곳의 문제가 될 수 있었고, 아무리 극단적인 지리적 장벽조차도 말이 들어오는 것을 그리 오래 막을 수는 없었다.

## 11

# 사막과 사바나의 제국들

스텝 제국들이 고대 세계 각지에서 사람들을 끌어모았을 때 아프리카와 서남아시아의 가장 덥고 건조한 지역들은 주요 사회적·생태적 변방이었다. 처음에는 말의 사회적 영향이 제한적이었지만 이후 사막과 사바나의 문화들이 말과 기마술을 독특한 사막 생활 방식에 맞게 개량했다.

### 사막과 말

일찍이 추운 날씨에서 살아가는 동물로 시작한 말은 진화하며 흑해 스텝의 고위도 지역에서 번성했다. 최초의 길들여진 말은 털이 많았고, 피부가 두껍고 색도 어두워 따뜻한 풍토에서는 서늘함을 유지하기 어려웠다.[1] 말은 또한 대부분의 사막 동물들보다 물이 부족한 환경을 훨씬 더 못 견디며, 하루에 20~40리터의 물을 마셔야 한다.

말이 이미 기원전 제2천년기에 아라비아반도 북쪽에 도달했음에도, 가축화된 후 처음 몇 세기 동안 진정한 사막 환경인 아라비아에서 그 영향력이 초기에는 제한적이었던 것도 놀랄 일은 아니다.[2] 기원전 제1천년기에 아라비아 사람들이 아시리아 집단들과 싸울 때 길들인 낙타만 사용했다는 역사 기록이 있다.[3] 심지어 기원전 제1천년기 후반 아라비아 북부 일부 지역에서 말타기를 시작했을 때도 남부 지역에는 대부분 말이 없었다. 틀림없이 뜨거운 사막에서는 운송 기능의 많은 부분을 길들여진 단봉낙타(혹이 하나인 낙타)가 더 잘 수행했기 때문이기도 할 것이다.[4]

아프리카에서도 처음에 말 운송은 물이 넉넉한 지중해와 나일강 가장자리 밖으로는 진출하지 않았다. 기원전 약 18세기 힉소스 침입 시기에 처음 들어온 길들여진 말은 투탕카멘과 람세스 대왕 등의 통치하에서 하이집트 및 나일강 상류를 따라 신왕국 권력 중심지에서 중요한 역할을 했다.* 나일강 상류 고지대에서도 말의 중요성은 마찬가지였고, 기원전 제1천년기 나파타 지역 왕국들의 통치자들은 굴레에 호루스의 눈 상징이 정성 들여 장식된 전차용 말을 매장했다.[5] 말은 북아프리카 해안선 부근에서 이동했으며, 기원전 제1천년

---

* 나일강은 남에서 북으로 흘러가므로 나일강 하류의 고대 하이집트 지역은 오늘날 이집트 북부 쪽이었으며, 나일강 상류의 고대 상이집트 지역은 오늘날 이집트 남부 및 그 아래의 수단 쪽이었다.

기에는 그 지역에서 현지 품종들이 활약하여 로마 제국과의 기마 전투에서 승리하기도 했다.[6] 하지만 말의 시대 초기 몇 세기 동안 남쪽에 있는 광대한 사하라 사막지대로는 거의 진출하지 못했다.

## 사막의 말

뜨겁고 건조한 지역에 사는 말과 목축민의 적응력은 스텝 말의 한계를 극복하기 시작했다. 자연선택에 의한 더 짧은 털과 어둡고 검은 피부색 같은 특징도 강한 햇빛을 견디는 데 도움이 되었으며, 더 넓은 콧구멍과 꼬리 위치 덕분에 산소도 더 잘 들이마시고 사막 환경에서 시원함을 유지할 수 있었을 것이다.[7] 그런데 말이 사막에 직접 적응한 것만큼이나 중요한 것은 동물 여러 종의 협력 시스템 구축이었다. 말은 탁 트인 사막을 횡단하는 동안 단봉낙타의 지원을 받을 수 있었다. 낙타는 갈증을 잘 느끼는 동료 말이 마실 물을 짊어질 뿐 아니라 대부분의 짐과 사람 운송 임무를 책임질 수 있었으며, 낙타의 젖과 고기는 사람이 사막을 건너는 동안 버틸 수 있는 핵심 자원이 되었다.[8] 말은 전투에 필수적인 요소가 되었기에, 사막에 적응한 동물과 말의 협력 시스템은 아라비아와 북아프리카의 사막을 횡단하는 길고 위험한 여정의 고난을 줄이는 데 도움이 되었다.

말의 생물학적 적응 때문이든 문화적 적응 때문이든, 1세기에는 말이 아라비아 남부와 오늘날 예멘 지역에서 활용된 것으로 보인다.[9] 말과 말을 탄 사람 모습이 아라비아 프레스코화, 벽화, 심지어 가구에도 흔하게 나타나기 시작했고, 적어도 4세기에는 사막에서

생활하는 베두인 부족들이 사막의 가혹한 조건에도 불구하고 말을 널리 이용했다.[10]

## 칼리파의 말

7세기 초 예언자 무함마드가 아라비아 서부 몇몇 도시에서 새로운 종교로 강력한 교세를 구축하기 시작했고, 곧 강력한 정치 세력을 형성했다. 632년 무함마드가 세상을 떠났을 때는 이미 아라비아 대부분이 이슬람 지도하에 통합되어 있었다. 이슬람 칼리파국은 젊은 신앙의 열정으로 군사적·정치적 정복 및 경제적 성공을 이루면서 비옥한 초승달 지대, 레반트, 북아프리카로 영향력을 확대해갔다. 아라비아 밖으로 나가 아프리카 대륙으로 들어간 군대는 사막에서 담금질한 말을 타고 이동했다.

아라비아의 말을 타는 사람들은 사막 생활에 익숙했을 뿐 아니라 아시아의 이웃들로부터 기마술의 최신 혁신과 전문 지식도 받아들였다. 라시둔 칼리파라고 칭하는 초기 칼리파 중 한 사람이 7세기 중반에 페르시아를 정복한 후 군대가 등자를 받아들였다. 등자는 이때쯤 내륙 아시아에서 표준 장비가 되어 있었다.[11] 이슬람 말은 아시아에서 큰 인기를 끌었다. 최근 유전체 연구가 보여주는 바에 따르면, 7세기부터 페르시아 및 아라비아반도 출신 혈통이 말 교역망 성장과 함께 멀리 크로아티아와 몽골까지 퍼져나갔다.[12] 이슬람 세계의 정치권력은 혼란스럽게 요동쳤지만 그 영향력은 계속 커져서 8세기에는 우마이야 칼리파국이 통치하는 영토가 아프리카 북부 전체를 아우르고 이베리아반도에까지 이르렀다. 말 사육 및 교역이 아프리카 북부에서 크게 늘었으며, 단봉낙타의 조력을 받는 대담한 사막 횡단에 힘입어 사상 처음으로 말이 아프리카 서부 문명들의 풍성한 자연 속으로 들어갔다.

## 사하라 횡단 말 교역

약 3,000킬로미터에 달하는 사막을 사이에 두고 지중해와 떨어져 있는 사헬이라는 이름의 반건조기후 초원 지대는 말이 살기에 매우 좋은 곳이었다. 그래서 길들여진 말이 들어오자 과거 유라시아 스텝에서 일어난 변화와 버금가는 수준의 빠르고 급격한 사회 변화가 발생했다.

사하라 이남 지역에서 말에 관련된 가장 이른 시기의 고고학 발견이 이루어진 곳은 카메룬 북부 차드호 가장자리이며 그 시기는 7~8세기, 이슬람 초기로 추정된다.[13] 거대한 사하라 사막 이남으로 내려간 말은 서쪽으로는 적어도 10세기에 대서양에 인접한 아프리카 서부까지, 동쪽으로는 11세기에 '아프리카의 뿔'\*까지 퍼져나갔다. 말의 동쪽 전파는 어쩌면 힐랄 침입\*\* 시기에 아라비아에서 많은 사람과 말이 이집트로 이주한 일과 겹쳤을 수도 있다.[14]

---

\*  아프리카 대륙 중부의 오른쪽으로 돌출된 지역으로 소말리아반도라고도 하며, 위쪽으로는 아덴만을 사이에 두고 아라비아반도가 있다.
\*\*  10세기 중반 파티마 칼리파국이 아프리카 북부 지역의 분쟁과 관련해 바누 힐랄이라는 아랍 부족 연합을 이주시킨 사건.

## 말 장비

처음에 말이 북아프리카에서 사헬 지대로 전파되었기에, 초기의 말 장비는 아라비아 전통에 단단히 뿌리박고 있었다. 처음에 굴레, 안장, 등자 같은 장비는 사하라 횡단 교역의 일부로 직접 수입되었을 것이다. 따라서 스타일 및 기술적 설계는 본질적으로 아라비아풍이었을 것이다. 아라비아 체계에 포함된 커브 재갈의 한 가지 조악한 변형은 지렛대가 위로 올라갈 때도 마우스피스를 아래턱에 고정하는 추가 고리가 달려 있어, 말의 입속에서 고통스러운 호두까기 인형 같은 효과를 일으켰다. 사헬 지대 문화들은 말이 계속 달리게 다그치는 용도로 아라비아의 영향을 받은 박차도 받아들였다. 여기에는 작은 가시 박차와 길고 뾰족한 박차 두 종류 모두 포함되었다.[15]

재갈 없는 굴레를 씌우고 안장 대신 말의 몸을 교정해 말을 타는 등 독특한 현지의 기마 전통 및 장비 전통도 아프리카 서부와 나이저강 내륙 삼각주 지역에서 발전했다. 이러한 현지 전통이 발전한 시기가 아라비아 장비를 받아들인 시기보다 앞설 수도 있다는 추측도 있다.[16] 아프리카 동부에서는 인도의 말 장비와 스타일도 의미 있는 영향을 끼쳤을 것이다.[17]

사헬의 기마 전사는 활, 던지는 칼 같은 독특한 투사체, 길다란 끈으로 안장에 붙들어 맨 랜스와 사브르 같은 난투용 무기 등 다양한 무기를 사용했다.[18] 유라시아에서는 기마 전투 전통이 안장 개발 전에 먼저 발전했지만, 사헬 사람들은 처음으로 말을 탔을 때 이미 안장과 등자를 매우 익숙하게 사용했기에 균형을 잘 잡은 채 무거운 난투용 무기를 활용할 수 있었다. 따라서 사헬의 기마 전투에 찌르는 창과 말의 갑옷 같은 무거운 무기가 포함되는 것도 놀랄 일이 아니다.[19]

아프리카 서부의 가나 왕국, 니제르 중부의 가오, 차드호와 트리폴리를 잇는 경로에 있는 카넴 등 사하라를 횡단하는 회랑을 통제하는 이들이 말의 혜택을 가장 먼저 맛보았다. 수단 중서부 지역들은 큰 교역 도시들 및 점차 늘어나는 자치 국가들을 지원하기 시작하여, 말을 수월하게 구하고 사하라 교역을 통제하는 상당한 이점을 누렸다.

13세기 초에는 수단 서부의 말 문화들이 현지에서 지배적인 제국이 되었다. 니제르 중부에서 대서양 해안까지 뻗은 사바나 지대에 근거를 둔 말리 제국은 튀니지와 모로코로 연결된 교역로 및 젠네, 팀북투, 가오 등의 도시를 통제했다. 말리는 1만 마리가 넘는 말로 기마 군대를 편성해 수단 서부의 광대한 땅을 통제하는 데 활용했다.[20] 말리 제국이 쇠퇴한 후 가오에 근거를 둔 송가이 제국이 16세기 말까지 지배했다. 오늘날 나이지리아 쪽에 있는 요루바랜드에서는 오요 제국이 말의 힘을 바탕으로 지배하며 17~18세기에 전성기를 누렸다. 국가의 인가를 받은 교역 회사들이 말을 타는 전문가, 수의사, 기병을 고용하여 중요한 역할을 했다.[21] 오요 제국이 남동부 지방에 대한 통제를 유지하기 위해 활용한 식민지였던 에데-일레(Ede-Ile) 유적에서는 망아지 잔해를 포함해 말 뼈 퇴적물이 잔뜩 발견되었다. 이 고고학 퇴적물은 오요 제국이 권력 유지의 일환으로 말을 현지에서 사육했음을 보여준다(도판 16 참조).[22] 스텝에서처럼 말의 등장으로 힘이 사바나 쪽으로 이동했다. 말 사육이나 교역을 통해 더 많은 수의 말을 유지할 수 있는 이들이 우위에 섰다.

## 또 다른 장벽

말이 사하라 이남 초원 지대에서 번성하긴 했지만, 계속해서 남쪽 아주 멀리까지 진출하지는 못했다. 아프리카의 우림에서 볼 수 있는 뜨겁고 습한 환경에서는 말이 새끼를 적게 낳고 망아지의 사망률도 높다. 임신한 암말과 망아지는 뜨거운 열기의 스트레스만이 아니라 바이러스, 기생충 감염 질병, 산통(colic) 등 기후와 관련된 건강 문제에 대처해야 한다. 산통은 치명적일 수도 있는 장 관련 증상으로 따뜻한 기온 때문에 악화된다.[23] 결국 이 모든 조건들은 삼림 지대 사바나 너머에서 말을 키우고 유지하기란 거의 불가능하다는 것을 의미했다.

말의 우림 확산을 가로막은 훨씬 강력한 장벽은 체체파리였다. 체체파리는 아프리카 열대지방에 널리 퍼져 있는 몸집이 큰 흡혈성 곤충으로, 대부분의 가축에게 치명적인 여러 질병을 옮긴다. 홀로세 초기에 신석기 가축이 아프리카에 처음 들어왔던 때부터 사헬 지대 남쪽의 심각한 곤충 매개 질병은 가축이 적도 너머로 전파되는 것을 막는 강력한 장벽이었다. 말에게 특히 치명적인 질병으로는 구역(媾疫, dourine), 아프리카말병, 말 바베시아증, 그리고 최악으로 꼽을 수 있는 트리파노소마증 등이 있다.[24] 트리파노소마증은 치사율이 100퍼센트에까지 이르는 끔찍한 질병으로, 이 병에 걸리면 열이 나

고 장기가 부으며 결국 죽음에 이른다.[25]

　사하라의 교역로가 점차 확장되면서 소금, 금, 카우리 조개, 구리 합금 등 무수히 많은 상품이 지중해와 사하라 이남 아프리카 사이를 오갔다. 이러한 교역의 통제권은 대체로 낙타와 말을 가진 이들의 손에 있었다. 아프리카의 삼림 지대 사바나 및 우림 지역은 질병 때문에 말 사육이 어려웠지만, 크고 인구가 많은 중심지가 많았다. 아프리카 초원 문화들의 말을 탄 사람들은 말 사육 또는 교역에 좋은 땅을 통제하고 관리하면서 전투에서 무섭고 강력한 힘을 자랑했고, 지역에는 상당한 권력 불평등이 생겨났다.

　아라비아 말 전통의 장비와 혁신, 그리고 건실한 사하라 횡단 교역에 대한 통제를 바탕으로 말은 수단 중서부 왕국들을 상업의 본산이자 권력 중심지로 변모시켰다. 이러한 과정은 말이 처음 들어오기 몇 세기 전에 낙타와 함께 시작했지만, 길들여진 말의 공급에 힘입은 신흥 제국들은 유리한 경제적·생태적 위치를 활용해 정치적 지배력을 강화하고 사헬 지대를 성장하는 글로벌 네트워크 시스템과 연결시켰다. 하지만 말이 사바나에서 번성하긴 했어도, 무서운 질병이라는 장벽 때문에 아프리카 우림 문명들이 말을 수적으로 충분히 받아들이기 어려웠고 말은 더 남쪽으로 퍼져나가지 못했다.

## 정리

서기 제2천년기 중반쯤에는 길들여진 말이 태평양에서 대서양까지 여러 사회에 뿌리 깊게 자리 잡았다. 말은 성장하는 사하라 횡단 교역과 함께 사막을 건넜고, 이로써 말이 번성하는 지역은 북극에서 사헬 지대 남단에 이르렀다. 말을 이용해 부유해진 사헬 지대 제국들은 적도의 질병 장벽 위쪽 지역을 지배했으며, 아프리카 중부 그 아래쪽에서는 말이 오래 생존하기 힘들었다. 그러나 새로운 기술 혁명이 일어나고, 길들여진 말은 마지막 장애물인 대양을 건너 전 세계를 장악한다.

도판 1. 몽골 항가이산맥 모린모르트 유적의 사슴돌 기념물(위), 이와 관련한 말발굽 암각화(아래). 저자 촬영.

도판 2. 3,000만~4,000만 년 전에 살았으며 발가락이 세 개인 말의 조상 메소히푸스(*Mesohippus*)가 숲 변두리에서 풀을 뜯는 모습. 주디 피터슨(Judy Peterson) 그림.

도판 3. 프랑스 쪽 피레네산맥에 위치한 니오(Niaux) 동굴의 구석기 시대 벽화에는 말, 들소, 사슴이 그려져 있다. 1만 7,000년 전까지 거슬러 올라간다. 저자 촬영.

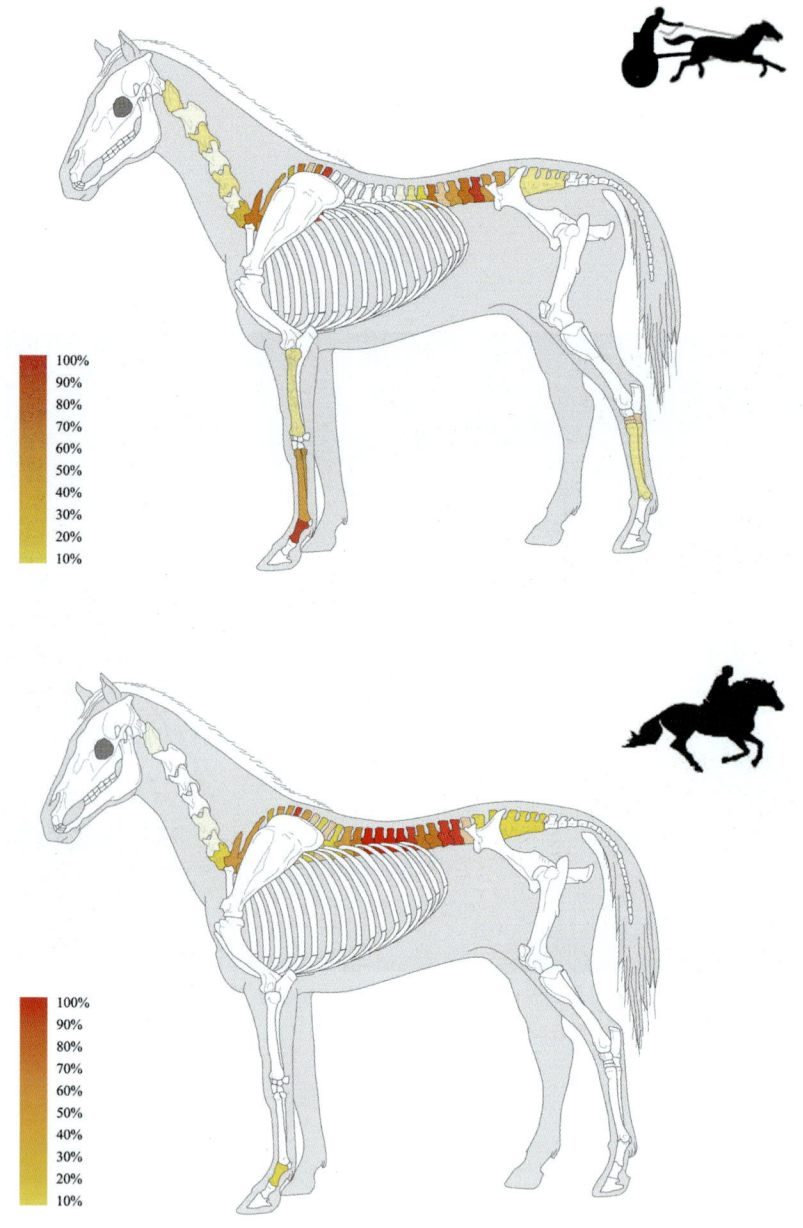

도판 4. 고대 중국 고고학 맥락에서 나온 말 뼈의 병리적 뼈 형성 빈도. 전차를 끌었던 말(위), 사람이 타고 다녔던 말(아래). 참고 문헌 Zhang et al.(2023)에서 발췌하여 수정한 이미지. 유에 리(Yue Li) 제작.

도판 5. 마이코프 매장지에서 한때 말의 볼 피스라고 여겨졌지만 발굴 현장을 종합적으로 분석한 결과 소 코뚜레로 판명된 구리 물건이 소 두개골 옆에 놓여 있다. 아나톨리 칸토로비치(Anatoliy Kantorovich)/사빈 라인홀트(Sabine Reinhold) 촬영.

도판 6. 움엘마라 유적에서 나온 말과 동물의 이빨. 잡종 오나거와 당나귀 사이에서 난 잡종 '바르안(BAR. AN)'의 이빨일 가능성이 높다. 앞니 잇몸선 위에 보이는 손상은 입술 고리 때문에 생겼을 것이다. 질 웨버(Jill Weber)/글렌 슈워츠(Glen Schwartz) 촬영.

도판 7. 이집트 룩소르 라메세움에 있는 거대한 이미지. 카데시 전투(기원전 13세기)에서 람세스 2세가 히타이트인을 물리치는 장면으로, 세부 묘사 중 말 등에 올라탄 초기 메신저/정찰병 모습이 보인다. 저자 촬영.

도판 8. 말과 전차가 매장된 거대한 구덩이. 기원전 제1천년기로 추정되며, 오늘날 중국 시안시 외곽에 있다. 저자 촬영.

도판 9. 러시아 상트페테르부르크 에르미타시박물관에 전시된 파지리크 문화의 초기 안장. 저자 촬영.

도판 10. 폼페이 '정숙한 연인들의 집(Casa dei Casti Amanti)' 마구간의 말 잔해. 화산 분화 순간의 모습이 그대로 남아 있다. 요하네스 에버(Johannes Eber) 촬영.

도판 11. 신장 샨푸루 유적에서 출토된 그리스-박트리아 문화의 태피스트리 바지를 아티스트가 재구성한 모습. 파울라 로페스 칼레(Paula López Calle) 그림.

도판 12. 북몽골 최대 흉노 고분군인 노용올 유적에서 출토된 그리스 신화 이미지(헤라클레스와 옴팔레)가 새겨진 은제 원반(참고 문헌 Erdene-Ochir et al.). 간바타르 갈단(Ganbaatar Galdan) 촬영.

도판 13. 페르가나 지역에 위치한 키르기스스탄 오시 부근 아이르마치토오(Ayrmach-Too) 유적의 한 절벽에 장식된 말 암각화. 페르가나 지역은 장건이 발견했다는 '천마'의 고향일 가능성이 높다. 저자 촬영.

도판 14. 말을 타고 달리는 메신저의 다리를 천 고리가 받치고 있다. 간쑤성 자위관시에 있는 220~316년경의 고분 벽화. 란저우시 간쑤성박물관 소장. 저자 촬영.

도판 15. 몽골 서부 우르드 울란 우니이트 동굴에서 발굴된 프레임 안장. 세계에서 가장 오래된 프레임 안장 사례일 수도 있다. J. 바야르사이항 촬영.

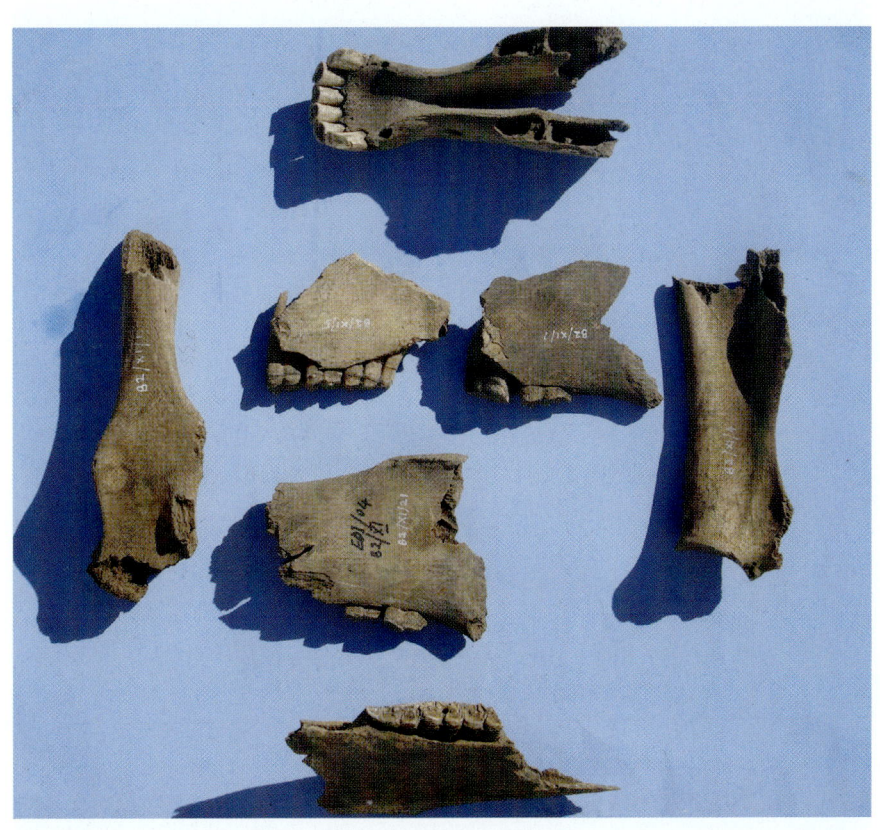

도판 16. 요루바랜드 지역 안에 있는 과거 오요 제국의 에데-일레 유적에서 출토된 고고학 말 잔해. 아킨 오군디란(Akin Ogundiran) 촬영.

도판 17. 시라후지 고분 유적에서 출토된 테라코타 '하니와 말'. 이런 형태의 하니와 말들은 고훈 시대 일본의 대형 고분 주위에 종종 배치되었다. 마에바시시교육위원회 제공 사진.

도판 18. 노르웨이 렌드브린(Lendbreen) 산길에서 출토된 바이킹 시대 말의 눈신. 이 지역 고산지대 산길의 말 운송과 관련한 많은 고대 유물이 현재 얼음이 녹으면서 드러나고 있다. 에스펜 핀스타드(Espen Finstad)/ 빙하 고고학 프로그램 제공 사진.

도판 19. 아이티 푸에르토레알 유적에서 출토된 말 뼈, 치아, 장비 유물. 아메리카 대륙의 길들여진 말 잔해가 포함된 가장 이른 시기 고고학 유물군 중 하나로 꼽힌다. 플로리다자연사박물관 환경고고학 프로그램 컬렉션 중 FLMNH-EA Cat. No. 03030231 및 02950514. 저자 촬영.

도판 20. 몽골 울란바토르의 2015년 여름 축제 기간 신호등. 저자 촬영.

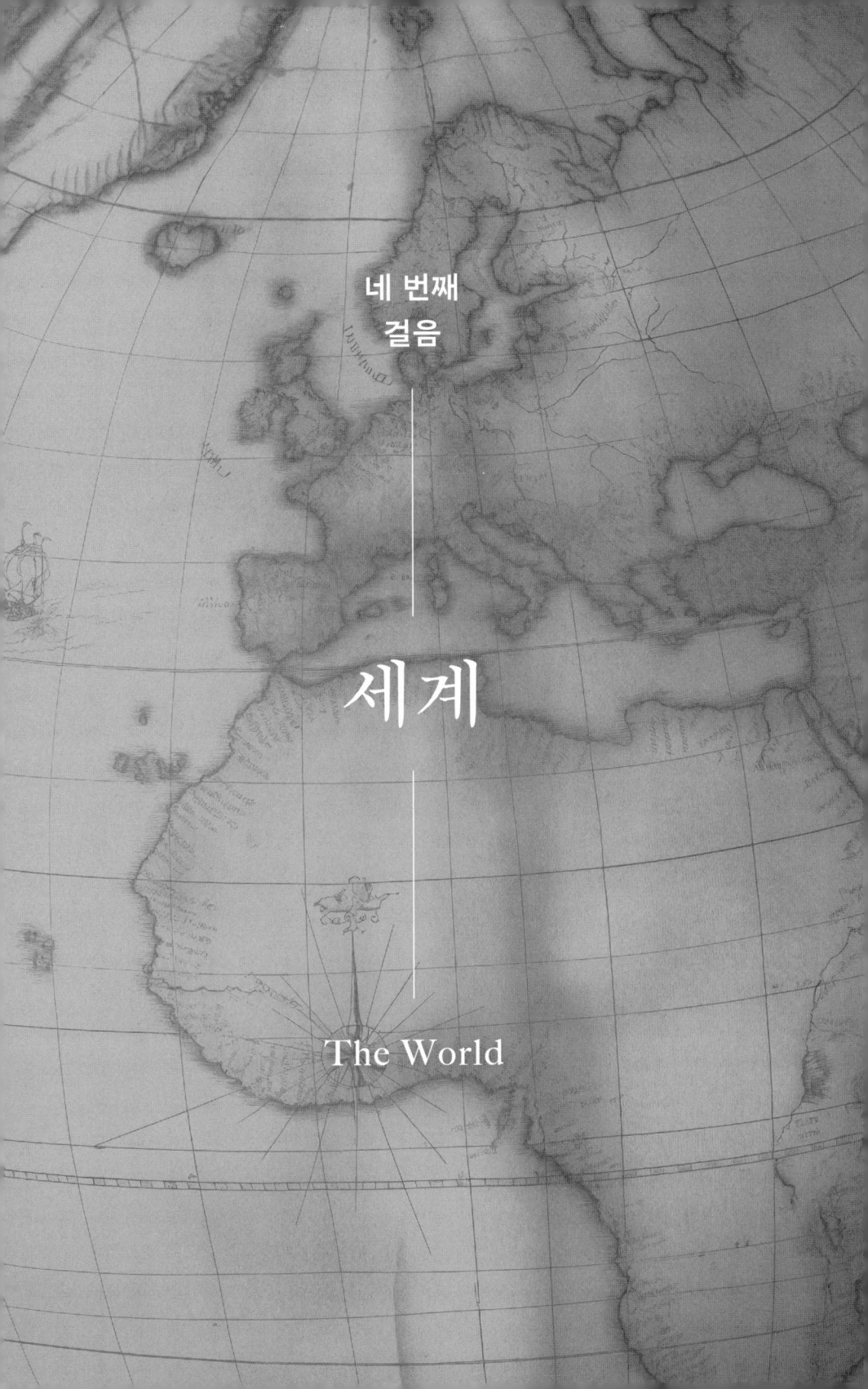

네 번째
걸음

세계

The World

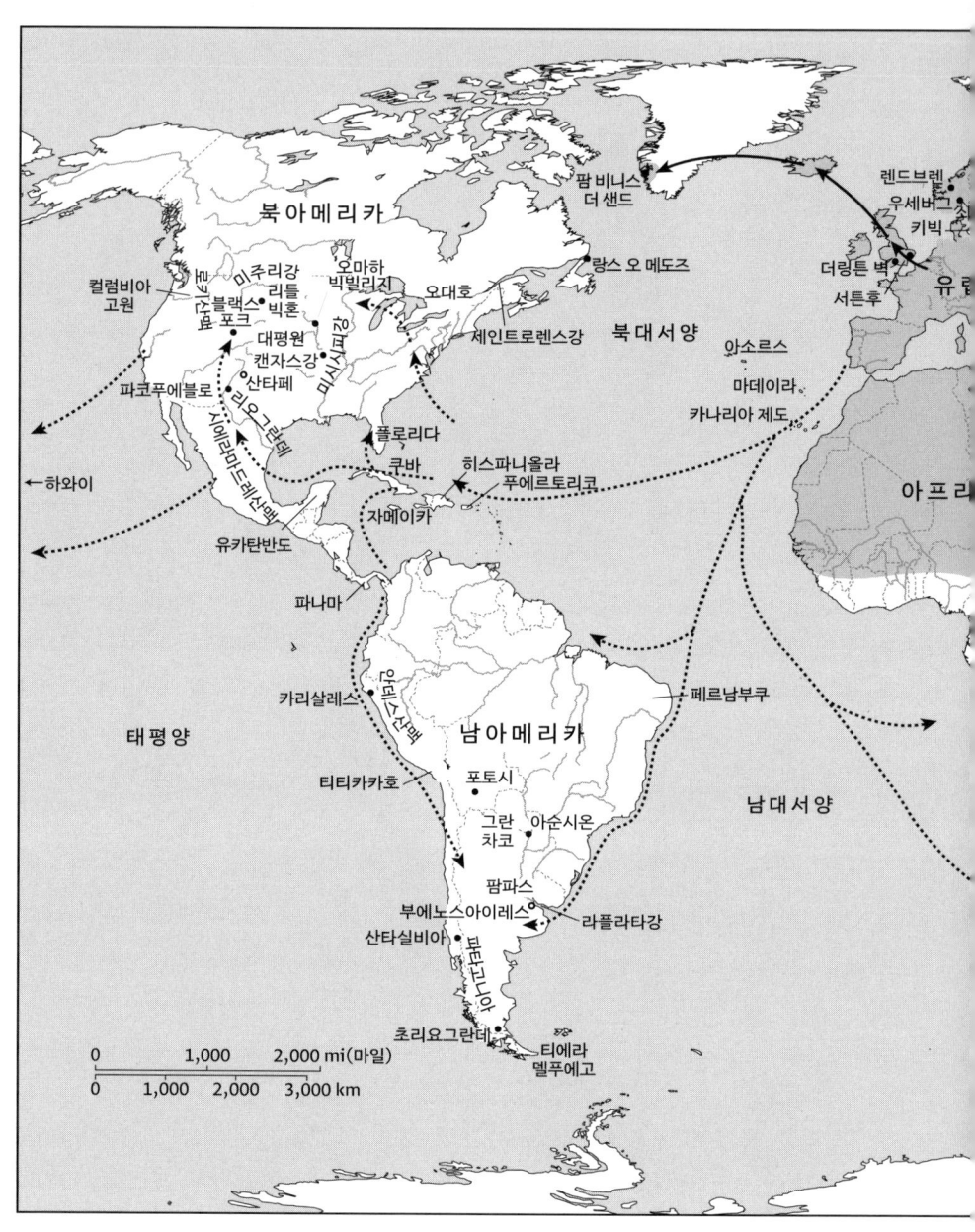

고대 세계에서 길들여진 말이 바다를 건너 전파된 과정. 빌 넬슨 작성.

# 12

# 바다로 가는 말

이슬람 세력이 확장하면서 사하라 너머에도 도달한 말은 서기 제1천 년기 유라시아 및 북아프리카에서 도달할 만한 곳은 대체로 다 가본 셈이었다. 하지만 발전하는 대양 항해 기술이 곧 말을 고대 세계의 머나먼 지역으로도 데려간다.

사실 말을 바다 건너 운송하는 일 자체는 말을 처음 길들인 시기로부터 오래지 않아 시작되었다. 당시 해안에 살던 집단들은 제한된 수준의 해상 여행을 할 수 있었고, 이들이 길들여진 말을 받아들였다. 기원전 제2천년기 동안 말이 스텝 밖으로 나와 북유럽으로 퍼졌을 때, 말은 짧은 바다 여행을 통해 유럽 본토에서 스칸디나비아와 브리튼 제도에 들어갔다. 스웨덴 남부 키빅과 영국 더링튼 벽 유적의 고고학 발견은 남쪽 발트해와 영국해협 같은 바다가 말을 운송하는 데 대단한 장벽이 되지는 않았음을 보여준다. 기원전 제2천년기 후반에는 지중해에서 해상 여행 및 배를 기반으로 한 전투가 급증했다. 기원전 1200년 무렵 그리스와 에게해에서 온 것으로 추정되며 바다 민족(Sea Peoples)이라고 불린, 배를 탄 약탈자들이 이집트와 그 일대를 파괴했다.[1] 이 시기 부조는 바다 민족이 말과 전차 팀들을 내륙 정복에 사용했음을 보여준다.[2]

해상 여행 기술이 계속 발전하면서 배가 북아프리카와 남유럽 사이를 오가며 말을 실어 날랐고, 길들여진 말은 키프로스처럼 바다에 둘러싸인 땅에서도 여러 사회의 일부가 되었다.[3] 조선 기술이 앞서 있던 기원전 제1천년기 후반 로마인들은 오랜 항해에도 말을 안전하게 옮기기 위해 배를 충분한 꼴과 물이 구비된 특수 운송선으로 개량했다.[4] 서력이 시작될 무렵에 말은 지중해에서 상인들과도 함께, 전사들과도 함께 숱하게 이동했다.

### 동아시아에서 바다를 건넌 말

동아시아에서 말의 초기 전파는 태평양 해안에 닿기 전에 스텝 가장자리에서 멈췄다. 하지만 등자와 프레임 안장이 혁신된 후 스텝 동부 지역에 수용되면서 말과 말 장비는 한반도에서도 생활의 필수가 되었다. 4세기 초 한반도에서 중국 한나라의 힘이 쇠퇴한 후 스텝의 영향력이 재개되면서 말 문화가 돌무덤, 금세공 전통, 정교한 말 장비의 형태로 한반도에 밀려들었다.[5] 강력한 고구려의 정치와 물질

문화에서 말의 존재감은 두드러졌고, 고구려는 5세기 동안 내몽골 일부, 만주, 한반도 일부를 아우르는 지역을 통치했다. 한국의 해안에서는 널빤지를 덧대 건조하여 더 먼 거리의 운송 항해가 가능한 선박을 이미 사용하고 있었다.[6] 이윽고 해안 교역망을 통해 초기 길들여진 말이 한국에서 일본으로 전해졌다.

일찍이 동아시아에서 말을 해상으로 운송하는 일은 매우 어려웠을 것이다. 4세기에 운송선은 양쪽으로 노 젓는 사람을 각각 두 명씩만 둘 수 있었을 테고, 한 번에 말 한 마리만 운송할 수 있었을 것이다.[7] 하지만 6세기가 되면 조선 기술이 발전하여 더 큰 배를 건조하고 일부는 쌍돛을 달기도 하여, 한 번에 대략 사람 다섯 명과 말 두세 마리를 무기 및 식량과 함께 운송할 수 있었다.[8]

일본의 초기 말에 관한 방사성탄소연대측정 연구는 드물지만, 최초의 말은 4세기에는 들어왔을 것이다. 말 매장지는 커다란 무덤과 연관되어 발견될 때가 많다. 이 무덤에는 간혹 초기 안장과 등자도 포함되어 있다.[9] 장례의 공물로 '하니와 말'이라는 작은 테라코타 모형이 흔히 사용되었다. 하니와 말은 엘리트, 백성, 다양한 동물 등을 상징하는 다른 작은 공물과 함께 고훈 문화의 커다란 고분 주위에 배치되었다(도판 17 참조). 고훈 세계관에서 배(boat)와 말은 특별한 연관성을 공유했던 것으로 보인다. 고분 벽에 배 이미지가 관, 말 이미지와 함께 묘사되어 있는 경우가 많다. 아마 내세로 실어 나른다는 공통적인 역할이 반영되었을 것이다.[10]

말 사육은 일본 남서부, 특히 오늘날 오사카 주변 평야 지대에서

값진 일이 되었다.[11] 말 잔해에 대한 안정 동위원소 분석 결과는 일찍이 고훈 시대에 일본 말 일부의 식단에 농사로 재배한 곡물이 보충되었음을 보여준다.[12] 유전체 증거가 8세기 후반 일본 말과 스텝의 계통적 관련성을 보여주긴 하지만, 일본은 이미 다리가 현저히 긴 독특한 일본 말을 개발한 것으로 보인다.[13] 이후 몇 세기에 걸쳐서 말은 일본 정치, 경제, 문화에서 중요한 역할을 한다.

## 바이킹 시대

일본에서 말 문화가 확장될 때 말은 지구 반대편 북유럽의 바다 주변에서도 퍼져나갔다. 말은 신앙과 종교의식에서 빼놓을 수 없는 부분이 되었다. 오늘날 발트해 연안 러시아에 있는 알레이카 3(Aleika 3) 유적의 묘지에서 발견된 말 매장지는 기원전 제1천년기 중반까지 거슬러 올라갈 가능성이 있다. 폴란드 북동부와 발트 3국에서도 기원전 약 350년부터 시작되는 말 매장지가 발견된다.[14] 덴마크의 윌란반도에서는 3세기에 정성 들여 올리던 호숫가 의식에서 말과 말 장비를 희생물로 바쳤다.[15] 이러한 희생 의식은 아마도 전투 시뮬레이션의 의미가 있었을 것이다. 사람들은 화살과 창을 비롯해 다양한 무기로 희생물의 몸에 수십 군데의 상처를 냈다.[16] 북대서양 지역에서는 새로운 건물을 지을 때 건물 토대의 벽에 말 두개골을 놓고 의식을 올리는 것이 흔한 관습이 되었으며, 이 전통은 현대에까지 이어졌다.[17]

유럽에서 로마 제국의 영향력이 쇠퇴하면서 아시아의 침입자들이 스텝 동부에서 쏟아져 나와 유럽 대륙 중심부로 들어갔다. 4세기에는 훈족, 7세기에는 아바르인의 무서운 침략으로 동유럽 문화들이 도미노처럼 서쪽으로 이동하면서, 이른바 게르만족의 대이동이 시작되었다. 게르만 인구가 증가했으며, 기원전 제1천년기에 비해 서유럽에서 말의 출현 빈도가 크게 치솟았다.[18] 스칸디나비아의 경우 5세기에 스웨덴 남부 쇠스달라(Sösdala) 유적에 매장된 유물에는 정교한 금박 말 장비가 포함되어 있었다. 아마 말을 타던 엘리트의 장비였을 것이다. 발트해 연안을 따라서는 리투아니아와 라트비아의 엘리트층에 관한 고고학 기록에 말과 말 장비가 압도적으로 나타난다.[19] 반달족은 이베리아와 북아프리카를 침략하여 카르타고를 점령했다. 고트족, 서고트족, 동고트족은 불운한 남쪽 이웃들을 침략했으며, 앵글로색슨족은 유럽 대륙 북부를 떠나 바다 건너 브리튼 제도로 향했다.

격동 속에서 몇몇 집단은 조선 기술을 발전시켜 더 크고 항해하기 좋은 배를 건조했다. 영국 서퍽주에 있는 7세기로 추정되는 서튼 후(Sutton Hoo) 유적의 마운드 1 지점에서는 앵글로색슨 왕 또는 엘리트 지도자를 장사 지낸 대략 25미터 길이의 배 무덤*이 출토되었다.[20] 9세기 초에는 스칸디나비아 선원들이 돛과 노를 모두 활용하는 배로 항해했다.[21] 830년보다 앞선 굉장한 고고학 사례로, 노르웨이 남부 오세베르그(Oseberg) 유적에서 발굴된 완벽하게 보존된 목

---

\* 죽은 이와 부장품을 배에 실어 장사 지내는 것. 앵글로색슨을 비롯한 몇몇 게르만족 집단의 풍습이었다.

선은 커다란 돛대가 중앙에 있어서 돛과 바람의 힘을 사용했음을 보여준다.[22]

이렇게 더 큰 배는 튼튼해서 북해의 얼음물 위를 항해할 수 있었으며, 돛이 바람을 받으면 대담한 북유럽 선원들은 바다와 북유럽의 강으로 진입하여 약탈이나 교역을 시도했다. 이들 바이킹은 영국, 아일랜드, 북대서양 연안을 식민지로 만들고 러시아의 볼가강 및 돈강 수계와 동유럽을 지배했다. 바이킹의 영향력은 흑해, 카스피해 지역, 지중해까지 뻗쳤으며, 지중해에서는 바이킹 침략자들이 스페인 남부, 아프리카 북부, 이탈리아의 해안을 따라 약탈을 벌였다.[23]

## 바이킹의 말

바이킹이 해상 패권을 잡는 데는 뛰어난 기마술도 한몫했다. 유전체 비교 결과에 따르면 북유럽 말은 스텝 조상 말들과 가까운 관계였으며, 스칸디나비아의 맹렬한 추위에 잘 적응했다.[24] 높은 산의 산길에서 나온 고고학 발견은 바이킹 말이 산의 얼음길을 다니는 데 사용되었으며, 발굽에 특수 눈신을 착용하고 사람과 농산물을 실어 날랐음을 암시한다(도판 18 참조).[25] 브리튼 제도에 정착한 바이킹들이 앰블링 보법으로 걸을 수 있는 말(gaited horse)을 처음 개발했을 수도 있다. 앰블링은 느린 캔터(canter)와 비슷한 독특한 네 박자 걸음걸이로 위아래 흔들림이 거의 없어 사람이 부드럽게 탈 수 있다. 현대 아이슬란드 말 일부는 아이슬란드어로 '퇼트(tölt)'라고 하는 이 걸음걸이를 지금도 유지하고 있다.[26] 유전학자들은 'DMRT3'라는 특정 대립 유전자의 존재 유무를 추적하여 과거의 말들이 앰블링 보법을 수행할 수 있었는지 여부를 확인할 수 있다. 지금까지의 연구에 따르면 DMRT3가 바이킹 시대 북대서양 말들에게서 처음으로 높은 빈도로 나타나는 듯하며, 아이슬란드 최초 정착민들에 의해 강력한 유전 선택이 이루어졌을 것이다.[27]

바이킹은 안장과 등자라는 새로운 중세 기마 도구를 잘 활용했다. 빠르게 화살을 쏘고 달리는 전술은 숲, 습지, 피오르 지형에서 효과적이지 않았지만, 등자로 몸을 지탱한 전사는 근접전을 벌이며 검, 철퇴, 도끼, 창, 랜스 등으로 무서운 타격을 가할 수 있었다.[28] 중무장하여 말을 탄 사람을 지탱하기 위해 북유럽 장인은 더 튼튼한 쇠등자를 개발하고 새로운 재갈 및 볼 피스 스타일을 실험했다.[29] 바이킹 전사들은 이러한 도구들을 최대한 효과적으로 사용하면서 무서운 기마 근접전 스타일을 개발하여 침략과 약탈을 벌였다.

말과 배는 바이킹 전투 전술의 기반이었다. 때로는 말과 배의 협력이 의외의 방식으로 이루어지기도 했다. 갈기 아래에서 나오는 말의 지방 성분이 돛을 관리하는 데 도움이 되었기 때문이다.[30] 장례 전통도 말과 배의 특별한 관계를 반영한다. 간혹 바이킹 엘리트의 배 무덤 안에 많은 말이 매장되기도 했다.[31] 오세베르그 유적에서는 죽은 이와 함께 말 15마리가 매장되었다. 유적 한 곳에서 발견된 배의 바닥 널에는 전투 중인 말들의 이미지가 부조로 묘사되었던 듯하다.

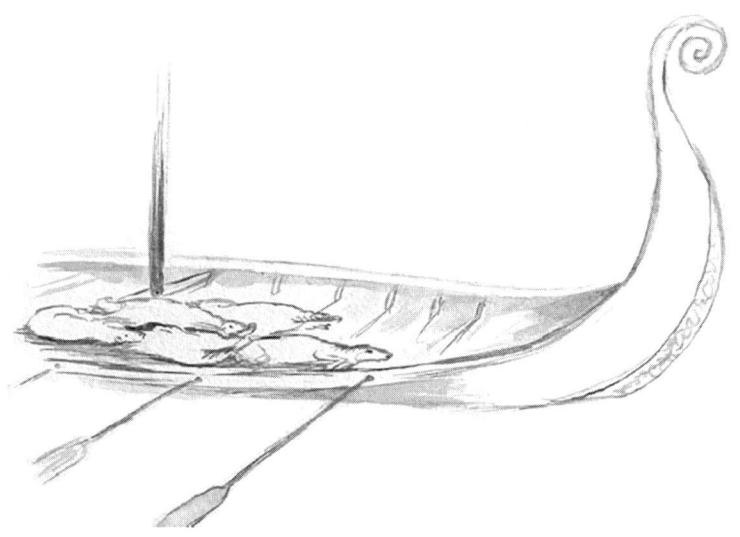

그림으로 재구성한 오세베르그 배 무덤. 죽은 이와 함께 말 15마리가 배 안에 매장되었다. 바버라 모리슨 그림.

## 북아메리카 최초의 말

바이킹의 배가 사상 처음으로 말을 싣고 대서양을 건널 수 있게 되었다. 서기 제1천년기 후반에 기후가 따뜻해지면서, 북해의 차갑던 물에서 항해가 가능해지며 대담한 북유럽 사람들이 북해로 시선을 돌렸다. 영국 더비셔에서 발굴된 화장된 말 잔해의 동위원소 연구 결과에 따르면, 9세기에 브리튼 제도를 돌아다니던 바이킹 약탈자들이 발트해에서 키우던 동물들을 데리고 왔을 가능성이 높다.[32] 북유럽 사람들은 9세기 후반 아이슬란드섬에 정착하기 시작했으며, 아이슬란드에 말을 영구적으로 들여왔다. 아이슬란드 초기 문화에서 말은 특히 영향력이 컸다. 유럽에서 발견되는 바이킹 매장지의 약 7퍼센트에만 말이 포함된 반면, 아이슬란드에서 발견되는 북유럽 사람들 매장지의 약 40퍼센트에 말이 있었다. 대체로 수컷이며, 간혹 암말이 나온다.[33] 말은 아이슬란드 정착민들의 주요 축산물이기도 했다. 10세기에 말고기 섭취 풍습이 광범위하게 퍼져 있어서, 기독교를 공식적으로 받아들일 때 아이슬란드 의회가 말고기 먹는 관습을 유지할 권리에 관해 논의하기도 했다.[34]

길들여진 말은 바이킹의 세력 확장하에서, 플라이스토세 이래 처음으로 고향인 북아메리카 땅을 잠시 부분적으로나마 다시 밟아 보기도 했다. 북유럽 정착민들은 아이슬란드 밖 북쪽과 서쪽으로 세력을 확대했고, 10세기에 그린란드 남서부에 영구 정착촌 두 곳을 형성했다. 바이킹에 관련된 고고학 뼈 모음은 북유럽 정착민들이 말을 포함해 유럽에서 키우는 모든 가축을 데리고 왔음을 보여준다.[35] 그린란드 서부의 '팜 비니스 더 샌드(Farm beneath the Sands)'라는 유적은 1000~1400년의 어느 시점에 정착민들이 점유한 곳으로, 비교적 많은 고고학 말 잔해가 발굴되었다. 어린 말과 나이가 매우 많은 말이 모두 포함되어 있다는 것은 사람의 관리를 받은 무리라는 전형적인 표시였다.[36]

말은 대서양을 건너 북아메리카 땅을 밟긴 했지만 그린란드 너머 북아메리카 본토에 도달하지는 않았다. 11세기에 바이킹이 북아메리카에 가장 깊이 진입했고, 같은 시기에 뉴펀들랜드 해안에 영구 정착촌을 건설했다. 이곳을 지금은 '랑스 오 메도즈(L'anse aux Meadows)'라고 부른다. 이 유적에 관한 최근의 고고학 조사에서 유적지 건설 시기를 약 1021년으로 매우 정확하게 추정할 수 있었지만, 발견된 동물 뼈에는 말이나 다른 가축 포유류가 포함되지 않았으며 해양 포유류와 물고기만 있었다.[37] 이와 함께 우리가 수행한 북아메리카 서부 지역 고고학 말 잔해 및 현대 말 잔해의 대규모 유전체 분석 결과에서도 바이킹 말이 북아메리카 말에게 유전적으로 기여했다는 증거는 나타나지 않았다.[38] 말은 이 여정에는 함께하지 않았을 가능성이 매우 높다.

바이킹의 북아메리카 실험에 종지부를 찍은 것은 기후변화였다. 대서양 횡단 여행을 수월하게 하던 막간의 따뜻함은 14세기 들어 물러났고, 지구는 소빙기라는 장기간의 서늘한 시기에 진입했다. 스칸디나비아를 아이슬란드 및 그린란드와 연결하던 바닷길을 얼음이 메우기 시작했다. 가장 외딴곳의 식민지들은 상업 의존도가 매우 컸지만 점차 고립되었고, 결국 북아메리카 바이킹의 삶은 쓰라린 최후를 맞이했다.

## 정리

바이킹 시대가 저물었어도 말은 바다를 항해할 수 있는 배에 실려 유라시아 밖 거의 모든 방향으로 계속 이동했다. 아라비아와 비잔틴의 말 상인들은 아시아, 아프리카, 인도 사이에서 말을 이동시켰다. 기독교와 이슬람 세계의 종교적 분쟁으로 십자군과 칼리파의 기병을 가득 실은 엄청난 수의 말 갤리선이 지중해를 건넜다.[39] 유럽, 아시아, 아프리카의 강국들은 말이 장기간의 항해를 버틸 수 있도록

해주는 더 나은 기술을 개발했다. 해상 패권이 세계 패권과 동의어가 되면서, 말은 빠르게 확장되는 세계의 머나먼 땅으로 여행을 떠난다.

# 13

# 귀향

배를 탄 말은 조상의 고향인 아메리카 대륙으로 극적인 귀향을 했다. 소빙기의 서늘한 날씨, 몽골의 침입, 무서운 전염병 창궐 등 중세 후기의 기후 위기와 문화적 위기를 겪은 서유럽 문화들에는 바다 여행이 앞으로 나아갈 길로 떠올랐다. 가장 먼저 재난을 딛고 일어선 이들 중에는 이베리아반도의 해안 세력들이 있었다. 이들은 이슬람 통치자들을 몰아내고 14세기에 이전보다 더 큰 규모로 대양에 진출하기 시작했다.[1] 포르투갈과 스페인의 상인들은 차례로 아라비아인들의 천문항법 기술을 도입해 아프리카 해안의 강한 바람과 해류에서 항해할 수 있는 돛으로 배를 강화했다. 15세기 초 카스티야 침략자들이 모로코 해안 가까이 있는 카나리아 제도를 침략하여 섬 주민들을 학살하고, 수익성 좋은 인도 작물 사탕수수를 경작하기 시작했다. 포르투갈 탐험가들은 10~20년 후에 마데이라섬을 점유했고, 1432년 무렵에는 말이 아소르스 제도에 도착했다.[2]* 말은 곧 대서양의 이 섬들에서 사회적으로 중요한 역할을 했다. '피쿠 두스 지네치스(Pico dos Ginetes)' 같은 당시 지명에 말이 언급되는 것을 봐도 알 수 있다. (지명은 '지네트의 봉우리'라는 뜻이며, 지네트는 작은 말의 한 유형을 가리킨다.) 예술 작품에도 말이 등장한다. 아소르스 제도의 상세바스티앙 마을에 있는 교회 벽 속에 숨겨져 있다가 최근 발견된 1503년 무렵의 프레스코화는 대서양의 길들여진 말을 묘사한 현존하는 가장 오래된 미술품 중 하나로 손꼽을 수 있을 것이다.[3] 이처럼 성공한 대서양 식민지 사업은 본국의 관심을 끌면서 탐험가와 기업가를 서쪽으로 유혹했다.

## 오래된 '신'대륙으로

대서양 해상 항로의 상업적 잠재력을 알아본 제노바 출신 상인 크리스토발 콜론은 아시아 땅에 도달하기를 바라며 1492년 대서양 횡단 원정을 떠났다. 원정대는 스페인 남부 팔로스를 떠나 카나리아 제도를 경유해 서쪽으로 부는 열대 무역풍을 타고 대양을 가로질렀다. 훗날 크리스토퍼 콜럼버스라는 이름으로 널리 알려진 콜론은 먼저

---

\* 포르투갈과 모로코는 서쪽으로 대서양을 접하며, 카나리아 제도와 마데이라 제도는 모로코 해안 부근이지만 아소르스 제도는 대서양 쪽으로 더 멀리 떨어져 있다.

바하마에 상륙한 후 쿠바섬과 히스파니올라섬**에 들어갔다. 콜론은 히스파니올라에 소규모 정착촌을 세우고 스페인에 돌아가, 규모가 더 큰 후속 원정을 위한 자금과 물자를 확보해 1493년 2차 원정에 나섰다. 이번에는 말을 데려갔다.

콜론은 2차 항해에서 오늘날의 도미니카공화국 영토에 정착촌을 세웠다. 첫 번째 정착촌 '라나비다드'는 원주민 타이노족과의 분쟁으로 파괴되었으며, 두 번째 정착촌 '라이사벨라'는 몇 년 후에 버려졌다. 그러나 라이사벨라 유적의 고고학 발굴에 따르면 말은 그 사이에 이미 히스파니올라섬에서 문화적으로 입지를 구축했다는 사실을 알 수 있다. 라이사벨라의 폐허에서 출토된 유물 중에는 말 장비가 있다.[4]

히스파니올라섬은 자연에 대형 포식자가 없는 데다 원주민들의 불을 놓는 풍습 및 스페인 사람들의 삼림 파괴로 인해 탁 트인 초원이 넓게 펼쳐져서, 길들여진 말을 비롯한 가축이 살기에 이상적이었다. 섬에 콜론이 도착한 후 고작 몇십 년 만에 많은 야생말, 당나귀, 그리고 다른 가축들이 돌아다니는 모습이 보였다고 한다.[5]

이때를 기점으로 말은 카리브 제도에서 자연의 일부로 번성하기 시작했다. 길들여진 말이 크고 작은 여러 땅에 들어왔으며, 길들여졌다가 다시 야생으로 돌아간 말***의 개체 수가 여러 섬에서 상당히 증가했다.[6] 말은 스페인 사람들의 가축 무리 안에서도 번성했

----

** 히스파니올라섬은 쿠바 남동쪽에 있으며 오늘날 섬의 왼쪽은 아이티, 오른쪽은 도미니카공화국 영토다.

다. 1503년 아이티의 북쪽 해안을 따라 처음 정착이 이루어진 푸에르토레알(Puerto Real) 유적의 고고학 조사 결과, 방대한 동물상 뼈 모음 중에서 상당한 양의 길들여진 말 잔해가 나타났다(도판 19 참조). 유적에서 나온 말의 유전체 분석 결과는 아이티의 초기 스페인 가축 말이 북아메리카 남동부 해안에 분포하는 유명한 친코티그 포니를 포함해 대서양 지역의 다른 말들과 관련 있음을 보여준다.[7]

길들여진 말은 카리브 제도에서 남북아메리카로 운반되었다. 처음에는 스페인 식민지 사업과 그 인프라의 일부였다. 1513년 바스코 누녜스 데 발보아가 이끈 파나마 원정은 스페인 식민지 사업가들에게 파나마 지협을 통해 태평양으로 연결되는 길이 있음을 일깨웠고, 이후 영구 정착 및 지협을 횡단하는 카미노 레알, 카미노 데 크루세스 같은 도로 시스템 개발을 촉발했다. 말과 노새는 이러한 대륙과 바다의 경계 지역에서 사람과 교역 상품을 운송하는 데 대단히 중요했다. 초기 도로 시스템과 관련된 유적들의 고고학 조사에서 편자, 못, 박차 등의 말 장비가 나타났다.[8] 역사 기록에 따르면 1514년 무렵 콜롬비아 북부 산타 마리아 라 안티구아 델 다리엔 식민지에 말들이 있었지만, 재규어에게 잡아먹혔다.[9]

1519년에는 스페인 정복자 에르난 코르테스가 멕시코 유카탄 반도에 상륙했다. 코르테스는 말 16마리를 데려왔으며, 아마도 히

---

*** 길들여졌다가 다시 야생으로 나간 말 또는 그 후손을 'feral horse'라고 한다. 이는 혈통이 내려오는 동안 길들여진 적 없는 'wild horse(야생말)'와는 다르다. 이 장 뒷부분에서 이런 말을 가리켜 스페인어로 '시마론(cimarron)' 말이라고 부르기도 한다. '무스탕'은 특히 16세기에 스페인 사람들 손에 끌려 북아메리카에 왔다가 야생으로 나간 시마론 말의 후손을 가리킨다.

스파니올라와 자메이카에서 말을 더 데려와 기병을 강화했을 것이다.[10] 숫자가 매우 적었음에도 위압적인 기병의 위세는 아즈텍 제국을 군사적으로 쓰러뜨리는 요인이었을 것이다.[11] 말이 멕시코에 도착한 직후 스페인 정착민들은 니카라과와 온두라스의 초기 식민지에도 말을 데려왔으며, 탐험가 후안 폰세 데 레온은 1521년 플로리다 남서부에 기마 50마리를 데리고 갔다.[12] 1526년에는 루카스 바스케스 데 아일론이 이끄는 대규모 스페인 원정대가 히스파니올라를 떠나 노스캐롤라이나 케이프피어강 부근으로 추정되는 곳에 결국 실패로 돌아간 정착촌 건설을 시도했다.[13] 그러나 이 같은 북쪽 진출을 통해서도 길들여진 말의 미국 본토 귀환은 성공하지 못했던 듯하다. 당시 스페인의 플로리다 및 미국 동부 해안 원정에 함께한 말 대다수는 대체로 질병으로 또는 원주민과의 전투 중에 죽었을 것이다.[14]

　스페인은 말에 대한 통제력을 독점하려고 최대한 노력했지만 말은 침략자들의 손에만 머물러 있지는 않았다. 원주민 부족들은 질병과 유럽 정착민들의 직접적인 학살 행위에 고통받으면서도 말과의 관계를 빠르게 발전시켰다. 히스파니올라에서는 타이노족 지도자 엔리킬로가 스페인에 저항하여 싸울 때 말들을 이용했을 것이다. 말이 히스파니올라섬에 도착한 지 30~40년 만이다.[15] 파나마에서는 원주민 코클레족과 관련된 16~17세기 초로 추정되는 고고학 유적들에서 말과 닭의 뼈가 발견되었으며, 스페인의 식민지 통제가 시작되고 10~20년 정도 지난 시기로 추정되는 한 매장지 유적에는 말

머리 뒤쪽의 뼈대 일부와 이빨이 포함되어 있었다.[16]

## 대평원으로의 귀환

말은 내륙 지역에서 번식했고, 스페인의 말 장악력은 감소했다. 멕시코 식민지들은 적어도 서류상으로는 원주민들의 말 소유를 규제하는 엄격한 규정을 가지고 있었다. 하지만 스페인의 가축 통제는 허점이 많아 지속되기 어려웠다.[17] 길들여진 말이 급증하여 16세기에 개체 수가 수만에 달했다.[18] 멕시코 북부 지역에서 스페인의 활동이 증가하면서 16세 중반에 말이 멕시코 고원으로 들어왔다. 그곳에서 현지의 치치메카 부족들이 말을 약탈해 가기도 했고, 말이 야생으로 나가 시마론 말이 되어 번성하기도 했다.[19] 멕시코 중부와 북부의 원주민 부족들은 말타기와 가축 교역의 전문가가 되었고, 스페인 식민지 사업가들에게 지역 내 교역과 여행에 관련해 권리를 요구했다.[20]

1540년에 멕시코 서부의 한 식민지 통치자 코로나도가 미국의 남서부 및 대평원 남부 지대로 들어갔다. 이 지역에 유럽인이 공식적으로 진입한 건 처음이었다. 많은 병력과 말로 구성된 코로나도의 원정대는 시에라마드레산맥 서쪽을 돌아 리오그란데 계곡으로 들어갔다. 그곳에서 현지 푸에블로 문화들과 일련의 분쟁을 벌인 원정대는 로키산맥을 넘어 대평원으로 진입했다. 원정대에 함께한 말 수백 마리 중에 암컷은 극히 적었기에, 이 원정에서도 길들여진 말이 계속 살아갈 만큼 충분히 많은 개체가 들어가는 데는 실패한 것으로 보인다.[21]

말은 언제 그리고 어떻게 미국 남서부와 대평원의 원주민 사회로 들어갔을까? 유럽 역사 문헌에 근거를 둔 전통적 설명들은 대체로 그 시기를 늦게 잡는다. 17세기 초 스페인이 뉴멕시코에 공식적으로 정착촌을 세운 후에도 미국 서부의 원주민 부족들은 여전히 말을 의미 있는 수만큼 구할 수 없었으며, 1680년 푸에블로 반란으로 원주민들이 스페인 이주민들을 쫓아낸 후에야 가축을 자유롭게 손에 넣을 수 있었다는 설명이다.[22] 우리는 이 설명을 검증하는 데 착수했다. 라코타, 코만치, 포니, 푸에블로 등의 원주민 민족 출신 학자들과 원로들을 포함해 전 세계 연구자들로 구성된 대규모 팀과 협력하여 미국 서부 지역의 고대 말 뼈에 관한 대규모 동물고고학·생체분자학 연구를 수행했다.

우리의 새로운 고고학 발견은 기존 설명이 잘못되었음을 보여준다. 푸에블로 원주민 일부는 스페인의 직접적인 통제하에 살았지만, 그 외 다수가 사는 지역에서는 스페인 통치 세력이 비시타스(visitas)라는 방식으로 가끔씩 방문하는 정도였다.[23] 산디아산맥 동쪽 가장자리에 있는 파코(Paa'ko) 유적이 아마도 그런 지역이었을 것이다. 파코는 당시 산페드로의 스페인 비시타였을 것이다. 이 유적에서 발굴된 풍부한 동물상 뼈 모음은 이곳 주민들이 가축 칠면조, 야생 토끼, 사슴, 들소, 가지뿔영양 등 기본적인 토착 먹거리와 함께 양, 염소, 말도 키우고 먹었음을 보여준다.[24] 파코에서 나온 말 잔해가 우리의 분석 결과 17세기 초반으로 추정된 점도 중요하다. 이미 말이 뉴멕시코 북부의 푸에블로 공동체들 속에서, 식민지 통치 당국의 감시가 제한되거나 없는 상황에서 이용되고 있었음을 시사하기 때문이다. 역사 기록을 더 주의 깊게 읽으면 이러한 고고학 연구 결과를 뒷받침하는 내용도 찾을 수 있다. 16세기로 추정되는 몇몇 역사 기록은 원주민들이 말을 비롯해 스페인 이주민의 가축을 훔쳐 가기도 했음을 보여준다.

우리가 발견한 새로운 고고과학 데이터는 말이 남서부에서 북쪽으로 빠르게 퍼졌음을 보여준다. 유럽 여행자들이 쓴 역사적 기록물들은 18세기 또는 그 이후까지도 미국 서부 많은 지역의 원주민 사회에 말이 있었음을 확인해주지 않지만, 아이다호에서 와이오밍과 캔자스에 이르는 지역에서 나온 연대 추정이 잘 이루어진 고고학 말 표본들은 적어도 1650년 무렵에는 말이 대평원과 로키산맥에 널리 퍼져 있었음을 증명한다.[25]

아이다호와 와이오밍 남부의 유적들에서는 쇼숀 및 코만치 문화들과 관련된 말들이 발견된다. 말이 교역을 통해 북쪽 로키산맥으로 빠르게 이동했음을 시사한다. 블랙스포크에서는 줄에 매이고 수의학적 보살핌을 받은 증거가 있는 어린 말 한 마리가 어떤 의식에 사용된 특징을 띠고 코요테 세 마리와 함께 묻혀 있었다. 또한 우리는 캔자스 북동부 캔자스강에서 푸에블로 반란이 일어나기 전 시기에 살며 굴레를 쓰고 사람을 등에 태웠던 말 한 마리의 뼈를 확인했다. 동위원소 데이터는 캔자스강의 말이 원주민이 재배한 작물인 옥수수를 먹으며 겨울의 몇 달을 보냈음을 시사한다. 대단히 주목되는 부분이다.

DNA 비교 연구에 따르면, 이 대평원의 초기 원주민 말들은 이베리아 혈통이지만 유럽인이 미국 서부에 처음 발을 들여놓기 훨씬 전에 사람을 태우고, 사람에게 보살핌을 받고, 원주민 문화에 깊이 통합되어 있었다. 코만치 및 포니 출신 학자들을 포함해 우리의 원주민 출신 협력 연구진 일부가 알려준 구비 전승을 입증하는 결과다.[26]

한편으로 영국과 프랑스가 미국 동부 해안 지역에 공식적으로 정착하려 하면서 동부 지역 여러 곳에서 유럽 말 개체 수가 증가했지만 식민지 당국의 통제는 오래가지 못했다. 동부 해안 지역의 초기 식민지 다수가 실패했고, 말들은 기아 상태에 놓인 이주민들의 식량이 되면서 최후를 맞이했다. 영국이 세운 첫 영구 정착촌인 제임스타운 식민지 이주민들은 1609년 겨울의 이른바 '기아 시기'에 생존을 위해 무엇이든 먹었다. 식민지 이주민 조지 퍼시는 편지에서 그 광경을 다음과 같이 묘사했다. "말과 다른 짐승이 남아 있을 때는 그걸 먹고 살았고, 결국 개, 고양이, 쥐 같은 해로운 것도 기꺼이 먹었지."[27]

이 사태는 고고학 기록도 남겼다. 우리는 기아 시기와 관련된 한 우물에서 발굴된 고고학 동물 뼈를 분석했는데, 처음 들어왔던 이 말들을 굽고, 삶고, 잘게 썰기도 했음이 드러났다. 말 이빨조차도 치강 내 조직에 남아 있는 마지막 영양분까지 뽑아내기 위해 잘게 부서져 있었다. 배가 계속해서 말과 당나귀를 실어 나르며 식민지를 지원하여, 말은 1610년에 펀디만(Bay of Fundy)의 초기 프랑스 정착촌에 들어왔고 17세기 후반에는 프랑스 왕이 상당한 수의 말을 뉴프랑스 지역 여러 식민지에 보내기 시작했다.[28] 말은 오대호와 동부 해안 지역에 식민지들이 자리 잡는 데 도움이 되었으며, 더 멀리 나아가 미국 서부 식민지 말들과 원주민 말들의 변화하는 유전자 풀에 합류했다.[29]

## 변화

많은 원주민 민족, 특히 남서부와 대평원에 사는 원주민들에게 길들여진 말은 즉각적인 문화 충격을 일으켰고, 변화를 몰고 왔다. 말을 키운다고 반드시 사냥, 채집, 농사의 전통적 방법들을 버리진 않았다. 하지만 곧 몇몇 집단이 말의 습성에 맞추기 위해 계절에 따른 이동을 조정하는 등의 중요한 변화가 일어났다.[30] 이동하지 않고 1년 내내 한곳에 머물러 사는 사람들도 계절에 따라 말을 여름과 겨울 목초지로 몰고 가고, 규칙적으로 물가에 데려가고, 힘든 겨울에는 옥수수, 건초, 나무껍질 등을 먹여 부족한 영양분을 보충해주었다.[31] 사람들은 말을 돌보고 치료하는 상세한 시스템을 개발했고, 말의 가죽과 근육조직은 의류부터 놀이용 카드에 이르기까지 온갖 것을 만들기에 유용한 중요한 소재가 되었다.[32] 자주 있었던 일은 아닐지라도 말은 중요한 식량 자원이 될 수도 있었다. 텍사스 러벅호(Lubbock Lake) 유적에는 말들을 광범위하게 도살해 고기와 골수를 발라낸 흔적이 있었다.[33] 서부 원주민 부족들은 유명한 색상 패턴을 지닌 페인트 품종과 애펄루사 품종을 포함해 원주민들만의 독특한 말 혈통을 개발했다. 몇몇 민족은 전략적인 종마 교배를 통해 번식을 관리했다.[34] 원주민들은 뛰어난 기마술을 개발해 말 위에서 용맹함을 뽐냈다. 말은 경주용으로 특별한 훈련을 받기도 했다. 미국 서부 지역에서는 경마가 무척 의미 있는 사회적·경제적·제의적 이벤트가 되었다.[35]

## 평원의 말 장비

대평원의 원주민 민족들은 일상생활에서 말의 다양한 역할을 반영하는 중요한 도구들을 만들어냈다. 스페인 이주민들은 안장과 등자뿐 아니라, 역학적 제어를 위해 무거운 턱 지렛대 방식을 채용한 아라비아와 이슬람 전통에서 내려온 금속 고리 재갈도 식민지에 가져왔다. 원주민들은 이 스페인 스타일의 장비를 가능한 한 자주 사용했다. 말에게 입히는 사슬갑옷 등 스페인에서 건너온 다른 금속 물품들과 함께 고리 재갈을 비롯한 말 장비가 미국 남서부와 대평원의 초기 역사고고학 유적들에서 발견된다.[36]

스페인 말 장비가 유용하긴 했어도 원주민 집단들은 그들만의 말 장비를 직접 설계해 만들기도 했다. 원주민들은 말 아래턱에 두른 생가죽 고리를 통해 작동하는 새롭고 독창적이며 단순한 굴레 시스템을 개발했다. 말에서 떨어져도 이 굴레에 연결된 긴 생가죽 끈으로 말을 잡아 다시 올라탈 수 있었다.[37] 또 다른 경우에는 말 탄 사람이 대담하게 굴레와 갈기 사이에 걸어놓은 끈으로 몸을 지탱하면서, 전투 중에 움직이는 말 뒤에 매달려 말의 몸을 방패처럼 활용할 수도 있었다.[38]

대평원의 원주민 말 문화들은 기본적인 담요부터 복잡한 프레임 안장에 이르기까지 온갖 안장 장비도 만들었다. 여러 디자인과 재료를 특정 용도에 맞춰 사용하면서 남자용과 여자용, 사냥용과 운송용, 속력과 편안함 등 필요한 기준에 따라 안장을 수정했다. 총이 널리 사용되기 전에는 많은 원주민이 유기물질로 제작한 갑옷을 말에 입혔다. 그 사례들이 텍사스에서 앨버타까지 대평원 지역에 암각화 같은 이미지로 아름답게 표현되어 있다.[39] 방패류와 무기류는 기마 전투용으로 변형되어 새로운 형태와 디자인으로 더 작고 가벼워졌다.

말 덕분에 사람들이 더 먼 거리를 다닐 수 있게 되면서 이동과 교역이 더 단순하고 빠르고 쉬워졌다. 많은 대평원 문화들은 이미 개를 이용하는 트라부아(travois)라는 독특한 운반 시스템을 활용하고 있었다. 말이 생기자 트라부아는 더 큰 짐도 운반할 수 있게 개조되어, 더 큰 천막이나 상품의 장거리 이동이 수월해졌다.[40] 포니 사람들의 티피 고리*는 말이 들어오기 전보다 말이 들어온 후에 크기가 더 커진 것으로 보인다. 말 덕분에 더 커다란 천막을 더 효율적으로 실어 나를 수 있었을 것이다.[41] 말은 사회적 역학 관계에도 영향을 미쳤을 것이다. 몇몇 문화에서 말은 결혼 지참금의 일부가 되었다. 운송은 대체로 여자들의 일이었으며, 말은 여자들의 노동 부담을 줄이는 데 도움이 되었다.[42] 대평원 지역 각 사회의 시스템은 말과 함께하는 시대의 변화하는 현실에 적응하기 시작했다.

---

\* 원주민의 야영지에 돌이 원형으로 배열되어 남겨진 흔적. 원주민들은 천막 안으로 바람이나 비가 들지 않도록 천막 아랫부분을 돌로 눌렀다.

## 제의에 쓰인 말

영적인 세계는 대평원 말의 가장 중요한 역할 중 하나가 되었다. 몇몇 집단은 의식이나 전투를 위해 말을 정교하게 그렸다. (지금도 그렇게 한다.) 또 어떤 집단들은 아름다운 말 머리 장식과 가면을 만들어서 말을 엘크, 가지뿔영양, 버펄로 같은 동물로 변신시켰다.[43] 말 꼬리 같은 재료는 예복과 의식에 중요하게 사용되었다. 대평원과 컬럼비아고원 지역에서는 세상을 떠난 사람이 아끼던 말 한 마리 또는 여러 마리를 함께 보내는 것이 흔한 풍습이 되었다.[44] 포니족 사람들은 가끔 기원 또는 반성의 행위로 말을 희생 제물로 바쳤다.[45] 코만치족은 전사 장례식 때 가끔 수백 마리에 달하는 말을 희생물로 올렸다. 유라시아 스텝의 가장 규모가 큰 의식에 버금간다.[46]

## 버펄로

대평원에서 기마용 말이 가장 큰 역할을 한 분야 중 하나로 아메리카들소(Bison bison) 사냥을 꼽을 수 있다. 빙하기의 대형 초식동물로 홀로세에도 살아남은 들소는 아메리카 대륙 최초의 거주민들부터 시작해 대평원 사람들 생계의 근본이었다.[47] 들소는 마리당 무게가 900킬로그램에 시속 55킬로미터로 달릴 수 있어, 말이 들어오기 전에는 사냥하기가 여간 힘든 일이 아니었다. 따라서 뛰어다니며 들소를 사냥하려면 꼼꼼한 계획, 협동, 들소 무리 이동 패턴에 관한 세밀한 지식, 그리고 무리 이동을 통제할 수 있는 지형적 특징, 눈 더미, 자연적이거나 인공적인 장애물 등에 관한 사전 파악 등이 필수였다.

그러나 말을 타면 혼자서도 효과적으로 들소를 잡을 수 있었다. 번개처럼 빠른 '버펄로 추적자' 말은 사냥꾼이 지근거리에서 들소를 잡을 수 있도록 들소 옆에서 나란히 달릴 수 있는 능력으로 가치를 인정받았다.[48] 말과 함께라면 대규모 들소 무리의 움직임을 미리 예상할 필요 없이 이동하는 무리를 따라가거나 추적할 수 있었다. 고기도 엄청난 양을 얻을 수 있었기에 거의 전적으로 들소 사냥을 전문으로 하는 문화들도 있었다. 말타기 솜씨가 출중한 대담한 사냥꾼은 특히 고기 품질이 좋아 보이는 특정 들소를 골라 사냥할 수도 있었다. 대체로 어린 암소가 선호되었다.[49]

대평원은 말의 세상이다. 말이 번성하면서 사방팔방에서 사람들이 모여들었다. 북동쪽에서는 샤이엔, 아라파호, 크로, 수 등의 집단이 왔다. 블랙풋 연맹에 속한 부족들은 오늘날의 캐나다 땅에서 남쪽으로 이동하여, 아시니보인 및 크리 원주민들처럼 몬태나 고지대 평야로 들어갔다. 살리시, 네즈퍼스, 쇼숀 등의 집단은 대분지와 컬럼비아고원에서 동쪽으로 이동했다. 코만치와 카이오와는 말이 풍부한 대평원 남부 지역으로 들어갔고, 동쪽에서는 포니와 위치토를 비롯한 캐도 원주민 집단들, 오세이지, 퐁카, 오토, 오마하 등이 왔다.[50] 이러한 장거리 이주에는 교역망과 사회적 관계의 변화, 북아메리카 동부 지역 식민지의 커지는 압박, 악화되는 전염병 등 말 외의 다른 요인들도 영향을 끼쳤을 것이다. 하지만 대평원에 버펄로와 말이 넉넉했다는 사실은 부인할 수 없다. 19세기 대평원 지역에는 야생말 수십만 마리가 돌아다녔다.[51] 식민지 세계의 위기 속에서 말은 번영과 기회를 제공했다.

유라시아 스텝에서처럼, 원주민들의 말 교역망은 남북으로는 멕시코에서 대평원 북부까지, 동서로는 태평양에서 미시시피강 삼각주까지 대륙 대부분을 한데 연결하며 발전했다.[52] 이 발전하는 대륙 횡단 교역망을 통해 사람, 동물, 상품, 질병 등도 이동했다. 영국 및 프랑스의 말 교역은 세인트로렌스강과 오대호의 물길에서, 성장하는 영국령 아메리카 식민지들의 말 교역은 동부 해안 지역에서 이루어졌다. 우리의 유전체 데이터가 보여주는 바에 따르면, 몇 세기에 걸쳐 일어난 이 교환 과정을 통해 식민지 자원과 원주민 말 품종들이 섞여 독특하고 다양한 말 개체군이 생겨났다.[53]

스펀지가 물을 빨아들이듯 말을 흡수한 대륙에서 대규모 무리를 보유한 이들은 군사력과 경제력을 뽐냈다. 말을 탄 사냥꾼들은 광대한 사냥터를 방어하고 순찰하면서 전보다 더 넓은 영토를 아울러 소유권을 주장할 수 있었다.[54] 일부 고고학 데이터는 말이 들어온 후 분쟁이 증가하고 대평원 일부 지역에서 전투 요새를 구축하기 위한 투자가 늘었음을 시사한다.[55]

가장 중요한 점은 원주민들이 주권을 지킬 힘을 말이 뒷받침했다는 것이다. 대평원 말 문화들이 지니고 있던 탁월한 기마 기술과 많은 수의 말들로 원주민들은 영토의 자치를 지킬 수 있었고, 말타기, 목축, 말 돌보기 등의 기술을 바탕으로 식민지의 심각한 충격을 견뎌내는 탄탄하고 지속 가능한 경제적 기반을 마련했다. 18~19세기에 천연두 같은 심각한 유행병과 집단 학살이 대평원을 휩쓸 때도 원주

와이오밍 남부의 쇼숀(코만치의 선조)인이 그린 말 암각화. 말을 받아들인 17세기 초에 제작한 것으로 추정된다. 팻 도크(Pat Doak) 촬영.

민 말 민족들은 유럽 강대국들을 상대로 놀라운 군사적 성공을 거두며 스페인, 영국/미국, 프랑스 등 어느 나라에든 정치적·경제적 양보를 얻어냈다.[56] 코만치와 라코타 같은 말 민족들은 광대한 지역을 지배하면서 수십 년 동안 전장에서 유럽 군대와 정부를 쓰러뜨렸다.[57]

## 정리

고고학 기록이 보여주는 바에 따르면 길들여진 말은 수십 년 사이에 스페인 이주민들의 강력한 통제에서 벗어나 대평원 속 조상들의 고향으로 위풍당당하게 귀환했다. 대평원에서 사람과 말이 빠르게 끈끈한 관계를 맺으면서 유럽 식민주의의 폭주에 제동이 걸렸고, 원주민 민족들은 근대에 이르기까지 주권을 지킬 힘을 얻었다.

# 14

# 팜파스

한편 유럽이 남아메리카에서 식민지 사업을 시작하면서, 길들여진 말들도 조상과 깊은 연관이 있는 땅에 거주하는 원주민 문화들의 손에 들어갔다. 보물의 유혹에 이끌린 스페인 탐험가들은 말을 데리고 남아메리카의 태평양 연안 탐사에 나섰다. 몇 번의 탐사가 실패한 후 프란시스코 피사로가 이끄는 원정대가 1532년 콜롬비아에서 칠레까지 뻗어 있는 거대한 잉카 제국에 도달했다. 피사로는 몇백 명의 정예 부대와 동행했으며 그중 일부에게만 말이 있었다.[1] 그래도 이들은 잉카 제국의 내부 혼란에 편승해 잉카 통치자 아타우알파를 붙잡아 처형하고 식민 지배를 선언할 수 있었다. 잉카 지도자 일부는 산악 지대로 피신했지만 잉카 주민들은 전투와 유럽에서 건너온 질병에 무참히 짓밟혔다.

16세기 스페인 문헌들은 원주민 집단들이 말에게 느꼈다는 공포감을 강조했지만, 고고학 데이터를 통해 남아메리카 스페인 식민지 세계의 변두리를 따라 말과 당나귀가 점차 확산했음을 추적할 수 있다. 어떤 경우에는 말과 당나귀가 안데스 문명의 생활 방식에 빠르게 통합된 모습도 분명히 드러난다.[2] 예를 들면 볼리비아 고지대의 포토시(Potosí) 부근에서는 식민지 시대 초기로 추정되는 말과에 속하는 동물의 뼈가 두 곳에서 발굴되었다. 한 곳은 포토시보다 고도가 낮은 식민지 흔적이 역력한 샘물 유적이며, 또 한 곳은 주로 원주민 노동자들이 점유했을 가능성이 높은 크루스팜파(Cruz Pampa)의 고도가 높은 광산 유적이다.[3] 페루 북부 해안의 카리살레스(Carrizales) 유적에서도 원주민이 강제로 수용되는 정착지인 레두시온(reducción)에 관련된 동물 뼈가 말 또는 노새 뼈의 존재를 보여준다.[4]

스페인이 통치하던 초기 남아메리카 식민지의 기반 내에서 말 개체 수가 증가하면서 말에 대한 독점적 통제가 유지되기는 불가능해졌으며, 말이 안데스산맥을 따라 원주민 사회로 들어가는 경우가 많았다. 많은 안데스 집단은 수백 년 동안 라마와 알파카를 키운 경험이 있었다. 털을 얻거나 식용, 운반용으로 이용했으며, 짐을 운반하는 산길은 안데스 제국들의 연락 및 교역에 도움이 되었다.[5] 일부 지역의 고고학 동물상은 식민지 시기에 소와 말을 비롯해 유럽에서 온 가축들보다 낙타과 동물들이 경제적으로 훨씬 더 중요했음을 시사한다. 일부 스페인 식민지 뼈 모음도 그런 양상을 띤다.[6] 그럼에도 운송용 대형동물에 이미 익숙해져 있었기에 새로 들어온 말을 수용하기도 특히 더 쉬웠다. 말은 안데스 원주민 사회의 생활 방식에 꼭 맞았다.[7] 말에 대한 호감은 스페인의 직접적인 통제에서 벗어나 여러 사회와 네트워크를 통해 계속 확산했고, 17세기에는 북쪽의 베네수엘라부터 남쪽의 안데스 태평양에 이르는 지역의 원주민 문화들이 직접 말을 키워 타고 다녔다.[8]

## 남쪽으로의 전파

페루에서 기반을 확립한 스페인은 내륙으로 확장해나갔다. 그 과정에서 말의 개체 수가 증가하면서 점차 남쪽 지역에서도 구하기가 쉬워졌다. 당시 칠레의 삶에서 동물들의 역할 변화가 일어나는 모습을 고고학 유적 산타실비아(Santa Sylvia)에서 엿볼 수 있다. 산타실비아 유적은 스페인이 16세기 말 칠레 중부에 건설한 요새이자 엔코미엔다(encomienda)였다. 엔코미엔다란 원주민이 강제로 농사일을 하고 유럽 언어와 관습을 받아들여야 하는 강제 노동 또는 노예 시스템이었다. 산타실비아에서 발굴된 동식물 잔해는 말을 비롯한 유럽 가축들이 야생 분류군들과 함께 소비되었음을 보여준다. 산타실비아는 스페인 통제하에서 짧은 기간 이용된 후 버려졌다.[9]

1550년대 칠레 북부의 아라우카니아 원주민들은 스페인과 벌인 평원 전투에서 이미 말을 타고 있었다.[10] 아라우카니아 약탈자들의 압박이 산타실비아를 포기하게 만들었을지도 모른다.[11] 말 이미지는 칠레 북부 및 중부 지역의 식민지 초기 암각화에 널리 나타나며, 말은 아라우카니아 원주민들의 장례식과 종교의식에 포함되었다.[12] 중요한 인물이 세상을 떠나면 그의 말과 장비를 가끔 함께 매장하거나 무덤가에 걸어놓기도 했다.[13] 많은 원주민 민족들이 스페인 정부(나중에는 독립한 칠레 정부)에 복속했지만 아라우카니아 원주민 집단들은 거의 19세기 말까지 정치적 자치를 유지했다.

## 동쪽에서의 전파

안데스가 태평양 쪽에서 식민지 침탈을 당하는 동안, 스페인인을 비롯한 유럽 이주민들은 남아메리카의 대서양 변두리 지역에도 침입하기 시작했으며 그 과정에서 말이 전파되었다. 1530년대에 브라질의 풍요로운 해안을 따라 포르투갈 정착지들이 세워졌고, 스페인 이주민들은 라플라타강 어귀에 상륙했다.* 이미 1534년 무렵에 포르투갈 정착민들이 마데이라와 카나리아 제도를 통해 말을 브라질 해안으로 들여오기 시작했을 것이다.[14] 기록에 따르면 1549년에 식민지 정부가 공식적으로 말을 들여왔다.[15] 말은 아소르스와 카보베르데 제도를 통해 브라질 북동부로 들어왔다. 이번에도 오래지 않아 그 말들은 원주민 손에도 들어갔다. 볼리비아에서 브라질 서부, 파라과이, 아르헨티나 북부에 걸쳐 있는 광대한 저지대 초원 그란차코(Gran Chaco)를 점유한 원주민들은 1600년 이전에 길들여진 말을 손

---

\* 라플라타강은 브라질 해안 아래 우루과이와 아르헨티나 사이에서 남아메리카 동쪽 대서양으로 흘러 들어간다.

에 넣었을 것이다.[16] 17세기에 식민지 통치자 페르남부쿠는 누군가에게 보내는 편지에서, 타푸야 원주민들이 포르투갈과의 전투에서 안장을 얹은 말과 총을 사용했다고 언급했다. 그리고 불완전하게나마 구할 수 있는 파편화된 역사적 증거 몇 가지는 16~17세기 브라질 초원의 원주민 집단들이 생활과 전투에서 말을 이용했으며, 말이 제의와 우주관 같은 일상생활의 다른 측면에도 깊은 영향을 끼쳤음을 시사한다.[17] 대서양과 태평양의 스페인 식민지들 사이의 교역과 연락은 말을 탄 원주민들의 방해와 습격을 받았다.

팜파스라 부르는 아르헨티나 스텝 가장자리에 세워졌다가 실패한 식민지 덕분에 남쪽 지역에서 말의 귀향은 훨씬 빠르게 진행되었을 것이다. 1536년 페드로 데 멘도사가 이끄는 스페인 원정대가 라플라타 서쪽 해안에 위치한 부에노스아이레스에 첫 정착지를 세웠다. 그러나 이 식민지는 물자 공급이 제대로 이루어지지 않은 데다 기아 및 원주민들과의 분쟁이 더해지며 금세 버려졌다. 실패한 이주민들은 부에노스아이레스를 떠나 더 멀리 상류 쪽에 위치한 아순시온 식민지로 가면서 가축을 풀어주어 말과 소가 자유롭게 아르헨티나 초원으로 들어갔다. 남아메리카에 정착한 스페인 사람들이 라플라타 남쪽에 식민지를 건설하기 위해 돌아왔을 때(1580년 무렵), 야생으로 나간 말들의 수는 불어나고 많은 말이 이미 원주민의 통제하에 있었을 것이다.

말은 라플라타 가장자리 지역을 발판으로 아르헨티나의 초원과 산기슭에서, 그리고 파타고니아로 매우 빠르게 확산했다. 문헌들은 적어도 1621년에는 파타고니아 북부에 길들여진 말이 존재했음을 언급하지만, 역사 기록들은 18세기에 들어설 때까지는 말이 남쪽 지역에 침투하지 않았음을 시사했다.[18] 그러나 새로운 고고학 데이터가 그 이야기를 바꾸고 있다. 파타고니아 남부 깊은 곳의 가예고스강 부근 '초리요그란데 1(Chorrillo Grande 1)' 유적에서 옛날 말 뼈를 비롯한 유물 상당량이 발굴됐다. 우리의 분석은 이 말들이 현지에서 사육되었음을 보여준다. 몇몇 표본의 직접적인 연대측정 결과 파타고니아 남부 말들은 1650년 무렵 살았다고 추정된다. 역사 기록에 의해 이 남쪽 끝에서 말이 확인된 시기보다 1세기는 앞서 있다.[19]

## 팜파스와 파타고니아의 말 문화

사람 손에서 풀려난 말과 소가 대륙 남쪽 깊이 이동하면서 아르헨티나 원주민 집단들은 이 동물들을 사냥 대상으로도 목축용으로도 이용했다. 북아메리카 들소의 사례와 마찬가지로 원주민들은 말을 타고 팜파스의 대형 초식동물을 특히 더 효과적으로 사냥할 수 있었다. 고고학 데이터는 말이 들어온 후 이전까지 해산물 섭취에 크게 의존하던 해안 집단들이 대형 내륙 동물 사냥의 비중을 더 높였음을 보여준다. 특히 구아나코라는 낙타과의 대형 야생동물을 선호했다. 사냥꾼들은 주로 활과 화살에 의존했었지만 대부분 이를 버리고 랜스와 볼라로 사냥 도구를 바꾸었다. 볼라는 끈에 무거운 추가 두 개 달린 무서운 투척형 무기로, 가축과 야생동물을 쓰러뜨리는 데 특히 치명적이었다.[20] 아오니켄크(Aónikenk) 사냥꾼들이 활과 화살을 사용했다는 기록은 18세기 초 역사에 마지막으로 나타난다. 이후 그들은 거의 볼라만 사용했다.[21] 이들은 타조목에 속하는 대형 조류 레아 같은 동물을 잡는 데 사용했던 기존 사냥 기술을 기마 사냥 기술로 개량했다. 그래서 레아는 더 많이 잡혔고, 고고학 뼈 모음에서 중요도가 높아졌다.[22]

## 말 목축민

야생으로 나간 말 개체 수가 초원 남부 지대에서 크게 증가하고 있었고, 원주민 문화들은 말을 식량 자원으로도 이용했다. 부에노스아이레스 부근 대서양 연안부터 안데스 산기슭까지 이르는 지역의 고고학 유적들은 원주민 집단들이 말을 도살하고 손질하여 먹었다는 증거를 보여준다.[23] 초리요그란데 유적에서 출토된 고고학 말 뼈는 가끔 암말도 식용으로 선택되었다는 흔적을 보여준다. 아오니켄크 원주민들이 암말 고기를 선호했다는 사실은 기록에도 잘 나타나 있다.[24]

야생으로 나간 말의 개체 수가 풍부해도 코노수르*의 말 문화들은 소유한 말들을 세심하게 관리하고 보살폈다. 19세기 중반 프랑스 사업가 오귀스트 귀나르는 팜파스의 어느 부족에게 붙잡혀 수년 동안 억류 생활을 했는데, 부족민들이 어린 수컷 말을 거세하는 숙련된 기술과 도살 예정인 말을 살찌우는 구체적인 전략을 눈여겨보았다. 이 부족은 말 도살을 추운 계절에만 하며 제한했다. 겨울의 생

---

\* 남회귀선 아래 남아메리카 최남단 지역을 통틀어 이르는 명칭.

존과 봄의 번식을 극대화하는 전략이었다.[25] 또 다른 19세기 여행가 조지 채워스 무스터스는 아오니켄크 원주민들이 다리를 절뚝이거나 안장 부위에 염증이 생기는 등의 질환을 겪는 말을 위해 특별한 수의학 요법을 개발했다고 기록했다.[26] 고고학 데이터에 따르면 일부 지역에서는 사람들이 우리용 울타리와 방목용 울타리를 짓기도 했다.[27] 역사 자료와 고고학 자료 모두 안데스 고산지대 동쪽 원주민 집단들이 세세한 목축 지식을 보유하고 말을 돌보았음을 보여 준다.

## 말의 영적인 역할

파타고니아의 말이 종교적·제의적 전통에도 깊이 연결되어 있었다는 사실이 역사 기록과 고고학 데이터 양쪽에 잘 나타나 있다. 여행가 무스터스의 기록에 따르면 아오니켄크 원주민들은 아기 출생, 장례식, 결혼식, 성년식, 아이가 다쳤을 때 등 중요한 식사와 의식을 위해 말을 도살했다.[28] 귀나르는 원주민 장례식에 참석한 경험을 기록했다. 세상을 떠난 이는 생전에 아끼던 말 위에 올려져 돌출된 산 등성이로 운반되며, 그 말은(때로는 말 장비도 포함하여) 사후 세계에서 주인과 함께하기 위해 희생되었다. 한편 결혼식을 올릴 때는 말의 골격 일부, 특히 머리, 척추, 꼬리를 높은 산 위에 공물로 내어놓았다.[29] 찰스 다윈도 비글호 항해 중에 팜파스 사막 동부 지역에서 사람들의 섬김을 받는 홀로 선 나무에 공물로 놓인 말 뼈를 목격한 일, 그리고 나중에 파타고니아 남부의 무덤 자리에서 말을 본 일을 기록

해두었다.[30] 잘린 자국을 보여주는 고고학 말 잔해와 그 외 물질적 표시들은 말고기를 먹고 즐기는 것이 몇몇 제의의 핵심이었음을 시사하며, 역사 기록에는 말의 고기, 피, 기름으로 만든 특별한 식사 준비가 묘사되어 있다.[31]

## 말 장비 및 제품

코노수르에 거주한 집단들은 말을 제어하는 새롭고 혁신적인 방법들을 찾아냈다. 그란차코에서 파타고니아 남부에 이르는 지역의 원주민 민족들은 유럽인들이 만든 장비를 활용하면서도 스페인 굴레, 박차, 등자를 유기물질 버전으로 개량하고 뿔, 목재, 가죽 등의 재료로 자신들만의 마구를 제조하기도 했다.[32] 몇몇 말 문화는 구아나코 가죽 편자, 올가미, 뱃대끈, 그리고 단단한 프레임이 있는 구아나코 또는 말가죽 안장을 만들었다.[33] 아오니켄크 원주민들은 험한 지형을 다니는 말을 위해 가죽으로 편자를 만들었고, 그 외에도 재갈, 머리 마구, 등자, 박차 등 여러 부속으로 구성된 유기물질 굴레, 말에서 내릴 때 말의 자세를 훈련하는 용도의 특별한 끈 등을 만들었다.[34]

말은 중요한 원재료가 되기도 했다. 유럽인들의 기록에 따르면 말가죽은 볼라, 천막 외피, 항아리 등 다양한 물건을 만드는 데 사용되었다. 말의 갈비뼈와 털로 바이올린 같은 악기를, 견갑골로는 삽과 기타를 만들었다.[35] 말의 지방은 화장품과 위장약으로 사용되었고, 털은 밧줄로 쓰이거나 교역으로 내다 팔 제품을 만드는 데 사용되었다.[36]

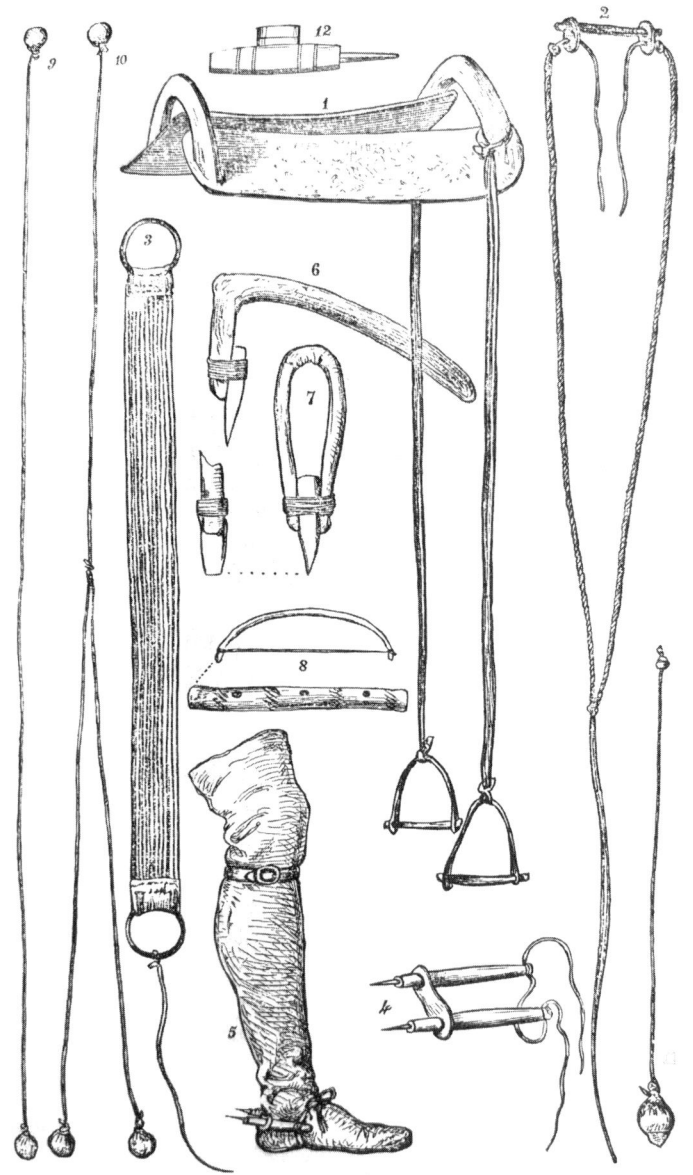

무스터스가 파타고니아의 아오니켄크 원주민들과 함께 생활하며 보았던 말 장비와 물건들. 등자가 달린 안장(1), 유기물질 재갈이 달린 굴레(2), 배댓끈(3), 박차가 달린 기마용 부츠(5), 볼라(9, 10) 등이 있다. 무스터스의 책 『고향에서 파타고니아인들과 함께(At Home with the Patagonians)』에서 인용.

남아메리카 원주민 말 문화들은 말의 행동에 관한 지식을 깊이 있게 쌓았고 이를 활용해 전장에서 탁월한 전술로 우위를 점했다. 유럽 식민지 정복자들보다도 한 수 위였다. 아르헨티나에 특히 탁월한 사례가 하나 있었다. 불이 붙은 물체가 꼬리에 묶인 대규모의 야생말 무리를 유럽 이주민 부대 진영으로 돌진시키자 유럽 말들은 공황 상태가 되어 뿔뿔이 흩어졌고, 말에서 떨어진 유럽인들은 원주민 기병대에게 패배했다.[37]

## 팜파스와 파타고니아의 사회 변화

말타기는 많은 원주민 집단에게 중요한 사회 변화를 일으켰다. 아기가 태어나면 아기가 소유할 말과 기마 장비를 선물할 정도로 말은 코노수르 지역 문화들의 삶에 매우 깊이 뿌리내렸다.[38] 아르헨티나의 길들여진 말과 야생말 무리들이 점점 늘어나자 각지에서 사람들이 몰려들었다. 아오니켄크 원주민들은 북쪽 평원 지대로, 다른 이들은 칠레에서 안데스산맥을 지나 이동했다. 북아메리카에서와 마찬가지로 말이 기존 문화적 틀 안에 들어오면서 성 역학에 변동이 생겼다. 남아메리카의 경우에는 때때로 여성의 일이 더 많아졌다.[39]

또한 말을 가진 집단들은 거처를 더 크게 사용하고, 더 먼 거리를 이동해 여행, 교역, 약탈 등을 시도할 수 있었다. 말을 가진 원주민들은 이를 활용해 부와 기마 기술을 쌓아, 유럽 정착민들과 교역할 힘, 그리고 그들을 약탈할 힘도 갖게 되었다. 새로운 식민지가 점점 더 남쪽으로 내려와 건설되면서 원주민 집단들은 구아나코 가죽처럼 유럽 세계와 교역할 수 있는 물품을 더 전문적으로 만들기 시작했다.[40] 약탈이 특히 큰 수익을 취하는 수단이 되면서, 19세기에는 유럽 정착민들이 식민지 개척 생활을 포기하고 팜파스 부족들에 합류하는 일도 드물지 않게 일어났다.[41]

## 정리

고고학 데이터는 남아메리카 많은 지역의 길들여진 말이 북아메리카 대평원에서처럼 빠르게 확산되었고, 원주민들이 유럽 식민지 정착민들과 처음으로 유의미한 상호작용을 하기 훨씬 전에 원주민 사회들 속에 깊이 뿌리내렸음을 보여준다. 말은 가축으로서, 그리고 구아나코와 레아 같은 대형 짐승 사냥에 큰 힘이 되기도 하면서 원주민 생활에서 뗄 수 없는 존재가 되었다. 말은 제품의 재료, 이동 능력, 경제력과 군사력 등을 제공했으며 제의, 믿음, 문화의 핵심 요소가 되었다. 식민지 건설, 식민지 정책, 무서운 질병 때문에 파나마에서 마젤란해협까지* 원주민 민족들은 권리를 빼앗겼지만, 말을 탄 원주민들은 전장에서 스페인 및 식민지 정부를 숱하게 쓰러뜨렸고 자신들이 주권, 부, 독립의 중심임을 증명했다.

---

\* 파나마와 콜롬비아 국경은 남아메리카 입구라 할 수 있고, 마젤란해협은 남아메리카 최남단에 있다.

# 15

# 태평양

대서양을 가로지르는 대양 횡단 항해와 식민지 착취로 서구 세계는 번영을 누렸으며, 세계를 잇는 해상로 네트워크가 확장되면서 한때 말의 확산을 제한했던 지형적 장벽 또는 질병 장벽 너머로도 말이 이동했다. 아프리카, 오스트랄라시아,* 태평양의 남쪽 거의 모든 지역에서 말은 새로운 기마 전통을 일으켰다.

## 오스트랄라시아의 초기 말

해양 시대 이전에는 아시아의 태평양 연안에서 말의 영향력이 거의

---

\* 오세아니아 일부 지역을 가리키는 명칭. 그 범위는 때에 따라 다를 수 있다.

없었다. 중국 남부, 태국 북부, 미얀마 북부 같은 고지대 및 산악 지대에서는 이미 기원전 제1천년기 무렵에 말 사육이 지역의 중요한 전통이 되었지만, 차마고도를 따라 말 교역이 급증하고서야 동남아시아 해안 지역에서도 말의 중요성이 높아졌다.[1] 아시아의 해양 교역망 덕분에 말이 비교적 멀지 않은 각각의 해상로를 여러 번 이동해서 태평양 남부로 들어갔을 수도 있다. 인도네시아 자바섬의 보로부두르 불교 사찰에 있는, 8~9세기에 제작된 것으로 추정되는 세밀한 말 부조가 이를 증명한다.[2] 그러나 해안 지역에서는 말 사육이 더 어려웠으므로, 말의 영향력은 미얀마의 바간(약 9~13세기)이나 캄보디아의 앙코르와트(12세기 무렵) 같은 북쪽과 내륙의 지역 중심지에 있었을 것이다.[3] 중세에는 동남아시아 섬 지역에서 말을 유의미하게 이용하지 않은 것으로 보인다.

16세기부터 유럽 배와 사람(처음에는 포르투갈인, 그다음에는 네덜란드인)의 출현 빈도가 증가하면서 아프리카 교역 항로를 따라 말이 더 많이 들어왔다. 남아프리카에서는 식민지 영구 정착촌이 세워지면서 말이 해안을 통해 사하라 이남 질병 장벽의 남쪽에 도달했으며, 17세기에는 이 지역 정착민들이 동남아시아, 페르시아, 유럽에서 상당한 수의 말을 수입했다.[4]

식민지 당국은 말의 소유를 제한하고 통제하려고 시도했지만 말은 곧 통제에서 벗어나 코이코이, 산 등 원주민 집단들의 손에 들어갔다. 유럽 식민지 사회의 변두리에 거주하는 혼혈 정착민/원주민(크레올) 집단들은 말을 기마용으로 키우면서 일런드 같은 야생동물을 사냥하는 데도 이용했다.[5] 레소토 고산지대의 암각화에 등장하는 말 이미지는 반투어군 언어를 사용하는 바소토 원주민들의 남아성년식에서 말이 중요한 역할을 했음을 보여준다.[6] 19세기 초 이 지역에서는 사실상 모든 성인 남자가 말을 타고 다녔으며, 말이 넉넉한 덕분에 고산지대의 레소토 왕국은 유럽 식민지 침략 시기에도 정치적 독립을 유지했다.[7]

확장되는 해상 교역을 통해 말은 섬 지역으로도 퍼졌다. 언어학 데이터에 따르면 말은 17세기 중반 이전에 마다가스카르에 들어간 것으로 보이며, 역사 기록에는 17세기 초에 인도네시아의 술라웨시섬과 수마트라섬에서 왕들이 말을 이용했다는 언급이 있다.[8] 17세기에 들어설 무렵 태평양을 횡단하는 스페인 상인들이 필리핀에 말을 들여왔고, 필리핀의 여러 섬에서 말이 빠르게 늘어났다.[9] 일부 지역에서는 농산물의 해외 교역 수요를 맞추기 위해 삼림을 파괴하면서 가축 방목에도 새로운 기회가 생겼다.[10]

### 아래쪽의 땅

17세기 초 네덜란드 탐험가들이 태평양에서 가장 거대한 땅덩어리인 오스트레일리아에 대한 기록을 남겼다. 그들은 이 땅에 '뉴홀랜드'라는 이름을 붙였지만 공식적 정착을 시도하지는 않았다. 오스트레일리아는 약 4,000만 년 동안 다른 땅덩어리와 떨어져 있었다. 이 지역은 생태적으로 고립되어 있었기에 특이한 새와 유대류가 가득한 대륙이 되었다. 하지만 딩고 외에는 대형 유태반아강 포유류*가

거의 없었다. 고대 원주민 집단들이 데려온 딩고 때문에 개와 모습이 비슷한 포식자이자 유대류인 태즈메이니아주머니늑대(사일러신)가 오스트레일리아 본토에서 빠르게 멸종했을 수 있다.[11]

오스트레일리아에서 유럽의 첫 식민지 활동은 팽창하는 대영제국하에서 시작되었다. 영국은 다른 서유럽 열강과의 해전에서 승리한 후 18세기 중반에 태평양에서 존재감을 강화하기 시작했다. 미국의 혁명으로 쓴맛을 보긴 했지만 영국의 인도-태평양 확장은 차질 없이 계속되었다. 주로 유배된 죄수들로 구성된 영국 식민지는 19세기 초에 온화한 남동부의 습한 해안 지역에 건설되었다. 시드니, 노퍽섬, 태즈메이니아 등 브리튼 제도의 기후와 매우 비슷해 유럽식 농경이 성공할 가능성이 더 높은 지역이었다.[12] 식민지 정착민들은 말을 비롯해 양, 염소, 소, 개, 낙타, 여우, 토끼 등 다양한 침입성 가축과 야생종을 데려왔으며, 그리하여 발생한 연쇄적인 생태계 변화는 오늘날까지 이어지고 있다.

말은 처음 도착했을 때 희귀한 동시에 수요가 높았다. 유럽에서 오는 여정은 길고 위험해 배에 실려 초기 식민지로 이동하는 말 다수가 치명적인 상황에 놓였다. 더 가까운 인도-태평양 지역 항구에서 운송되는 말들도 다르지 않았다. 말은 무사히 들어오더라도 질병과 먹이 부족에 직면했으며, 말 소유주는 개인 소유에 관한 엄격한 규제를 헤쳐나가야 했다.

---

\* 포유류는 단공류, 유대류, 유태반류 등 세 개 아강으로 분류할 수 있다.

그리하여 오스트레일리아에서 말 개체 수가 늘어나는 데는 수십 년이 걸렸다. 더원트(Derwent) 지역 관리 명부에는 당시 '판 디멘의 땅'이라는 이름으로 불리던 태즈메이니아의 영국 식민지 정착촌에서 조사한 가장 이른 시기의 가축 기록이 포함되어 있다. 관리 명부에 따르면 태즈메이니아섬에 처음으로 도착한 말은 1803년 리스돈만(Risdon Cove) 군사령관이 소유하고 있던 암말 한 마리였다. 식민지 초기 수년 동안 군대는 말을 엄격하게 관리했다. 1809년 식민지에 말은 10마리뿐이었다. 여섯 마리는 식민지 정부 소유, 네 마리는 민간인 소유였으며 그 민간인 중 두 명은 군 장교였다.

그래도 말 개체 수는 증가했으며 곧 태즈메이니아 현지에서 번식이 시작되었다. 1814년 관리 명부에는 개인 소유 말 52마리가 등재되어 있었으며, 식민지 당국은 오락용 경마 대회를 처음으로 열었다.[13] 1820년대 들어서면 마침내 현지에서 교배를 통해 말을 얻는 비용이 외부에서 말을 들여오는 비용보다 적어졌다. 말을 이용한 운송이 널리 퍼지면서 오스트레일리아 식민지 마을들을 연결하는 말 운송용 도로가 새로 건설되었으며, 외딴 지역 도로에서는 종종 말을 타고 약탈을 벌이는 네드 켈리 같은 기마 산적들이 횡행했다.

## 제2차 유입?

북부 해안에서 오스트레일리아 대륙으로 말의 제2차 유입이 나타났을 수도 있다는 가설을 어느 정도 뒷받침하는 고고학 데이터도 있다. 오스트레일리아 북부 해안에서 조금 떨어진 티모르섬의 경우

1510년대에 교역 상인들이 처음 방문한 후 16세기 중반에 포르투갈 선교사들이 들어왔다. 17세기에 식민지 영구 정착이 시작된 후에는 네덜란드인이 섬을 점유했다. 티모르에서 말의 초기 역사를 직접 기록한 문헌은 거의 없지만, 고고학 발견 결과는 이곳에 말이 있었음을 시사한다. 유럽인들의 점령이 시작될 무렵으로 추정되는 우아이보보(Uai Bobo), 사라신(Sarasin), 니키니크 1(Nikinik 1) 등의 유적에서는 말의 이빨과 뼈가 발굴됐다.[14] 수 오코너(Sue O'Connor)와 동료들이 최근 수행한 조사에서도 마카파이나라(Macapainara) 유적지에서 말 뼈가 발견되었으며, 그중에는 1700년 무렵으로 추정되는 병리적 뼈 형성을 보이는 지골(phalanx)이 포함되어 있다.[15] 1820년대부터 오스트레일리아 북부 해안에 있는 영국 정착촌들은 티모르에서 들여온 반텡 소(*Bos javanicus*)와 말을 코버그반도의 정착촌에 전했다. 코버그반도 정착촌들은 굳건한 터전을 마련하는 데 실패했지만, 동남아시아 토종인 반텡은 열대기후에 잘 적응했고 야생동물로 번성했다. 말 또한, 버려진 코버그반도 정착촌에서 적어도 한동안은 살아남았던 것으로 보인다. 1828년 12월 영국 장교 콜렛 바커는 래플스만의 오래가지 못한 포트웰링턴 정착촌 근처에서 야생 조랑말 한 마리를 포획했다고 기록했다. 1844년 북동부 내륙 지대 도슨강에 도착한 어느 탐사대는 그곳이 가장 가까운 식민지에서 수백 킬로미터 떨어진 곳이었음에도 말들을 보았다고 보고했다.

## 길들여진 말과 원주민의 관계

식민지 남부 지역에서는 말이 느리게 전파되었고, 무자비한 원주민 학살이 빠르게 진행되어 오스트레일리아 식민지 남부에 말이 유입된 초기 수십 년 동안 원주민 집단들이 말과의 관계를 발전시킬 유의미한 기회가 봉쇄되었다. 예를 들어 1820년대 태즈메이니아섬의 영국 정착민들이 섬에 살던 원주민들을 공격하여 1830년대 초에는 원주민 대다수가 살해당하거나 강제로 섬에서 쫓겨나야 했다.[16] 그럼에도 말은 태즈메이니아 문화에 영향을 끼쳤다. 태즈메이니아 사람들은 전투에서 기마병을 상대로 매복하고 포위하며 쓰러뜨리는 고도로 훈련된 전법을 개발했으며, 몇몇 집단은 의식에서 말과 관련된 춤을 추었다는 기록도 있다.[17] 직접적인 식민지 지배를 받으면서도 많은 원주민 집단은 말과 친밀한 관계를 발전시켰다. 19세기에 원주민 사냥꾼들은 유럽인들의 내륙 원정에 말을 타고 동행하기도 했으며, 일부는 기병대로 징집되어 다른 원주민 집단들을 무자비하게 학살하는 데 이용되기도 했다.[18] 내륙에서는 원주민들이 많은 '스테이션' 목장에서 일하면서 목축 및 기마 전문가가 되었다.[19]

오스트레일리아 본토에서는 식민지 지배가 더 길게 지속되면서 일부 원주민들에게 말과 독립적인 관계를 발전시킬 시간이 더 많이 주어졌다. 원주민 문화들의 세계관은 서구식 가축 관리 개념과는 일치하지 않는 경우가 많았으며, 말이 들어온 초기 수십 년 동안 안장과 편자 같은 장비는 금속 도구로서 가치가 높아 종종 원주민 교역망을 통해 유통되었다.[20] 한편 신문 기사 기록에 따르면 19세기 중

퀸즐랜드의 '거대한 말 갤러리'를 재구성한 그림. 원주민 예술가가 바위에 그린 말은 길이가 6미터를 넘는다. 바버라 모리슨 그림.

반 퀸즐랜드 식민지에서는 원주민들이 이미 말을 구하여 타고 다니는 데 성공했으며, 말을 타고 나무껍질 안장깔개 같은 직접 제조한 말 장비를 이용하여 소를 훔쳤다고도 한다.[21]

북쪽 지역에서는 19세기 초 티모르 말들이 사람의 관리 없이 자유롭게 번성하면서 방해받지 않고 문화적으로 연결될 수 있는 기회의 창이 열렸을 수도 있다. 짧은 기간이지만 매우 중요한 기회였을 것이다. 원주민 암각화, 특히 오스트레일리아 대륙 북부 지역의 암각화는 종종 말을 탄 사람과 말을 함께 묘사한다. 때로는 유럽인을 묘사하려는 의도가 분명하게 나타나지만 그 외에는 원주민이 말을 탄 모습을 묘사하는 것으로 보인다.[22] 퀸즐랜드 북부의 로라(Laura)라는 작은 마을 부근에 있는 '거대한 말 갤러리'라고 부르는 말 암각화는 길이가 6미터를 넘는다. 이러한 고고학 발견들을 통해 영국이라는 경계를 벗어난 원주민 오스트레일리아인과 말 사이의 과소평가된 중요한 문화적 연결 고리 형성에 관해 알 수 있다.

## 태평양

19세기 초 유럽의 관심이 오스트랄라시아 지역에서 확대되며 말이 드넓은 태평양으로 들어갔다. 영국 정착민들은 말을 뉴질랜드로 데려갔고, 1814년에는 말이 뉴질랜드 북섬의 여러 마오리 사회에 편입되었다. 처음 들어온 말들은 마오리 사회에서 사회적 위신을 나타내는 중요한 표지 역할을 했고, 마침내는 훌륭한 외교 선물이자 영성의 핵심 요소가 되었다.[23] 말을 탄 마오리의 힘은 곧 무서운 수준이 되었다. 마오리는 영국 식민지군에 무장 저항한 뉴질랜드 전쟁에서 말을 이용했다.[24]

1803년에는 미국에서 하와이로 말이 전해졌다. 영국 탐험가들이 수십 년 더 빨리 하와이에 상륙했지만, 말은 캘리포니아의 스페인/멕시코 식민지에서 처음 들어왔다. 상선 한 척이 종마 한 마리와 임신한 암말 두 마리를 코나와 마우이에 실어 왔다.[25] 말은 역시 처음에는 주로 엘리트층의 위신을 높이는 역할을 하다가 신속하게 여러 섬에 뿌리내렸으며, 야생으로 돌아간 말 개체 수가 급증했고, 하와이 원주민들은 능숙하게 말을 타게 되었다.[26] 1820년대에 이미 말은 하와이 원주민들의 정치와 전쟁에 상당한 영향을 끼쳤다.[27] 19세기 유럽의 몇몇 이야기에 따르면 하와이에는 말이 사람보다 많았고, 하와이 원주민은 거의 다 말을 타고 다녀서 걸어다니는 사람이 드물었다고 한다.[28] 하와이인들의 말 장비는 스페인과 멕시코의 장비 전통에 원주민들의 특색이 더해져 융합된 독특한 파니올로 문화* 스타일이었으며, 여러 섬에서 말은 스포츠, 농사, 운송 등에 없어서는 안 되는 존재가 되었다.

## 정리

19세기 말 무렵에는 말이 알타이에서 안데스까지 모든 산맥에 퍼졌고, 흑해 스텝에서 팜파스까지 모든 평원을 채웠다. 길들여진 말은 모든 대양에 산재한 항구들의 거리를 걸었고, 태평양의 가장 외딴 땅덩어리에서도 풀을 뜯었다. 로버트 팰컨 스콧, 어니스트 헨리 섀클턴 등의 영국 탐험가들이 20세기 초 혹한의 남극 대륙에 상륙했을 때 말은 남극점 근처 얼어붙은 땅덩어리에도 발을 디뎠다. (오랜 시간은 아니었다. 탐험가들이 고난을 겪으며 말을 잡아먹었기 때문이다.)[29] 전 지구적으로 사람과 말의 관계가 돈독해진 가운데, 말의 시대에 막을 내릴 변화의 수레바퀴가 이미 돌아가고 있었다.

---

* '파니올로(paniolo)'는 '소를 치는 사람, 카우보이'라는 뜻의 하와이어 단어다.

# 16

# 철마

말은 4,000년에 가까운 시간 동안 개체 수 감소로 멸종 위기에 처했던 빙하기 포유류에서 지구상 거의 모든 거대 땅덩어리에서 번성하는 가축이 되기까지 먼 길을 걸어왔다. 말을 이용한 운송을 통해, 아무것도 없던 추운 초원, 건조한 사막, 고산지대 등지에 대륙 차원의 정치적·문화적·경제적 연결 고리들이 세워졌다. 말은 고대 세계의 냉혹한 초원에 삶의 숨결을 불어 넣었고, 초원 지역에 거주하던 사람 집단들을 세계적 영향력을 지닌 위치로 올려놓았다. 말이 창출해낸 부는 농사가 어렵던 지역을 군사 강국으로 만들어주었으며, 말은 고기와 유제품 등을 통해 목축민 생활의 복원력을 높였다. 말의 사막 여행을 도와준 낙타, 말을 싣고 망망대해를 항해한 선박 등 다른 운송용 동물 및 수단은 말이 세계로 퍼져나가는 데 도움이 되었다. 유럽 열강은 남북아메리카, 아프리카 남부, 태평양 등지의 식민지를 착취하는 데 말을 이용하려 했지만, 말은 원주민의 저항에 큰 힘이 되기도 했다.

그런데 말이 전 세계적으로 가장 널리 퍼졌을 때 변화가 일어났다. 18~19세기에 유럽의 여러 사회는 제조 및 기계화 쪽으로 급격하게 방향을 틀었다. 세계적인 산업화의 흐름에 따르는 부담을 처음에는 말이 짊어졌다. 이른바 '피트 포니(광산용 조랑말)'가 서유럽과 그 식민지의 지하 갱도에서 널리 쓰이기 시작해 끔찍한 환경에서 오랜 시간 동안 석탄 같은 광물을 운반하며 급성장하는 산업에 필요한 역

와이오밍주 월랜드에 있는 농사용 말과 쟁기 기념물. 저자 촬영.

할을 담당했다. 남북아메리카와 오스트레일리아에서 천연자원을 채취하는 사업이 호황을 누리면서 광부들은 고산지대로 들어가 채굴 작업에 말을 부렸다. 농업에 이용되던 말들은 산업혁명을 일으킨 점점 더 복잡해지는 기계 시스템에 편입되었고 말 개체 수는 전 세계적으로 급증했다. 서구 여러 사회에서 말은 더 무거운 짐을 짊어지고 더 고된 일을 수행했다.

연료 기술 및 야금술의 혁신, 그리고 증기기관 발명은 또한 운송 시스템의 기계화를 촉발했다. 미국 북동부 샘플레인 호수에서 나온 고고학 자료는 19세기 기술적 격동의 시대에 말이 직면한 압박의 다양한 양상을 보여준다. 샘플레인호에서는 19세기 초부터 '말 보트' 연락선으로 승객을 실어 날랐다. 말 보트는 말이 쳇바퀴 같은 장치로 회전날개를 돌림으로써 물 위를 나아갔다. 고고학자들은 버몬트주 벌링턴만에서 말 보트 한 대가 난파됐던 사실을 확인했고, 발굴 작업을 통해 마구 장비, 편자, 그리고 기어가 심하게 닳은 쳇바퀴가 모습을 드러냈다.[1]

19세기 전반기에 영국에서 최초의 여객 철도가 건설되었다. 이 새로운 이동 형태는 유럽과 그 식민지에서 급성장했다. 이 '철마'의 이용이 확대되긴 했어도 말의 중요성이 당장 감소하진 않았다. 철도는 화물 및 장거리 운송의 속도와 효율을 향상시켰지만, 고정된 길만 다닐 수 있었기에 대부분의 경우 다른 단거리 이동 수단과 연결되어야 했다. 말은 앞장서서 그 빈틈을 채웠으며, 짐을 운반하는 데 특화되어 이전의 어떤 말보다도 키가 크고 무거운 대형 드래프트 말 품종들이 서구 세계에서 인기를 얻었다.

19세기 중반 미국의 광대한 내륙 대부분의 지역에서는 초기 철도가 연결되지 않고 분산되어 있어서, 말이 끄는 우편마차와 역마차가 그 사이를 연결했다. 1860년 미주리강과 캘리포니아를 연결했던 '포니 익스프레스(Pony Express)'는 짧은 기간 운영되었지만 유명한 사례다.[2] 말을 대체하려던 증기기관 실험은 재미있었지만 성공하는 경우는 극히 드물었다. '오버랜드 역마차'에서 우편배달 일을 했던 프랭크 루트는 증기기관 실험에 관한 일화를 소개했다. 야심 차게 준비한 행사에서 선보인 초창기 증기 왜건이 어느 유서 깊은 건물로 돌진한 후 진흙탕 속에 빠져버려서 다시는 작동시킬 수 없었다는 이야기였다.[3] 산업화된 유럽에서 멀리 떨어진 곳에서는 말이 운송, 농사, 그 밖의 기본적인 일을 하는 주요 수단으로 훨씬 오래 제 역할을 했다.

말은 군사력에서도 여전히 필수적인 존재였다. 산업혁명으로 무기류가 계속 발전했지만, 식민지 군대는 전장에서 원주민들에게 패퇴하는 경우가 많았다. 1876년 미국 기병대는 오늘날 '리틀빅혼(Little Bighorn)'이라 부르는 몬태나주 남동부 '기름진 잔디 강(Greasy Grass River)' 부근에서 라코타·다코타·샤이엔·아라파호 원주민들에게 대패했다. 기마 전투에서 승리를 거둘 수 없었던 미국군은 집단 학살을 시작하여 샌드크리크와 와시타 등지에서 노인, 여자, 아이 등을 가리지 않고 마을 전체를 학살하고 다니는 만행을 저질렀다.

서서히 기계화 인프라가 들어서며 말의 땅은 궁지에 몰리기 시작했다. 철도 시스템이 개선되며 이주민들이 말의 땅에 대거 유입되었고, 이들은 개선된 공급망과 군사적 보호에 힘입어 탁 트인 초원을 강압적으로 울타리 친 농장으로 바꾸고, 들소 같은 원주민 식량 자원을 대량으로 파괴할 수 있었다. 이주민 수가 늘어나면서 원주민 집단들이 사는 곳 주변에 유럽인 마을과 도시가 점점 더 가까이 들어섰고, 그리하여 원주민 공동체들이 천연두와 홍역 같은 유럽인의 질병에 빈번하게 노출되면서 집단으로 죽음을 맞기도 했다. 유럽인들은 미국 서부 지역 장악을 강화하기 위해 원주민들의 말을 대량으로 도살해 원주민들의 이동 능력과 저항을 무력화했다. 미국의 많은 원주민 집단은 줄어드는 생존 기반과 질병의 부담 때문에 어쩔 수 없이 불리한 조약을 수용하고, 동화 정책과 억압이 일상화된 보호 구역에 거주할 수밖에 없었다. 이러한 파괴 행위 및 때로는 노골적인 원주민 소멸 시도 아래에서도 원주민 말 문화들은 식민지 세계에서 살아남았다. 대평원의 라코타 민족을 비롯해 많은 원주민 집단은 전통으로 내려오는 말 혈통과 기마 지식을 세심하게 선별하면서 무력으로 몰살하려는 시도에 맞서 지식과 전통을 보호했다.[4]

## 말에서 마력으로

1885년 독일의 한 엔지니어가 최초의 가솔린 자동차를 발명했다. 최초의 자동차는 앞에서 끄는 말이 없을 뿐이지 생김새가 마차와 거의 비슷했다. 처음에는 잠깐 신기한 발명품으로 취급되었지만, 자동차는 곧 제1차 세계대전(1914~1918) 발발이 재촉한 기계화의 거대한 물결에 동참했다. 그래도 말은 제1차 세계대전 기간에 여전히 군사 작전에 두각을 드러냈다. 유럽 각국은 말과 노새 수십만 마리를 동원해 필수적인 연락 및 부대 수송 임무에 투입했다. 기병대도 지중해 동부 전선에서 결정적인 기병 작전을 수행하며 전장에서 중심적인 역할을 했다.[5] 그러나 전쟁 후에 자동차 생산이 급증하여 곧 유럽, 오스트레일리아, 남북아메리카에서 판매용 자동차를 쉽게 구할 수 있었고, 말은 서구 세계의 주요 운송 수단이라는 자리에서 밀려났다.

가장 먼저 자동차가 길들여진 말을 대체한 장소 중 한 곳은 도시 환경이었다. 도시에서 말을 키우고 먹이고 보살피는 것은 비용이 많이 들 뿐 아니라 굉장히 지저분하고 번거로운 일이었다. 1880년 뉴욕의 말 개체 수는 15만 마리 이상이었다고 추정되며, 이 말들은 날마다 똥 130만~180만 킬로그램과 오줌 1만 5,000리터를 내놓았을 것이다.[6] 반대로 자동차는 먹이거나 물을 주거나 마구간에 넣지 않아도 되었다. 유지 관리는 더 단순하면서 이동은 더 빨랐다. 우편, 여행, 화물 운송 등의 일상적인 활동은 곧 말 없이도 쉽게 해결되는 문제가 되었다.

길들여진 말 및 다시 야생으로 나간 말을 모두 포함해 시골 지역 초원을 차지하는 수백만 마리 말의 가치는 산업화되는 세계에서 점점 감소했다. 북아메리카에서 한때 귀중한 자원으로 대접받던 엄청난 수의 야생말은 미국의 목장 소 방목에 필요한 목초의 경쟁 대상으로 취급받을 뿐이었다. 그리하여 대평원과 코노수르 지역에서 대규모 말 포획이 시작되었다. 다시 야생으로 나간 무스탕을 잡아 대량으로 공장과 도살장에 보내면 고기와 힘줄을 활용해 개 사료와 아교를 제조했다.7 미국의 말 개체 수는 곤두박질하여 제1차 세계대전이 끝날 당시에는 수천만 마리이던 것이 백만 단위로 떨어졌다.

유라시아 스텝에서는 말 개체 수가 큰 변동 없이 더 안정적이었다. 몽골에서는 말을 활용하는 우편 시스템을 20세기 중반까지도 운영했으며, 1950년에도 기병들이 말을 타고 중요한 전투를 벌였다.8 그럼에도 말 운송의 황금 시대는 20세기에 장대한 막을 내렸다. 전 세계 군대에서 말이 설 자리는 축소되었다.9 나미비아 사막의 스바코프문트에서는 남아프리카공화국 방위군이 전염병에 걸린 말과 노새 수천 마리를 총으로 살처분했다.10* 그 동물들의 뼈는 오늘날에도 바람 부는 나미비아 모래언덕에 여전히 모습을 드러낸다. 20세기 전쟁사에서 물러난 말의 으스스한 기념물이다.

\* 1915년 무렵의 사건으로 보인다.

# 17

# 말의 발자취

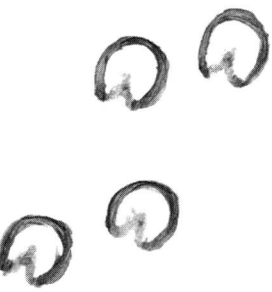

오늘날 서구의 많은 지역에서 말은 일상생활에서 크게 동떨어진 주변부로 물러났다. 흙길은 포장되었고, 말을 묶어놓던 여관은 주유소로 대체되었다. (이제는 전기자동차 충전소도 있다.) 말은 농사, 관광, 스포츠 분야 외에는 대부분의 도심에서 거의 눈에 띄지 않으며, 경찰이 집회나 축제의 대규모 군중 제어 임무를 수행하기 위해 말을 타고 나타나는 경우가 드물게 있을 뿐이다. 많은 곳에서, 특히 서구 세계에서 말타기는 엘리트 계층의 취미용 승마 또는 시골 목장의 말타기, 이렇게 두 가지 범주 중 하나가 되었다. 오늘날 말 번식 풍토는 고도로 제한된 혈통 몇 가지를 만들어내어 전 세계 말의 유전적 다양성도 크게 감소하고 있다.[1]

비록 말이 산업화된 세계에서 빠르게 물러났지만, 말이 영향력을 발휘하는 모습은 찾으려고만 하면 어느 곳에서나 볼 수 있다. 몇몇 장소에서는 그리 어렵지 않게 말을 볼 수 있다. 몽골에서 여름의 나담 축제가 한창일 때 수도 울란바토르를 방문하면 차들이 빽빽한 혼잡한 포장도로 위를 말을 탄 사람이 다니는 모습을 볼 수 있을 것이다(도판 20 참조).

심지어 미국의 중심부에서도 여전히 말은 문화, 예술 작품, 상징, 정체성 등에 깊이 새겨져 있다. 덴버국제공항에 내리면 '블루시퍼(Blucifer)'라는 별명과 무시무시한 눈을 가진 거대한 푸른색 무스탕 조각상이 미식축구팀 '덴버 브롱코스(Denver Broncos)'를 응원하러 온 관광객들을 으스스하게 맞이한다. 또한 '브롱코'는 덴버주의 거의 모든 곳에서 발견할 수 있는 또 다른 상징적인 말이다. 경마와 기마 스포츠는 인기가 높으며, 켄터키 더비에서 올림픽에 이르기까지 여러 국제 대회에 해마다 수백만 명의 관중과 시청자의 시선이 쏠린다. 현대 서구 패션에는 진, 바지, 그리고 수백 년 전 내륙 아시아 기마인들이 착용했던 부츠 등 본질적으로 말 장비인 의류가 포함된다.

급변하는 21세기 세계에서 우리를 과거로 연결하는 실타래는 미래로 나아가는 데 중요하다. 그 중요성은 점점 더 커진다. 나는 로키산맥 동편에 있는 집에서 이 책을 쓰고 있다. 집 안에는 미국 몬태나주에서 목장을 운영했던 선조 파크와 에설이 남긴 화려한 말 장식품, 말 예술품, 말이 그려진 가구가 있다.

세계의 운송 인프라는 비록 수세기 전부터 서서히 기계화되었지만, 말을 바탕으로 세운 기술, 도로 시스템, 전통을 여전히 이용한다. 자동차, 도로, 기차는 말의 시대로부터 물려받은 특징을 바탕으로 설계되었다. 심지어 도시와 마을 사이의 거리도 그러하다. 말이 다니던 길은 이제 석유 제품으로 구동되는 자동차가 다니는 포장 고속도로가 되었다. 그리고 자동차 배기가스와 관련한 기후변화 위기가 급속히 고조되고 있다. 내 집 앞에는 엔진이 달린 마차라 할 수 있는 나의 오래된 닷지 트럭이 서 있다. 롱먼트에서 볼더까지 나의 출퇴근길을 달린다. 이전의 19세기에는 동일한 길에서 말, 당나귀가 우편과 승객을 실어 날랐다.[2] 미래의 더 나은 운송 시스템을 발견하려면, 말을 대체한 산업화 시대의 운송 수단이 지닌 장단점을 이해하고, 예전 말 운송 시스템의 지속 가능성을 구현할 수 있는 새로운 방법을 현대적 해결책 안에서 찾아내야 한다.

말의 시대에 처음 형성된 외교 채널을 다시 손보는 현대 지정학의 노력도 시끌벅적하게 계속된다. 중국이 '일대일로' 사업에 수십억 달러를 투자하면서, 한때 말과 비단이 이동했던 고대 여행길이 다시 살아나며 유라시아 지역에서 중국의 경제적·정치적 연결 고리가 확대되고 있다. 말의 이동에 크게 힘입어 형성된 사회적·경제적 네트워크가 이제는 전염병 전파처럼 사회에 변화를 일으키는 다른 작용들의 진행에 영향을 끼친다. 비단길 형성처럼 옛날에 인간과 말이 함께 만들어낸 현상을 더 잘 이해하면 오늘날 세계적 규모의 무역과 전염병을 이해하는 데 도움이 될 수 있지 않을까? 어쩌면 무모한 계획 같아 보일지도 모르지만 더 좋은 데이터, 연구자들과 문제를 해결하는 이들의 협업 등이 뒷받침된다면 실현 불가능한 계획만도 아니다.

한편 개발, 세계화, 기계화의 혼돈 속에서도 말은 언제나 마르지 않는 샘처럼 회복력, 전통, 상호 연결 등을 제공한다. 몬태나에서 몽골에 이르기까지 말의 땅에서, 말은 가장 오래된 역할이자 장담컨대 가장 중요한 역할을 계속하고 있다. 말을 돌보는 목축민들의 벗이자 가축이자 운송 수단으로서의 역할이다. 오스트레일리아에서는 아웃백(Outback)*의 여러 스테이션 목장에서 원주민들이 말과 가까운 관계를 유지하고 있다. 남북아메리카에서는 원주민 집단들이 말 전통을 유지할 뿐 아니라 공동체와 치유의 바탕으로서 말 전통에 다시 주목하고 있다. 파타고니아에서는 시골 농장 사람들이 여전히 말을 타고 전통적인 야생 레아 사냥을 한다.³ 대평원에서는 '말 민족 인디언 릴레이(Horse Nations Indian Relay)'** 같은 이벤트가 대륙 각지의 기마인들을 끌어모으기도 하고, 많은 원주민 공동체들이 행사, 축제, 중요한 기념식이나 추도식에 말을 사용한다. 라코타 민족 구성원들은 전통적인 원주민 말 혈통들을 세심하게 보살피고 보존하며, 말타기를 청소년 프로그램에 적극 활용한다. 아프가니스탄의 부즈카시,*** 아르헨티나의 파토,**** 그리고 로데오, 폴로, 경마의 수십 가

---

\* 오스트레일리아 내륙의 넓은 지역으로 사막 비율이 높고 인구는 희박하다.
\*\* 팀마다 기수 한 명이 세 마리의 말을 바꿔 타며 경쟁하는 경주.
\*\*\* 두 팀이 말을 타고 염소의 사체를 옮기며 경쟁하는 경기.
\*\*\*\* 두 팀이 말을 타고 상대 바구니에 공을 집어넣는 경기. 폴로와 농구가 결합했다고 할 수 있다.

지 변형 경기 등 여러 대륙의 스포츠와 각종 의식의 중심에는 말이 있다.

21세기의 거대한 도전을 해결하는 것은 확실히 고고학의 현재 능력을 넘어선 일이지만, 새로운 연구와 기술로 과거를 더 잘 이해하면 현대의 문제를 해결하는 데 유용한 영향을 끼친다. 지금까지 이 책에서 서술했듯이 고고학을 말 연구에 적용함으로써 놀라운 사실들이 이미 어느 정도 드러났다. 고대 유전체 및 방사성탄소연대측정 같은 기술의 도움으로, 그리고 유라시아 스텝과 대평원처럼 역사적으로 충분히 대표성을 부여받지 못했던 지역들의 고고학 기록을 더 제대로 조명함으로써, 이제 우리는 말이 언제 처음 길들여졌는지, 안장과 등자 같은 획기적인 도구가 언제 처음 개발되었는지, 길들여진 말이 언제 어떻게 고대 세계의 여러 사회에 처음 편입되었는지 등에 관해 훨씬 명확한 모델을 가지고 있다.

고고학계 내부에서는 원주민 고고학자들이 고고학 기록의 말과 말 문화 해석에서 인종차별주의, 편견, 식민주의 사고방식 등을 벗겨내기 위해, 그리고 고고학의 학문적 성과를 활용해 원주민 말 민족들의 문화적 성취를 서구 학계에 알리고 학계의 인정을 받기 위해 끈질기게 작업하고 있다. 이 중요한 관계들을 이해하고, 우선순위로 두고, 지키는 데 재투자하는 것은 유럽 식민주의가 만들어낸 상처, 그리고 산업사회에서 말이 빠르게 사라져버린 데서 비롯된 상처의 일부라도 치유하는 데 도움이 될 것이다. 더 나은 데이터를 얻는다면 우리는 그러한 획기적인 변화들이 왜, 어떻게 일어났는지에 대한 새로운 생각을 실험할 수 있고, 문헌에는 기록되지 않았던 인간과 말의 관계의 여러 측면을 탐구할 수 있다. 현대 세계의 인류학자, 역사학자, 유전학자, 고기후학자, 고생물학자, 고고과학자, 말 문화 출신 원주민 학자 들이 더 협력한다면 과거의 지식으로 무장하여 미래의 문제들에 대응할 수 있는 더 좋은 기회를 얻게 될 것이다.

항가이산맥 모린모르트에서는 3,000년도 더 전에 아무 말 없는 푸른 바위에 말발굽 이미지가 처음 새겨진 이래 이어져온 삶이 지금도 비슷한 모습으로 계속되고 있다. 이따금 오토바이 소리, 휴대전화 벨 소리, 하얀 유르트 위를 덮는 태양열 패널의 까만 그림자 등이 세월의 흐름을 일깨우지만, 한참을 기다리면 어느덧 저무는 석양빛 아래 홀로 말을 타고 가축 무리를 돌보는 사람의 모습이 시간을 초월해 눈앞에 나타난다. 그 모습은 마치 사람과 말의 연결, 과거와 현재의 연결이 온전히 살아 있는 듯, 말발굽 소리가 바위에 새겨져 메아리치는 듯하다.

## 감사의 말

『말발굽 아래의 세계사』를 펴내는 긴 여정에서 신세를 진 분이 너무 많아서 빠짐없이 감사 인사를 드리기에는 지면이 부족할 것이다. 많은 멋진 분, 특히 부모님 바브와 짐, 그리고 어릴 적 나를 가르쳐주신 일레인 코얼러 선생님과 베스 케네디 선생님은 내가 호기심을 키우고 이처럼 실용적이지 않은 길을 가는 것을 도와주고 응원해주셨다. 테리 팰컨, 애런 러싱, 매트 스터지오스, 로이 그로 선생님은 학문에 대한 자세와 끈기를 가르쳐주셨다. 호르헤 브라보, 빌 피츠휴, 짐 딕슨, 바야라 아크(잠스란자브 바야르사이한) 선생님은 사려 깊게 지도하며 나를 고고학으로 이끌어주셨다. 사랑하는 박쉬 체르마아, 나의 교수님 마리아, 학계의 어두운 심연에서 언제나 빛으로 나를 인도하는 에밀리 레나 존스, 이분들이 아니었다면 이 작업은 불가능했을 것이다. 내 형제 매트, 세스, 조크는 처음부터 곁에 있어주었고, 브라이언, 코너, 간디, 제임스, 그리고 'PHPR'의 모든 이 등 많은 친구가 형제만큼 긴 시간을 함께해주었다.

'DnD(페르난도, 제시, 로렌, 조, 앨리사, 로건, 그리고 아이들)'와 아이작, 피터, 퉁가, 줄리아, 에이브리, 알리시아, 라이언, 아리, 아리나, 스베틀라나, 오샨, 자히르, 비요른, 마테우스, 롭, 제시, 닉, 셰반 등 친구들의 우정 덕분에 나는 힘든 시기를 이겨낼 수 있었다. 티나 W., 팻, 제일린, 캐롤, 매트, 스콧, 조, 잭, 그레그, 러스, 민디, 브루스, 헤라르도 등 많은 선배 학자들은 간절히 필요할 때 친절하게 앞길을 밝혀주었다. 귀여운 딩고, 인디애나와 더키도 내게 영감을 주었다. 나와 협력하는 제리(툽신자르갈), 이베트, 루도빅, 브랜디, 사라, 청루이, 유에, 로언, 그레그, 이고르, 후안, 구스타보, 피토, 루나, 크리스티나, 여러 명의 닉, 마크, 크레이그, 칼튼, 지노, 폴린, 제시카, 세바스티앙, 앙투안, 충원, 마이크, 아이다, 티나 R., 크리스틴, 지미, 크리스튼, 티나, 미지, 마나부, 앤절라, 빅토리아, 베라, 앙크사나, 벡볼라트, 숙희, 니콜라스, 우디, 스콧, 패트릭, 조앤, 그리고 셀 수 없이 많은 친구가 탁월한 통찰력과 피, 땀, 눈물을 함께 나누었다. 소중한 멘토 낸시 스티븐스는 언제나 영감을 일깨워줬다. 친구들, 특히 에밀리, 닉, 롭, 후안, 크리스티나, 제일린, 지미, 아킨, 샬럿, 사일러, 빅토리아, 리, 사랑하는 미카의 현명한 조언 덕분에 이 원고는 읽을 만한 책이 될 수 있었다. 여기에 소개하지 못했지만 이 책의 토대가 된 작업을 위해 애쓴 헌

신적인 고고학자들, 학자들, 박물관 전문가들이 많다.

이 이야기를 나누는 데 도움을 준 뛰어난 아티스트들, 특히 대단한 내 어머니 바브, 그리고 솜씨가 놀라운 빌 넬슨, 파울라 로페스 칼레, 주디 피터슨, 마크 윌리엄스, 다리아 체추시코바에게 고마움을 전한다. 사빈 라인홀트, 라스 홀거 필뢰, 에스펜 핀스타드, 팻 도크, 간바타르 갈단, 아킨 오군디란, 아나톨리 칸토로비치, 질 웨버, 글렌 슈워츠, 마나부 우에츠키, 마에바시시교육위원회, 요하네스 에버 등은 이 책을 위해 너그러이 이미지를 공유해주었다.

이 책에 관한 연구는 내셔널지오그래픽협회, 풀브라이트 장학 프로그램, 미국국립과학재단(수여 번호 #1949305)의 관대한 기금 지원을 받아 진행되었다. 나의 탁월한 학생들, 콜로라도대학교의 멋진 동료들, 몽골국립박물관과 미국 몽골연구센터의 소중한 친구들에게도 고마움을 전한다. 특히 선한 성품으로 내게 영감을 준 이들과, 타인을 깎아내리지 않고 높이는 이들에게 감사를 표한다. 큰 힘이 되었음에도 이 지면에서 다 인사드리지 못한 모든 분께 변함없는 감사를 드린다.

주

## 첫 번째 걸음: 말과 사람

### 1 진화

1. MacFadden, *Fossil Horses*, 90.
2. Sussman et al., "Rethinking Primate Origins."
3. Wood et al., "Postcranial Functional Morphology."
4. Strömberg, "Evolution of Grasses."
5. MacFadden, "Fossil Horses."
6. Hildebrand, "The Mechanics of Horse Legs"; McHorse et al., "Mechanics of Evolutionary Digit Reduction."
7. Ransom and Kaczensky, *Wild Equids*.
8. Krueger, "Social Ecology of Horses."
9. Wit et al., *The Tale of the Przewalski's Horse*.
10. Krueger, "Social Ecology of Horses."
11. Krueger, "Social Ecology of Horses."

12. Brubaker et al., "Cognition and Learning in Horses."
13. Orlando et al., "Recalibrating Equus Evolution."
14. MacFadden, "Fossil Horses."
15. Rosenbom et al., "Reassessing the Evolutionary History of Ass-Like Equids."
16. Barrón-Ortiz et al., "What Is Equus"; Heintzman et al., "A New Genus of Horse from Pleistocene North America."
17. Vershinina et al., "Ancient Horse Genomes."
18. Fages et al., "Tracking Five Millennia of Horse Management."
19. Orlando et al., "Recalibrating Equus Evolution."

## 2 연결

1. Orlando et al., "Recalibrating Equus Evolution."
2. Bernor et al., "Evolution of Early Equus in Italy"; Olsen, "The Role of Humans in Horse Distribution."
3. Bernor et al., "Evolution of Early Equus in Italy."
4. Pope et al., *The Horse Butchery Site*.
5. Pope et al., *The Horse Butchery Site*.
6. Vasiliev, "Large Mammal Fauna."
7. Straus, "Upper Paleolithic Hunting Tactics."
8. Burke et al., "Histological Observations of Cementum Growth."
9. Olsen, "Solutré."
10. Hoffecker et al., "The Hunting of Horse."
11. Hoffecker et al., "The Hunting of Horse"; Levine, "The Origins of Horse Husbandry."
12. Niven, "From Carcass to Cave."
13. Guthrie, "Human-Horse Relations."
14. Pruvost et al., "Genotypes of Predomestic Horses"; Guthrie, "HumanHorse Relations."
15. Pruvost et al., "Genotypes of Predomestic Horses."
16. Sauvet, "The Hierarchy of Animals."
17. Bourgeon et al., "Earliest Human Presence."
18. Dixon, *Bones, Boats and Bison*.
19. Davis et al., "Late Upper Paleolithic Occupation"; Webb et al., "Last Horses and

First Humans."
20. McHorse et al., "What Species of Horse Was Coeval."
21. Waters et al., "Late Pleistocene Horse and Camel Hunting"; Kooyman et al., "Late Pleistocene Horse Hunting."
22. Brink et al., "Pleistocene Horse."
23. Webb et al., "Last Horses and First Humans."
24. Steele et al., "AMS 14C Dating"; Villavicencio et al., "Combination of Humans, Climate, and Vegetation Change."
25. Guthrie, "Rapid Body Size Decline."
26. Haile, "Ancient DNA."
27. Collin, "The Relationship between the Indigenous Peoples of the Americas and the Horse."
28. Orlando et al., "Recalibrating Equus Evolution."
29. Vasil'ev, "Faunal Exploitation."
30. Boeskorov et al., "A Study of a Frozen Mummy of a Wild Horse"; Fages et al., "Tracking Five Millennia of Horse Management."
31. Faith, "Late Pleistocene and Holocene Mammal Extinctions."
32. Fages et al., "Tracking Five Millennia of Horse Management."
33. Bendrey, "From Wild Horses to Domestic Horses."
34. Arbuckle, "Animals and Inequality"; Martin et al., "The Equid Remains"; Guimaraes et al., "Ancient DNA."
35. Bendrey, "From Wild Horses to Domestic Horses."

## 3 길들여진 시기

1. Koungoulos et al., "Hunting Dogs Down Under?"
2. Bergström et al., "Grey Wolf Genomic History."
3. Lahtinen, "Excess Protein."
4. Perri et al., "New Evidence"; Perri et al., "Dog Domestication."
5. Willcox et al., "Large-Scale Cereal Processing."
6. Daly et al., "Ancient Goat Genomes."
7. Zeder et al., "The Initial Domestication of Goats."
8. Zeder, "Out of the Fertile Crescent"; Taylor et al., "Evidence for Early Dispersal."
9. Vigne, "Early Domestication and Farming."

10. Benecke, "Late Prehistoric Exploitation."
11. Deng, "The Fossils of the Przewalski's Horse"; Foronova, "Late Quaternary Equids."
12. Tarasov et al., "A Continuous Late Glacial and Holocene Record"; Zhang et al., "Holocene Climate Variations"; Perşoiu et al., "Holocene Winter Climate Variability."
13. Guthrie, "Rapid Body Size Decline."
14. Steppan, "The Neolithic Human Impact."
15. Kosintsev, "The Human-Horse Relationship"; Rassamakin, "The Eneolithic of the Black Sea Steppe."
16. Kosintsev, "The Human-Horse Relationship."
17. Rassamakin, "The Eneolithic of the Black Sea Steppe."
18. Jeong et al., "A Dynamic 6,000-Year Genetic History"; Haak et al., "Massive Migration."
19. Gimbutas, *The Kurgan Culture*.
20. Benecke, "Late Prehistoric Exploitation"; Greenfield, "The Social and Economic Context."
21. Anthony et al., "Early Horseback Riding."
22. Anthony, *The Horse, the Wheel and Language*.
23. Anthony et al., "Early Horseback Riding"; Kuz'mina, "Mythological Treatment."
24. Levine, "The Origins of Horse Husbandry."
25. Taylor, "Horse Demography"; Levine, "The Origins of Horse Husbandry."
26. Clutton-Brock, "The Buhen Horse."
27. Taylor et al., "Horseback Riding."
28. Clutton-Brock, "The Buhen Horse"; Anthony et al., "The Origins of Horseback Riding"; Takács, "Evidence of Horse Use."
29. Cook, "Damage by the Bit"; Taylor et al., "Reconstructing Equine Bridles."
30. Taylor et al., "Reconstructing Equine Bridles"; Takács, "Evidence of Horse Use."
31. Levine et al., "Abnormal Thoracic Vertebrae"; Li et al., "Early Evidence for Mounted Horseback Riding"; Taylor, Hart, et al., "Interdisciplinary Analysis"; Weber, "Elite Equids"; Levine, "Chinese Chariot Horses"; Taylor et al., "Understanding Early Horse Transport."
32. Taylor et al., "Early Dispersal of Domestic Horses"; Taylor et al., "Equine Cranial Morphology."
33. Taylor et al., "Equine Cranial Morphology."
34. Taylor et al., "Origins of Equine Dentistry"; Rannamäe et al., "A Month in a Horse's Life."

35. Makarewicz et al., "Isotopic Evidence"; Taylor et al., "Interdisciplinary Analysis"; Bendrey et al., "Patterns of Iron Age Horse Supply."
36. Gaunitz et al., "Ancient Genomes."
37. Anthony et al., "The Origin of Horseback Riding."
38. Anthony et al., "Eneolithic Horse Exploitation."
39. Horwitz et al., "A Late Neolithic Equid Offering."
40. Rassamakin. "The Eneolithic of the Black Sea Steppe."
41. Levine, "The Origins of Horse Husbandry."
42. Esin, "An Eastern Tibetan Tool"; Reinhold et al., "Contextualising Innovation."
43. Olsen, "The Exploitation of Horses"; Olsen, "Early Horse Domestication."
44. Olsen, "Early Horse Domestication"; French et al., "Geomorphological and Micromorphological Investigations."
45. Brown et al., "Bit Wear."
46. Levine, "Exploring the Criteria for Early Horse Domestication."
47. Brown et al., "Bit Wear"; Olsen, "Early Horse Domestication."
48. Benecke et al., "Horse Exploitation."
49. Levine, "The Origins of Horse Husbandry"; Olsen, "Early Horse Domestication"; Fages et al., "Horse Males Became Over-Represented."
50. Ingold, *Hunters, Pastoralists and Ranchers*.
51. Olsen, "Early Horse Domestication."
52. Outram et al., "The Earliest Horse Harnessing."
53. Bendrey, "New Methods"; Bendrey, "An Analysis of Factors."
54. Outram et al., "The Earliest Horse Harnessing."
55. Dudd et al., "Organic Residue Analysis."
56. Gaunitz et al., "Ancient Genomes."
57. Wit et al., *The Tale of the Przewalski's Horse*; Olsen, "Early Horse Domestication," 95.
58. Barros Damgaard et al., "The First Horse Herders."
59. Taylor et al., "Rethinking the Evidence."
60. Wilkin et al., "Dairying."
61. Scott et al., "Emergence and Intensification."

## 두 번째 걸음: 수레

## 4 바퀴

1. Gaastra et al., "Gaining Traction."
2. Burmeister et al., "Some Notes on Pictograms."
3. Bakker et al., "The Earliest Evidence of Wheeled Vehicles."
4. Maurer et al., "Cattle Drivers from the North?"
5. Reinhold et al., "Contextualising Innovation."
6. Sagona, *The Archaeology of the Caucasus*.
7. Kohl, *The Making of Bronze Age Eurasia*.
8. Reinhold et al., "Contextualising Innovation."
9. Littauer et al., *Selected Writings on Chariots*; Shishlina et al., "Catacomb Culture Wagons."
10. Haak et al., "Massive Migration."
11. Allentoft et al., "Population Genomics"; Hermes et al., "Mitochondrial DNA."
12. Jeong et al., "A Dynamic 6,000-Year Genetic History."
13. Kovalev, *Earliest European*; Kovalev et al., "Discovery of New Cultures."
14. Wilkin et al., "Dairy Pastoralism."
15. Trautmann et al., "First Bioanthropological Evidence."
16. Taylor et al., "Investigating Reindeer Pastoralism."
17. Taylor et al., "Early Pastoral Economies."
18. Todd et al., "The Genomic History."
19. Kimura et al., "Ancient DNA."
20. Rossel et al., "Domestication of the Donkey"; Mitchell, *The Donkey in Human History*, 53.
21. Arnold et al., "Isotopic Evidence"; Greenfield et al., "Evidence for Movement of Goods."
22. Zarins et al., *The Domestication of Equidae*; Mitchell, *The Donkey in Human History*.
23. Bennett et al., "Taming the Late Quaternary Phylogeography."
24. Orlando et al., "Geographic Distribution."
25. Zarins et al., *The Domestication of Equidae*.
26. Zarins et al., *The Domestication of Equidae*. Here, the all-capital-letter transliteration of the original Sumerian logograms follows the terms used in Recht, *The Spirited Horse*.

27. Zarins et al., *The Domestication of Equidae*.
28. Zarins et al., *The Domestication of Equidae*.
29. Recht, *The Spirited Horse*.
30. Kuz'mina, *The Origin of the Indo-Iranians*, 134, 332.
31. Moorey, "Pictorial Evidence."
32. Van Buren, "Clay Figurines."
33. Kawami, "That Strange Equid."
34. Zarins et al., *The Domestication of Equidae*, 147-48
35. Blench, "Wild Asses and Donkeys."
36. Littauer et al., *Wheeled Vehicles*; Drews, *Early Riders*.
37. Gilbert, "Equid Remains"; Bökönyi et al., "A Review of Animal Remains"; Vila, "Data on Equids."
38. Zeder, "The Equid Remains."
39. Shai et al., "The Importance of the Donkey"; Clutton-Brock et al., "More Donkeys from Tell Brak."
40. Gilbert, "Equid Remains."
41. Weber, "Elite Equids"; Weber et al., "Restoring Order."
42. Bennett et al., "The Genetic Identity."
43. Bennett et al., "The Genetic Identity."
44. Mühl, "'Metal Makes the Wheel Go Round'"; Littauer et al., *Selected Writings on Chariots*, 261-71.
45. Littauer et al., *Wheeled Vehicles*.
46. Littauer et al., *Selected Writings on Chariots*, 479-86.
47. Littauer et al., *Wheeled Vehicles*.
48. Littauer et al., *Wheeled Vehicles*.
49. Greenfield et al., "Earliest Evidence"; Clutton-Brock, "Were the Donkeys at Tell Brak (Syria) Harnessed"; Littauer et al., *Selected Writings on Chariots*; Bar-Oz et al., "Symbolic Metal Bit."
50. Littauer et al., *Wheeled Vehicles*.
51. Noble, "The Mesopotamian Onager."
52. Olsen et al., *A Gift from the Desert*, 95.
53. Drews, *Early Riders*.

# 5 전차

1. Librado et al., "The Origins and Spread of Domestic Horses."
2. Librado et al., "The Origins and Spread of Domestic Horses."
3. Librado et al., "The Origins and Spread of Domestic Horses"; Olsen, Early Horse Domestication.
4. Wilkin et al., "Dairying."
5. Wilkin et al., "Dairying."
6. Scott et al., "Emergence and Intensification of Dairying."
7. Der Sarkissian et al., "Evolutionary Genomics"; Librado et al., "The Origins and Spread of Domestic Horses."
8. Dietz, "Horseback Riding."
9. Dietz, "Horseback Riding."
10. Mitchell, "The Constraining Role of Disease."
11. Swart, *Riding High*.
12. Taylor, "How Dan the Zebra Stopped An Ill-Fated Government Breeding Program."
13. Swart, *Riding High*, 26.
14. Root, *The Overland Stage to California*, 50.
15. Root, *The Overland Stage to California*, 427.
16. Librado et al., "The Origins and Spread of Domestic Horses."
17. Chechushkov et al., "Relative and Absolute Chronologies"; Izbitser, "Kolyesnitsa."
18. Chechushkov et al., "Relative and Absolute Chronologies."
19. Lindner, "Chariots in the Eurasian Steppe."
20. Kuznetsov, "The Emergence of Bronze Age Chariots."
21. Chechushkov et al., "Eurasian Steppe Chariots."
22. Moorey, "The Emergence of the Light, Horse-Drawn Chariot."
23. Spengler et al., "An Imagined Past?"; Schmaus, "Animals, Households, and Communities."
24. Kosintsev, "The Human-Horse Relationship."
25. Kosintsev, "The Human-Horse Relationship."
26. Anthony et al., "Early Horseback Riding and Warfare," 137.
27. Wilkin et al., "Dairying"; Wilkin et al., "Dairy Pastoralism"; Scott et al., "Emergence and Intensification of Dairying."
28. Raulwing, *Horses, Chariots and Indo-Europeans*.
29. Crouwel et al., *Chariots and Related Equipment*.

30. Esin et al., "Chariots in the Bronze Age."
31. Jacobson-Tepfer, *The Hunter, the Stag, and the Mother of Animals.*
32. Jacobson-Tepfer, *The Hunter, the Stag, and the Mother of Animals*, 192, 204.
33. Esin et al., "Chariots in the Bronze Age."
34. Kuz'mina, *The Origin of the Indo-Iranians*, 34; Anthony, "The Sintashta Genesis."
35. Chechushkov et al., "Early Evidence for Horse Utilization."
36. Taylor et al., "Equine Cranial Morphology."
37. Librado et al., "The Origins and Spread of Domestic Horses."
38. Chechushkov et al., "Eurasian Steppe Chariots."
39. Svyatko et al., "New Radiocarbon Dates"; Poliakov et al., "Modern Data on the Bronze Age Radiocarbon Chronology."
40. Motuzaite Matuzeviciut et al., "Ecology and Subsistence."
41. Anthony, "The Sintashta Genesis."
42. Kuznetsov, "The Emergence of Bronze Age Chariots."
43. Kyselý et al., "Horse Size and Domestication"; Czebreszuk et al., "The Horse, Wagon, and Roads."
44. Goldhahn, "Bredarör on Kivik."
45. Bendrey, "The Horse."
46. Drews, *The Coming of the Greeks*; Raulwing, *Horses, Chariots and IndoEuropeans*; Marzahn, "Equids in Mesopotamia."
47. Zarins et al., *The Domestication of Equidae.*
48. Drews, *The Coming of the Greeks.*
49. Drews, *The Coming of the Greeks*, 98.
50. Kuz'mina, *The Origin of the Indo-Iranians*, 128.
51. Guimaraes et al., "Ancient DNA."
52. Littauer et al., *Wheeled Vehicles.*
53. Moorey, "The Emergence of the Light, Horse-Drawn Chariot" (specific descriptions of projectile-platform function and rapid troop deployment is on p. 204); Littauer et al., *Wheeled Vehicles.*
54. Josephus, *Against Apion.*
55. Drews, *The Coming of the Greeks*; Clutton-Brock, "The Buhen Horse"; Olsen et al., *A Gift from the Desert.*
56. Näser et al., "Of Kings and Horses."
57. Law, *The Horse in West African History*; Olsen et al., *A Gift from the Desert.*
58. Ikram et al., *Catalogue General*, 46-47.

59. Crouwel et al., *Chariots and Related Equipment*.
60. Badisches Landesmuseum Karlsruhe et al., "The Reconstruction of PiRamesse."
61. Littauer et al.. *Wheeled Vehicles*.
62. Mitchell, *Horse Nations*; Mitchell, *The Donkey in Human History*.
63. Hamilakis, "A Footnote on the Archaeology of Power."
64. Harding, "Horse-Harness."
65. Maran et al., "A Horse-Bridle Piece"; Podobed et al., "Cheek-Pieces of the Water Horses."
66. Drews, *The Coming of the Greeks*.
67. Harding, "Horse-Harness"; Maran et al., "A Horse-Bridle Piece."
68. Lazaridis et al., "Genetic Origins of the Minoans and Mycenaeans."
69. Danino, "The Horse and the Aryan Debate"; Anthony, "Horse, Wagon & Chariot."
70. Danino, "The Horse and the Aryan Debate."
71. Kumar, "A Note on Chariot Burials."
72. Kuz'mina, *The Origin of the Indo-Iranians*, 336-37.
73. Kenoyer, "Cultures and Societies of the Indus Tradition."
74. Zahir, "Gandhara Grave Culture"; Muhammad Zahir, email communication with the author, July 2020.
75. Jawad, "Faunal Remains."
76. Zahir, "Gandhara Grave Culture"; Agrawal et al., "Cist Burials."
77. Azzaroli, "Two Proto-Historic Horse Skeletons."
78. Azzaroli, "Two Proto-Historic Horse Skeletons."
79. Narasimhan et al., "The Formation of Human Populations."
80. Shetenko, "Время Появления Домашней Лошади" [The Time of the Appearance of the Domesticated Horse].
81. Narasimhan et al., "The Formation of Human Populations."
82. Kuz'mina, *The Origin of the Indo-Iranians*.
83. Drews, *The Coming of the Greeks*.
84. Kuz'mina, *The Origin of the Indo-Iranians*; Anthony, "The Roles of Climate Change," 47.
85. Kuz'mina, *The Origin of the Indo-Iranians*; Spengler et al., "Early Agriculture and Crop Transmission"; Miller et al., "Millet Cultivation across Eurasia."

―――――― 세 번째 걸음: 말을 타는 사람 ――――――

## 6 갑골문

1. Li et al., "Heading North."
2. Massilani et al., "Denisovan Ancestry"; Li et al., "Heading North."
3. Cai et al., "Radiocarbon and Genomic Evidence."
4. Jeong et al., "A Dynamic 6,000-Year Genetic History."
5. Jeong et al., "A Dynamic 6,000-Year Genetic History."
6. Losey et al., "A Second Mortuary Hiatus"; Taylor et al., "Early Pastoral Economies."
7. Houle et al., "Resilient Herders."
8. Taylor et al., "Early Pastoral Economies."
9. Taylor et al., "Early Pastoral Economies."
10. Svyatko et al., "New Radiocarbon Dates"; Poliakov et al., "Modern Data on the Bronze Age Radiocarbon Chronology."
11. Svyatko et al., "New Radiocarbon Dates."
12. Legrand, "The Emergence of the Scythians."
13. Legrand, "The Emergence of the Scythians."
14. Fitzhugh, "The Mongolian Deer Stone-Khirigsuur Complex."
15. Esin et al., "Paint on Deer Stones of Mongolia."
16. Bayarsaikhan, Монголын умард нутгийн буган хөшөөдд [Deer Stones of Northern Mongolia]; Tabaldyev, "Monuments of the Bronze Age of Kyrgyzstan."
17. Seitsonen et al., "The Mystery of the Missing Caprines."
18. Taylor et al., "Horse Sacrifice and Butchery."
19. Allard et al., "Khirigsuurs, Ritual and Mobility."
20. Taylor et al., "Horse Sacrifice and Butchery."
21. Taylor et al., "Horse Sacrifice and Butchery."
22. Lepetz et al., "Customs, Rites, and Sacrifices"; Lazzerini et al., "Season of Death of Domestic Horses."
23. Zazzo et al., "High-Precision Dating."
24. Fages et al., "Tracking Five Millennia of Horse Management."
25. Taylor et al., "Equine Cranial Morphology"; Taylor et al., "Reconstructing Equine Bridles"; Taylor et al., "Horseback Riding."
26. Taylor, "Horse Demography."
27. Fitzhugh, "The Mongolian Deer Stone-Khirigsuur Complex," 77

28. Taylor, "Horse Demography."
29. Allard et al., "Ritual Horses"; Taylor et al., "Understanding Early Horse Transport"; Lepetz et al., "Customs, Rites, and Sacrifices."
30. Taylor et al., "Understanding Early Horse Transport."
31. Taylor et al., "Horseback Riding."
32. Taylor et al., "Understanding Early Horse Transport."
33. Taylor et al., "Understanding Early Horse Transport."
34. Wagner et al., "Radiocarbon-Dated Archaeological Record."
35. Turfan City Bureau of Cultural Relics et al., "新疆洋海墓地" [Report of Archaeological Excavations at Yanghai Cemetery].
36. Beck et al., "The Invention of Trousers."
37. Wertmann et al., "New Evidence for Ball Games in Eurasia."
38. Cultural Relics Team of Xinjiang Museum, "且末县扎滚鲁克五座墓葬发掘简报" [Excavation Report on Five Burials].
39. Taylor et al., "Early Pastoral Economies."
40. Houle, "Emergent Complexity"; Wilkin et al., "Dairy Pastoralism."
41. Taylor et al., "Origins of Equine Dentistry."
42. Allard et al., "Khirigsuurs, Ritual and Mobility."
43. Taylor et al., "Equine Cranial Morphology."
44. Karstens et al., "A Palaeopathological Analysis."
45. Eregzen, *Ancient Funeral Monuments*; Taylor et al., "A Bayesian Chronology."
46. Cai et al., "Radiocarbon and Genomic Evidence."
47. Yuan et al., "Research on Early Horse Domestication"; Mair, "The Horse in Late Prehistoric China."
48. Janz et al., "Expanding Frontier and Building the Sphere."
49. Rawson et al., "Chariotry and Prone Burials."
50. Wu, *Chariots in Early China*.
51. Cooke, *Imperial China*, 30.
52. Rawson et al., "Seeking Horses."
53. Taylor et al., "Equine Cranial Morphology"; Wu, *Chariots in Early China*.
54. Piggott, "Chariots in the Caucasus and in China"; Littauer et al., *Selected Writings on Chariots*, 106-35.
55. Cooke, *Imperial China*.
56. Rawson et al., "Seeking Horses."
57. Mair, "The Horse in Late Prehistoric China."

58. Kuz'mina, *The Origin of the Indo-Iranians*.
59. Mair, "The Horse in Late Prehistoric China"; Bjørn, "Indo-European Loanwords."
60. Mair, "The Horse in Late Prehistoric China."
61. Rawson et al., "Seeking Horses."
62. Wu, *Chariots in Early China*, 7-9.
63. Rawson et al., "Seeking Horses."

## 7 말타기

1. Outram et al., "Horses for the Dead."
2. Littauer et al., *Wheeled Vehicles*, 66-68.
3. Littauer et al., *Wheeled Vehicles*.
4. Schulman, "Egyptian Representations of Horsemen."
5. Littauer, "Bits and Pieces."
6. Taylor et al., "Understanding Early Horse Transport."
7. Bar-Oz et al., "Symbolic Metal Bit and Saddlebag Fastenings."
8. Littauer et al., *Selected Writings on Chariots*, 505-18.
9. Librado et al., "The Origins and Spread of Domestic Horses."
10. Sagona, *The Archaeology of the Caucasus*; Olsen et al., *A Gift from the Desert*, 103; Littauer et al., *Selected Writings on Chariots*, 333.
11. Stepanov et al., "Horse Equipment."
12. Taylor et al.,"Reconstructing Equine Bridles"; Taylor et al., "Understanding Early Horse Transport."
13. Khorvat, "Захоронения коней в камере № 31 Кургана Аржан-1" [Horse Burials in Chamber No. 31 of Kurgan Arzhan-1].
14. Benecke, "The Horse Skeletons."
15. Anglim et al., *Fighting Techniques*.
16. Anglim et al., *Fighting Techniques*.
17. Kuz'mina, *The Origin of the Indo-Iranians*, 367-76.
18. Schauensee, "Horse Gear from Hasanlu."
19. Gnecchi-Ruscone et al., "Ancient Genomic Time Transect"; Jeong et al., "A Dynamic 6,000-Year Genetic History."
20. Caspari et al., "Tunnug 1 (Arzhan 0)"; Sadykov et al., "Kurgan Tunnug 1"
21. Librado et al., "Ancient Genomic Changes."

22. Librado et al., "Ancient Genomic Changes."
23. Benecke, "The Horse Skeletons."
24. Lepetz, "Horse Sacrifice"; Vitt, "The Horses of the Kurgans of Pazyryk"; Li et al., "Early Evidence for Mounted Horseback Riding."
25. Liu et al., "A Single-Nucleotide Mutation."
26. Kosintsev, "The Human-Horse Relationship."
27. Taylor et al., "Early Pastoral Economies."
28. Wilkin et al., "Dairy Pastoralism."
29. Tuvshinjargal et al., "Тэрийн Эртний Түүхэн" [Clarifying the Early Historical Development of the Ger]; Andrews, *Felt Tents and Pavilions*.
30. Baumer, *The History of Central Asia*, 225.
31. Mlinar et al., *Hear the Horses of Celts*.
32. Seguin-Orlando et al., "Heterogeneous Hunter-Gatherer."
33. Baumer, *The History of Central Asia*.
34. Mokrynin, Археология и история древнего и средневекового Кыргызстана: избранное [Archaeology and History of Ancient and Medieval Kyrgyzstan].
35. Azzaroli, "Two Proto-Historic Horse Skeletons."
36. Honeychurch, "Inner Asia and the Spatial Politics of Empire," 128.
37. Mayor, *The Amazons*.

## 8 말을 타는 사람들

1. Mayor, *The Amazons*.
2. Spengler et al., "An Imagined Past?"
3. Spengler et al., "An Imagined Past?"
4. Stark et al., *Nomads and Networks*, 121.
5. Lepetz et al., "To Accompany and Honour the Deceased."
6. Rudenko, *Frozen Tombs of Siberia*.
7. Lepetz et al., "To Accompany and Honour the Deceased."
8. Rudenko, *Frozen Tombs of Siberia*.
9. Taylor et al., "Origins of Equine Dentistry."
10. Wertmann et al., "The Earliest Directly Dated Saddle."
11. Stepanova et al., "Horse Equipment."
12. Wertmann et al., "No Borders for Innovations."

13. Bennett, *Conquerors*.
14. Minetti, "Physiology."
15. Olsen et al., *A Gift from the Desert*, 36.
16. Xenophon, *The Art of Horsemanship*.
17. Crouwel, *Chariots and Other Wheeled Vehicles*.
18. Corbino et al., "Equine Exploitation at Pompeii."
19. Wagner et al., "The Ornamental Trousers from Sampula."
20. Rawson et al., "Seeking Horses."
21. Cooke, *Imperial China*, 40-41.
22. Li et al., "Horses in Qin Mortuary Practice."
23. Cooke, *Imperial China*.
24. Beckwith, *Empires of the Silk Road*.
25. Kradin, "Stateless Empire."
26. Iderkhangai et al., "Хүннүгийн Лунчэн, Чанюйтин, Лунтин, хэмээх үгсийн тухай, Луут хот хэмээн бичигдэх болсон шалтгаан" [About the Xiongnu Period Words Longcheng, Chanyuting, and Longting].
27. Miller et al., "Proto-Urban Establishments."
28. Erdene-Ochir et al., Ноён уулын дурсгалын археологийн шинэ судалгаа [New Archaeological Research at the Site of Noyon Uul], 206.
29. Erdenebaatar, "Material Cultural Heritage of Xiongnu Empire."
30. Wilkin et al., "Economic Diversification"; Wright et al., "The Xiongnu Settlements."
31. Jeong et al., "A Dynamic 6,000-Year Genetic History."
32. Chan, *Nomadic Empires*, 82.
33. Bayarsaikhan et al., "The Origins of Saddle and Riding Technology."
34. Turbat et al., "Xiongnu Archaeological Tamgas."

## 9 비단길과 차마고도

1. Creel, "The Role of the Horse in Chinese History."
2. Shelach-Lavi et al., "Cavalry and the Great Walls."
3. Cooke, *Imperial China*; Liu, "Migration and Settlement."
4. Cooke, *Imperial China*, 41.
5. Jones, "Wings across the Silk Road."
6. Kuz'mina, *The Origin of the Indo-Iranians*.

7. Cooke, *Imperial China*.
8. Hyland, *Equus*.
9. Guedes et al., "The Archaeology of the Early Tibetan Plateau."
10. Aldenderfer, "Variation in Mortuary Practice."
11. Zhang et al., "Identification and Interpretation of Faunal Remains."
12. Yang et al., "Haplotype Diversity."
13. Tao et al., "The Coffin Paintings of the Tubo Period."
14. Lu et al., "Earliest Tea."
15. Hoh et al., *The True History of Tea*.

## 10 스텝 제국들

1. Dean, "A Descriptive Label for Spurs"; De Lacy, *History of the Spur*.
2. De Lacy, *The History of the Spur*.
3. Littauer et al., *Selected Writings on Chariots*; Law, *The Horse in West African History*.
4. Bayarsaikhan et al., "The Origins of Saddle and Riding Technology."
5. Stepanova, "Saddles of the Hun-Sarmatian Period."
6. Dien, "The Stirrup"; Bayarsaikhan et al., "The Origins of Saddle and Riding Technology."
7. Dien, "The Stirrup."
8. Bayarsaikhan et al., "The Origins of Saddle and Riding Technology."
9. Dien, "The Stirrup."
10. Stepanova, "Saddles of the Hun-Sarmatian Period."
11. Bayarsaikhan et al., "The Origins of Saddle and Riding Technology."
12. Caprioli, "Equestrian Military Equipment"; Curta, "The Earliest AvarAge Stirrups."
13. Struck et al., "Climate Change and Equestrian Empires."
14. Pederson et al., "Pluvials, Droughts"; Putnam et al., "Little Ice Age Wetting."
15. Su et al., "Impact of Climate Change"; McCormick et al., "Climate Change."
16. Harbeck et al., "Yersinia Pestis DNA."
17. Kausrud et al., "Modeling the Epidemiological History of Plague."
18. Rogers et al., "Urban Centres."
19. Fenner et al., "Stable Isotope and Radiocarbon Analyses."
20. Shim, "The Postal Roads of the Great Khans."
21. Minetti, "Physiology"; Atwood, "Mongol Messenger's Badge."

22. Atwood, "Mongol Messenger's Badge."
23. Weatherford, *Genghis Khan*.
24. Librado et al., "Tracking the Origins of Yakutian Horses"; Cooper et al., "Evidence of Eurasian Metal Alloys."

## 11 사막과 사바나의 제국들

1. Morgan et al., "The Effect of Coat Clipping."
2. Olsen et al., *A Gift from the Desert*, 54.
3. Macdonald, "Hunting, Fighting, and Raiding."
4. Macdonald, "Hunting, Fighting, and Raiding"; Olsen et al., *A Gift from the Desert*.
5. Mallory-Greenough, "The Horse Burials of Nubia"; Doxey, "Napatan Horses"; Schrader et al., "Symbolic Equids."
6. Kelekna, "Northern Africa."
7. Olsen et al., *A Gift from the Desert*, 18.
8. Olsen et al., *A Gift from the Desert*, 18.
9. Robin, "Sabean and Himyarites Discover the Horse."
10. Olsen et al., *A Gift from the Desert*; Macdonald, "Hunting, Fighting, and Raiding."
11. Kelekna, *The Horse in Human History*.
12. Fages et al., "Tracking Five Millennia of Horse Management."
13. MacEachern et al., "Early Horse Remains."
14. Law, *The Horse in West African History*; Kefena et al., "Morphological Diversities."
15. Law, *The Horse in West African History*.
16. Law, *The Horse in West African History*, 395.
17. Rivallain, "The Horse."
18. Rivallain, "The Horse."
19. Law, *The Horse in West African History*, 123.
20. Law, *The Horse in West African History*.
21. Ogundiran, *The Yoruba*, 269.
22. Ogundiran, "The Formation of an Oyo Imperial Colony."
23. Diakakis et al., "Correlation between Equine Colic and Weather Changes."
24. Mitchell, "The Constraining Role of Disease."
25. Dennis et al., "Diseases May Shape the Distribution of Equid Species."

## 네 번째 걸음: 세계

## 12 바다로 가는 말

1. Kaniewsk et al., "The Sea Peoples."
2. D'Amato et al., *Sea Peoples*, 40-46.
3. Littauer et al., *Selected Writings on Chariots*, 141-73.
4. Hyland, *Equus*, 98-100.
5. Barnes, "The Emergence and Expansion of Silla."
6. Habu, "Seafaring."
7. Chiga, "日本に伝えられた馬文化" [Horse Culture Passed Down to Japan].
8. Chiga, "日本に伝えられた馬文化" [Horse Culture Passed Down to Japan].
9. Sasaki, "Adoption of the Practice of Horse-Riding."
10. Habu, "Seafaring" 167.
11. Chiga, "日本に伝えられた馬文化" [Horse Culture Passed Down to Japan].
12. Uetsuki et al., "Horse Feeding Strategy."
13. Tozaki et al., "Genetic Diversity"; Uetsuki et al., "The Use of Horses."
14. Skvorstov, "Burials of Riders and Horses"; Karczewska, "The Role of Horse Burials."
15. Dobat et al., "The Four Horses."
16. Dobat et al., "The Four Horses."
17. Kaliff et al., *The Great Indo-European Horse Sacrifice*; Hayhurst, "A Recent Find"; O Suilleabhain, "Foundation Sacrifices"; Hukantaival, "Horse Skulls."
18. Lepetz et al., "Historical Management of Equine Resources."
19. Reich, "The Cemetery of Oberhof"; Bliujienė et al., "Burials with Horses."
20. Carver, *Sutton Hoo*.
21. Klæsøe, *Viking Trade and Settlement*.
22. Nordeide, "The Oseberg Ship Burial."
23. Price, "The Vikings in Spain."
24. Fages et al. "Tracking Five Millennia of Horse Management."
25. Pilø et al., "Crossing the Ice."
26. Biknevicius et al., "Locomotor Mechanics."
27. Wutke et al., "The Origin of Ambling Horses."
28. Williams, *Weapons of the Viking Warrior*.
29. Pedersen, "Riding Gear."
30. Ingstad et al., *The Viking Discovery of America*.

31. Shenk, *To Valhalla by Horseback?*
32. Loffelmann et al., "Sr Analyses."
33. Kalliff et al., *The Great Indo-European Horse Sacrifice*; Nistelberger et al., "Sexing Viking Age Horses."
34. Shenk, *To Valhalla by Horseback?*, 16.
35. McGovern et al., "Zooarchaeology of the Scandinavian Settlements"; Smiarowski, "Climate-Related Farm-to-Shieling Transition."
36. Enghoff, *Hunting, Fishing and Animal Husbandry*, 77; Levine, "The Origins of Horse Husbandry."
37. Kuitems et al., "Evidence for European Presence"; Wallace, "L'Anse Aux Meadows."
38. Taylor et al., "Early Dispersal of Domestic Horses."
39. Meyer et al., "Pferdetransport zur See"; Pryor, "Transportation of Horses by Sea."

## 13 귀향

1. Crosby, *Ecological Imperialism*.
2. Bento et al., *History of the Azores*.
3. Bento et al., *History of the Azores*.
4. Deagan et al., *Columbus's Outpost*.
5. Street, "Feral Animals in Hispaniola."
6. Cabrera, *Caballos de America*, 113.
7. Delsol et al., "Analysis of the Earliest Complete mtDNA Genome."
8. Strassnig, "Rediscovering the Camino Real of Panama."
9. Cabrera, *Caballos de America*.
10. Olsen, "The Role of Humans in Horse Distribution," 115; Cabrera, *Caballos de America*.
11. Mitchell, *Horse Nations*, 77.
12. Cabrera, *Caballos de America*; Hudson, *Knights of Spain*, 74, 378.
13. Haile, *Jamestown Narratives*.
14. Chard, "Did the First Spanish Horses Landed in Florida and Carolina Leave Progeny?"
15. Cabrera, *Caballos de America*, 102.
16. Griggs, *The Archaeology of Central Caribbean Panama*, 160-63; 201.
17. Renton, *A Social and Environmental History*.

18. Mitchell, *Horse Nations*, 77.
19. Forbes, "The Appearance of the Mounted Indian."
20. Forbes, "The Appearance of the Mounted Indian."
21. Olsen, "The Role of Humans in Horse Distribution."
22. Olsen, "The Role of Humans in Horse Distribution," 115.
23. Forbes, "The Appearance of the Mounted Indian."
24. Gifford-Gonzalez et al., "Foodways on the Frontier."
25. Haines, "The Northward Spread of Horses"; Roe, *The Indian and the Horse*, 8-9; Taylor et al., "Early Dispersal of Domestic Horses."
26. Taylor et al., "Early Dispersal of Domestic Horses"; Sundstrom, "Coup Counts and Corn Caches," 126.
27. Haile, *Jamestown Narratives*.
28. Jones, "The Old French-Canadian Horse."
29. Taylor et al., "Early Dispersal of Domestic Horses."
30. Holder, *The Hoe and the Horse on the Plains*, 80; Hämäläinen, *The Comanche Empire*.
31. Wilson, *The Horse and the Dog in Hidatsa Culture*.
32. Wayland et al., *Playing Cards of the Apaches*.
33. Johnson, *Lubbock Lake*, 149-50.
34. Wilson, *The Horse and the Dog in Hidatsa Culture*.
35. Mitchell, "'A Horse Race Is the Same All the World Over.'"
36. Carlson, *Eighteenth Century Navajo Fortresses*; Wedel, "Coronado, Quivira, and Kansas."
37. Wilson, *The Horse and the Dog in Hidatsa Culture*.
38. Catlin, *North American Indians*.
39. Mitchell, "Tracing Comanche History."
40. Ewers, *The Horse in Blackfoot Indian Culture*.
41. Reed, "Horses in Pawnee History and Culture."
42. Ewers, *The Horse in Blackfoot Indian Culture*.
43. Cowdrey et al., *American Indian Horse Masks*.
44. Ewers, *The Horse in Blackfoot Indian Culture*, 286-87
45. Grinnell, *Pawnee Hero Stories*; O'Shea, *Archaeology and Ethnohistory of the Omaha Indians*.
46. Wallace et al., *The Comanches*, 152.
47. Wheat et al., "The Olsen-Chubbuck Site."
48. Roe, *The Indian and the Horse*, 231.

49. Ewers, *The Horse in Blackfoot Indian Culture*, 154-68.
50. Mitchell, *Horse Nations*, 145.
51. Philipps, *Wild Horse Country*, 38.
52. Wallace et al., *The Comanches*, 119.
53. Taylor et al., "Early Dispersal of Domestic Horses."
54. Sundstrom, "Coup Counts and Corn Caches."
55. Schroeder, "The Alcova Redoubt"; Drass et al., "Digging Ditches."
56. Hämäläinen, *The Comanche Empire*.
57. Hämäläinen, *The Comanche Empire*; Hamalainen, *Lakota America*.

## 14 팜파스

1. Mitchell, *Horse Nations*, 220.
2. Bennett, *Conquerors*, 237-38.
3. deFrance, "Diet and Animal Use."
4. Kennedy et al., "Zooarchaeology and Changing Food Practices."
5. Fan et al., "Genomic Analysis."
6. deFrance, "Iberian Foodways."
7. Sauer, *The Archaeology and Ethnohistory of Araucanian Resilience*.
8. Mitchell, *Horse Nations*, 222.
9. Sauer, *The Archaeology and Ethnohistory of Araucanian Resilience*, 93-115.
10. Mitchell, *Horse Nations*, 258; Cabrera, *Caballos de America*.
11. Sauer, *The Archaeology and Ethnohistory of Araucanian Resilience*.
12. Gallardo et al., "Riders on the Storm"; Troncoso et al., "Making Rock Art."
13. Jong et al., "Mortuary Rituals"; Mitchell, *Horse Nations*, 260.
14. Camphora, *Animals and Society in Brazil*, 105.
15. Vander Velden, "A Tapuya 'Equestrian Nation?'"
16. Mitchell, *Horse Nations*, 236.
17. Camphora, *Animals and Society in Brazil*, 108; Vander Velden, "A Tapuya 'Equestrian Nation?'" 97.
18. Martinić Beros, *Los Aonikenk*, 74.
19. Taylor et al., "Early Domestic Horse Exploitation."
20. Mitchell, *Horse Nations*, 284.
21. Borrero et al., "Fragmented Records"; Belardi et al., "Late Holocene Guanaco

Hunting Grounds"; Moreno et al., "Rastreando Ausencias."
22. Giardina et al., "Hunting, Butchering and Consumption of Rheidae."
23. Mazzanti et al., "Estrategias de Subsistencia"; Navarro, "Analisis Arqueofaunistico."
24. Taylor et al., Early Domestic Horse Exploitation; Musters, *At Home with the Patagonians*.
25. Guinnard, *Three Years' Slavery among the Patagonians*, 182.
26. Musters, *At Home with the Patagonians*, 131.
27. Mitchell, *Horse Nations*, 272.
28. Musters, *At Home with the Patagonians*, 76, 180; 140-41.
29. Guinnard, *Three Years' Slavery among the Patagonians*, 154; Musters, *At Home with the Patagonians*, 177.
30. Darwin, *Journal of Researches*, 39; Mitchell, *Horse Nations*, 283.
31. Navarro, "Analisis Arqueofaunistico"; Musters, *At Home with the Patagonians*.
32. Martinić, *Los Aonikenk*, 217, 221; Mitchell, *Horse Nations*, 239-58.
33. Bourne, *The Giants of Patagonia*; Mitchell, *Horse Nations*, 279.
34. Musters, *At Home with the Patagonians*, 130-31, 169.
35. Guinnard, *Three Years' Slavery among the Patagonians*, 196; Musters, *At Home with the Patagonians*, 77.
36. Guinnard, *Three Years' Slavery among the Patagonians*.
37. Guinnard, *Three Years' Slavery among the Patagonians*, 152.
38. Musters, *At Home with the Patagonians*, 177.
39. Mitchell, *Horse Nations*, 290.
40. Delaunay et al., "Glass and Stoneware Knapped Tools."
41. Guinnard, *Three Years' Slavery among the Patagonians*.

## 15 태평양

1. Clarence-Smith, "Breeding and Power."
2. O'Connor et al., *Forts and Fortification*; Clarence-Smith, "Breeding and Power."
3. Clarence-Smith, "Breeding and Power," 40-41.
4. Swart, *Riding High*, 32.
5. Swart, *Riding High*, 40; Mitchell, *Horse Nations*.
6. Mallen et al., "The Rock Arts of Metolong."
7. Swart, *Riding High*, 80-102.

8. Blench, "The Austronesians in Madagascar"; O'Connor et al., *Forts and Fortification*.
9. Amano et al., "Archaeological and Historical Insights."
10. Clarence-Smith, "Elephants, Horses, and the Coming of Islam."
11. Fillios et al., "Who Let the Dogs In?"; Letnic et al., "Could Direct Killing by Larger Dingoes Have Caused the Extinction."
12. Crosby, *Ecological Imperialism*.
13. Schaffer, *Land Musters*.
14. Glover, *Archaeology in Eastern Timor*; Glover, "Excavations in Timor."
15. O'Connor et al., *Forts and Fortification*, 33.
16. Clements, *The Black War*.
17. Clements, *The Black War*, 81, 87.
18. Fijn, "Encountering the Horse," 12; Richards, *The Secret War*.
19. Sandall, *Coniston Muster*.
20. Fijn, "Encountering the Horse"; Jones, *Ochre and Rust*, 103.
21. Forbes, *Australia on Horseback*, 145.
22. Fijn, "Encountering the Horse"; Forbes, *Australia on Horseback*, 145.
23. Petrie, "Satisfaction in a Horse."
24. Mitchell, *Horse Nations*, 337.
25. Bergin et al., *The Hawaiian Horse*, 38-39.
26. Bergin et al., *The Hawaiian Horse*, 52.
27. Bergin et al., *The Hawaiian Horse*.
28. Bergin et al., *The Hawaiian Horse*.
29. Shackleton, *The Heart of the Antarctic*.

## 16 철마

1. Crisman et al., *When Horses Walked on Water*.
2. Root et al., *The Overland Stage to California*.
3. Root et al., *The Overland Stage to California*.
4. Taylor et al., "Early Dispersal of Domestic Horses."
5. Singleton, "Britain's Military Use of Horses."
6. Morris, "From Horse Power to Horsepower."
7. Philipps, *Wild Horse Country*; Bennett, *Conquerors*.
8. Taylor, "Pandemics and the Post"; Bessac et al., *Death on the Chang Tang*.

9. Law, *The Horse in West African History*, 204-6.
10. Swart, *Riding High*.

## 17 말의 발자취

1. Orlando, "Ancient Genomes."
2. Root et al., *The Overland Stage to California*, 554.
3. Giardina et al., "Hunting, Butchering and Consumption of Rheidae."

# 참고 문헌

Agrawal, D. P., Kharakwal, J., Kusumgar, S. and Yadava, M. G. Cist Burials of the Kumaun Himalayas. *Antiquity*, vol. 69, no. 264, pp. 550–54, September 1995.

Aldenderfer, M. Variation in Mortuary Practice on the Early Tibetan Plateau and the High Himalayas. *Journal of the International Association for Bon Research*, vol. 1, pp. 293–318, 2013.

Allard, F. and Erdenebaatar, D. Khirigsuurs, Ritual and Mobility in the Bronze Age of Mongolia. *Antiquity*, vol. 79, no. 305, pp. 547–63, September 2005.

Allard, F., Erdenebaatar, D., Olsen, S., Cavalla, A. and Maggiore, E. Ritual Horses in Bronze Age and Present Day Mongolia: Some Preliminary Observations from Khanuy Valley. In *Social Orders and Social Landscapes*, L. Popova, C. Hartley, and A. Smith, Eds., pp. 151–62. Cambridge Scholars Publishing, 2008.

Allentoft, M. E., Sikora, M., Sjogren, K.-G., Rasmussen, S., Rasmussen, M., Stenderup, J., Damgaard, P. B., et al. Population Genomics of Bronze Age Eurasia. *Nature*, vol. 522, no. 7555, pp. 167–72, June 11, 2015.

Amano, N., Bankoff, G., Findley, D. M., Barretto-Tesoro, G. and Roberts, P. Archaeological and Historical Insights into the Ecological Impacts of Pre-Colonial and Colonial Introductions into the Philippine Archipelago. *Holocene*, vol. 31, no. 2, pp. 313–30, February 1, 2021.

Andrews, P. A. *Felt Tents and Pavilions: The Nomadic Tradition and Its Interaction with Princely Tentage*. Melisende, 1999.

Anglim, S., Rice, R. S., Jestice, P., Rusch, S. and Serrati, J. *Fighting Techniques of the Ancient World (3000 B. C. to 500 A. D.): Equipment, Combat Skills, and Tactics*. Macmillan, 2003.

Anthony, D. W. *The Horse, the Wheel and Language: How Bronze-Age Riders from the Steppes Shaped the Modern World*. Princeton University Press, 2007.

Anthony, D. W. Horse, Wagon and Chariot: Indo-European Languages and Archaeology. *Antiquity*, vol. 69, no. 264, pp. 554–65, September 1995.

Anthony, D. W. The Roles of Climate Change, Warfare, and Long-Distance Trade. In *Social Complexity in Prehistoric Eurasia: Monuments, Metals and Mobility*, B. Hanks and K. Linduff, Eds., pp. 47–73. Cambridge University Press, 2009.

Anthony, D. W. and Brown, D. R. Eneolithic Horse Exploitation in the Eurasian Steppes: Diet, Ritual and Riding. *Antiquity*, vol. 73, no. 283, pp. 75–86, March 2000.

Anthony, D. W., Brown, D. R. and George, C. Early Horseback Riding and Warfare: The Importance of the Magpie around the Neck. In *Horses and Humans: The Evolution of Human-Equine Relationships*, S. Olsen, S. Grant, A. Choyke, and L. Bartosiewicz, Eds, pp. 137–56. British Archaeological Reports, 2006.

Anthony, D. W., Telegin, D. Y. and Brown, D. The Origin of Horseback Riding. *Scientific American*, vol. 265, no. 6, pp. 94–101, 1991.

Arbuckle, B. S. Animals and Inequality in Chalcolithic Central Anatolia. *Journal of Anthropological Archaeology*, vol. 31, no. 3, pp. 302–13, September 1, 2012.

Arnold, E. R., Hartman, G., Greenfield, H. J., Shai, I., Babcock, L. E. and Maeir, A. M. Isotopic Evidence for Early Trade in Animals between Old Kingdom Egypt and Canaan. *PloS One*, vol. 11, no. 6, p. e0157650, June 20, 2016.

Atwood, C. P. Mongol Messenger's Badge (Paiza or Gerege) in Pakpa Script. Project Himalayan Art, June 26, 2023. https://projecthimalayanart.rubinmuseum.org/essays/mongol-messengers-badge-paiza-or-gerege-in-pakpa-script/.

Azzaroli, A. Two Proto-Historic Horse Skeletons from Swāt, Pakistan. *East and West*, vol. 25, no. 3/4, pp. 353–57, 1975.

Badisches Landesmuseum Karlsruhe, Roemer-Pelizaeus Museum Hildesheim and Qantir Excavation Project. The Reconstruction of Pi-Ramesse. Artefacts—Scientific Illustration and Archaeological Reconstruction, 2016. https://www.artefacts-berlin.

de/portfolio-item/the-reconstruction-of-pi-ramesse/.

Bakker, J. A., Kruk, J., Lanting, A. E. and Milisauskas, S. The Earliest Evidence of Wheeled Vehicles in Europe and the Near East. *Antiquity*, vol. 73, no. 282, pp. 778–90, December 1999.

Barnes, G. L. The Emergence and Expansion of Silla from an Archaeological Perspective. *Korean Studies*, vol. 28, pp. 14–48, 2004.

Bar-Oz, G., Nahshoni, P., Motro, H. and Oren, E. D. Symbolic Metal Bit and Saddlebag Fastenings in a Middle Bronze Age Donkey Burial. *PloS One*, vol. 8, no. 3, p. e58648, March 6, 2013.

Barron-Ortiz, C. I., Avilla, L. S., Jass, C. N., Bravo-Cuevas, V. M., Machado, H. and Mothe, D. What Is Equus? Reconciling Taxonomy and Phylogenetic Analyses. *Frontiers in Ecology and Evolution*, vol. 7, p. 343, 2019.

Barros Damgaard, P. de, Martiniano, R., Kamm, J., Moreno-Mayar, J. V., Kroonen, G., Peyrot, M., Barjamovic, G., et al. The First Horse Herders and the Impact of Early Bronze Age Steppe Expansions into Asia. *Science*, vol. 360, no. 6396. https://doi.org/10.1126/science.aar7711.

Baumer, C. *The History of Central Asia*. Vol. 1, *The Age of the Steppe Warriors*. I. B. Tauris, 2012.

Bayarsaikhan, J. Монголын у...мард ну...тгийн бу...ган хөшөөдд [Deer Stones of Northern Mongolia]. National Museum of Mongolia, 2017.

Bayarsaikhan, J., Turbat, T., Bayandelger, C., Tuvshinjargal, T., Wang, J., Chechushkov, I., Uetsuki, M., et al. The Origins of Saddles and Riding Technology in East Asia: New Discoveries from the Mongolian Altai. *Antiquity*, vol. 98, no. 397, pp. 102–18, 2024. https://doi.org/10.15184/aqy.2023.172.

Beck, U., Wagner, M., Li, X., Durkin-Meisterernst, D. and Tarasov, P. E. The Invention of Trousers and Its Likely Affiliation with Horseback Riding and Mobility: A Case Study of Late 2nd Millennium BC Finds from Turfan in Eastern Central Asia. *Quaternary International*, vol. 348, pp. 224–35, October 20, 2014.

Beckwith, C. I. *Empires of the Silk Road*. Princeton University Press, 2009.

Belardi, J. B., Marina, F. C., Madrid, P., Barrientos, G. and Campan, P. Late Holocene Guanaco Hunting Grounds in Southern Patagonia: Blinds, Tactics and Differential Landscape Use. *Antiquity*, vol. 91, no. 357, pp. 718–31, June 2017.

Bendrey, R. An Analysis of Factors Affecting the Development of an Equid Cranial Enthesopathy. *Veterinarija Ir Zootechnika*, vol. 41, no. 63, pp. 25–31, 2008.

Bendrey, R. From Wild Horses to Domestic Horses: A European Perspective. *World*

*Archaeology*, vol. 44, no. 1, pp. 135–57, March 1, 2012.

Bendrey, R. The Horse. In *Extinctions and Invasions: A Social History of British Fauna*, T. O'Connor and N. J. Sykes, Eds., pp. 10–6. Windgather Press, 2010.

Bendrey, R. New Methods for the Identification of Evidence for Bitting on Horse Remains from Archaeological Sites. *Journal of Archaeological Science*, vol. 34, no. 7, pp. 1036–50, July 1, 2007.

Bendrey, R., Hayes, T. E. and Palmer, M. R. Patterns of Iron Age Horse Supply: An Analysis of Strontium Isotope Ratios in Teeth. *Archaeometry*, vol. 51, no. 1, pp. 140–50, January 2009.

Benecke, N. The Horse Skeletons from the Scythian Royal Grave Mound at Arzan 2 (Tuva, W. Siberia). *Documenta Archaeobiologiae*, vol. 5, pp. 115–31, 2007.

Benecke, N. Late Prehistoric Exploitation of Horses in Central Germany and Neighboring Areas—The Archaeozoological Record. In *Horses and Humans: The Evolution of Human-Equine Relationships*, S. Olsen, S. Grant, A. Choyke, and L. Bartosiewicz, Eds., pp. 195–208. British Archaeological Reports, 2006.

Benecke, N. and Driesch, A. von den. Horse Exploitation in the Kazakh Steppes during the Eneolithic and Bronze Age. In *Prehistoric Steppe Adaptation and the Horse*, M. Levine, C. Renfrew, and Katie Boyle, Eds., pp. 69–82. McDonald Institute for Archaeological Research, 2003.

Bennett, D. *Conquerors: The Roots of New World Horsemanship*. Amigo, 1998.

Bennett, E. A., Champlot, S., Peters, J., Arbuckle, B. S., Guimaraes, S., Pruvost, M., Bar-David, S., et al. Taming the Late Quaternary Phylogeography of the Eurasiatic Wild Ass through Ancient and Modern DNA. *PloS One*, vol. 12, no. 4, p. e0174216, April 19, 2017.

Bennett, E. A., Weber, J., Bendhafer, W., Champlot, S., Peters, J., Schwartz, G. M., Grange, T. and Geigl, E.-M. The Genetic Identity of the Earliest Human-Made Hybrid Animals, the Kungas of Syro-Mesopotamia. *Science Advances*, vol. 8, no. 2, p. eabm0218, January 14, 2022.

Bento, C. M. and Pereira, P. V. R. *History of the Azores*. EGA Rua Manuel Augusto de Amaral, 1994.

Bergin, B. and Bergin, B. *The Hawaiian Horse*. University of Hawai'i Press, 2017.

Bergström, A., Stanton, D. W. G., Taron, U. H., Frantz, L., Sinding, M.-H. S., Ersmark, E., Pfrengle, S., et al. Grey Wolf Genomic History Reveals a Dual Ancestry of Dogs. *Nature*, June 29, 2022. https://doi.org/10.1038/s41586-022-04824-9.

Bernor, R. L., Cirilli, O., Jukar, A. M., Potts, R., Buskianidze, M. and Rook, L. Evolution of Early Equus in Italy, Georgia, the Indian Subcontinent, East Africa, and the Origins of African Zebras. *Frontiers in Ecology and Evolution*, vol. 7, 2019. https://doi.org/10.3389/fevo.2019.00166.

Bessac, F. B., Bessac, S. L. and Steelquist, J. O. B. *Death on the Chang Tang: Tibet, 1950: The Education of an Anthropologist*. University of Montana Press, 2006.

Biknevicius, A. R., Mullineaux, D. R. and Clayton, H. M. Locomotor Mechanics of the Tölt in Icelandic Horses. *American Journal of Veterinary Research*, vol. 67, no. 9, pp. 1505–10, September 2006.

Bjørn, R. Indo-European Loanwords and Exchange in Bronze Age Central and East Asia. *Evolutionary Human Sciences*, vol. 4, 2022. https://doi.org/10.1017/ehs.2022.16.

Blench, R. The Austronesians in Madagascar and Their Interaction with the Bantu of the East African Coast: Surveying the Linguistic Evidence for Domestic and Translocated Animals. *Studies in Philippine Languages and Cultures*, vol. 18, pp. 18–43, 2008.

Blench, R. Wild Asses and Donkeys in Africa: Interdisciplinary Evidence for Their Biogeography, History and Current Use. *Proceedings of the 9$^{th}$ Donkey Conference, School of Oriental and African Studies, London, UK*, pp. 8–9, 2012.

Bliujienė, A. and Butkus, D. Burials with Horses and Equestrian Equipment on the Lithuanian and Latvian Littorals and Hinterlands (from the Fifth to the Eighth Centuries). *Archaeologia Baltica*, vol. 11, pp. 149–63, 2009.

Boeskorov, G. G., Potapova, O. R., Protopopov, A. V., Plotnikov, V. V., Maschenko, E. N., Shchelchkova, M. V., Petrova, E. A., et al. A Study of a Frozen Mummy of a Wild Horse from the Holocene of Yakutia, East Siberia, Russia. *Mammal Research*, vol. 63, no. 3, pp. 307–14, July 2018.

Bökönyi, S. and Bartosiewicz, L. A Review of Animal Remains from Shahr-I Sokhta (Eastern Iran). In *Archaeozoology of the Near East IV B*, M. Mashkour, A. M. Choyke, H. Buitenhuis, and F. Poplin, Eds., pp. 116–52. ARC, 2000.

Borrero, L. A. and Martin, F. M. Fragmented Records: Fuego-Patagonian Hunter-Gatherers and Archaeological Change. In *Archaeology on the Threshold: Studies in the Processes of Change*, J. Wardle, R. Hitchcock, M. Schmader, and P. Yu, Eds., pp. 68–88, University Press of Florida, 2023.

Bourgeon, L., Burke, A. and Higham, T. Earliest Human Presence in North America Dated to the Last Glacial Maximum: New Radiocarbon Dates from Bluefish Caves, Canada. *PloS One*, vol. 12, no. 1, p. e0169486, January 6, 2017.

Bourne, B. F. *The Giants of Patagonia: Captain Bourne's Account of His Captivity amongst the

*Extra-Ordinary Savages of Patagonia*. Ingram, Cooke, 1853.

Brink, J. W., Barron-Ortiz, C. I., Loftis, K. and Speakmart, R. J. Pleistocene Horse and Possible Human Association in Central Alberta, 12,700 Years Ago. *Canadian Journal of Archaeology*, vol. 41, no. 1, pp. 79–96, 2017.

Brown, D. and Anthony, D. Bit Wear, Horseback Riding and the Botai Site in Kazakstan. *Journal of Archaeological Science*, vol. 25, no. 4, pp. 331–47, 1998.

Brubaker, L. and Udell, M. A. R. Cognition and Learning in Horses (*Equus caballus*): What We Know and Why We Should Ask More. *Behavioural Processes*, vol. 126, pp. 121–31, May 2016.

Burke, A. and Castanet, J. Histological Observations of Cementum Growth in Horse Teeth and Their Application to Archaeology. *Journal of Archaeological Science*, vol. 22, no. 4, pp. 479–93, 1995.

Burmeister, S., Krispijn, T. J. H. and Raulwing, P. Some Notes on Pictograms Interpreted as Sledges and Wheeled Vehicles in the Archaic Texts from Uruk. In *Equids and Wheeled Vehicles in the Ancient World: Essays in Memory of Mary A. Littauer*, BAR International Series 2923, P. Raulwing, K. M. Linduff, and J. Crouwel, Eds., pp. 49–70. British Archaeological Reports, 2019.

Cabrera, A. *Caballos de America*. Editorial Sudamericana, 1945.

Cai, D., Zhu, S., Gong, M., Zhang, N., Wen, J., Liang, Q., Sun, W., et al. Radiocarbon and Genomic Evidence for the Survival of Equus Sussemionus until the Late Holocene. *eLife*, vol. 11, May 11, 2022. https://doi.org/10.7554/eLife.73346.

Camphora, A. L. *Animals and Society in Brazil: From the Sixteenth to Nineteenth Centuries*. White Horse, 2021.

Caprioli, M. Equestrian Military Equipment of the Eastern Roman Armies in the Sixth and Seventh Centuries. In *The Materiality of the Horse*, M. Bibby and B. Scott, Eds., pp. 221–37. Trivent, 2020.

Carlson, R. L. *Eighteenth Century Navajo Fortresses of the Gobernador District*. University of Colorado Press, 1965.

Carver, M. O. H. and Carver, M. *Sutton Hoo: Burial Ground of Kings?* University of Pennsylvania Press, 1998.

Caspari, G., Sadykov, T., Blochin, J. and Hajdas, I. Tunnug 1 (Arzhan 0)—An Early Scythian Kurgan in Tuva Republic, Russia. *Archaeological Research in Asia*, vol. 15, pp. 82–87, November 1, 2017.

Catlin, G., *North American Indians*. Penguin, 2004.

Chan, M. B., Ed. *Nomadic Empires of the Mongolian Steppes*. National Museum of Korea,

2018.

Chard, T. Did the First Spanish Horses Landed in Florida and Carolina Leave Progeny? *American Anthropologist*, vol. 42, no. 1, pp. 90–106, 1940.

Chechushkov, I. V. and Epimakhov, A. V. Eurasian Steppe Chariots and Social Complexity during the Bronze Age. *Journal of World Prehistory*, vol. 31, no. 4, pp. 435–83, December 1, 2018.

Chechushkov, I. V. and Epimakhov, A. V. Relative and Absolute Chronologies of the Chariot Complex in Northern Eurasia and Early Indo-European Migrations. In *The Indo-European Puzzle Revisited: Integrating Archaeology, Genetics, and Linguistics*, K. Kristiansen, G. Kroonen, and E. Willerslev, Eds., pp. 501–20. Cambridge University Press, 2023.

Chechushkov, I. V., Usmanova, E. R. and Kosintsev, P. A. Early Evidence for Horse Utilization in the Eurasian Steppes and the Case of the Novoil'inovskiy 2 Cemetery in Kazakhstan. *Journal of Archaeological Science, Reports*, vol. 32, no. 102420, p. 102420, August 1, 2020.

Chiga, H. 日本に えられた馬文化 [Horse Culture Passed Down to Japan]. In 馬の考古学 [Archaeology of Horses], K. Migishima, Ed., pp. 12–21. Yuzankaku, 2019.

Clarence-Smith, W. G. Breeding and Power in Southeast Asia: Horses, Mules and Donkeys in the Longue Duree. In *Environment, Trade, and Society in Southeast Asia*, D. Henley and H. S. Nordholt, Eds., pp. 32–45. Brill, 2015.

Clarence-Smith, W. G. Elephants, Horses, and the Coming of Islam to Northern Sumatra. *Indonesia and the Malay World*, vol. 32, no. 93, pp. 271–84, July 1, 2004.

Clements, N. P. *The Black War: Fear, Sex and Resistance in Tasmania*. University of Queensland Press, 2014.

Clutton-Brock, J. The Buhen Horse. *Journal of Archaeological Science*, vol. 1, no. 1, pp. 89–100, March 1, 1974.

Clutton-Brock, J. Were the Donkeys at Tell Brak (Syria) Harnessed with a Bit? In *Prehistoric Steppe Adaptation and the Horse,* M. Levine, C. Renfrew, and K. Boyle, Eds., pp. 126–28. McDonald Institute for Archaeological Research, 2003.

Clutton-Brock, J. and Davies, S. More Donkeys from Tell Brak. *Iraq*, vol. 55, pp. 209–21, October 1993.

Collin, Y. R. H. The Relationship between the Indigenous Peoples of the Americas and the Horse: Deconstructing a Eurocentric Myth. PhD diss., University of Alaska Fairbanks, 2017.

Cook, W. R. Damage by the Bit to the Equine Interdental Space and Second Lower

Premolar. *Equine Veterinary Education*, vol. 23, no. 7, pp. 355–60, July 18, 2011.

Cooke, B. *Imperial China: The Art of the Horse in Chinese History: Exhibition Catalog*. Art Media Resources, 2000.

Cooper, H. K., Mason, O. K., Mair, V., Hoffecker, J. F. and Speakman, R. J. Evidence of Eurasian Metal Alloys on the Alaskan Coast in Prehistory. *Journal of Archaeological Science*, vol. 74, pp. 176–83, October 1, 2016.

Corbino, C. A., Comegna, C., Amoretti, V., Modi, A., Cannariato, C., Lari, M., Caramelli, D. and Osanna, M. Equine Exploitation at Pompeii (AD 79). *Journal of Archaeological Science: Reports*, vol. 48, 2023.

Cowdrey, M., Martin, N. and Coleman, W. *American Indian Horse Masks*. Hawk Hill, 2006.

Creel, H. G. The Role of the Horse in Chinese History. *American Historical Review*, vol. 70, no. 3, pp. 647–72, 1965.

Crisman, K. J. and Cohn, A. B. *When Horses Walked on Water*. Smithsonian, 1998.

Crosby, A. W. *Ecological Imperialism: The Biological Expansion of Europe, 900–1900*. Cambridge University Press, 2004.

Crouwel, J. H. *Chariots and Other Wheeled Vehicles in Iron Age Greece*. Allard Pierson Museum, 1992.

Cultural Relics Team of Xinjiang Museum. 且末县扎滚鲁克五座墓葬发掘简报 [Excavation Report on Five Burials at the Zaghunluq Cemetery in Qiemo County]. 新疆文物 [Xinjiang Wenwu], vol. 3, pp. 2–18, 1998.

Curta, F. The Earliest Avar-Age Stirrups, or the "Stirrup Controversy" Revisited. In *The Other Europe in the Middle Ages*, pp. 297–326. Brill, 2008.

Czebreszuk, J., Kośko, A. and Szmyt, M. The Horse, Wagon, and Roads. In *Origin and Spreading of Chariots*, A. I. Vasilenko, Ed., pp. 47–54. Globus, 2008.

Daly, K. G., Maisano Delser, P., Mullin, V. E., Scheu, A., Mattiangeli, V., Teasdale, M. D., Hare, A. J., et al. Ancient Goat Genomes Reveal Mosaic Domestication in the Fertile Crescent. *Science*, vol. 361, no. 6397, pp. 85–88, July 6, 2018.

D'Amato, R. and Salimbeti, A. *Sea Peoples of the Bronze Age Mediterranean c. 1400 BC–1000 BC*. Bloomsbury USA, 2015.

Danino, M. The Horse and the Aryan Debate. *Journal of Indian History and Culture*, vol. 13, pp. 33–39, 2006.

Darwin, C. *Journal of Researches into the Natural History and Geology of the Countries Visited during the Voyage of H. M. S. "Beagle" Round the World: Under the Command of Capt. Fitz Roy, R. N.* Ward, Lock and Company, 1889.

Davis, L. G., Madsen, D. B., Becerra-Valdivia, L., Higham, T., Sisson, D. A., Skinner, S. M., Stueber, D., et al. Late Upper Paleolithic Occupation at Cooper's Ferry, Idaho, USA, ~16,000 Years Ago. *Science*, vol. 365, no. 6456, pp. 891–97, August 30, 2019.

Deagan, K. A. and Cruxent, J. M. *Columbus's Outpost among the Tainos: Spain and America at La Isabela, 1493–1498*. Yale University Press, 2008.

Dean, B. A Descriptive Label for Spurs. *Metropolitan Museum of Art Bulletin*, vol. 11, no. 10, pp. 217–19, 1916.

deFrance, S. D. Diet and Animal Use in Colonial Potosi. *Chungara: Revista de Antropologia Chilena*, vol. 44, pp. 9–24, 2012.

deFrance, S. D. Iberian Foodways in the Moquegua and Torata Valleys of Southern Peru. *Historical Archaeology*, vol. 30, no. 3, pp. 20–48, September 1, 1996.

de Lacy, C. *The History of the Spur*. The Connoisseur (Otto Limited), 1911.

Delaunay, A. N., Belardi, J. B., Marina, F. C., Saletta, M. J. and De Angelis, H. Glass and Stoneware Knapped Tools among Hunter-Gatherers in Southern Patagonia and Tierra del Fuego. *Antiquity*, vol. 91, no. 359, pp. 1330–43, October 2017.

Delsol, N., Stucky, B. J., Oswald, J. A., Reitz, E. J., Emery, K. F. and Guralnick, R. Analysis of the Earliest Complete mtDNA Genome of a Caribbean Colonial Horse (*Equus caballus*) from 16th-Century Haiti. *PloS One*, vol. 17, no. 7, p. e0270600, July 27, 2022.

Deng, T. The Fossils of the Przewalski's Horse and the Climatic Variations of the Late Pleistocene in China. In *Equids in Time and Space: Papers in Honour of Vera Eisenmann*, M. Mashkour, Ed., pp. 12–19. Oxbow, 2006.

Dennis, S., Meyers, A. and Mitchell, P. Diseases and Distributions of Wild and Domestic Equids. In *The Equids: A Suite of Splendid Species*, H. H. T. Prins and I. J. Gordon, Eds., pp. 269–98. Springer, 2023.

Der Sarkissian, C., Ermini, L., Schubert, M., Yang, M. A., Librado, P., Fumagalli, M., Jonsson, H., et al. Evolutionary Genomics and Conservation of the Endangered Przewalski's Horse. *Current Biology*, vol. 25, no. 19, pp. 2577–83, October 5, 2015.

Diakakis, N. and Tyrnenopoulou, P. Correlation between Equine Colic and Weather Changes. *Journal of the Hellenic Veterinary Medical Society*, vol. 68, no, 3, pp. 455–66, 2018.

Dien, A. E. The Stirrup and Its Effect on Chinese Military History. *Ars Orientalis*, vol. 16, pp. 33–56, 1986.

Dietz, U. L. Horseback Riding: Man's Access to Speed. In *Prehistoric Steppe Adaptation and the Horse*, M. Levine, C. Renfrew, and K. Boyle, Eds., pp. 189–99. McDonald Institute for Archaeological Research, 2003.

Dixon, E. J. *Bones, Boats and Bison: Archeology and the First Colonization of Western North America*. University of New Mexico Press, 1999.

Dobat, A. S., Douglas Price, T., Kveiborg, J., Ilkjær, J. and Rowley-Conwy, P. The Four Horses of an Iron Age Apocalypse: War-Horses from the Third-Century Weapon Sacrifice at Illerup Aadal (Denmark). *Antiquity*, vol. 88, no. 339, pp. 191–204, March 2014.

Doxey, D. Napatan Horses and the Horse Cemetery at El-Kurru, Sudan. In *Equids and Wheeled Vehicles in the Ancient World: Essays in Memory of Mary A. Littauer*, P. Raulwing, K. M. Linduff, and J. H. Crouwel, Eds., pp. 137–48. BAR, 2019.

Drass, R. R., Perkins, S. M. and Vehik, S. C. Digging Ditches: Archaeological Investigations of Historically Reported Fortifications at Bryson-Paddock (34KA5) and Other Southern Plains Village Sites. In *Archaeological Perspectives on Warfare on the Great Plains*, A. Clark and D. Bamforth, Eds., pp. 211–36. University of Colorado Press, 2018.

Drews, R. *The Coming of the Greeks: Indo-European Conquests in the Aegean and the Near East*. Princeton University Press, 1994.

Drews, R. *Early Riders: The Beginnings of Mounted Warfare in Asia and Europe*. Routledge, 2004.

Dudd, S. N., Evershed, R. P. and Levine, M. Organic Residue Analysis of Lipids in Potsherds from the Early Neolithic Settlement of Botai, Kazakhstan. In *Prehistoric Steppe Adaptation and the Horse*, M. Levine, C. Renfrew, and K. Boyle, Eds., pp. 45–53. McDonald Institute for Archaeological Research, 2003.

Enghoff, I. B. *Hunting, Fishing and Animal Husbandry at the Farm Beneath the Sand, Western Greenland*. Museum Tusculanum Press, 2003.

Erdenebaatar, D. Material Cultural Heritage of the Xiongnu Empire. Известия Лаборатории древних технологий [Journal of Ancient Technology Laboratory], vol. 14, no. 2 (27), pp. 54–73, 2018.

Erdene-Ochir, N., Tseveendorj, D., Polosmak, N. V. and Bogdanov, E. S. Ноён уулын дурсгалын археологийн шинэ судалгаа [New Archaeological Research at the Site of Noyon Uul]. Mongolian Academy of Sciences, 2021.

Eregzen, G. *Ancient Funeral Monuments of Mongolia*. Mongolian Academy of Sciences, Ulaanbaatar, 2016.

Esin, Y. N. An Eastern Tibetan Tool for Managing Draught Cattle. *Archaeology, Ethnology*

& *Anthropology of Eurasia*, vol. 48, no. 3, pp. 107–16, 2020.

Esin, Y. N., Magail, J., Gantulga, J.-O. and Yeruul-Erdene, C. Chariots in the Bronze Age of Central Mongolia Based on the Materials from the Khoid Tamir River Valley. *Archaeological Research in Asia*, vol. 27, p. 100304, September 1, 2021.

Esin, Y. N., Magail, J. and Yeruul-Erdene, C. Paint on Deer Stones of Mongolia. *Archaeology, Ethnology, & Anthropology of Eurasia*, vol. 45, no. 3, pp. 79–89, 2017.

Ewers, J. C. *The Horse in Blackfoot Indian Culture: With Comparative Material from Other Western Tribes*. Literary Licensing, 2011. First published 1955 by US Government Printing Office (Washington, DC).

Fages, A., Hanghøj, K., Khan, N., Gaunitz, C., Seguin-Orlando, A., Leonardi, M., McCrory Constantz, C., et al. Tracking Five Millennia of Horse Management with Extensive Ancient Genome Time Series. *Cell*, vol. 177, no. 6, pp. 1419–35.e31, May 30, 2019.

Fages, A., Seguin-Orlando, A., Germonpre, M. and Orlando, L. Horse Males Became Over-Represented in Archaeological Assemblages during the Bronze Age. *Journal of Archaeological Science: Reports*, vol. 31, p. 102364, June 1, 2020.

Faith, J. T. Late Pleistocene and Holocene Mammal Extinctions on Continental Africa. *Earth-Science Reviews*, vol. 128, pp. 105–21, January 1, 2014.

Fan, R., Gu, Z., Guang, X., Marin, J. C., Varas, V., Gonzalez, B. A., Wheeler, J. C., et al. Genomic Analysis of the Domestication and Post-Spanish Conquest Evolution of the Llama and Alpaca. *Genome Biology*, vol. 21, no. 1, p. 159, July 2, 2020.

Fenner, J. N., Delgermaa, L., Piper, P. J., Wood, R. and Stuart-Williams, H. Stable Isotope and Radiocarbon Analyses of Livestock from the Mongol Empire Site of Avraga, Mongolia. *Archaeological Research in Asia*, vol. 22, p. 100181, June 1, 2020.

Fijn, N. Encountering the Horse: Initial Reactions of Aboriginal Australians to a Domesticated Animal. *Australian Humanities Review*, vol. 62, pp. 1–25, 2017.

Fillios, M. A. and Tacon, P. S. C. Who Let the Dogs In? A Review of the Recent Genetic Evidence for the Introduction of the Dingo to Australia and Implications for the Movement of People. *Journal of Archaeological Science: Reports*, vol. 7, pp. 782–92, 2016.

Fitzhugh, W. W. The Mongolian Deer Stone-Khirigsuur Complex: Dating and Organization of a Late Bronze Age Menagerie. In *Current Archaeological Research in Mongolia: Papers from the First International Conference on "Archaeological Research in Mongolia" Held in Ulaanbaatar, August 19–3rd, 2007*, J. Bemmann, H. Parzinger, E. Pohl, and D. Tseveendorzh, Eds., pp. 183–99. Rheinische Friedrich-Wilhelms-

Universitat, 2009.

Forbes, C. *Australia on Horseback*. Macmillan Australia, 2014.

Forbes, J. D. The Appearance of the Mounted Indian in Northern Mexico and the Southwest, to 1680. *Southwestern Journal of Anthropology*, vol. 15, no. 2, pp. 189–212, July 1, 1959.

Foronova, I. Late Quaternary Equids (genus *Equus*) of South-Western and South-Central Siberia. In *Equids in Time and Space: Papers in Honour of Vera Eisenmann*, M. Mashkour, Ed., pp. 20–30. Oxbow, 2006.

French, C. and Kousoulakou, M. Geomorphological and Micromorphological Investigations of Palaeosols, Valley Sediments and a Sunken Floored Dwelling at Botai, Kazakhstan. In *Prehistoric Steppe Adaptation and the Horse*, M. Levine, C. Renfrew, and K. Boyle, Eds., pp. 105–14. McDonald Institute for Archaeological Research, 2003.

Gaastra, J. S., Greenfield, H. J. and Vander Linden, M. Gaining Traction on Cattle Exploitation: Zooarchaeological Evidence from the Neolithic Western Balkans. *Antiquity*, vol. 92, no. 366, pp. 1462–77, December 2018.

Gallardo, F., Castro, V. and Miranda, P. Riders on the Storm: Rock Art in the Atacama Desert (Northern Chile). *World Archaeology*, vol. 31, no. 2, pp. 225–42, October 1, 1999.

Gaunitz, C., Fages, A., Hanghøj, K., Albrechtsen, A., Khan, N., Schubert, M., Seguin-Orlando, A., et al. Ancient Genomes Revisit the Ancestry of Domestic and Przewalski's Horses. *Science*, February 22, 2018. https://doi.org/10.1126/science.aao3297.

Giardina, M., Otaola, C. and Franchetti, F. Hunting, Butchering and Consumption of Rheidae in the South of South America: An Actualistic Study. In *Ancient Hunting Strategies in Southern South America*, J. B. Belardi, D. L. Bozzuto, P. M. Fernandez, E. A. Moreno, and G. A. Neme, Eds., pp. 159–74. Springer International, 2021.

Gifford-Gonzalez, D. and Sunseri, J. Foodways on the Frontier: Animal Use and Identity in Early Colonial New Mexico. In *The Archaeology of Food and Identity*, K. C. Twiss, Ed., pp. 260–87. Center for Archaeological Investigations, Southern Illinois University, 2007.

Gilbert, A. S. Equid Remains from Godin Tepe, Western Iran: An Interim Summary and Interpretation, with Notes on the Introduction of the Horse into Southwest Asia. *Equids in the Ancient World II. Beihefte Zum Tübinger Atlas des Vorderen Orients. Reihe A (Naturwissenchaften)*, vol. 19, no. 2, pp. 75–123, 1991.

Gimbutas, M. *The Kurgan Culture and the Indo-Europeanization of Europe: Selected Articles from 1952 to 1993*. Institute for the Study of Man, 1997.

Glover, I. *Archaeology in Eastern Timor, 1966–67*. Terra Australis, 1986.

Glover, I. Excavations in Timor: A Study of Economic Change and Cultural Continuity in Prehistory. PhD diss., Australian National University, 1972.

Gnecchi-Ruscone, G. A., Khussainova, E., Kahbatkyzy, N., Musralina, L., Spyrou, M. A., Bianco, R. A., Radzeviciute, R., et al. Ancient Genomic Time Transect from the Central Asian Steppe Unravels the History of the Scythians. *Science Advances*, vol. 7, no. 13, March 2021. https://doi.org/10.1126/sciadv.abe4414.

Goldhahn, J. Bredarör on Kivik: A Monumental Cairn and the History of Its Interpretation. *Antiquity*, vol. 83, no. 320, pp. 359–71, 2009.

Greenfield, H. J. The Social and Economic Context for Domestic Horse Origins in Southeastern Europe: A View from Ljuljaci in the Central Balkans. In *Horses and Humans: The Evolution of Human-Equine Relationships*, S. Olsen, S. Grant, A. Choyke, and L. Bartosiewicz, Eds., pp. 221–44. British Archaeological Reports, 2006. Greenfield, H. J., Greenfield, T. L., Arnold, E., Shai, I., Albaz, S. and Maeir, A. M. Evidence for Movement of Goods and Animals from Egypt to Canaan during the Early Bronze of the Southern Levant: A View from Tell es. -S.afi/Gath. *Agypten und Levante*, vol. 30, pp. 377–97, 2020.

Greenfield, H. J., Shai, I., Greenfield, T. L., Arnold, E. R., Brown, A., Eliyahu, A. and Maeir, A. M. Earliest Evidence for Equid Bit Wear in the Ancient Near East: The "Ass" from Early Bronze Age Tell Es.-S. afi/Gath, Israel. *PloS One*, vol. 13, no. 5, p. e0196335, May 16, 2018.

Griggs, J. C. *The Archaeology of Central Caribbean Panama*. University of Texas at Austin, 2005.

Grinnell, G. B., *Pawnee Hero Stories and Folk-Tales: With Notes on the Origin, Customs and Character of the Pawnee People*. D. Nutt, 1893.

Guedes, J. d'Alpoim and Aldenderfer, M. The Archaeology of the Early Tibetan Plateau: New Research on the Initial Peopling through the Early Bronze Age. *Journal of Archaeological Research*, vol. 28, no. 3, pp. 339–92, September 2020.

Guimaraes, S., Arbuckle, B. S., Peters, J., Adcock, S. E., Buitenhuis, H., Chazin, H., Manaseryan, N., et al. Ancient DNA Shows Domestic Horses Were Introduced in the Southern Caucasus and Anatolia during the Bronze Age. *Science Advances*, vol. 6, no. 38, September 2020. https://doi.org/10.1126/sciadv.abb0030.

Guinnard, A. *Three Years' Slavery among the Patagonians: An Account of His Captivity*. R.

Bentley, 1871.

Guthrie, R. D. Human-Horse Relations Using Paleolithic Art: Pleistocene Horses Drawn from Life. In *Horses and Humans: The Evolution of Human-Equine Relationships*, S. Olsen, S. Grant, A. Choyke, and L. Bartosiewicz, Eds., pp. 61–80. British Archaeological Reports, 2006.

Guthrie, R. D. Rapid Body Size Decline in Alaskan Pleistocene Horses before Extinction. *Nature*, vol. 426, no. 6963, pp. 169–71, November 13, 2003.

Haak, W., Lazaridis, I., Patterson, N., Rohland, N., Mallick, S., Llamas, B., Brandt, G., et al. Massive Migration from the Steppe Was a Source for Indo-European Languages in Europe. *Nature*, vol. 522, no. 7555, pp. 207–11, June 11, 2015.

Habu, J. Seafaring and the Development of Cultural Complexity in Northeast Asia: Evidence from the Japanese Archipelago. In *The Global Origins and Development of Seafaring*, A. Anderson, J. H. Barrett, and K. V. Boyle, Eds., pp. 159–89, McDonald Institute for Archaeological Research, 2010.

Haile, E. W. *Jamestown Narratives: Eyewitness Accounts of the Virginia Colony, the First Decade, 1607–1617*. RoundHouse, 1998.

Haile, J., Froese, D. G., Macphee, R. D. E., Roberts, R. G., Arnold, L. J., Reyes, A. V., Rasmussen, M., et al. Ancient DNA Reveals Late Survival of Mammoth and Horse in Interior Alaska. *Proceedings of the National Academy of Sciences of the United States of America*, vol. 106, no. 52, pp. 22352–57, December 29, 2009.

Haines, F. The Northward Spread of Horses among the Plains Indians. *American Anthropologist*, vol. 40, no. 3, pp. 429–37, 1938.

Hämäläinen, P. *The Comanche Empire*. Yale University Press, 2008.

Hämäläinen, P. *Lakota America: A New History of Indigenous Power*. Yale University Press, 2019.

Hamilakis, Y. A Footnote on the Archaeology of Power: Animal Bones from a Mycenaean Chamber Tomb at Galatas, NE Peloponnese. *Annual of the British School at Athens*, vol. 91, pp. 153–66, November 1996.

Harbeck, M., Seifert, L., Hansch, S., Wagner, D. M., Birdsell, D., Parise, K. L., Wiechmann, I., et al. Yersinia Pestis DNA from Skeletal Remains from the 6th Century AD Reveals Insights into Justinianic Plague. *PLoS Pathogens*, vol. 9, no. 5, p. e1003349, May 2, 2013.

Harding, A. Horse-Harness and the Origins of the Mycenean Civilisation. In *Autochthon: Papers Presented to O. T. P. K. Dickinson*, A. Dakouri-Hild and S. Sherratt, Eds., pp. 296–300. British Archaeological Reports, 2005.

Hayhurst, Y. A Recent Find of a Horse Skull in a House at Ballaugh, Isle of Man. *Folklore*, vol. 100, no. 1, pp. 105–9, January 1, 1989.

Heintzman, P. D., Zazula, G. D., MacPhee, R. D. E., Scott, E., Cahill, J. A., McHorse, B. K., Kapp, J. D., et al. A New Genus of Horse from Pleistocene North America. *eLife*, vol. 6, November 28, 2017. https://doi.org/0.7554/eLife.29944.

Hermes, T. R., Tishkin, A. A., Kosintsev, P. A., Stepanova, N. F., Krause-Kyora, B. and Makarewicz, C. A. Mitochondrial DNA of Domesticated Sheep Confirms Pastoralist Component of Afanasievo Subsistence Economy in the Altai Mountains (3300–2900 Cal BC). *Archaeological Research in Asia*, vol. 24, p. 100232, December 1, 2020.

Hildebrand, M. The Mechanics of Horse Legs. *American Scientist*, vol. 75, no. 6, pp. 594–601, 1987.

Hoffecker, J. F., Holliday, V. T., Stepanchuk, V. N. and Lisitsyn, S. N. The Hunting of Horse and the Problem of the Aurignacian on the Central Plain of Eastern Europe. *Quaternary International*, vol. 492, pp. 53–63, 2018.

Hoh, E. and Mair, V. H. *The True History of Tea*. Thames & Hudson, 2009.

Holder, P. *The Hoe and the Horse on the Plains: A Study of Cultural Development among North American Indians*. University of Nebraska Press, 1974.

Honeychurch, W. *Inner Asia and the Spatial Politics of Empire: Archaeology, Mobility, and Culture Contact*. Springer, 2015.

Horvath, V. Захоронения коней в камере №31 Кургана Аржан-1 (новые данные о культурных связях в Евразийских Степях в VIII–начале VI. в. до н.э.) [Horse Burials in Chamber No. 31 of Kurgan Arzhan-1 (New Data on the Cultural Connections in the Eurasian Steppes in the 8th–Early 6$^{th}$ Centuries BCE)]. Теория и практика археологических исследований [Theory and Practice of Archaeological Research], vol. 31, no. 3, pp. 134–53, 2020.

Horwitz, L. K., Rosen, S. A. and Bocquentin, F. A Late Neolithic Equid Offering from the Mortuary-Cult Site of Ramat Saharonim in the Central Negev. *Journal of the Israel Prehistoric Society* vol. 41, pp. 71–81, 2011.

Houle, J.-L. Emergent Complexity on the Mongolian Steppe: Mobility, Territoriality, and the Development of Early Nomadic Polities. PhD diss., University of Pittsburgh, 2010.

Houle, J.-L., Seitsonen, O., Eguez, N., Broderick, L. G., Garcia-Granero, J. J. and Bayarsaikhan, J. Resilient Herders: A Deeply Stratified Multiperiod Habitation Site in Northwestern Mongolia. *Archaeological Research in Asia*, vol. 30, p. 100371, June

1, 2022.

Hudson, C. *Knights of Spain, Warriors of the Sun: Hernando de Soto and the South's Ancient Chiefdoms*. University of Georgia Press, 1998.

Hukantaival, S. Horse Skulls and "Alder Horse": The Horse as a Depositional Sacrifice in Buildings. *Archaeologia BALTICA*, vol. 11, pp. 350–56, 2009.

Hyland, A. *Equus: The Horse in the Roman World*. BT Batsford, 1990.

Iderkhangai, T. and Batjargal, B. Хүннүгийн Лунчэн, Чанюйтин, Лунтин, хэмээх үгсийн тухай, Луут хот хэмээн бичигдэх болсон шалтгаан [About the Xiongnu Period Words Longcheng, Chanyuting, and Longting, the Reason It Was Written as Dragon City]. Археологи, Түүх, Угсаатан судлалын сэтгүүл [Journal of the Archaeology, History, and Ethnography], vol. 16, no. 15, pp. 185–99, 2020.

Ikram, S. and Iskander, N. *Catalogue General of Egyptian Antiquities in the Cairo Museum*. Supreme Council of Antiquities Press, 2002.

Ingold, T. *Hunters, Pastoralists and Ranchers: Reindeer Economies and Their Transformations*. Cambridge University Press, 1980.

Ingstad, H. and Ingstad, A. S. *The Viking Discovery of America: The Excavation of a Norse Settlement in L'Anse aux Meadows, Newfoundland*. Breakwater, 2000.

Izbitser, E. V. Колесница с тормозом или реконструкции без тормозов [The Chariot with the Brake, or Reconstructions off the Handle]. *Stratum Plus*, no. 2, pp. 187–94, 2010.

Jacobson-Tepfer, E. *The Hunter, the Stag, and the Mother of Animals: Image, Monument, and Landscape in Ancient North Asia*. Oxford University Press, 2015.

Janz, L., Cameron, A., Bukhchuluun, D., Odsuren, D. and Dubreuil, L. Expanding Frontier and Building the Sphere in Arid East Asia. *Quaternary International*, vol. 559, pp. 150–64, September 10, 2020.

Jawad, A. Faunal Remains from Kalako-deray, Swāt (Mid-2nd Millennium B.C.). *East and West*, vol. 48, no. 3/4, pp. 265–90, 1998.

Jeong, C., Wang, K., Wilkin, S., Taylor, W. T. T., Miller, B. K., Bemmann, J. H., Stahl, R., et al. A Dynamic 6,000-Year Genetic History of Eurasia's Eastern Steppe. *Cell*, vol. 183, no. 4, pp. 890–904.e29, November 12, 2020.

Johnson, E. M. *Lubbock Lake: Late Quaternary Studies on the Southern High Plains*. Texas A&M University Press, 1987.

Jones, P. *Ochre and Rust: Artefacts and Encounters on Australian Frontiers*. Oxford University Press, 2019.

Jones, R. A. Wings across the Silk Road: The Art of the Flying Horse in Early China. In *Imperial Horizons of the Silk Roads: Archaeological Case Studies*, B. Franicevic and M. N. Pareja, Eds., pp. 151–76. Archaeopress, 2023.

Jones, R. L. The Old French-Canadian Horse: Its History in Canada and the United States. *Canadian Historical Review*, vol. 28, no. 2, pp. 125–55, June 1, 1947.

Jong, I. de, Serna, A., Mange, E. and Prates, L. Mortuary Rituals and the Suttee among Mapuche Chiefdoms of Pampa-Patagonia: The Double Human Burial of Chimpay (Argentina). *Latin American Antiquity*, vol. 31, no. 4, pp. 838–52, December 2020.

Josephus. *The Life: Against Apion*. Translated by H. St. J. Thackeray. Loeb Classical Library 106. Harvard University Press, 1926.

Kaliff, A. and Oestigaard, T. *The Great Indo-European Horse Sacrifice: 4000 Years of Cosmological Continuity from Sintashta and the Steppe to Scandinavian Skeid*. Uppsala University, 2020.

Kaniewski, D., Van Campo, E., Van Lerberghe, K., Boiy, T., Vansteenhuyse, K., Jans, G., Nys, K., et al. The Sea Peoples, from Cuneiform Tablets to Carbon Dating. *PloS One*, vol. 6, no. 6, p. e20232, June 8, 2011.

Karczewska, M., Karczewski, M. and Gręzak, A. The Role of Horse Burials in the Bogaczewo Culture. Key Studies of Paprotki Kolonia Site 1 Cemetery, Northeast Poland. *Archaeologia Baltica*, vol. 18, pp. 97–108, 2012.

Karstens, S., Littleton, J., Frohlich, B., Amgaluntugs, T., Pearlstein, K. and Hunt, D. A Palaeopathological Analysis of Skeletal Remains from Bronze Age Mongolia. *Homo: Internationale Zeitschrift fur die Vergleichende Forschung am Menschen*, vol. 69, no. 6, pp. 324–34, November 2018.

Kausrud, K. L., Begon, M., Ari, T. B., Viljugrein, H., Esper, J., Büntgen, U., Leirs, H., et al. Modeling the Epidemiological History of Plague in Central Asia: Palaeoclimatic Forcing on a Disease System over the Past Millennium. *BMC Biology*, vol. 8, p. 112, August 27, 2010.

Kawami, T. S. That Strange Equid from Susa. In *Equids and Wheeled Vehicles in the Ancient World: Essays in Memory of Mary A. Littauer*, P. Raulwing, K. M. Linduff, and J. H. Crouwel, Eds., pp. 97–105. British Archaeological Reports, 2019.

Kefena, E., Dessie, T., Han, J. L., Kurtu, M. Y., Rosenbom, S. and Beja-Pereira, A. Morphological Diversities and Ecozones of Ethiopian Horse Populations. *Animal Genetic Resources/Resources Génétiques animales/Recursos Genéticos Animales*, vol. 50, pp. 1–12, June 2012.

Kelekna, P. *The Horse in Human History*. Cambridge University Press, 2009.

Kelekna, P. Northern Africa: Equestrian Penetration of the Sahara and the Sahel and Its Impact on Adjacent Regions. In *Equids and Wheeled Vehicles in the Ancient World: Essays in Memory of Mary A. Littauer*, P. Raulwing, K. Linduff, and J. Crouwel, Eds., British Archaeological Reports, pp. 123–36, 2019.

Kennedy, S. A. and VanValkenburgh, P. Zooarchaeology and Changing Food Practices at Carrizales, Peru following the Spanish Invasion. *International Journal of Historical Archaeology*, vol. 20, no. 1, pp. 73–104, March 1, 2016.

Kenoyer, J. M. Cultures and Societies of the Indus Tradition. In *Historical Roots in the Making of 'the Aryan,'* R. Thapar, Ed., pp. 21–9. National Book Trust, 2006.

Kimura, B., Marshall, F. B., Chen, S., Rosenbom, S., Moehlman, P. D., Tuross, N., Sabin, R. C., et al. Ancient DNA from Nubian and Somali Wild Ass Provides Insights into Donkey Ancestry and Domestication. *Proceedings. Biological Sciences/The Royal Society*, vol. 278, no. 1702, pp. 50–57, January 7, 2011.

Klæsøe, I. S. *Viking Trade and Settlement in Continental Western Europe*. Museum Tusculanum Press, 2010.

Kohl, P. L. *The Making of Bronze Age Eurasia*. Cambridge University Press, 2007.

Kooyman, B., Hills, L. V., McNeil, P. and Tolman, S. Late Pleistocene Horse Hunting at the Wally's Beach Site (DhPg-8), Canada. *American Antiquity*, vol. 71, no. 1, pp. 101–21, January 2006.

Khorvat, V. Захоронения коней в камере №31 Кургана Аржан-1 (новые данные о культурных связях в Евразийских Степях в VIII–начале VI в. до н.э.) [Horse Burials in Chamber No. 31 of Kurgan Arzhan-1 (New Data on the Cultural Connections in the Eurasian Steppes in the 8th–Early 6th Centuries BCE)]. Теория и практика археологических исследований [Theory and Practice of Archaeological Research], vol. 3, no. 31, 134–3, 2020.

Kosintsev, P. A. The Human-Horse Relationship on the European-Asian Border in the Neolithic and Early Iron Age. In *Horses and Humans: The Evolution of Human-Equine Relationships*, S. Olsen, S. Grant, A. Choyke, and L. Bartosiewicz, Eds., pp. 127–36. British Archaeological Reports, 2006.

Koungoulos, L. and Fillios, M. Hunting Dogs Down Under? On the Aboriginal Use of Tame Dingoes in Dietary Game Acquisition and Its Relevance to Australian Prehistory. *Journal of Anthropological Archaeology*, vol. 58, p. 101146, June 1, 2020.

Kovalev, A. A. and Erdenebaatar, D. Discovery of New Cultures of the Bronze Age in Mongolia according to the Data Obtained by the International Central Asian Archaeological Expedition. In *Current Archaeological Research in Mongolia: Papers* from the First International Conference on "Archaeological Research in Mongolia" Held in Ulaanbaatar, August 19–3rd, 2007,* J. Bemmann, H. Parzinger, E. Pohl, and D. Tseveendorzh, Eds., pp. 149–70. Rheinische Friedrich-Wilhelms-Universitat, 2009.

Kovalev, A. A. and Erdenebaatar, D. *Earliest European in the Heart of Asia: The Chemurchek Cultural Phenomena.* Vol. 2. Book Antiqua, 2014.

Kradin, N. N. Stateless Empire: The Structure of the Xiongnu Nomadic Super-Complex Chiefdom. *Xiongnu Archaeology: Multidisciplinary Perspectives of the First Steppe Empire in Inner Asia*, vol. 5, pp. 77–96, 2011.

Krueger, K. Social Ecology of Horses. In *Ecology of Social Evolution*, J. Korb and J. Heinze, Eds., pp. 195–206. Springer Berlin Heidelberg, 2008.

Kuitems, M., Wallace, B. L., Lindsay, C., Scifo, A., Doeve, P., Jenkins, K., Lindauer, S., et al. Evidence for European Presence in the Americas in AD 1021. *Nature*, October 20, 2021. https://doi.org/10.1038/s41586-021-03972-8.

Kumar, V. A Note on Chariot Burials Found at Sinauli District Baghpat UP. *Journal of Indian Ocean Archaeology*, vol. 3, no. 2, pp. 735–55, 2018.

Kuz'mina, E. E. Mythological Treatment of the Horse in Indo-European Culture. In *Horses and Humans: The Evolution of Human-Equine Relationships*, S. Olsen, S. Grant, A. Choyke, and L. Bartosiewicz, Eds., pp. 263–70. British Archaeological Reports, 2006.

Kuz'mina, E. E. *The Origin of the Indo-Iranians.* Brill, 2007.

Kuznetsov, P. F. The Emergence of Bronze Age Chariots in Eastern Europe. *Antiquity*, vol. 80, no. 309, pp. 638–45, September 2006.

Kyselý, R. and Peške, L. Horse Size and Domestication: Early Equid Bones from the Czech Republic in the European Context. *Anthropozoologica*, vol. 51, no. 1, pp. 15–39, June 2016.

Lahtinen, M., Clinnick, D., Mannermaa, K., Salonen, J. S. and Viranta, S. Excess Protein Enabled Dog Domestication during Severe Ice Age Winters. *Scientific Reports*, vol. 11, no. 1, p. 7, January 7, 2021.

Law, R. *The Horse in West African History: The Role of the Horse in the Societies of Pre-Colonial West Africa.* Routledge, 2018.

Lazaridis, I., Mittnik, A., Patterson, N., Mallick, S., Rohland, N., Pfrengle, S., Furtwängler, A., et al. Genetic Origins of the Minoans and Mycenaeans. *Nature*, vol. 548, no. 7666, pp. 214–18, August 2, 2017.

Lazzerini, N., Zazzo, A., Coulon, A., Marchina, C., Bayarkhuu, N., Bernard, V., Cervel, M., et al. Season of Death of Domestic Horses Deposited in a Ritual Complex from Bronze Age Mongolia: Insights from Oxygen Isotope Time-Series in Tooth Enamel. *Journal of Archaeological Science: Reports*, vol. 32, p. 102387, August 1, 2020.

Legrand, S. The Emergence of the Scythians: Bronze Age to Iron Age in South Siberia. *Antiquity*, vol. 80, no. 310, pp. 843–59, 2006.

Lepetz, S. Horse Sacrifice in a Pazyryk Culture Kurgan: The Princely Tomb of Berel' (Kazakhstan). Selection Criteria and Slaughter Procedures. *Anthropozoologica*, vol. 48, no. 2, pp. 309–21, December 1, 2013.

Lepetz, S., Clavel, B., Alioğlu, D., Chauvey, L., Schiavinato, S., Tonasso-Calvière, L., Liu, X., et al. Historical Management of Equine Resources in France from the Iron Age to the Modern Period. *Journal of Archaeological Science: Reports*, vol. 40, part B, 2021.

Lepetz, S., Debue, K. and Batsukh, D. To Accompany and Honour the Deceased. In *Masters of the Steppe: The Impact of the Scythians and Later Nomad Societies of Eurasia*, S. Pankova and S. Simpson, Eds., pp. 227–47. Archaeopress, 2021.

Lepetz, S., Zazzo, A., Bernard, V., Larminat, S. de, Magail, J. and Gantulga, J.-O. Customs, Rites, and Sacrifices Relating to a Mortuary Complex in Late Bronze Age Mongolia (Tsatsyn Ereg, Arkhangai). *Anthropozoologica*, vol. 54, no. 1, p. 151, November 8, 2019.

Letnic, M., Fillios, M. and Crowther, M. S. Could Direct Killing by Larger Dingoes Have Caused the Extinction of the Thylacine from Mainland Australia? *PloS One*, vol. 7, no. 5, e34877, 2012.

Levine, M. A. Chinese Chariot Horses and the Evolution of Horse Husbandry. McDonald Institute for Archaeological Research. https://www.arch.cam.ac.uk/~ml12/ChinPalaeoWebsite/introduction.htm.

Levine, M. A. Exploring the Criteria for Early Horse Domestication. In *Traces of Ancestry: Studies in Honor of Colin Renfrew*, M. Jones, Ed., pp. 115–26. McDonald Institute for Archaeological Research, 2004.

Levine, M. A. The Origins of Horse Husbandry on the Eurasian Steppe. In *Late Prehistoric Exploitation of the Eurasian Steppe*, pp. 5–58. McDonald Institute of Archaeological Research 1999.

Levine, M. A., Whitwell, K. E. and Jeffcott, L. B. Abnormal Thoracic Vertebrae and the Evolution of Horse Husbandry. *Archaeofauna*, vol. 14, pp. 93–109, 2005.

Li, F., Vanwezer, N., Boivin, N., Gao, X., Ott, F., Petraglia, M. and Roberts, P. Heading North: Late Pleistocene Environments and Human Dispersals in Central and

Eastern Asia. *PloS One*, vol. 14, no. 5, p. e0216433, May 29, 2019.

Li, Y., Wu, L., Zhang, C., Liu, H., Huang, Z., Han, Y. and Yuan, J. Horses in Qin Mortuary Practice: New Insights from Emperor Qin Shihuang's Mausoleum. *Antiquity*, vol. 96, no. 388, pp. 903–19, 2022.

Li, Y., Zhang, C., Taylor, W. T. T., Chen, L., Flad, R. K., Boivin, N., Liu, H., et al. Early Evidence for Mounted Horseback Riding in Northwest China. *Proceedings of the National Academy of Sciences of the United States of America*, vol. 117, no. 47, pp. 29569–76, November 24, 2020.

Librado, P., Der Sarkissian, C., Ermini, L., Schubert, M., Jonsson, H., Albrechtsen, A., Fumagalli, M., et al. Tracking the Origins of Yakutian Horses and the Genetic Basis for Their Fast Adaptation to Subarctic Environments. *Proceedings of the National Academy of Sciences of the United States of America*, vol. 112, no. 50, pp. e6889–97, December 15, 2015.

Librado, P., Gamba, C., Gaunitz, C., Der Sarkissian, C., Pruvost, M., Albrechtsen, A., Fages, A., et al. Ancient Genomic Changes Associated with Domestication of the Horse. *Science*, vol. 356, no. 6336, pp. 442–45, April 28, 2017.

Librado, P., Khan, N., Fages, A., Kusliy, M. A., Suchan, T., Tonasso-Calviere, L., Schiavinato, S., et al. The Origins and Spread of Domestic Horses from the Western Eurasian Steppes. *Nature*, vol. 598, no. 7882, pp. 634–40, October 2021.

Lindner, S. Chariots in the Eurasian Steppe: A Bayesian Approach to the Emergence of Horse-Drawn Transport in the Early Second Millennium BC. *Antiquity*, vol. 94, no. 374, pp. 361–80, April 2020.

Littauer, M. A. Bits and Pieces. *Antiquity*, vol. 43, no. 172, pp. 289–300, December 1969.

Littauer, M. A. and Crouwel, J. H. *Chariots and Related Equipment from the Tomb of Tutʿankhamūn*. Griffith Institute, 1985.

Littauer, M. A. and Crouwel, J. H. *Wheeled Vehicles and Ridden Animals in the Ancient Near East*. Brill, 1979.

Littauer, M. A., Crouwel, J. H. and Raulwing, P. *Selected Writings on Chariots and Other Early Vehicles, Riding and Harness*. Brill, 2002.

Liu, X. Migration and Settlement of the Yuezhi-Kushan: Interaction and Interdependence of Nomadic and Sedentary Societies. *Journal of World History*, vol. 12, no. 2, pp. 261–92, 2001.

Liu, X., Zhang, Y., Liu, W., Li, Y., Pan, J., Pu, Y., Han, J., Orlando, L., Ma, Y. and Jiang, L. A Single-Nucleotide Mutation within the TBX3 Enhancer Increased Body Size in Chinese Horses. *Current Biology*, vol. 32, no. 2, pp. 480–87, 2021. https://doi.

org/10.1016/j.cub.2021.11.052.

Loffelmann, T., Snoeck, C., Richards, J. D., Johnson, L. J., Claeys, P. and Montgomery, J. Sr Analyses from Only Known Scandinavian Cremation Cemetery in Britain Illuminate Early Viking Journey with Horse and Dog across the North Sea. *PloS One*, vol. 18, no. 2, p. e0280589, February 1, 2023.

Losey, R. J., Waters-Rist, A. L., Nomokonova, T. and Kharinskii, A. A. A Second Mortuary Hiatus on Lake Baikal in Siberia and the Arrival of Small-Scale Pastoralism. *Scientific Reports*, vol. 7, no. 1, p. 2319, May 24, 2017.

Lu, H., Zhang, J., Yang, Y., Yang, X., Xu, B., Yang, W., Tong, T., et al. Earliest Tea as Evidence for One Branch of the Silk Road across the Tibetan Plateau. *Scientific Reports*, vol. 6, p. 18955, January 7, 2016.

Macdonald, M. C. A. Hunting, Fighting, and Raiding: The Horse in Pre-Islamic Arabia. In *Furusiyya: The Horse in the Art of the Near East*, pp. 73–83. King Abdul Aziz Public Library, Riyadh, 2010.

MacEachern, S., Bourges, C. and Reeves, M. Early Horse Remains from Northern Cameroon. *Antiquity*, vol. 75, no. 287, pp. 62–67, 2001.

MacFadden, B. J. Fossil Horses—Evidence for Evolution. *Science*, vol. 307, no. 5716, pp. 1728–30, 2005.

MacFadden, B. J. *Fossil Horses: Systematics, Paleobiology, and Evolution of the Family Equidae*. Cambridge University Press, 1994.

Mair, V. H. The Horse in Late Prehistoric China: Wrestling Culture and Control from the "Barbarians." In *Prehistoric Steppe Adaptation and the Horse*, M. Levine, C. Renfrew, and K. Boyle, Eds., pp. 163–87. McDonald Institute for Archaeological Research, 2003.

Makarewicz, C. A., Winter-Schuh, C., Byerly, H. and Houle, J.-L. Isotopic Evidence for Ceremonial Provisioning of Late Bronze Age Khirigsuurs with Horses from Diverse Geographic Locales. *Quaternary International*, vol. 476, pp. 70–81, 2018. https://doi.org/10.1016/j.quaint.2018.02.030.

Mallen, L., Pearce, D., Arthur, C. and Mitchell, P. The Rock Arts of Metolong: Paintings, Archaeology and Cultural Resource Management in Western Lesotho. *Journal of African Archaeology*, vol. 20, no. 2, pp. 176–201, June 8, 2022.

Mallory-Greenough, L. The Horse Burials of Nubia. *Journal of the Society for the Study of Egyptian Antiquities*, vol. 32, pp. 105–10, 2005.

Maran, J. and de Moortel, A. V. A Horse-Bridle Piece with Carpatho-Danubian Connections from Late Helladic I Mitrou and the Emergence of a Warlike Elite in

Greece during the Shaft Grave Period. *American Journal of Archaeology*, vol. 118, no. 4, p. 529, 2014.

Martin, L. and Russell, N. The Equid Remains from Neolithic Catalhoyuk, Central Anatolia: A Preliminary Report. In *Horses and Humans: The Evolution of Human-Equine Relationships*, S. Olsen, S. Grant, A. Choyke, and L. Bartosiewicz, Eds., pp. 115–26. British Archaeological Reports, 2006.

Martinić Beros, M. *Los Aonikenk: Historia y Cultura*. Universidad de Magallanes, 1995.

Marzahn, J. Equids in Mesopotamia—A Short Ride through Selected Textual Sources. In *Equids and Wheeled Vehicles in the Ancient World: Essays in Memory of Mary A. Littauer*, P. Raulwing, K. Linduff, and J. Crouwel, Eds., pp. 71–85. British Archaeological Reports, 2019.

Massilani, D., Skov, L., Hajdinjak, M., Gunchinsuren, B., Tseveendorj, D., Yi, S., Lee, J., et al. Denisovan Ancestry and Population History of Early East Asians. *Science*, vol. 370, no. 6516, pp. 579–83, October 30, 2020.

Maurer, G. and Greenberg, R. Cattle Drivers from the North? Animal Economy of a Diasporic Kura-Araxes Community at Tel Bet Yerah. *Levantina*, vol. 54, no. 3, pp. 309–30, September 2, 2022.

Mayor, A. *The Amazons*. Princeton University Press, 2014.

Mazzanti, D. and Quintana, C. Estrategias de Subsistencia de las Jefaturas Indigenas del Siglo XVIII: Zooarqueologia de la Localidad Arqueologica Amalia (Tandilia Oriental). *Relaciones de la Sociedad Argentina de Antropologia*, vol. 35, pp. 143–70, n.d.

McCormick, M., Buntgen, U., Cane, M. A., Cook, E. R., Harper, K., Huybers, P., Litt, T., et al. Climate Change during and after the Roman Empire: Reconstructing the Past from Scientific and Historical Evidence. *Journal of Interdisciplinary History*, vol. 43, no. 2, pp. 169–220, 2012.

McGovern, T. H., Smiarowski, K., Hambrecht, G., Brewington, S., Harrison, R., Hicks, M., Feeley, F., Prehal, B. and Woollett, J. Zooarchaeology of the Scandinavian Settlements in Iceland and Greenland. In *The Oxford Handbook of Zooarchaeology*, U. Albarella, H. Russ, K. Vickers, and S. Viner-Daniels, Eds. Oxford University Press, 2017.

McHorse, B. K., Biewener, A. A. and Pierce, S. E. Mechanics of Evolutionary Digit Reduction in Fossil Horses (Equidae). *Proceedings. Biological Sciences/The Royal Society*, vol. 284, no. 1861, August 30, 2017. https://doi.org/10.1098/rspb.2017.1174.

McHorse, B. K., Davis, E. B., Scott, E. and Jenkins, D. L. What Species of Horse Was Coeval with North America's Earliest Humans in the Paisley Caves? *Journal of Vertebrate Paleontology*, vol. 36, no. 6, p. e1214595, November 1, 2016.

Meyer, F. and Franke, P. R. Pferdetransport zur See im Altertum und Mittelalter. *Pferdeheilkunde*, vol. 20, no. 1, pp. 43–49, 2004.

Miller, B. K., Furholt, M., Bayarsaikhan, J., Tuvshinjargal, T., Brandtstatter, L., Wright, J., Ayush, T., et al. Proto-Urban Establishments in Inner Asia: Surveys of an Iron Age Walled Site in Eastern Mongolia. *Journal of Field Archaeology*, vol. 44, no. 4, pp. 267–86, May 19, 2019.

Miller, N. F., Spengler, R. N. and Frachetti, M. Millet Cultivation across Eurasia: Origins, Spread, and the Influence of Seasonal Climate. *Holocene*, vol. 26, no. 10, pp. 1566–75, 2016.

Minetti, A. E. Physiology: Efficiency of Equine Express Postal Systems. *Nature*, vol. 426, no. 6968, pp. 785–86, December 18, 2003.

Mitchell, M. D. Tracing Comanche History: Eighteenth Century Rock Art Depictions of Leather Armoured Horses from the Arkansas River Basin, South-Eastern Colorado, USA. *Antiquity*, vol. 78, no. 299, pp. 115–26, March 2004.

Mitchell, P. The Constraining Role of Disease on the Spread of Domestic Mammals in Sub-Saharan Africa: A Review. *Quaternary International*, vol. 471, pp. 95–110, March 25, 2018.

Mitchell, P. *The Donkey in Human History: An Archaeological Perspective*. Oxford University Press, 2018.

Mitchell, P. *Horse Nations: The Worldwide Impact of the Horse on Indigenous Societies Post-1492*. Oxford University Press, 2015.

Mitchell, P. "A Horse Race Is the Same All the World Over": The Cultural Context of Horse Racing in Native North America. *International Journal of the History of Sport*, vol. 37, no. 3–4, pp. 337–56, March 3, 2020.

Mlinar, M. and Gerbec, T. *Keltskih Konj Topòt. Najdišče Bizjakova Hiša v Kobaridu/Hear the Horses of Celts. The Bizjakova Hiša Site in Kobarid Exhibition Catalogue*. Tolmin Museum, 2012.

Mokrynin, V. P. Археология и история древнего и средневекового Кыргызстана: избранное [Archaeology and History of Ancient and Medieval Kyrgyzstan: Selected Pieces]. Ilim, 2010.

Moorey, P. R. S. The Emergence of the Light, Horse-Drawn Chariot in the Near-East c. 2000–1500 B.C. *World Archaeology*, vol. 18, no. 2, pp. 196–215, October 1986.

Moorey, P. R. S. Pictorial Evidence for the History of Horse-Riding in Iraq before the Kassite Period. *Iraq*, vol. 32, no. 1, pp. 36–50, 1970.

Moreno, E. J. and Videla, B. A. Rastreando Ausencias: La Hipotesis del Abandono del Uso de los Recursos Marinos en el Momento Ecuestre en la Patagonia Continental. *Magallania*, vol. 36, no. 2, pp. 91–104, 2008.

Morgan, K., Funkquist, P. and Nyman, G. The Effect of Coat Clipping on Thermoregulation during Intense Exercise in Trotters. *Equine Veterinary Journal*, Supplement, no. 34, pp. 564–67, September 2002.

Morris, E. From Horse Power to Horsepower. *Access Magazine*, vol. 1, no. 30, 2007.

Motuzaite Matuzeviciute, G., Preece, R. C., Wang, S., Colominas, L., Ohnuma, K., Kume, S., Abdykanova, A. and Jones, M. K. Ecology and Subsistence at the Mesolithic and Bronze Age Site of Aigyrzhal-2, Naryn Valley, Kyrgyzstan. *Quaternary International*, vol. 437, pp. 35–49, May 5, 2017.

Muhl, S. "Metal Makes the Wheel Go Round": The Development and Diffusion of Studded-Tread Wheels in the Ancient Near East and the Old World. In *Athyrmata: Critical Essays on the Archaeology of the Eastern Mediterranean in Honour of E. Susan Sherratt*, Y. Galanakis, T. Wilkinson, and J. Bennet, Eds., pp. 159–76. Archaeopress, 2014.

Musters, G. C. *At Home with the Patagonians: A Year's Wanderings over Untrodden Ground from the Straits of Magellan to the Rio Negro*. J. Murray, 1873.

Narasimhan, V. M., Patterson, N., Moorjani, P., Rohland, N., Bernardos, R., Mallick, S., Lazaridis, I., et al. The Formation of Human Populations in South and Central Asia. *Science*, vol. 365, no. 6457, September 6, 2019. https://doi.org/10.1126/science.aat7487.

Näser, C. and Mazzetti, G. Of Kings and Horses: Two New Horse Skeletons from the Royal Cemetery at El-Kurru, Sudan. *Archaeology International*, vol. 23, no. 1, pp. 122–37, December 30, 2020.

Navarro, T. Análisis Arqueofaunistico del Sitio El Panteon 1 (Las Ovejas, Neuquén). *La Zaranda de Ideas. Revista de Jóvenes Investigadores en Arqueologia*, vol. 14, no. 1, pp. 41–54, 2016.

Nistelberger, H. M., Pálsdóttir, A. H., Star, B., Leifsson, R., Gondek, A. T., Orlando, L., Barrett, J. H., et al. Sexing Viking Age Horses from Burial and Non-Burial Sites in Iceland Using Ancient DNA. *Journal of Archaeological Science*, vol. 101, pp. 115–22, 2019.

Niven, L. From Carcass to Cave: Large Mammal Exploitation during the Aurignacian at Vogelherd, Germany. *Journal of Human Evolution*, vol. 53, no. 4, pp. 362–82, October 2007.

Noble, D. The Mesopotamian Onager as a Draught Animal. In *The Domestication and Exploitation of Plants and Animals*, P. Ucko and G. Dimbleby, Eds., pp. 485–88. Routledge, 2008.

Nordeide, S. W. The Oseberg Ship Burial in Norway: Introduction. *Acta Archaeologica*, vol. 82, no. 1, pp. 7–11, 2011.

O'Connor, S., McWilliam, A. and Brockwell, S. *Forts and Fortification in Wallacea: Archaeological and Ethnohistoric Investigations*. Australian National University Press, 2020.

Ogundiran, A. The Formation of an Oyo Imperial Colony during the Atlantic Age. In *Power and Landscape in Atlantic West Africa: Archeological Perspectives*, J. Cameron Monroe and A. Ogundiran, Eds., pp. 222–52. Cambridge University Press, 2012.

Ogundiran, A. *The Yoruba: A New History*. Indiana University Press, 2020.

Olsen, S. L. Early Horse Domestication: Weighing the Evidence. In *Horses and Humans: The Evolution of Human-Equine Relationships*, S. Olsen, S. Grant, A. Choyke, and L. Bartosiewicz, Eds., pp. 81–114. British Archaeological Reports, 2006.

Olsen, S. L. The Exploitation of Horses at Botai, Kazakhstan. In *Prehistoric Steppe Adaptation and the Horse*, M. Levine, C. Renfrew, and K. Boyle, Eds., pp. 83–104. McDonald Institute for Archaeological Research, 2003.

Olsen, S. L. The Role of Humans in Horse Distribution through Time. In *Wild Equids: Ecology, Management, and Conservation*, J. I. Ransom and P. Kaczensky, Eds., pp. 105–20. Johns Hopkins University Press, 2016.

Olsen, S. L. Solutre: A Theoretical Approach to the Reconstruction of Upper Palaeolithic Hunting Strategies. *Journal of Human Evolution*, vol. 18, no. 4, pp. 295–327, June 1, 1989.

Olsen, S. L. and Culbertson, C. *A Gift from the Desert: The Art, History, and Culture of the Arabian Horse*. International Museum of the Horse, Kentucky Horse Park, 2010.

Orlando, L. Ancient Genomes Reveal Unexpected Horse Domestication and Management Dynamics. *BioEssays: News and Reviews in Molecular, Cellular and Developmental Biology*, vol. 42, no. 1, p. e1900164, January 2020.

Orlando, L., Ginolhac, A., Zhang, G., Froese, D., Albrechtsen, A., Stiller, M., Schubert, M., et al. Recalibrating Equus Evolution Using the Genome Sequence of an Early Middle Pleistocene Horse. *Nature*, vol. 499, no. 7456, pp. 74–78, July 4, 2013.

Orlando, L., Mashkour, M., Burke, A., Douady, C. J., Eisenmann, V. and Hanni, C.

Geographic Distribution of an Extinct Equid (*Equus hydruntinus*: Mammalia, Equidae) Revealed by Morphological and Genetical Analyses of Fossils. *Molecular Ecology*, vol. 15, no. 8, pp. 2083–93, July 2006.

O'Shea, J. M. *Archaeology and Ethnohistory of the Omaha Indians: The Big Village Site*. University of Nebraska Press, 1992.

Ó Súilleabháin, S. Foundation Sacrifices. *Journal of the Royal Society of Antiquaries of Ireland*, vol. 75, no. 1, pp. 45–52, 1945.

Outram, A. K., Stear, N. A., Bendrey, R., Olsen, S., Kasparov, A., Zaibert, V., Thorpe, N., et al. The Earliest Horse Harnessing and Milking. *Science*, vol. 323, no. 5919, pp. 1332–35, March 6, 2009.

Outram, A. K., Stear, N. A., Kasparov, A., Usmanova, E., Varfolomeev, V. and Evershed, R. P. Horses for the Dead: Funerary Foodways in Bronze Age Kazakhstan. *Antiquity*, vol. 85, no. 327, pp. 116–28, March 2011.

Pedersen, A. Riding Gear from Late Viking-Age Denmark. *Journal of Danish Archaeology*, vol. 13, pp. 133–60, 1997.

Pederson, N., Hessl, A. E., Baatarbileg, N., Anchukaitis, K. J. and Di Cosmo, N. Pluvials, Droughts, the Mongol Empire, and Modern Mongolia. *Proceedings of the National Academy of Sciences of the United States of America*, vol. 111, no. 12, pp. 4375–79, March 25, 2014.

Perri, A. R., Feuerborn, T. R., Frantz, L. A. F., Larson, G., Malhi, R. S., Meltzer, D. J. and Witt, K. E. Dog Domestication and the Dual Dispersal of People and Dogs into the Americas. *Proceedings of the National Academy of Sciences of the United States of America*, vol. 118, no. 6, February 9, 2021. https://doi.org/10.1073/pnas.2010083118.

Perri, A., Widga, C., Lawler, D., Martin, T., Loebel, T., Farnsworth, K., Kohn, L. and Buenger, B. New Evidence of the Earliest Domestic Dogs in the Americas. *American Antiquity*, vol. 84, no. 1, pp. 68–87, January 2019.

Perşoiu, A., Onac, B. P., Wynn, J. G., Blaauw, M., Ionita, M. and Hansson, M. Holocene Winter Climate Variability in Central and Eastern Europe. *Scientific Reports*, vol. 7, no. 1, p. 1196, April 26, 2017.

Petrie, H. Satisfaction in a Horse: The Perception and Assimilation of an Exotic Animal into Maori Custom Law. In *Invasive and Introduced Plants and Animals*, I. Rotherham and R. Lambert, Eds., pp. 329–42. 2012.

Philipps, D. *Wild Horse Country: The History, Myth, and Future of the Mustang. America's Horse*. W. W. Norton, 2017.

Piggott, S. Chariots in the Caucasus and in China. *Antiquity*, vol. 48, no. 189, pp. 16–24, March 1974.

Pilø, L., Finstad, E. and Barrett, J. H. Crossing the Ice: An Iron Age to Medieval Mountain Pass at Lendbreen, Norway. *Antiquity*, vol. 94, no. 374, pp. 437–54, April 2020.

Podobed, V., Usachuk, A. and Tsimidanov, V. Cheek-Pieces of the Water Horses (One of the Mythologems in Cultures of Eurasia of the Bronze Age). In *Connections, Contacts and Interactions between Ancient Cultures of Northern Eurasia and Civilizations of the East during the Palaeometal Period (IV–I Mil. BC)*, A. V. Polyakov and E. S. Tkach, Eds., pp. 44–47. Institute of History and Material Culture (RAS), 2019.

Poliakov, A. V. and Svyatko, S. Modern Data on the Bronze Age Radiocarbon Chronology in the Minusinsk Basins. *Vestnik of Saint Petersburg University History*, vol. 66, no. 3, pp. 934–49, 2021.

Pope, M. and Parfitt, S. *The Horse Butchery Site: A High Resolution Record of Lower Palaeolithic Hominin Behaviour at Boxgrove, UK*. Spoilheap, 2020.

Price, N. The Vikings in Spain, North Africa and the Mediterranean. In *The Viking World*, S. Brink and N. Prince, Eds., pp. 486–93. Routledge, 2008.

Pruvost, M., Bellone, R., Benecke, N., Sandoval-Castellanos, E., Cieslak, M., Kuznetsova, T., Morales-Muñiz, A., et al. Genotypes of Predomestic Horses Match Phenotypes Painted in Paleolithic Works of Cave Art. *Proceedings of the National Academy of Sciences of the United States of America*, vol. 108, no. 46, pp. 18626–30, November 15, 2011.

Pryor, J. H. Transportation of Horses by Sea during the Era of the Crusades: Eighth Century to 1285 A. D. Part I, To c 1225. *The Mariner's Mirror*, vol. 68, no. 1, pp. 9–27, January 1, 1982.

Pustovalov, S. Курган «Тягунова Могила» и проблемы колесного транспорта ямно-катакомбной эпохи в Восточной Европе [The Tjagunova Mogila Burial Mound and the Problem of Wheeled Transport of the Pit Grave and Catacomb Cultures Epoch in Eastern Europe]. *Stratum Plus*, vol. 2, pp. 296–321, 2000.

Putnam, A. E., Putnam, D. E., Andreu-Hayles, L., Cook, E. R., Palmer, J. G., Clark, E. H., Wang, C., et al. Little Ice Age Wetting of Interior Asian Deserts and the Rise of the Mongol Empire. *Quaternary Science Reviews*, vol. 131, pp. 33–50, January 1, 2016.

Rannamäe, E., Andrianov, V., Jarv, E., Semjonov, A., Haak, A. and Kreem, J. A Month in a Horse's Life: Healing Process of a Fractured Third Metatarsal Bone from Medieval Viljandi, Estonia. *International Journal of Paleopathology*, August 23, 2018. https://doi.org/10.1016/j.ijpp.2018.07.003.

Ransom, J. I. and Kaczensky, P. *Wild Equids: Ecology, Management, and Conservation.* Johns Hopkins University Press, 2016.

Rassamakin, Y. The Eneolithic of the Black Sea Steppe: Dynamics of Cultural and Economic Development 4500–2300 BC. In *Late Prehistoric Exploitation of the Eurasian Steppe*, pp. 59–182. McDonald Institute for Archaeological Research, 1999.

Raulwing, P. *Horses, Chariots and Indo-Europeans*. Archaeolingua, 2000.

Rawson, J., Chugunov, K., Grebnev, Y. and Huan, L. Chariotry and Prone Burials: Reassessing Late Shang China's Relationship with Its Northern Neighbours. *Journal of World Prehistory*, 33, 135–68, July 2, 2020. https://link.springer.com/article/10.1007/s10963-020-09142-4.

Rawson, J., Huan, L. and Taylor, W. T. T., Seeking Horses: Allies, Clients and Exchanges in the Zhou Period (1045–221 BC). *Journal of World Prehistory*, December 24, 2021. https://doi.org/10.1007/s10963-021-09161-9.

Recht, L. *The Spirited Horse: Equid–Human Relations in the Bronze Age Near East*. Bloomsbury, 2022.

Reed, M. Horses in Pawnee History and Culture, Horses in the North American West. University of Colorado Museum of Natural History, September 1, 2021. https://www.colorado.edu/cumuseum/horses-north-american-west.

Reich, C. The Cemetery of Oberhof (Aukštkiemiai)—Horse Graves and Equestrian Equipment. *Archaeologia BALTICA*, vol. 11, pp. 206–16, 2009.

Reinhold, S., Gresky, J., Berezina, N., Kantorovich, A. R., Knipper, C., Maslov, V. E., Petrenko, et al. Contextualising Innovation. Cattle Owners and Wagon Drivers in the North Caucasus and Beyond. In *Appropriating Innovations: Entangled Knowledge in Eurasia 5000–1500 BCE*, J. Maran and P. Stockhammer, Eds., pp. 78–97. Oxbow, 2017.

Renton, K. E. A Social and Environmental History of the Horse in Spain and Spanish America, 1492–1600. PhD diss., University of California Los Angeles, 2018.

Richards, J. *The Secret War: A True History of Queensland's Native Police*. University of Queensland Press, 2008.

Rivallain, J. The Horse, the Status Mount of Africa. In *The Horse in the Art of the Near East*, D. Alexander, Ed., pp. 216–21. Vol. 1 of *Furusiyya: The Horse in the Art of the*

*Near East*. King Abdulaziz Public Library, 1996.

Robin, C. Sabean and Himyarites Discover the Horse. In *The Horse in the Art of the Near East*, D. Alexander, Ed., pp. 60–72. Vol. 1 of *Furusiyya: The Horse in the Art of the Near East*. King Abdulaziz Public Library, 1996.

Roe, F. G. *The Indian and the Horse*. University of Oklahoma Press, 1968.

Rogers, J. D., Ulambayar, E. and Gallon, M. Urban Centres and the Emergence of Empires in Eastern Inner Asia. *Antiquity*, vol. 79, no. 306, pp. 801–18, December 2005.

Root, F. A. *The Overland Stage to California: Personal Reminiscences and Authentic History of the Great Overland Stage Line and Pony Express from the Missouri River to the Pacific Ocean*. F. A. Root and W. E. Connelley, 1901.

Rosenbom, S., Costa, V., Chen, S., Khalatbari, L., Yusefi, G. H., Abdukadir, A., Yangzom, C., et al. Reassessing the Evolutionary History of Ass-Like Equids: Insights from Patterns of Genetic Variation in Contemporary Extant Populations. *Molecular Phylogenetics and Evolution*, vol. 85, pp. 88–96, April 2015.

Rossel, S., Marshall, F., Peters, J., Pilgram, T., Adams, M. D. and O'Connor, D. Domestication of the Donkey: Timing, Processes, and Indicators. *Proceedings of the National Academy of Sciences of the United States of America*, vol. 105, no. 10, pp. 3715–20, March 11, 2008.

Rudenko, S. *Frozen Tombs of Siberia: The Pazyryk Burials of Iron-Age Horsemen*. University of California Press, 1970.

Sadykov, T., Caspari, G. and Blochin, J. Kurgan Tunnug 1—New Data on the Earliest Horizon of Scythian Material Culture. *Journal of Field Archaeology*, vol. 45, no. 8, pp. 556–70, November 16, 2020.

Sagona, A. *The Archaeology of the Caucasus: From Earliest Settlements to the Iron Age*. Cambridge University Press, 2018.

Sandall, R., dir. *Coniston Muster: Scenes from a Stockman's Life*. Film short. Australian Institute of Aboriginal Studies, 1972.

Sasaki, K. Adoption of the Practice of Horse-Riding in Kofun Period Japan: With Special Reference to the Case of the Central Highlands of Japan. *Japanese Journal of Archaeology*, vol. 6, pp. 23–53, 2018.

Sauer, J. J. *The Archaeology and Ethnohistory of Araucanian Resilience*. Springer International, 2014.

Sauvet, G. The Hierarchy of Animals in the Paleolithic Iconography. *Journal of Archaeological Science: Reports*, vol. 28, p. 102025, December 1, 2019.

Schaffer, I. *Land Musters, Stock Returns and Lists, Van Diemen's Land 1803–1822*. St. David's Park, 1991.

Schauensee, R. M. de. Horse Gear from Hasanlu. *Expedition*, vol. 31, no. 2–3, pp. 37–52, January 1, 1989.

Schmaus, T. M. Animals, Households, and Communities in Bronze and Iron Age Central Eurasia. In *Archaeologies of Animal Movement: Animals on the Move*, A.-K. Salmi and S. Niinimaki, Eds., pp. 85–93. Springer International, 2021.

Schrader, S. A., Smith, S. T., Olsen, S. and Buzon, M. Symbolic Equids and Kushite State Formation: A Horse Burial at Tombos. *Antiquity*, vol. 92, no. 362, pp. 383–97, April 2018.

Schroeder, B. The Alcova Redoubt: A Refuge Fortification in Central Wyoming. In *Archaeological Perspectives on Warfare on the Great Plains*, A. Clark and D. Bamforth, Eds., pp. 237–66. University Press of Colorado, 2018.

Schulman, A. R. Egyptian Representations of Horsemen and Riding in the New Kingdom. *Journal of Near Eastern Studies*, vol. 16, no. 4, pp. 263–71, October 1, 1957.

Scott, A., Reinhold, S., Hermes, T., Kalmykov, A. A., Belinskiy, A., Buzhilova, A., Berezina, N., et al. Emergence and Intensification of Dairying in the Caucasus and Eurasian Steppes. *Nature Ecology & Evolution*, vol. 6, no. 6, pp. 813–22, June 2022.

Seguin-Orlando, A., Donat, R., Der Sarkissian, C., Southon, J., Thèves, C., Manen, C., Tchérémissinoff, Y., et al. Heterogeneous Hunter-Gatherer and Steppe-Related Ancestries in Late Neolithic and Bell Beaker Genomes from Present-Day France. *Current Biology*, vol. 31, no. 5, pp. 1072–83.e10, March 8, 2021.

Seitsonen, O., Broderick, L., Houle, J.-L. and Bayarsaikhan, J. The Mystery of the Missing Caprines: Stone Circles at the Great Khirigsuur in the Khanuy Valley. *Studia Archaeologica*, no. 34, pp. 164–74, 2014.

Shackleton, S. E. H. *The Heart of the Antarctic: Being the Story of the British Antarctic Expedition 1907–1909*. J. B. Lippincott, 1914.

Shai, I., Greenfield, H. J., Brown, A., Albaz, S. and Maeir, A. M. The Importance of the Donkey as a Pack Animal in the Early Bronze Age Southern Levant: A View from "Tell Es.-S.āfī"/Gath. *Zeitschrift Des Deutschen Palästina-Vereins*, vol. 132, no. 1, pp. 1–25, 2016.

Shchetenko, A. Время появления домашней лошади (*Equus caballus*) в Средней Азии [The Time of the Appearance of the Domesticated Horse (*Equus caballus*) in Central Asia]. In Происхождение и распространение колесничества сборник научных статей [Origin and Spreading of Chariots—Collection of

Scientific Articles], Vasilenko, Ed., pp. 219–33. Globus, 2008.

Shelach-Lavi, G., Jaffe, Y. and Bar-Oz, G. Cavalry and the Great Walls of China and Mongolia. *Proceedings of the National Academy of Sciences of the United States of America*, vol. 118, no. 16, e2024835118, 2021.

Shenk, P. To Valhalla by Horseback? Horse Burial in Scandinavia during the Viking Age. Master's thesis, University of Oslo, 2002.

Shim, H. The Postal Roads of the Great Khans in Central Asia under the Mongol-Yuan Empire. *Journal of Song-Yuan Studies*, vol. 44, no. 1, pp. 405–69, 2014.

Shishlina, N. I., Kovalev, D. S. and Ibragimova, E. R. Catacomb Culture Wagons of the Eurasian Steppes. *Antiquity*, vol. 88, no. 340, pp. 378–94, June 2014.

Singleton, J. Britain's Military Use of Horses, 1914–918. *Past & Present*, no. 139, pp. 178–203, 1993.

Skvortsov, K. Burials of Riders and Horses Dated to the Roman Iron Age and Great Migration Period in Aleika-3 (Former Jaugehnen), Cemetery on the Sambian Peninsula. *Archaeologia Baltica*, vol. 11, pp. 130–48, 2009.

Smiarowski, K. Climate-Related Farm-to-Shieling Transition at E74 Qorlortorsuaq in Norse Greenland. In *Human Ecodynamics in the North Atlantic: A Collaborative Model of Humans and Nature through Space and Time*, R. Harrison and R. Maher, Eds., pp. 177–94. Lexington Books, 2014.

Spengler, R., Frachetti, M., Doumani, P., Rouse, L., Cerasetti, B., Bullion, E. and Mar'yashev, A. Early Agriculture and Crop Transmission among Bronze Age Mobile Pastoralists of Central Eurasia. *Proceedings. Biological Sciences/The Royal Society*, vol. 281, no. 1783, p. 20133382, May 22, 2014.

Spengler, R. N. III, Miller, A. V., Schmaus, T., Matuzevičiūtė, G. M., Miller, B. K., Wilkin, S., Taylor, W. T. T., et al. An Imagined Past? Nomadic Narratives in Central Asian Archaeology. *Current Anthropology*, vol. 62, no. 3, pp. 251–86, June 1, 2021.

Spyrou, M. A., Keller, M., Tukhbatova, R. I., Scheib, C. L., Nelson, E. A., Andrades Valtueña, A., Neumann, G. U., et al. Phylogeography of the Second Plague Pandemic Revealed through Analysis of Historical Yersinia Pestis Genomes. *Nature Communications*, vol. 10, no. 1, p. 4470, October 2, 2019.

Spyrou, M. A., Tukhbatova, R. I., Wang, C.-C., Valtuena, A. A., Lankapalli, A. K., Kondrashin, V. V., Tsybin, V. A., et al. Analysis of 3800-Year-Old Yersinia Pestis Genomes Suggests Bronze Age Origin for Bubonic Plague. *Nature Communications*, vol. 9, no. 1, p. 2234, June 8, 2018.

Stark, S., Rubinson, K. S. and Samashev, Z. *Nomads and Networks: The Ancient Art and*

*Culture of Kazakhstan*. Princeton University Press, 2012.

Steele, J. and Politis, G. AMS 14C Dating of Early Human Occupation of Southern South America. *Journal of Archaeological Science*, vol. 36, no. 2, pp. 419–29, February 1, 2009.

Stepanova, E., Chugunov, K. Horse Equipment of the Late Bronze Age in Early China: Revolution and Evolution. In *Connections, Contacts and Interactions between Ancient Cultures of Northern Eurasia and Civilizations of the East during the Palaeometal Period (IV–I Mil. BC)*, A. V. Polyakov and E. S. Tkach, Eds., pp. 95–97. Institute of History and Material Culture (RAS), 2019.

Stepanova, E. V. Saddles of the Hun-Sarmatian Period. In *Masters of the Steppe: The Impact of the Scythians and Later Nomad Societies of Eurasia*, S. Pankova and S. Simpson, Eds., pp. 561–88. Archaeopress, 2021.

Steppan, K. The Neolithic Human Impact and Wild Horses in Germany and Switzerland: Horse Size Variability and the Chrono-Ecological Context. In *Horses and Humans: The Evolution of Human-Equine Relationships*, S. Olsen, S. Grant, A. Choyke, and L. Bartosiewicz, Eds., pp. 209–20. British Archaeological Reports, 2006.

Strassnig, C. Rediscovering the Camino Real of Panama: Archaeology and Heritage Tourism Potentials. *Journal of Latin American Geography*, vol. 9, no. 2, pp. 159–68, 2010.

Straus, L. G. Upper Paleolithic Hunting Tactics and Weapons in Western Europe, *Archaeological Papers of the American Anthropological Association*, vol. 4, no. 1, pp. 83–93, January 1, 1993.

Street, J. M. Feral Animals in Hispaniola. *Geographical Review*, vol. 52, no. 3, pp. 400–6, 1962.

Strömberg, C. A. E. Evolution of Grasses and Grassland Ecosystems. *Annual Review of Earth and Planetary Sciences*, vol. 39, pp. 517–44, 2011. https://doi.org/10.1038/s41598-022-06659-w.

Struck, J., Bliedtner, M., Strobel, P., Taylor, W. T. T., Biskop, S., Plessen, B., Klaes, B., et al. Climate Change and Equestrian Empires in the Eastern Steppes: New Insights from a High-Resolution Lake Core in Central Mongolia. *Scientific Reports*, vol. 12, no. 2829, 2022.

Su, Y., Fang, X. and Yin, J. Impact of Climate Change on Fluctuations of Grain Harvests in China from the Western Han Dynasty to the Five Dynasties (206 BC–960 AD). *Science China Earth Sciences*, vol. 57, no. 7, pp. 1701–12, July 1, 2014.

Sundstrom, L. Coup Counts and Corn Caches: Contact-Era Plains Indian Accounts of

Warfare. In *Archaeological Perspectives on Warfare on the Great Plains*, A. Clark and D. Bamforth, Eds., pp. 120–42. University of Colorado Press, 2018.

Sussman, R. W., Rasmussen, D. T. and Raven, P. H. "Rethinking Primate Origins Again." *American Journal of Primatology*, vol. 75, no. 2, pp. 95–106, 2013.

Svyatko, S. V., Mallory, J. P., Murphy, E. M., Polyakov, A. V., Reimer, P. J. and Schulting, R. J. New Radiocarbon Dates and a Review of the Chronology of Prehistoric Populations from the Minusinsk Basin, Southern Siberia, Russia. *Radiocarbon*, vol. 51, no. 1, pp. 243–73, 2009.

Swart, S. *Riding High: Horses, Humans and History in South Africa*. New York University Press, 2010.

Tabaldyev, K. Monuments of the Bronze Age of Kyrgyzstan. *Himalayan and Central Asian Studies*, vol. 15, no.1, pp. 3–12, 2012.

Takács, I. Evidence of Horse Use and Harnessing on Horse Skeletons from the Migration Period and the Time of the Hungarian Conquest. *Archaoezoologia*, vol. 7, no. 2, pp. 43–53, 1995.

Tao, T. and Wertmann, P. The Coffin Paintings of the Tubo Period from the Northern Tibetan Plateau. *Bridging Eurasia*, vol. 1, pp. 187–213, 2010.

Tarasov, P. E., Jolly, D. and Kaplan, J. O. A Continuous Late Glacial and Holocene Record of Vegetation Changes in Kazakhstan. *Palaeogeography, Palaeoclimatology, Palaeoecology*, vol. 136, no. 1, pp. 281–92, December 15, 1997.

Taylor, W. Horse Demography and Use in Bronze Age Mongolia. *Quaternary International*, vol. 436, pp. 270–82, April 29, 2017.

Taylor, W. How Dan the Zebra Stopped an Ill-Fated Government Breeding Program in Its Tracks. *Smithsonian Magazine Online*, December 4, 2019. https://www.smithsonianmag.com/smithsonian-institution/how-dan-zebra-stopped-ill-fated-governent-breeding-program-tracks-180973542/.

Taylor, W. Pandemics and the Post: Mongolia's Pony Express. *Diplomat*, October 16, 2020. https://thediplomat.com/2020/10/pandemics-and-the-post-mongolias-pony-express/.

Taylor, W. and Barrón-Ortiz, C. I. Rethinking the Evidence for Early Horse Domestication at Botai. *Scientific Reports*, vol. 11, no. 1, p. 7440, April 2, 2021.

Taylor, W., Bayarsaikhan, J. and Tuvshinjargal, T. Equine Cranial Morphology and the Identification of Riding and Chariotry in Late Bronze Age Mongolia. *Antiquity*, vol. 89, no. 346, pp. 854–71, August 2015.

Taylor, W., Bayarsaikhan, J., Tuvshinjargal, T., Bender, S., Tromp, M., Clark, J., Lowry,

K. B., et al. Origins of Equine Dentistry. *Proceedings of the National Academy of Sciences of the United States of America*, vol. 115, no. 29, pp. e6707-15, 2018.

Taylor, W., Belardi, J. B., Barbarena, R., Brenner Coltrain, J., Carballo Marina, F., Borrero, L. A., Conver, J. L., et al. Interdisciplinary evidence for early domestic horse exploitation in southern Patagonia. *Science Advances*, vol. 9, no. 49. https://doi.org/10.1126/sciadv.adk5201.

Taylor, W., Cao, J., Fan, W., Ma, X., Hou, Y., Wang, J., Li, Y., et al. Understanding Early Horse Transport in Eastern Eurasia through Analysis of Equine Dentition. *Antiquity*, vol. 95, no. 384, pp. 1478–94, 2021.

Taylor, W., Clark, J., Bayarsaikhan, J., Tuvshinjargal, T., Jobe, J. T., Fitzhugh, W., Kortum, R., et al. Early Pastoral Economies and Herding Transitions in Eastern Eurasia. *Scientific Reports*, vol. 10, no. 1, p. 1001, January 22, 2020.

Taylor, W., Clark, J. K., Reichhardt, B., Hodgins, G. W. L., Bayarsaikhan, J., Batchuluun, O., Whitworth, J., et al. Investigating Reindeer Pastoralism and Exploitation of High Mountain Zones in Northern Mongolia through Ice Patch Archaeology. *PloS One*, vol. 14, no. 11, p. e0224741, November 20, 2019.

Taylor, W., Fantoni, M., Marchina, C., Lepetz, S., Bayarsaikhan, J., Houle, J.-L., Pham, V., et al. Horse Sacrifice and Butchery in Bronze Age Mongolia. *Journal of Archaeological Science: Reports*, vol. 31, p. 102313, June 1, 2020.

Taylor, W., Hart, I., Jones, E. L., Brenner-Coltrain, J., Jobe, J. T., Britt, B. B., Gregory McDonald, H., et al. Interdisciplinary Analysis of the Lehi Horse: Implications for Early Historic Horse Cultures of the North American West. *American Antiquity*, vol. 86, no. 3, pp. 465–85, 2021.

Taylor, W., Jargalan, B., Lowry, K. B., Clark, J., Tuvshinjargal, T. and Bayarsaikhan, J. A Bayesian Chronology for Early Domestic Horse Use in the Eastern Steppe. *Journal of Archaeological Science*, vol. 81, Supplement C, pp. 49–58, May 1, 2017.

Taylor, W., Librado, P., American Horse, C. J., Shield Chief Gover, C., Arterberry, J., Afraid of Bear-Cook, A. L., Left Heron, H., et al. Early Dispersal of Domestic Horses into the Great Plains and Northern Rockies. *Science*, vol. 379, no. 6639, pp. 1316–23, March 31, 2023.

Taylor, W., Pruvost, M., Posth, C., Rendu, W., Krajcarz, M. T., Abdykanova, A., Brancaleoni, G., et al. Evidence for Early Dispersal of Domestic Sheep into Central Asia. *Nature Human Behaviour*, vol. 5, pp. 1169–79, 2021. https://doi.org/10.1038/s41562-021-01083-y.

Taylor, W. and Tuvshinjargal, T. Horseback Riding, Asymmetry, and Changes to the

Equine Skull: Evidence for Mounted Riding in Mongolia's Late Bronze Age. In *Care or Neglect? Evidence of Animal Disease in Archaeology*, L. Bartosiewicz and E. Gal, Eds., p. 134–54. Oxbow, 2018.

Taylor, W., Tuvshinjargal, T. and Bayarsaikhan, J. Reconstructing Equine Bridles in the Mongolian Bronze Age. *Journal of Ethnobiology*, vol. 36, no. 3, pp. 554–70, October 1, 2016.

Todd, E. T., Tonasso-Calvière, L., Chauvey, L., Schiavinato, S., Fages, A., Seguin-Orlando, A., Clavel, P., et al. The Genomic History and Global Expansion of Domestic Donkeys. *Science*, vol. 377, no. 6611, pp. 1172–80, September 9, 2022.

Tozaki, T., Kikuchi, M., Kakoi, H., Hirota, K., Nagata, S., Yamashita, D., Ohnuma, T., et al. Genetic Diversity and Relationships among Native Japanese Horse Breeds, the Japanese Thoroughbred and Horses outside of Japan Using Genome-Wide SNP Data. *Animal Genetics*, vol. 50, no. 5, pp. 449–59, October 2019.

Trautmann, M., Frinculeasa, A., Preda-Bălănică, B., Petruneac, M., Focşa˘neanu, M., Alexandrov, S., Atanassova, N., et al. First Bioanthropological Evidence for Yamnaya Horsemanship. *Science Advances*, vol. 9, no. 9, p. eade2451, March 3, 2023.

Troncoso, A., Pascual, D. and Moya, F. Making Rock Art under the Spanish Empire: A Comparison of Hunter Gatherer and Agrarian Contact Rock Art in North-Central Chile, *Australian Archaeology*, vol. 84, no. 3, pp. 263–80, September 2, 2018.

Turbat, T., Batsukh, D. and Bayarkhuu, N. Хүннүгийн археологийн тамгууд Люаньди овгийн тамга болох нь [Xiongnu Archaeological Tamgas as Luanti Clan Property Signs]. *Studia Archaeologica*, vol. 32, pp.136–61, 2012.

Turfan City Bureau of Cultural Relics, Xinjiang Institute of Cultural Relics and Archaeology, Academy of Turfanology and Turfan Museum. 新疆洋海墓地 [Report of Archaeological Excavations at Yanghai Cemetery]. 文物出版社 [Cultural Relics Press], 2019.

Tuvshinjargal, T. and Taylor, W. "Гэрийн Эртний Түүхэн" Хөгжлийг Археологийн Хэрэглэгдэхүүнээр Тодруулах Нь [Clarifying the Early Historical Development of the Ger in the Archaeological Record]. In Монгол Гэрийн Өв Соёл [The Cultural Heritage of the Mongolian Ger]. D. Sukhbaatar, Ed., pp. 5–13. National Museum of Mongolia, 2019.

Uetsuki, M., Gakuhari, T., Isahaya, N., Maruyama, M. and Aoyagai, T. Horse Feeding Strategy in Ancient Japan and Korea: Stable Carbon Isotope Analysis of the Tooth Enamel. 대한체질인류학회 학술대회 연제 초록 [Korean Society for Physical

Anthropology], vol. 63, pp. 5–6, August 2020.

Uetsuki, M., Nishinakagawa, H. and Yamaji, N. The Use of Horses in Classical Period Japan Inferred from Pathology and Limb Bone Proportion. *Asian Journal of Paleopathology*, vol. 4, pp. 13–28, 2022. https://doi.org/10.32247/ajp2022.4.4.

Van Buren, E. D. *Clay Figurines of Babylonia and Assyria*. AMS Press, 1980.

Vander Velden, F. A Tapuya "Equestrian Nation"? Horses and Native Peoples in the Backlands of Colonial Brazil. In *The Materiality of the Horse*, M. Bibby and B. Scott, Eds., pp. 71–106. Trivent, 2023.

Vasil'ev, S. A. Faunal Exploitation, Subsistence Practices and Pleistocene Extinctions in Paleolithic Siberia. *Deinsea*, vol. 9, no. 1, pp. 513–56, January 1, 2003.

Vasiliev, S. K. Large Mammal Fauna from the Pleistocene Deposits of Chagyrskaya Cave Northwestern Altai (Based on 2007–2011 Excavations). *Archaeology, Ethnology and Anthropology of Eurasia*, vol. 41, no. 1, pp. 28–44, March 1, 2013.

Vershinina, A. O., Heintzman, P. D., Froese, D. G., Zazula, G., Cassatt-Johnstone, M., Dalen, L., Der Sarkissian, C., et al. Ancient Horse Genomes Reveal the Timing and Extent of Dispersals across the Bering Land Bridge. *Molecular Ecology*, vol. 30, no. 23, pp. 6144–61, December 2021.

Vigne, J.-D. Early Domestication and Farming: What Should We Know or Do for a Better Understanding? *Anthropozoologica*, vol. 50, no. 2, pp. 123–51, 2015.

Vila, E. Data on Equids from Late Fourth and Third Millennium Sites in Northern Syria. In *Equids in Time and Space: Papers in Honour of Vera Eisenmann*, M. Mashkour, Ed., pp. 101–23. Oxbow, 2006.

Villavicencio, N. A., Lindsey, E. L., Martin, F. M., Borrero, L. A., Moreno, P. I., Marshall, C. R. and Barnosky, A. D. Combination of Humans, Climate, and Vegetation Change Triggered Late Quaternary Megafauna Extinction in the Ultima Esperanza Region, Southern Patagonia, Chile. *Ecography*, vol. 39, no. 2, pp. 125–40, February 2016.

Vitt, V. O. The Horses of the Kurgans of Pazyryk. *Journal of Soviet Archaeology*, vol. 16, pp. 163–206, 1952.

Wagner, M., Bo, W., Tarasov, P., Westh-Hansen, S. M., Völling, E. and Heller, J. The Ornamental Trousers from Sampula (Xinjiang, China): Their Origins and Biography. *Antiquity*, vol. 83, no. 322, pp. 1065–75, December 2009.

Wagner, M., Wu, X., Tarasov, P., Aisha, A., Ramsey, C. B., Schultz, M., Schmidt-Schultz, T., et al. Radiocarbon-Dated Archaeological Record of Early First Millennium BC Mounted Pastoralists in the Kunlun Mountains, China. *Proceedings of the National*

*Academy of Sciences*, vol. 108, no. 38, pp. 15733–38, 2011.

Wallace, B. L'Anse Aux Meadows, Leif Eriksson's Home in Vinland. *Journal of the North Atlantic*, vol. 2, no. sp2, pp. 114–25, October 2009.

Wallace, E. and Adamson Hoebel, E. *The Comanches: Lords of the South Plains*. University of Oklahoma Press, 2013.

Waters, M. R., Stafford, T. W., Jr, Kooyman, B. and Hills, L. V. Late Pleistocene Horse and Camel Hunting at the Southern Margin of the Ice-Free Corridor: Reassessing the Age of Wally's Beach, Canada. *Proceedings of the National Academy of Sciences of the United States of America*, vol. 112, no. 14, pp. 4263–67, April 7, 2015.

Wayland, V., Wayland, H. and Ferg, A. *Playing Cards of the Apaches: A Study in Cultural Adaptation*. Screenfold, 2006.

Weatherford, J. *Genghis Khan and the Quest for God: How the World's Greatest Conqueror Gave Us Religious Freedom*. Penguin, 2017.

Webb, S. D. and Hemmings, C. A. Last Horses and First Humans in North America. In *Horses and Humans: The Evolution of Human-Equine Relationships*, S. Olsen, S. Grant, A. Choyke, and L. Bartosiewicz, Eds., pp. 11–24. British Archaeological Reports, 2006.

Weber, J. A. Elite Equids: Redefining Equid Burials of the Mid- to Late 3$^{rd}$ Millennium BC from Umm el-Marra, Syria. *MOM Editions*, vol. 49, no. 1, pp. 499–519, 2008.

Weber, J. A., Porter, A. and Schwartz, G. Restoring Order: Death, Display and Authority. In *Sacred Killing: The Archaeology of Sacrifice in the Ancient Near East*, A. Porter and G. Schwartz, Eds., pp. 159–90. Eisenbraun, 2012.

Wedel, W. R. Coronado, Quivira, and Kansas: An Archeologist's View. *Great Plains Quarterly*, vol. 10, no. 3, pp. 139–51, 1990.

Wertmann, P., Chen, X., Li, X., Xu, D., Tarasov, P. E. and Wagner, M. New Evidence for Ball Games in Eurasia from ca. 3000-Year-Old Yanghai Tombs in the Turfan Depression of Northwest China. *Journal of Archaeological Science: Reports*, vol. 34, p. 102576, December 1, 2020.

Wertmann, P., Xu, D., Elkina, I., Vogel, R., Yibulayinmu, M. 'eryamu, Tarasov, P. E., La Rocca, D. J. and Wagner, M. No Borders for Innovations: A ca. 2700-Year-Old Assyrian-Style Leather Scale Armour in Northwest China. *Quaternary International*, vol. 623, pp. 110–26, 2021. https://doi.org/10.1016/j.quaint.2021.11.014.

Wertmann, P., Yibulayinmu, M., Wagner, M., Taylor, C., Müller, S., Xu, D., Elkina, I., Leipe, C., Deng, Y. and Tarasov, P. E. The Earliest Directly Dated Saddle for Horse-Riding from a Mid-1st Millennium BCE Female Burial in Northwest China.

*Archaeological Research in Asia*, vol. 35, p. 100451, September 1, 2023.

Wheat, J. B., Malde, H. E. and Leopold, E. B. The Olsen-Chubbuck Site: A Paleo-Indian Bison Kill. *Memoirs of the Society for American Archaeology*, no. 26, pp. i–180, 1972.

Wilkin, S., Ventresca Miller, A., Fernandes, R., Spengler, R., Taylor, W. T.-T., Brown, D. R., Reich, D., et al. Dairying Enabled Early Bronze Age Yamnaya Steppe Expansions. *Nature*, vol. 598, no. 7882, pp. 629–33, October 2021.

Wilkin, S., Ventresca Miller, A., Miller, B. K., Spengler, R. N., III, Taylor, W. T. T., Fernandes, R., Hagan, R. W., et al. Economic Diversification Supported the Growth of Mongolia's Nomadic Empires. *Scientific Reports*, vol. 10, no. 1, p. 3916, March 3, 2020.

Wilkin, S., Ventresca Miller, A., Taylor, W. T. T., Miller, B. K., Hagan, R. W., Bleasdale, M., Scott, A., et al. Dairy Pastoralism Sustained Eastern Eurasian Steppe Populations for 5,000 Years. *Nature Ecology & Evolution*, vol. 4, no. 3, pp. 346–55, March 2020.

Willcox, G. and Stordeur, D. Large-Scale Cereal Processing before Domestication during the Tenth Millennium Cal BC in Northern Syria. *Antiquity*, vol. 86, no. 331, 99–114, 2012.

Williams, G. *Weapons of the Viking Warrior*. Bloomsbury, 2019.

Wilson, G. L. *The Horse and the Dog in Hidatsa Culture*. American Museum Press, 1924.

Wit, P. and Bouman, I. *The Tale of the Przewalski's Horse: Coming Home to Mongolia*. KNNV, 2006.

Wood, A. R., Bebej, R. M., Manz, C. L., Begun, D. L. and Gingerich, P. D., Postcranial Functional Morphology of Hyracotherium (Equidae, Perissodactyla) and Locomotion in the Earliest Horses. *Journal of Mammalian Evolution*, vol. 18, no. 1, pp. 1–32, March 2011.

Wright, J., Honeychurch, W. and Amartuvshin, C. The Xiongnu Settlements of Egiin Gol, Mongolia. *Antiquity*, vol. 83, no. 320, pp. 372–87, June 2009.

Wu, X. *Chariots in Early China: Origins, Cultural Interaction, and Identity*. British Archaeological Reports, 2013.

Wutke, S., Andersson, L., Benecke, N., Sandoval-Castellanos, E., Gonzalez, J., Hallsson, J. H., Lougas, L., et al. The Origin of Ambling Horses. *Current Biology*, vol. 26, no. 15, pp. R697–99, August 8, 2016.

Xenophon. *The Art of Horsemanship*. J. M. Dent, 1894.

Yang, L., Kong, X., Yang, S., Dong, X., Yang, J., Gou, X. and Zhang, H. Haplotype Diversity in Mitochondrial DNA Reveals the Multiple Origins of Tibetan Horse.

*PloS One*, vol. 13, no. 7, p. e0201564, July 27, 2018.

Yuan, J. and Flad, R. Research on Early Horse Domestication in China. In *Equids in Time and Space: Papers in Honour of Vera Eisenmann*, M. Mashkour, Ed., pp. 124–32. Oxbow, 2006.

Zahir, M. Gandhara Grave Culture: New Perspectives on Protohistoric Cemeteries in Northern and North-Western Pakistan. In *A Companion to South Asia in the Past*, G. R. Schug and S. R. Walimbe, Eds., pp. 274–93. Wiley, 2016.

Zarins, J. and Hauser, R. *The Domestication of Equidae in Third-Millennium BCE Mesopotamia*. CDL, 2014.

Zazzo, A., Lepetz, S., Magail, J. and Gantulga, J.-O. High-Precision Dating of Ceremonial Activity around a Large Ritual Complex in Late Bronze Age Mongolia. *Antiquity*, vol. 93, no. 367, pp. 80–98, February 2019.

Zeder, M. A. The Equid Remains from Tal-E Malyan, Southern Iran. In *Equids in the Ancient World*, R. H. Meadow and H. P. Uerpmann, Eds., pp. 366–412. Ludwig Reichert Verlag, 1986.

Zeder, M. A. Out of the Fertile Crescent: The Dispersal of Domestic Livestock through Europe and Africa. In *Human Dispersal and Species Movement: From Prehistory to the Present*, N. Boivin, R. Crassard, and M. Petraglia, Eds., pp. 261–303. Cambridge University Press, 2017.

Zeder, M. A. and Hesse, B. The Initial Domestication of Goats (Capra hircus) in the Zagros Mountains 10,000 Years Ago. *Science*, vol. 287, no. 5461, pp. 2254–57, March 24, 2000.

Zhang, C., Wang, Y., Zhang, J., Taylor, W. T. T., Sun, F., Huang, Z., Qiu, R., et al. Elite Chariots and Early Horse Transport at the Bronze Age Burial Site of Shijia. *Antiquity*, vol. 97, no. 393, pp. 636–53, 2023.

Zhang, D. and Feng, Z. Holocene Climate Variations in the Altai Mountains and the Surrounding Areas: A Synthesis of Pollen Records. *Earth-Science Reviews*, vol. 185, pp. 847–69, October 1, 2018.

Zhang, Z. W., Wangdue, S., Lu, H. L. and Nyima, S. C. Identification and Interpretation of Faunal Remains from a Prehistoric Cist Burial in Amdo County North Tibet. *Journal of Tibetology*, vol. 12, pp. 1–18, 2015.

# 찾아보기

## ㄱ

가나, 가나의 말, 204
가예고스강(파타고니아), 말 유물, 260
가축, 50
    건조한 환경에 잘 적응하는 가축, 110
    낙인, 180
    바이킹의 가축, 236
    시베리아 경제, 136
    신석기 아프리카, 205
    아파나시에보, 83
    알타이산맥, 83, 86, 134
    오스트레일리아, 271
    푸에블로 원주민과 스페인 이주민의 가축, 245
가축화: 가축화의 경제 시스템, 50, 51
    가축화의 기원, 47~49
    가축화의 확산, 51
    개, 47
    개체 통계학적 패턴, 59
    기후변화와 가축화, 49, 52
    길들여진 동물의 유전적 차이, 47
    늑대, 49
    당나귀, 86, 87, 97, 154
    몽골에서의 가축화, 133
    식물을 길들인 작물화, 49
    얌나야 문화에서의 가축화, 57

인간과 맺는 관계의 다양한 양상,
46, 47
초식동물, 49, 50
간다라(인더스 계곡 문화): 말과에
속하는 동물의 뼈, 124
말 매장지, 124
간쑤 회랑(중국): 말을 타고 달리는
사람을 묘사한 벽화, 도판 14
하늘을 나는 모습의 청동 천마상,
183
흉노의 간쑤 정복, 177
간즈다레(이란), 가축 염소, 50
갑골문, 상형 문자(상나라), 갑골문의
말, 150
개, 길들여진 개, 47
고고학 기록, 49
거대한 말 갤러리(퀸즐랜드), 274, 275
거란, 한자 사용, 195
게르 테렉(유르트 수레), 142
겔린탕(티베트), 말 매장지, 184
견융('개 야만인'이라는 뜻의 멸칭),
주나라 수도 공격, 174
경마, 52
미국의 경마, 249, 285
태즈메이니아의 경마, 271
경찰, 기마 경찰, 284
고고학: 고고학계의 식민주의 편견,
288
고고학계의 원주민 학자들, 288
고고학의 변화하는 기술, 11
세계를 이해하는 데 고고학의

역할, 12
연구 기술, 72
고고학, 말 고고학, 11
고고학계의 새로운 연구, 288
고고학에서 인간이 개입하지
않은 과정, 54
기술 연구, 288
모린모르트 계곡의 고고학, 9~11
목축 확인, 54
뼈의 구별, 53~55
사냥 기록, 32, 33
유라시아 고고학 뼈 모음, 55, 56
전차 고고학, 114, 115
홀로세 고고학 뼈 모음, 55, 56.
'매장지, 말 매장지', '뼈, 말과에
속하는 동물' 참조
고구려, 말 문화, 229
고딘테페(이란), 오나거, 93
고비 사막: 말 문화, 148
매장 풍습, 148
플라이스토세의 고비 사막, 132
고양이, 길들여진 고양이와 길에서
사는 고양이, 48
고인디언(팔레오인디언), 말 사냥, 40
고진기 방산, 원시 영장류, 17
고훈 문화(일본), 말, 230
골모드(흉노 왕족 고분 지구), 로마
유물, 179
공룡, 멸종, 16
광산, 피트 포니(광산용 조랑말), 278
교역: 교역과 말, 51, 125~127, 164, 171,

184
남아메리카 원주민 교역, 265
대서양, 240
동아시아와 서구 사이의 교역, 165
사탕수수 교역, 240
아시아 해상 교역, 268
아프리카 해안, 199, 239
차 교역, 185
태평양 횡단 교역, 269, 270.
'말 교역' 참조
구석기 시대, 말 사냥, 34, 35, 68.
'예술 작품, 구석기 예술품' 참조
구아나코(낙타과, 남아메리카): 가죽 교역, 265
기마 사냥, 260, 263
굴레: 굴레 가설 확인, 64, 65
굴레가 말 뼈에 끼치는 영향, 61
볼 피스, 58, 64, 65, 114, 121, 136
사하라 횡단 교역과 굴레, 203
상나라 굴레, 149
새로운 기술, 157
스텝의 굴레, 156
신타시타 문화의 굴레, 108, 109
아메리카 원주민 굴레, 249
카라수크 문화의 굴레, 136
캅카스 남쪽의 굴레, 118
투르크메니스탄에서 출토된 굴레, 125
트로이에서 출토된 굴레, 121
파지리크 굴레, 169

페르시아 굴레, 172
페트롭카 문화의 굴레, 114.
'재갈', '말 제어' 참조
귀나르, 오귀스트, 261, 262
그란차코(초원, 남아메리카), 길들여진 말, 258
그리스, 고대: 기마 문화들이 그리스에 끼친 영향, 166
내륙과의 연결, 172
스텝에서의 위협, 162
안장 없이 말타기, 187
전차의 확산, 121, 122
그리스-박트리아 태피스트리 바지, 아티스트의 재구성, 도판 11
그린란드, 바이킹 말, 236
근동: 가축을 이용한 운송, 97
근동의 동물고고학 기록, 92
당나귀를 이용한 운송, 87, 88
말과 당나귀 사이에서 난 잡종, 121
말의 근동 침투, 118
청동 재갈, 155
기계화: 말 운송을 대체하는 기계화, 282, 283
식민지의 기계화, 280
유럽, 278
기마(기병), 154, 157, 158, 도판 7
기마술과 여성, 164
기마술의 서쪽 확산, 162
기마술이 제공한 힘, 186
기마술이 제공한 부, 186

기마용 발 지지대, 189
두 명이 짝을 짓는 기마 전투, 157, 158
로마 기병, 184
말리의 기병, 204
말타기와 함께 진행된 문화적 상호작용, 179, 180
말타기의 전차 대체, 159
말 탄 사람의 안정성, 189, 191
북아프리카 기병, 200
사카, 163
스키타이, 162, 170
스텝 제국의 출현, 176, 177
아시리아, 157
아시아에 끼친 영향, 171, 173
아즈텍 제국의 군사적 패배, 243
아케메네스 왕조 페르시아 제국, 171, 172
제1차 세계대전, 281, 282
크세노폰, 172.
'말타기', '전쟁' 참조
기마술, 160, 172, 175, 186, 191, 198, 201, 233, 248.
'기마(기병)', '전차', '말타기' 참조
기아 시기(제임스타운), 말 식용, 247
기제목: 맹장, 23
에오세의 기제목, 17
진화, 21
기후 온난화: 가축화, 49, 51
기후 온난화 기간의 사람과 말의 관계, 39

북아메리카, 38~42
시베리아, 43
초식동물에게 끼친 영향, 41
항해에 끼친 영향, 235.
'해빙 지역', '환경 변화' 참조

ㄴ

나담 축제(울란바토르), 285
나일강 통로: 가축화, 86
나일강 통로의 말, 180
나파타 지역 왕국들, 전차용 말 매장, 199
낙타: 말 운송을 지원하는 낙타, 200, 277
사막 전투에서의 낙타, 199
낙타과 동물, 안데스 제국, 256
남극, 말의 남극 출현, 276
남서부, 미국: 남서부에서 퍼져 나온 말의 확산, 245, 246
말의 도래, 244, 245
코로나도의 원정, 244
남아메리카: 길들여진 말, 255~266
대서양 변두리 지역에서의 식민지 침탈, 258
말 개체 수 증가, 265, 266
말과에 속하는 야생동물들, 29, 40, 41
포르투갈 정착지, 258.
'말 문화, 남아메리카 원주민',

'아메리카 원주민' 참조
남아프리카: 말 살처분, 283
　말의 도래, 268, 269
네안데르탈인, 말 사냥, 34
네즈퍼스, 컬럼비아고원, 252
노보일리이놉스키 2(러시아-
　카자흐스탄 국경), 말 잔해, 114,
　115
노용올(몽골): 유라시아 유물, 178, 179
　은 쟁반, 178
　초기 안장, 179
농경(농사): 기온 하락이 농사에 끼친
　영향, 192
　농사에서 말의 역할, 52, 278
　농사의 당나귀 이용, 88
　오스트레일리아 농경, 270
　작물 운송, 98
눈신, 말의 눈신, 233
　렌드브린(노르웨이), 도판 18
뉴멕시코, 스페인 식민지, 245
뉴질랜드, 말의 도래, 275
늑대, 가축화, 49
니제르, 말, 204
니카라과, 말의 도래, 243
니키니크 1(티모르), 말 고고학, 272

## ㄷ

다아간델(몽골 자브항주), 사슴돌, 138
다윈, 찰스: 말 공물 기록, 262

당나귀(*Equus asinus*), 86
　가축화, 86, 87, 97, 153
　농사 활동에의 이용, 88
　당나귀 타기, 92, 97
　당나귀를 묘사한 그림, 92
　당나귀를 이용한 운송, 86~92,
　　102
　소가 끄는 수레의 개량, 102
　스페인 식민지 세계, 255
　'영역' 형태, 25
당나귀, 야생당나귀:
　누비아야생당나귀, 29
　당나귀 선조로서의 야생당나귀,
　　27
　소말리아야생당나귀, 29
　아시아야생당나귀, 88, 90
　아프리카 야생당나귀, 29
　예술품의 야생당나귀 묘사, 90,
　　91
　유라시아의 야생당나귀, 31
　유럽야생당나귀, 88
　초기 말과의 공존, 28
대서양: 대서양 여러 섬의 말, 240
　대서양 지역의 식민지 착취, 267
대평원, 미국: 말 민족 인디언 릴레이,
　287
　말의 확산, 246
　말 장비, 263
　식민지의 압박, 252
　아메리카 원주민의 이주, 252
　울타리 친 농장, 281

천연두 유행병, 253
철도, 279
코로나도의 대평원 원정, 244.
'말 문화, 북아메리카 원주민',
'서부, 미국' 참조
댄(얼룩말), 105
더링튼 벽(영국), 228
더링튼 벽의 전차, 117
더비셔, 말 잔해, 235
더윈트 지역 관리
명부(오스트레일리아 가축 기록),
말, 271
데니소바인(현생인류와 섞인 다른
인류 종), 133
데레이프카(우크라이나), 63
가축화의 증거, 63
방사성탄소연대측정, 63
신석기/청동기 시대 유물, 63

덴버국제공항, 푸른색 무스탕 조각상,
285
도구, 석기: 말 사냥과 관련된 석기, 32
도구: 말 뼈로 만든 도구, 40, 65
사슴뿔 도구, 58, 64
도로 시스템: 말 기반, 286
몽골 제국, 196, 197
비단길, 186, 286
차마고도, 185, 268
도미니카공화국, 말의 도래, 241
도시, 스텝: 수도, 194, 195
스텝 도시들의 고고학, 194

도시국가, 도시국가의 부상, 98
독신 수컷 무리: 말, 35, 67, 68
회색랑구르원숭이, 26
돌궐: 룬 문자, 195
서늘해진 기후가 끼친 영향, 192
수도, 194
유라시아 스텝 장악, 191
동물고고학: 말 가축화 연구에서의
동물고고학, 53
말과에 속하는 동물을 이용한
운송 기록, 92, 93
빙하기 이후 개체 수 감소의 증거,
42
뼈의 크기와 형태, 40
동물이 끄는 바퀴 달린 장치, 80, 81
동부 해안 지역, 북아메리카: 말의
도래, 243
원주민들의 말 교역, 253
돼지, 정착 생활 방식, 82
두르불진 문자, 196
드루스, 로버트: 『그리스인의
출현(Coming of the Greeks)』, 122
드마니시(조지아), 말속 동물, 32
들소, 야생 들소: 소가 끄는 수레 끌기,
106.
'버펄로 사냥' 참조
등자: 금속 등자, 189~191
등자의 발전, 188~190
바이킹의 등자 사용, 234
사하라 횡단 교역, 203
스페인 등자, 249

유라시아에서의 확산, 191
유럽으로의 전파, 191
딩고, 야생: 오스트레일리아
원주민들의 가축화, 47

## ㄹ

라코타: 지역 지배, 254
21세기의 말 보존, 287
라플라타 남쪽: 야생으로 나간 말들, 259
라플라타강(남아메리카), 스페인
이주민들, 258
람세스 2세, 파라오, 120
람세스 2세의 축사, 120
히타이트인을 물리치는 장면, 154, 도판 7
랑스 오 메도즈(뉴펀들랜드), 바이킹
정착촌, 236
러벅호(텍사스), 말 뼈, 248
러시아: 러시아의 전차 매장지, 116
말과에 속하는 동물의 뼈, 160, 161
레나말(*Equus lenensis*), 43
레반트, 말과에 속하는 동물, 93
레소토, 말 암각화, 269
레아, 남아메리카: 기마 사냥, 287
레흐트, L., 90
렌드브린(노르웨이), 말의 눈신, 도판 18
로마, 고대: 기마, 184
로마 멸망, 192
로마의 해상 운송, 229
로키산맥, 말의 확산, 246
루스벨트, 시어도어, 105
루트, 프랭크, 280
르빈, 마샤, 59
『리그베다』, 길들여진 말, 123
리우슈이(신장 사막), 말 매장지, 144
리타우어, 메리, 60
리틀빅혼(몬태나), 미국 기병대의 대패, 280

## ㅁ

마다가스카르, 말의 확산, 269
마데이라, 포르투갈인들의 탐험, 240
마르얀누(전차를 탄 전사, 아카드어), 117
마오리, 말 문화, 275
마유, 암말의 젖: 마유 발효 음료, 112
마유 섭취, 68, 74, 84, 101, 112, 145
얌나야 문화의 마유, 101
젖에 대한 소화력, 112
마이코프 문화: 바퀴 달린 왜건, 81
소를 이용한 운송, 65
코뚜레(코걸이), 65, 82, 도판 5
마카파이나라(티모르), 말 고고학, 272
말 가축화: 가축화가 말에게 끼친

골학적 영향, 53
　　　가축화가 말에게 끼친 생물학적
　　　　　영향, 52
　　　가축화를 반영하는 목축 말 뼈
　　　　　모음, 60, 66, 67
　　　가축화의 직접적 표시, 59
　　　갇힌 공간에서 사는 데 따르는
　　　　　특정한 질병, 62
　　　데레이프카 증거, 63
　　　말 가축화의 다른 설명, 64
　　　말 가축화의 확산, 78~79쪽 지도
　　　무리의 위계, 59
　　　보타이 가설, 65, 66
　　　뼈의 기록, 53~56, 62
　　　사막, 200
　　　사하라 이남, 202
　　　선택적 번식, 155
　　　아프리카의 우림 장벽, 205
　　　얌나야 가설, 57, 58
　　　인간 생활의 혁명, 125
　　　인도-유럽 가설, 63
　　　초기 모델, 52, 57, 58, 99
　　　크리뱐스키, 101
　　　플라이스토세 후기 하향세의
　　　　　역전, 58
　　　흑해 지대 경제, 102
　　　흑해 지역, 100
　　　DNA 확인, 62.
　　　'사람과 말의 관계' 참조
말 공급: 스텝, 151
　　　알렉산드로스 대왕의 말 공급,
　　　　　172
　　　월지, 177, 182
　　　장건의 말 공급처를 찾는 여정,
　　　　　182
　　　중국에의 말 공급, 151
　　　흉노, 176, 177
　　　히말라야, 184
말 교역: 북아메리카 원주민, 253
　　　비잔틴, 237
　　　사하라 횡단, 202
　　　세계적 규모의 말 교역, 238
　　　차마고도, 185, 268
　　　태평양 횡단, 269.
　　　'교역' 참조
말, 길들여진 말: 거세, 52, 59, 115, 169,
　　　　　261
　　　고기용 도살, 53, 146
　　　고대 메소포타미아 언어에서
　　　　　발견되는 길들여진 말, 117
　　　교역에 끼친 영향, 126, 127
　　　기술적 데이터, 118
　　　길들여진 말과 야생말, 46
　　　길들여진 말의 식단, 52, 62
　　　남아메리카, 255~266
　　　남쪽 지역, 117, 118
　　　농경에서의 길들여진 말, 52, 236,
　　　　　278, 279
　　　드래프트 말, 279
　　　말 미라, 120
　　　말을 대체하는 자동차, 282
　　　멕시코, 242~244

미국 대평원, 246~248, 250
바이킹, 231
번식, 52, 55, 59, 60, 111, 248
변화의 원동력, 103
부차적인 생산품, 112
북아메리카, 236, 237
사막 동물의 협력 운송, 200
사하라 횡단, 202
사헬 초원, 202, 203
산스크리트어 문헌, 122
산업화, 277~280
생존의 필수 요소인 말 공급, 180
생체분자학적 증거, 118
섬 지역 여러 사회, 229
세계화에의 역할, 126, 186
수의학적 말 관리, 52, 53, 62, 146, 169, 170, 262
스텝 동부, 132
스페인 신대륙, 240~243
식민주의에서의 역할, 278
아메리카 원주민/식민지 말 교배, 253
아프리카 교역 항로, 268
아프리카 북부, 119
아프리카에서의 높은 치사율, 104
알타이산맥, 137, 167, 168
앰블링 보법, 233
오스트레일리아, 269~271
일본, 230
전 세계적 존재감, 207, 276
제1차 세계대전, 281, 282

종교와 신화, 153
카리브 제도, 241, 242
태평양 남부, 268
티베트, 184, 185
페르가나 분지, 182, 183
프르제발스키말에서 별도의 종으로 분리, 29
하렘 집단 형태, 26
해상 운송, 226~227쪽 지도, 228~238
홀로세, 46
21세기, 284~289, 도판 20
DMRT3(바이킹 말 대립 유전자), 233, 234.
'말속', '말 문화', '사람과 말의 관계', '운송, 말을 이용한 운송' 참조
말: 대양 횡단 확산, 226~227쪽 지도, 232~237
말고기, 53, 146, 248
맹장, 24
사람들의 생존 전략, 44
아메리카 대륙 변화의 매개, 12
의사소통 능력, 26
집단 내 사회적 인식, 26
추운 날씨와 말의 진화, 28
필요한 물, 199, 200
필요한 칼로리, 24
학습 능력, 27
흰색 말, 150.
'매장지', '질병', '말 가축화',

'사람과 말의 관계', '원시말',
'뼈' 참조
말 문화: 경제적 측면, 10, 12
    고구려, 229, 230
    고비 사막, 147
    마오리, 275
    몽골, 137~148
    미국, 285, 286
    바이킹, 12, 231~237
    사카, 163
    서구 학계, 288
    수단, 204
    신속하게 자리를 옮기는 능력, 162
    신화 속 말 문화, 153
    오스트레일리아 원주민의 말 문화들, 273~275
    오요 제국, 204
    원주민 학자, 288, 289
    유라시아, 143, 166
    종교 속 말 문화, 153
    중국, 143, 144, 147~149, 173, 174
    파지리크, 167~170
    페트롭카, 114
    하와이 원주민, 275, 276
    흉노 제국, 177.
    '사슴돌-헤렉수르(DSK) 문화', '사람과 말의 관계', '카라수크 문화', '신타시타 문화' 참조
말 문화, 남아메리카 원주민, 256
    거세, 261
    기마 사냥, 260, 261, 266
    말 개체 수 증가, 265
    말 장비 및 제품, 263, 264
    말 행동에 관한 지식, 265
    말의 영적인 역할, 262
    말이 제공하는 원재료, 263
    말타기, 257~260
    성 역학, 265
    수의학 요법, 262
    식량 자원으로서의 말, 261
    약탈, 265
    유럽과의 교역, 265
    코노수르, 261, 263
    파타고니아, 262
    팜파스, 265, 266.
    '아메리카 원주민(남아메리카)' 참조
말 문화, 북아메리카 원주민, 244~254
    갑옷, 249
    거세, 248
    결혼 지참금, 250
    계절에 따른 부족 이동, 248
    교역망, 253
    군사적 성공, 253, 254
    말 문화들의 분쟁, 253
    말 장식, 251
    말 혈통, 248
    말고기, 248
    말을 돌보고 치료하는 상세한 시스템, 248

버펄로 사냥, 251
　　　번식, 248
　　　사회 시스템, 250
　　　소재(원료), 248
　　　쇼숀, 246
　　　식민지 세계에서 생존, 280, 281
　　　식민지의 심각한 충격, 253
　　　장비, 249, 250
　　　제의, 251
　　　주권, 253, 254
　　　코만치, 252, 253
　　　트라부아, 250
　　　평원의 말 장비, 249, 250
말 문화, 스텝, 126, 152, 160~163
　　　고고학, 167
　　　고정관념의 지속, 166
　　　기술 발전, 187~190
　　　농사, 167
　　　말 문화들의 확장, 159
　　　서구 암흑 시대, 193
　　　서기가 시작될 무렵, 187
　　　서쪽으로의 침입, 162
　　　세계화, 170
　　　스텝 말 문화들의 다양성, 166,
　　　　　167
　　　스텝 말 문화들의 연합체, 187
　　　스텝 말의 변화, 180
　　　식물 잔해, 167
　　　신화화, 166
　　　일본과의 관련성, 230
　　　전차, 112~115, 122

　　　정착 사회들에 끼친 영향, 166
　　　정착 생활, 166, 167
　　　제국화, 180, 187
　　　한반도(한국), 229
　　　항가이산맥, 8, 12
　　　혁신, 179, 187~189.
　　　'스텝' 참조
말 미라, 120
말 민족 인디언 릴레이(대평원), 287
말 사냥, 103
　　　개체 통계학, 59, 60
　　　고고학 기록, 32, 33, 53, 54
　　　고인디언, 40
　　　구석기 전통, 34, 35, 68, 76
　　　남아메리카, 40, 41
　　　네안데르탈인, 34
　　　말 가족 집단, 67
　　　말 사냥 장소 선택, 75
　　　말 사냥 전략, 34, 35, 38, 44
　　　매장지 뼈 모음, 60
　　　보타이, 68
　　　사냥당한 말 무리의 연령 분포
　　　　　그래프, 67
　　　유라시아, 55, 64
　　　특정한 시기의 말 사냥, 35
　　　하렘, 34
　　　해빙 지역, 41~43
　　　흑해 지역, 100.
　　　'말, 야생말' 참조
말 안면 갑옷(말의 전투용 투구), 159
말, 야생말: 개체 수가 최대에 이른

시기, 29
남아메리카, 263, 265
대량 사냥, 34, 35
대평원, 252
말의 포식자 인간, 103
몸집 크기, 55
미국 서부에서의 도살, 281
산업화 시기의 도살, 283
서쪽으로의 확산, 31
야생말과 길들여진 말, 46
야생말 사이의 우정, 26, 27
오스트레일리아의 야생말, 272
이베리아, 202, 247
인간의 생활 방식에 깊이 들어온 말, 44
환경 변화가 야생말에게 끼친 영향, 41~44
히스파니올라, 241
DOM2 계통 길들여진 말과의 사이에서 난 잡종, 100.
'말 사냥' 참조
말 제어: 대평원 말의 제어, 249
말 제어의 혁신, 108
페르시아의 말 제어 혁신, 172.
'재갈', '굴레', '등자', '운송, 말을 이용한 운송' 참조
말, 카발라인말, 27, 28, 34, 40, 43, 91, 93, 106, 147
공격성 감소, 103
말 사냥, 34
멸종, 43

뼈 형태, 72
서아시아, 88
척추, 106
홀로세 중국, 147
흑해 지역, 99
DOM2 계통 말, 100.
'말과에 속하는 동물', '원시말' 참조
말과에 속하는 동물(equids):
남아메리카, 40, 41, 255~258
드마니시, 32
등에 올라타기, 92, 143, 144, 147, 152, 154, 155, 157, 160
레반트, 93
말과에 속하는 동물을 이용한 운송, 86~98
메소포타미아, 117
뼈의 차이, 92, 93
서아시아, 107, 118, 126
안데스 문명, 256
유전체 분석, 94.
'당나귀, 야생당나귀', '당나귀' 참조
말리: 교역로, 204
기마 군대(기병), 204
말속(*Equus*): 말속에 속하는 하나의 계통의 분리, 27
발굽, 25
북아메리카에서의 적응방산, 28
서쪽으로의 확산, 31
수컷끼리 경쟁, 26

유전체 연구, 27, 28
집단 사회구조, 26
체력, 25
최종 빙기 극대기, 38
플라이스토세 적응방산, 28
호리호리한 다리, 19, 28.
'말 가축화', '말' 참조
말타기: 고대 세계에서의 영향력, 164, 165
공격성 극복, 103, 155
교역로와 말타기, 183, 185
기술적 발전, 154, 155
남아메리카 원주민들의 말타기, 257
내륙 아시아, 110, 113, 148
다리 힘만으로 말을 붙들고 버티기, 158
'당나귀 타는 자세', 92, 94
두 명이 짝을 짓는 기마 전투, 157
말을 타는 용도의 바지, 144
말타기를 위한 선택적 번식, 155, 160
말타기에서의 말 제어, 155, 157
말타기의 경제적 힘, 187
말타기의 사회적 영향력, 164, 165
말타기의 서쪽 확산, 162
말타기의 정치적 힘, 187
메신저, 196, 도판 7, 도판 14
목축, 161
몽골 스텝, 135, 145
무게 배분, 92

부를 추구하는 수단이 되는 새로운 풍조, 147
뼈가 보여주는 말타기의 증거, 도판 4
사슴돌-헤렉수르 문화, 137~139
사회 변화 측면, 12
속력, 97, 98
아라비아, 199, 200
안장 없이 말타기, 170, 172
암각화, 113, 144, 149, 도판 1
유라시아, 179, 180
이집트, 199, 202
재주를 과시하는 경우, 154
전투에서의 말타기, 154, 155, 158
중국에의 확산, 148
카데시 전투, 도판 7
하산루, 159
흉노, 177.
'굴레', '기마(기병)', '안장', '등자' 참조
매듭무늬토기 문화, 82
매장지, 말 매장지: 간다라 무덤 지구, 124
나파타 지역 왕국들, 199
돌무지, 138, 139
리우슈이, 144
말 매장지의 개체 통계학, 59
미누신스크 분지, 115
발트해 지역, 231
보타이(카자흐스탄), 65
블랙스포크, 246

　　　　스칸디나비아, 228, 232
　　　　슬로베니아, 163
　　　　신타시타 문화, 107
　　　　아이슬란드, 233
　　　　일본, 230
　　　　카라수크 문화, 135
　　　　탄소연대측정, 141
　　　　티베트, 184
　　　　파지리크 문화, 168
　　　　페도로보 문화, 115
　　　　헤렉수르, 140
　　　　후기 헬라딕 3기, 121.
　　　　'희생물, 말', '뼈, 말과에 속하는
　　　　　　동물' 참조
맹장, 말의 맹장: 미생물군 유전체, 24
메소포타미아: 기마 문화가 끼친 영향,
　　　166
　　　　말과에 속하는 동물, 95
　　　　메소포타미아의 문헌 기록, 117
　　　　식량 생산 전략, 50
　　　　오나거, 95
　　　　인도-유럽 언어 사용자, 126
　　　　청동 재갈, 155
메소히푸스, 도판 2
메신저: 말과에 속하는 동물을 타고
　　　달리는 메신저, 97, 98
　　　　말을 타고 달리는 메신저, 157,
　　　　　　196, 도판 7, 도판 14
멕시코: 말 소유, 244
　　　　말의 도래, 242
　　　　원주민 부족들의 말타기, 243

멘도사, 페드로 데: 부에노스아이레스
　　　정착지, 259
멸종, 백악기-고진기 대량절멸:
　　　대량절멸에 이어진 적응방산, 17
　　　대량절멸에 이어진 초원의 진화,
　　　　19
　　　원시 영장류, 17
멸종: 공룡의 멸종, 16
　　　멸종한 카발라인말, 27, 28
　　　플라이스토세, 27, 28
　　　홀로세, 41
모린모르트 계곡(몽골): 말 고고학, 143
　　　사슴돌 기념물, 9, 도판 1
　　　21세기, 288
목축: 고고학적 확인, 54
　　　고기후학 주기와 목축, 192
　　　말 등장 이전의 목축, 133
　　　말이 끄는 전차, 102, 110, 112, 119
　　　몽골, 59
　　　사슴돌-헤렉수르 문화, 137~139
　　　스텝, 126
　　　아파나시에보 문화의 목축, 83
　　　청동기 목축, 145, 146
　　　카자흐스탄, 59, 65, 107.
　　　'목축민 생활' 참조
목축, 말타기와 목축, 160~163
　　　내륙 아시아의 목축, 164
　　　서늘해진 기후변화, 192
목축민: 말의 확산과 목축민, 152
　　　목축민들에게 보존된 동물 젖(유)
　　　　단백질, 83, 84

목축민의 이동성(이동 능력), 153
몽골 목축민, 136
목축민 생활: 단백질이 과다할 수 있는
　　목축민의 식단, 112
　　목축민 생활의 복원력을 높인 말,
　　　　277
　　스텝의 목축민 생활, 110
　　아파나시에보 문화, 83
　　야생 자원과 길들여진 자원을
　　　　모두 이용하는 복합적인
　　　　혼합 목축 경제, 136
　　양유 섭취, 74
　　이동 능력의 제약, 84
　　체무르첵 문화, 134
　　초기 목축민들이 야생말 개체
　　　　수에 미친 영향, 44, 56.
　　'목축' 참조
목축민 생활, 말 목축민: 말 목축의
　　등장, 110
　　뼈 모음, 68, 69
　　전차, 110
몬태나: 말 문화, 285
　　아메리카 원주민, 252
몽골: 가축화, 134
　　길들여진 말의 기록, 137
　　동물 예술 전통, 159
　　말 기반 우편 시스템, 197, 283
　　말 목축민, 111
　　말 문화, 137
　　말/전차의 확산, 135~137
　　말의 부재, 135

목축 문화, 86, 136
몽골 스텝의 몸집이 큰 짐승, 132
사람이 사는 데 극한의 환경, 132
아파나시에보 문화, 83
초원, 84, 85
최종 빙기 극대기 이후, 133
헤렉수르 돌무지, 139
호모 사피엔스, 103, 133
몽골 제국, 스텝 대제국, 192
　　문자 체계, 195
　　역참(얌), 196
　　우편 도로, 196
　　지폐, 196
　　통행 허가증(파이자), 196
　　행정 수도, 193, 194
무기: 사슴돌 기념물에 조각된 무기,
　　142
　　산업화와 무기, 279
　　신타시타 문화의 무기, 114.
　　'활쏘기', '전차' 참조
무령왕(조나라), 기병, 175
무스탕: 무스탕 도살, 283
　　'오버랜드 역마차' 코스 운행, 280
무스터스, 조지 채워스, 262
무정(상나라 황제), 148
무제(한나라 황제), 천마 원정, 182
무함마드, 예언자, 201
묵돌 선우, 흉노 연합체, 177
물: 말에게 필요한 물, 198~200
　　수원, 20
〈뮬란〉(영화), 177

미국, 말 문화, 285
미누신스크 분지(시베리아), 말 매장지, 115
미케네: 전차를 탄 사람들의 침입, 122
　　전차 프레스코화, 121
미탄니 왕국, 전차 사용, 119
미트로우(그리스), 말 굴레, 121

## ㅂ

바간(미얀마), 바간에서의 말 이용, 268
바다 민족, 바다 민족의 말과 전차, 229
바르안, 오나거와 당나귀 사이에서 난 잡종, 121
바베시아증(말의 질병), 205
바빌로니아, 히타이트에 패배, 119
바소토 원주민, 반투어군: 말을 이용한 의식, 269
바야르사이항, J., 138, 190
바이칼 지역(시베리아), 수렵 채집 생활 방식, 134
바이킹 말, 233~238
　　그린란드, 236
　　등자 사용, 234
　　말/배 무덤, 232
　　적응형 번식, 233
바이킹: 바이킹의 가축, 236
　　바이킹의 정착, 236
　　북아메리카의 바이킹, 236, 237
　　해상 패권, 233

바커, 콜렛, 272
바퀴: 동물이 끄는 운송 수단의 바퀴, 95
　　바큇살이 달린 바퀴, 110
　　소가 끄는 수레의 바퀴, 95
　　원판 바퀴, 95
　　통짜 바퀴, 95
박스그로브(영국), 사냥된 말 화석, 33
박차: 사헬 지대 문화들, 202, 203
　　할슈타트 문화, 162
반달족의 침략, 232
발보아, 바스코 누녜스 데, 242
발트해: 말의 해상 운송, 229
　　말 매장지, 232
방사성탄소연대측정, 288
　　데레이프카, 63
　　말 매장지, 115
　　방사성탄소연대측정에 영향을 끼치는 식단 요인(식이 효과 가능성), 101
배런오티즈, 크리스티나, 73
버펄로 사냥, 기마, 251
번식, 말: 기마를 위한 말 번식, 156, 157
　　말 번식에서 척추의 문제, 106
　　바이킹의 말 번식, 234
　　사람의 통제, 52, 55, 59
　　아메리카 원주민/식민지 말 번식, 253
베두인, 베두인 부족들의 말, 201
보로부두르(자바), 말 부조, 268

보타이(카자흐스탄): 가축화 가설, 66
  도기, 70
  말 사냥, 74
  보타이 말 뼈 측정값 비교, 71
  보타이 말 치아 손상, 73
  보타이에서 나온 DNA, 68, 72
  보타이에서 나온 인간 DNA, 72
  보타이의 말 잔해, 69
  보타이의 프르제발스키말, 72
  뼈 또는 사슴뿔로 만든 투사체, 68, 69
  사람/말 매장지, 65
  수렵 채집 사회구조, 75
  재갈에 의한 치아 마모, 61
볼라, 볼라를 이용한 사냥, 260
부에노스아이레스, 정착지, 259
부조: 보로부두르, 268
  아시리아 기병, 157
부즈카시(아프가니스탄), 287
부케팔로스(알렉산드로스 대왕의 말), 172
부타시옹취(티베트), 말 매장지, 184
부호(상나라 황제 무정의 왕후), 148
북아메리카: 강건한 다리를 가진 말들, 28
  기후 온난화, 38
  길들여진 말, 239~254
  말속의 적응방산, 28
  말의 도래, 236
  북아메리카로 들어간 몽골 청동 제품, 197

북아메리카에서 뻗어나간 말의
  확산, 14~15쪽 지도
  식민지의 압박, 252.
  '대평원, 미국', '말 문화,
    북아메리카 원주민' 참조
북아프리카: 길들여진 말의 도래, 119
  말 교역, 202
  말을 이용한 운송, 201
  말의 확산, 78~79쪽 지도, 200
브라운, 도커스, 61
  굴레에 관한 견해, 66
브라질, 말의 도래, 258
브리튼 제도: 바이킹, 233
  브리튼 제도의 전차, 116
  앵글로색슨족의 침략, 232
  해상 운송을 통한 말의 유입, 228
블랙스포크, 말 매장지, 246
블랙풋 연맹(대평원), 남쪽 이주, 252
블루피시 동굴(유콘), 고고학 뼈 모음, 39
비단길, 186, 286
  비단길의 형성, 183
비옥한 초승달 지대: 가축화, 50
  야생당나귀, 89
  왜건, 81
  후르리인의 장악, 119
빌루트(몽골), 빌루트의 가축, 135
빙하기: 빙하기의 끝, 133
  상아로 조각한 작은 조각상, 36.
    '기후 온난화' 참조
뼈, 말과에 속하는 동물: 가축화의

증거, 58
갇힌 공간에서 사는 데 따르는
　　특정한 질병, 62
구별 가능한 특징, 54
굴레를 쓴 말의 뼈, 114
기후변화, 42
기후와 햇빛에 노출, 140
도살 패턴, 54
러벅호, 248
러시아, 161
미국 서부, 245
뼈로 만든 도구(도구 제조), 33
사슴돌-헤렉수르 문화, 137~139
생체분자, 245
운송에 이용되었다는 증거, 74
유라시아 유전체, 99
유전체 염기 서열 분석, 140
파나마, 243
파지리크 매장지, 169
헤렉수르, 140.
'고고학, 말 고고학', '매장지,
　　말 매장지', '치아, 말과에
　　속하는 동물의 치아' 참조

ㅅ

사냥, 기마: 남아메리카, 260
　　버펄로, 251
사냥감, 야생, 과도한 사냥, 49
사냥꾼, 구석기: 구석기 사냥꾼들의

전략, 34, 35
예술 작품, 36
정착해 거주하는 마을, 49
사라신(티모르), 말 고고학, 272
사람과 말의 관계: 가축화, 52
　　고고학 기록, 32
　　기후 온난화 기간의 사람과 말의
　　　　관계, 38~41
　　농사의 혁신, 80
　　말타기의 시작, 145
　　북아메리카 원주민, 243~252
　　사람과 말의 관계를 통한 문명의
　　　　변화, 127
　　사람과 말의 관계에서 편견의
　　　　제거, 288
　　사람의 벗, 287
　　여러 단계, 12
　　의사소통, 22, 26
　　초원, 98
　　포식자와 먹이, 35
　　21세기, 287.
　　'말 가축화', '목축민', '말 문화',
　　　　'사냥', '말타기' 참조
사마천, 흉노 말에 관한 기록, 183
사막: 동물 여러 종의 운송, 200
　　사막의 말, 198.
　　'고비 사막', '타클라마칸 사막'
　　　　참조
사슴돌 기념물(모린모르트 계곡),
　　말발굽, 9
사슴돌 기념물, 139, 도판 1

다아간델, 138
모린모르트 계곡, 9, 도판 1
사슴돌 기념물에 묘사된 전차, 142
사슴돌 기념물에 조각된 무기, 147
영적인 측면, 142
지역에서의 급증, 139
크기와 규모, 146
태양 이미지, 142
희생물로 바쳐진 말들, 140
사슴돌-헤렉수르(DSK) 문화, 137~139
동물 관리(수의학), 146
말을 이용한 운송, 141, 142
말타기, 143
목축민, 145
사회조직, 147
유물, 140
장례 의식, 142
전쟁, 147
전차, 143
종교 의식, 142
DOM2 계통 말, 141
사카 문화, 기마, 163
비늘갑옷, 171
여성 전사들, 166
사탕수수, 교역, 240
사하라 횡단 지역: 말 교역, 202, 203
말 장비, 203
사하라를 횡단하는 회랑, 204
사하라 횡단 교역, 202.

'사하라, 사하라 북부' 참조
사하라, 사하라 북부: 사하라 북부의 말, 120, 200.
'사하라 횡단 지역' 참조
사헬 초원: 사헬의 말 장비, 203
사헬 지대로의 말 확산, 202
사회조직, 말의 사회조직, 26
삭사이 무덤, 139
산스크리트어, 122
산스크리트어 문헌 속의 길들여진 말, 122
산악 지대, 86
고기후학 연구, 192
등자, 189
산악 지대의 신석기 문화들, 133
석조 기념물, 10, 139
야생당나귀, 89
얌나야와 비슷한 혈통, 83, 84
21세기, 287
산업화, 전 세계: 말, 277~279
산업사회에서 사라져버린 말, 288
야생말 도살, 283
산족(남아프리카), 말의 소유, 268
산타 마리아 라 안티구아 델 다리엔(콜롬비아), 식민지의 말, 242
산타실비아(칠레), 엔코미엔다, 257
살리시(컬럼비아고원), 동쪽으로 이동, 252
삼림 파괴, 농업 경제, 56
상나라(중국): 갑골문, 150

길들여진 말, 148
　　　농경 저지대, 151
　　　말 사육의 어려움, 151
　　　말과 전차, 149~151
　　　상나라 멸망, 151
　　　상나라의 스텝 기술, 148~152
　　　희생 제물로서의 말, 150
　　　힘의 불균형, 151
상세바스티앙(아소르스), 말
　　　프레스코화, 240
상아로 조각한 작은 조각상: 빙하기,
　　　36
상업. '교역' 참조
새벽말(에오히푸스), 17~19
　　　달리기 능력, 19
　　　발가락(발굽), 25
　　　생존을 위한 적응, 30
　　　진화의 길, 19
생존: 길들여진 말, 180
　　　사회집단이 제공하는 보호, 25
　　　새벽말의 적응, 30
　　　원시말의 적응, 21
　　　유콘, 39
　　　초식동물, 17, 20, 도판 2
샤이엔(대평원), 남쪽 이주, 252
샤타르출루 문화(항가이산맥), 83
　　　유제품, 83
샨푸루(신장 서부), 그리스
　　　태피스트리, 174
새클턴, 어니스트 헨리, 276
샘플레인 호수, '말 보트' 연락선, 279

서늘해진 기후변화: 돌궐에 끼친 영향,
　　　192
　　　로마 멸망, 192
　　　목축 경제의 이익, 197
　　　일사량 감소, 192
　　　항해에 끼친 영향, 237
서부, 미국: 말 뼈, 246
　　　말의 확산, 246
　　　야생말 도살, 283
　　　야생 무스탕 이용, 105
　　　포니 익스프레스, 280.
　　　'대평원, 미국', '말 문화,
　　　　　북아메리카 원주민',
　　　　　'아메리카 원주민' 참조
선비족, 한자 사용, 195
설치류, 고기후학 주기, 193
세계화(globalization): 세계화에
　　　기여한 말의 역할, 127
　　　스텝 말 문화들의 세계화, 170
　　　스텝 제국들의 세계화, 196
　　　초원의 세계화, 126
세인트로렌스강 물길, 말 교역, 253
소: 뼈의 변화, 81
　　　소가 끄는 수레, 81, 82
　　　코뚜레, 65, 82, 도판 5
　　　쿠라-아락세스 문화의 소, 81
소빙기, 239
　　　항해에 끼친 영향, 237
소행성 충돌(유카탄반도), 소행성
　　　충돌이 진화에 끼친 영향, 16
소화 방식, 말, 23

한 개의 방으로 된 위, 23
솔뤼트레(프랑스), 말 사냥, 35
송가이 제국, 204
쇠닝겐(독일), 말 사냥의 증거, 32
쇼베(프랑스), 말을 그린 벽화, 37
쇼숀 문화, 말, 246
수(대평원), 남쪽 이주, 252
수단, 말 문화, 204
수레, 소가 끄는 수레: 구조, 82
  당나귀에게 맞춰 개량, 102
  마이코프 수레, 84
  얌나야 문화의 수레, 84
수레: 고삐-고리 시스템, 107
  수레의 안전, 104
  우타르프라데시 수레, 123
  이륜 수레, 108
  '왜건', '바퀴' 참조
수레를 모는 팀, 진정 효과, 104
수마트라섬, 말, 269
수메르어: 길들여진 말, 117
  말과에 속하는 동물, 89, 90
수컷, 말: 독신자 집단, 26
술라웨시섬(인도네시아), 말, 269
스바코프문트(나미비아), 말 살처분, 283
스와트 계곡, 말과에 속하는 동물 뼈, 124
스웨덴, 전차 묘사, 116
스칸디나비아: 말의 스칸디나비아 적응, 233
  해상 운송을 통한 말의 유입, 228

희생물 말 매장지, 236
스콧, 로버트 팰컨, 276
스키타이(말 문화): 비늘갑옷, 171
  여성 전사들, 164
  헤로도토스 기록, 162

스텝: 강우량, 85
  개체 수 감소, 46
  고대 그리스에 대한 위협, 162
  권력의 공고화, 162
  기술 혁신, 164
  기후변화, 42
  길들여진 말, 42, 100
  농경 문명과의 연결, 126
  다양한 종 무리들의 전반적인 회복력, 111
  동물 예술 전통, 159
  말 뼈 모음, 56
  말이 스텝에 끼친 영향, 126
  말 장비, 117
  말타기, 145
  말타기를 받아들인 통치 조직들, 159
  매장 관습, 58
  목축, 126
  목축민 생활, 110
  벤트우드 목공 기술, 110
  사람과 말의 관계, 44
  사회적 불평등, 146
  서쪽으로의 침입, 162
  세계적인 초강대국, 187

소를 이용한 운송, 81
　　스텝 변두리 사회들, 126
　　스텝 최초의 말, 135~137
　　스텝의 도시들, 193~195
　　얌나야의 이주민, 83
　　엘리트층, 164
　　유라시아와의 연결, 178, 179
　　유라시아 전역의 영향, 159
　　일사량 감소, 192
　　전차의 이용, 112, 113
　　초원의 위험한 환경, 26
　　플라이스토세 말 개체 수, 38.
　　'초원', '말 문화, 스텝', '몽골' 참조
스텝, 유라시아 스텝, 14~15쪽 지도
　　가축화, 51, 52
　　돌궐의 장악, 191
　　사회 변화, 202
　　산업화 시기, 278, 279
　　알렉산드로스의 정복 활동, 172
스텝 제국: 교환 시스템, 196
　　말의 역할, 195, 196
　　문자 체계, 195
　　사용한 문자, 195
　　세계화, 196
　　스텝 제국들의 혁신, 191
　　스텝 제국의 도시들, 193, 194
　　스텝 제국의 출현, 176~178, 180, 187
　　여행, 196
　　유라시아를 횡단하는 제국, 193
　　행정적 필요, 193.

　　'몽골 제국, 스텝 대제국' 참조
스텝, 흑해: 돌궐의 장악, 191
　　DOM2 계통 원시말, 100
스포츠, 기마 스포츠, 284
　　경마, 285
　　21세기, 287
슬로베니아, 성체 수컷 말 매장지, 163
시고우(중국), 말 문화, 173
시나울리(우타르프라데시), 수레, 123
시라후지 고분, '하니와 말', 도판 17
시런즈고우(중국), 말 문화, 173
시리아, 전차, 119
시베리아: 기후 온난화, 42
　　말 매장지, 115
　　목축민의 확산, 112
　　수렵 채집, 134
　　얌나야 이주민, 83
　　육교, 31
　　초원, 38, 39
시베리아말(멸종), 29
시안(산시성): 말 매장지, 도판 8
　　주나라 수도, 151
식민주의: 기계화 인프라, 280
　　대서양 지역에서의 식민지 착취, 267
　　말의 역할, 277
　　미국 대평원, 252
　　북아메리카 식민지, 252
　　원주민 말 문화, 281
신대륙, 스페인: 신대륙의 말, 240.
　　'말 문화, 남아메리카 원주민',

'남아메리카' 참조
신장(중국): 기마 전투, 173
    신장에서 발굴된 고고학 말, 143
    신장의 말 문화, 145
    한나라 외교 사절, 182
    흉노의 신장 장악, 177
신타시타 문화(카자흐스탄-러시아):
    굴레 및 재갈, 107, 108
    굴레 볼 피스, 109
    길들여진 말을 이용한 운송, 107, 108
    말/전차 매장지, 107, 109
    바큇살이 달린 바퀴, 110
십자군, 말 갤리선, 237
썰매, 동물의 힘으로 끄는 썰매: 바퀴 장착, 81

ㅇ

아나톨리아: 말의 도래, 118
    아나톨리아의 인도-유럽 언어 사용자, 119
    아시리아의 아나톨리아 정복, 171
    킴메르인의 정복 활동, 162
    홀로세의 개체 수 감소, 44
아라비아: 아라비아의 말 이용, 201
    아라비아의 말 장비, 203
    이슬람 지도하의 통합, 201
아라우카니아 원주민 집단들(칠레):
    아라우카니아 원주민들의 말

문화, 257
    자치, 258
아라파호 원주민, 대평원의 아라파호 원주민, 280
아르잔 유적(러시아), 재갈, 157
아르헨티나: 아르헨티나의 길들여진 말, 258
    아르헨티나의 야생말, 265
아마존, 아마존 전설, 166
아메리카 원주민(남아메리카):
    길들여진 말 입수, 258
    레두시온(원주민 강제 수용 정착지), 256
    말에 대한 태도, 257
    말타기, 257
    스페인의 정복 활동, 255
    유럽인과의 상호작용, 266
    자치, 266.
    '말 문화, 남아메리카 원주민' 참조
아메리카 원주민(북아메리카): 계절에 따른 부족 이동, 248
    말 교역, 253
    말과의 관계, 243
    미국 기병대 격퇴, 280
    미국의 원주민 학살, 280
    보호 구역 거주, 281
    원주민 여성(여자들의 노동), 250
    질병에의 노출, 243, 253
    철도가 끼친 영향, 281.
    '말 문화, 북아메리카 원주민'

참조
아바르가(몽골 제국 중심지), 194
아바르인, 동유럽 침략, 232
아바셰보 문화(루마니아), 전차, 116
아소르스, 말의 도래, 240
아순시온(브라질 식민지), 259
아스강혼드(고비-알타이 지방), 청동기
  전차 암각화, 144
아시리아: 아라비아인들과의 분쟁, 199
  아시리아인들의 말타기, 171
아시아, 남아시아: 말 매장지, 163
  전차 가설, 123, 124.
  '인도 아대륙' 참조
아시아, 내륙 아시아: 기마 문화들, 159
  내륙 아시아의 굴레 기술, 157
  내륙 아시아의 길들여진 말, 182
  내륙 아시아의 인간 유전체, 160
  말이 일으킨 변화, 153
  말타기, 153, 159
  목축민의 말타기, 164
  목축민의 생활, 110
  물질문화, 167, 168
  물질문화, 167, 168
  암면 미술, 113
  중국과 내륙 아시아의 연결, 147, 148
아시아, 동남아시아: 동남아시아의 말, 268
아시아, 동아시아: 길들여진 말의 확산, 151, 152
  동아시아에서의 해상 운송, 229

동아시아의 말 유전자, 160
동아시아의 안장, 189
동아시아의 호모 사피엔스, 133
동아시아 지정학, 151
말 부족 현상, 181
말타기가 끼친 영향, 173, 174
서구와의 교역, 165
흉노의 동아시아 통제, 177, 178
아시아, 서아시아: 당나귀를 이용한
  운송, 88, 102
  동물이 끄는 바퀴 달린 장치, 80
  말 가축화, 155
  말의 도래, 117, 118
  말타기가 끼친 영향, 171
  목축민 생활, 65
  서아시아의 가축, 50
  서아시아의 얌나야 문화, 57
  스텝과의 연결 고리, 152
아시아, 중앙아시아: 전차를 탄
  사람들의 침입, 122, 123
  중앙아시아 암면 미술, 113
  중앙아시아로의 유전자 유입, 125
  중앙아시아에서의 말 가축화, 51
  중앙아시아의 말 뼈, 161
  천마, 182
아시아야생당나귀(*Equus hemionus*),
  여러 아종, 88.
  '오나거' 참조
아오니켄크 원주민(파타고니아): 볼라
  사용, 260, 264
  아오니켄크 원주민의 말 장비,

264, 265
아오니켄크 원주민의 북쪽 이주, 265
아오니켄크 원주민의 수의학 요법, 262
아이가르즈할 2(타지키스탄), 굴레 볼 피스, 116
아이다호, 말의 확산, 246
아이락(발효주), 53, 146
아이르마치토오(키르기스스탄), 말 암각화, 도판 13
아이슬란드: 북유럽 사람들의 정착, 235
앰블링 보법(튈트), 233
축산물, 236
아일론, 루카스 바스케스 데: 노스캐롤라이나 원정, 243
아즈텍 제국, 기병의 아즈텍 제국 공략, 243
아카드어, 전차 관련 단어, 117
아파나시에보 문화: 목축민, 83
몽골의 아파나시에보 문화, 83
아파나시에보 문화의 가축, 133
아파나시에보 문화의 유제품, 83, 84.
'얌나야 문화' 참조
아프리카 원주민, 넉넉한 말, 269
아프리카: 아프리카 말과에 속하는 동물의 질병, 205
아프리카 식민지 사회, 268
아프리카 식민지 착취, 104

아프리카 신석기 가축, 205
아프리카 야생당나귀, 29
아프리카 유인원 진화, 18
아프리카에서 말을 통해 이루어진 연결, 130~131쪽 지도
아프리카의 고대 얼룩말, 31
우림, 205
초원 문화들, 206
아프리카의 뿔: 말의 도래, 202
안데스 문명: 말과에 속하는 동물의 안데스 문명으로의 통합, 256, 257
통제를 벗어난 말의 안데스 문명 유입, 256
안셰리비르(ANŠE.LIBIR, 말과에 속하는 동물), 수메르 문헌 속 안셰리비르, 89
안셰바르안(ANŠE.BAR.AN, 말과에 속하는 잡종), 89
안셰쿠르라(ANŠE.KUR.RA, 길들여진 말), 117
안장: 사하라 횡단 지역, 203
스페인 안장, 249
자그훈루크에서 출토된 안장, 144.
'등자' 참조
안장, 초기 안장, 170
내부 프레임은 없는 안장, 189
노용 올, 179
부드러운 깔개, 189

안장, 프레임 안장, 188
    몽골, 190
    아메리카 원주민, 249
    우르드 울란 우니이트, 190
    프레임 안장에 고정된 등자, 191
알라쿨 문화, 트랜스-우랄: 전차
    매장지, 115
알렉산드로스 대왕, 말 공급, 172
알타이산맥: 가축, 83
    말 사냥, 32~35
    목축 문화, 136
    알타이산맥의 고고학 기록, 136, 137
    알타이산맥의 길들여진 말, 137
    알타이산맥의 아파나시에보
        목축민, 83
    암각화, 113
    전차 매장지, 115
    카자흐스탄으로의 인구 유입, 160.
    '파지리크 문화' 참조
암각화: 아메리카 원주민 암각화, 254
    아이르마치토오, 도판 13
    알타이산맥, 113
    암각화에 묘사된 말이 끄는 전차, 113
    암각화에 묘사된 말타기, 144
    오스트레일리아 원주민, 274
    아이르마치토오, 도판 13.
    '암면 미술' 참조
암면 미술: 레소토, 269

북아메리카, 250
아시아, 113
칠레, 258.
'예술 작품, 구석기 예술품',
    '암각화' 참조
암흑 시대, 팬데믹, 193
앙코르와트(캄보디아),
    앙코르와트에서의 말 이용, 268
앤서니, 데이비드, 63, 66
    굴레에 관한 연구, 64
앨버타(캐나다), 카발라인말 잔해, 40
앰블링 보법, 아이슬란드 말의 퇼트, 233
앵글로색슨, 브리튼 제도 침략, 232
야금술, 혁신, 279
야생동물: 외딴곳에 사는 야생동물
    관찰, 48
    포획한 야생동물, 48
얌나야 문화: 가축화 가설, 58, 71, 100
    마유 단백질, 71
    매장지 뼈 모음, 57
    사람들 뼈에서 나타나는 병리적
        특성, 84
    소가 끄는 수레, 84
    시베리아의 얌나야 문화, 83
    왜건, 82
    유전체, 83
    이주 패턴, 57, 83, 133
    인간 DNA, 72
    DOM2 계통 말, 100.
    '아파나시에보 문화', '카타콤

문화' 참조
양다리를 벌리고 앉는 정체불명의 차, 94
양하이, 초기 안장, 144
얼룩말, 고대: 아프리카 사바나, 29
　　초기 말들과 공존, 27
얼룩말: 가축화 노력, 105
　　수레를 끄는 얼룩말, 105
　　얼룩말 종, 29
　　'영역' 형태, 25
　　질병에 강한 얼룩말, 105
에데-일레(요루바랜드), 고고학 말 잔해, 204
　　에오히푸스. '새벽말' 참조
에쿠스 오보도비(Equus ovodovi), 133
에쿠스 카발루스: 보타이 증거, 69
　　뼈 확인, 54
　　제어, 110.
　　'말, 카발라인말' 참조
에쿠스 프르제발스키(Equus przewalskii). '프르제발스키말' 참조
에쿠스 네오게우스(Equus neogeus), 남아메리카: 사냥, 29
에쿠스 페루스, 개체 수 감소, 42
엔리킬로(타이노족 지도자), 말 이용, 243
여행길: 말 기반, 165, 286
　　사하라 횡단, 202.
　　'도로 시스템' 참조
연료 기술, 혁신, 279

염소, 가축 염소, 50
　　유전체 염기 서열 분석, 50
영구동토: 영구동토의 DNA 보존, 43
　　영구 동토층 아래 고분, 178
영국해협, 영국 해협에서 말의 해상 운송, 229
영국: 여객 철도, 279
　　오스트레일리아 식민화, 270, 271
　　인도-태평양 확장, 270
예멘, 말을 이용한 운송, 200
예술 작품, 구석기 예술품: 니오 동굴 예술품, 도판 3
　　사실적 예술, 37
　　쇼베 예술품, 37
　　야생당나귀 묘사, 91
　　예술품 속의 말 묘사, 36, 64, 도판 3
　　움직임 시뮬레이션, 38
　　포겔헤르트 예술품, 36.
　　'암각화', '암면 미술' 참조
예술 작품, 아라비아 예술품: 예술품 속의 말, 200
옛날, 고전 시대: 말에 대한 수요, 159.
　　'그리스', '로마' 참조
오고타이 칸(몽골 황제), 수도 카라코룸, 195
오나거(hemiones): 고딘테페 오나거, 93
　　고삐-고리, 110
　　오나거 등 위에 올라타기, 92, 154
　　오나거를 이용한 운송, 102
　　오나거 이용 감소, 121

오나거의 속력, 88
오나거 DNA, 89
이종교배, 94
오나거, 페르시아오나거, 28
오대호: 말 교역, 253
말의 도래, 247
오르도스 만곡(중국): 스텝 문화, 148
진나라 군사에게 밀려 쫓겨난
몽골 스텝의 유목민들, 175
초원, 175
흉노의 재정복, 181
오르도스(중국), 북쪽 스텝 문화, 148
오르두발리크(위구르 제국의 도시), 194
오르홍 계곡(몽골), 194
흉노의 수도, 194
오버랜드 역마차, 280
길들여지지 않은 야생 무스탕 이용, 105
오사카(일본), 말타기, 230
오세베르그(노르웨이), 232
목선 무덤, 234
오스트랄라시아: 오스트랄라시아의 말, 267~269
유럽의 관심, 275
오스트레일리아 원주민, 269
오스트레일리아 원주민과 길들여진 말의 관계, 273~275
오스트레일리아 원주민의 말 장비 교역, 273

유럽인 기병대의 오스트레일리아 원주민 학살, 273
21세기, 287
오스트레일리아: 고고학 데이터, 271
네덜란드인들의 탐험, 269
동물군, 269
말의 도래, 269~271
영국의 식민 사업, 270
오스트레일리아의 야생말, 272
천연자원 채취, 279
오요 제국, 말 문화, 204
오코너, 수, 272
오쿠네보 문화(시베리아), 가축 경제, 136
온두라스, 말의 도래, 243
올슨, 샌드라 L., 67
와이오밍, 말의 확산, 246
왜건: 마이코프 사람들의 생계, 81
비옥한 초승달 지대, 81
얌나야 문화의 왜건, 81, 82
증기 왜건, 280.
'수레', '운송' 참조
외튀켄(돌궐의 수도), 194
요루바랜드: 말의 힘을 바탕으로 지배, 204
말 잔해, 204
용성(루트, 몽골), 178
우네티체 문화(체코, 폴란드), 카발라인말, 116
우랄 지역(러시아), 말 뼈 모음, 56
우르드 울란 우니이트(몽골 서부),

찾아보기                    385

프레임 안장, 190
우르의 깃발, 수레(사륜차) 묘사, 89
우림: 말 가축화의 장벽, 205
　　　우림의 건조, 28
우아이보보(티모르), 말 고고학, 272
우타르프라데시(인도), 수레, 123
운송: 길들여지지 않은 동물을 이용한
　　　운송, 106
　　　말 기반 운송 시스템, 110
　　　운송의 기계화, 279
운송, 당나귀를 이용한 운송, 86~88
　　　고삐-고리, 110
　　　근동, 88
　　　당나귀를 이용한 운송 기술, 95
　　　당나귀를 이용한 운송의 이점, 88
　　　이집트, 87
운송, 말과에 속하는 동물을 이용한
　　　운송, 86~93
　　　고삐-고리, 96, 97
　　　그림 묘사, 89, 90
　　　동물고고학 기록, 92, 93, 97
　　　말과에 속하는 동물의 첫 운송,
　　　　　86
　　　사회적, 경제적 변화, 86
　　　양다리를 벌리고 앉는
　　　　　정체불명의 차, 94
　　　얼룩말, 104
　　　우르의 깃발, 89
　　　운송 기술, 95
　　　운송에 이용된 말과에 속하는
　　　　　동물의 뼈, 96

장거리 커뮤니케이션, 98
전투용 차, 94, 98
제동, 96
제어, 96, 97, 106
운송, 말을 이용한 운송, 52
　　　말 무리 통제, 111
　　　말 운송을 대체하는 기계화, 278,
　　　　　279
　　　말 운송의 기원, 102
　　　말 운송의 한계, 153
　　　말을 이용한 운송의 확산,
　　　　　78~79쪽 지도
　　　몽골 제국, 192, 194
　　　북아프리카, 119
　　　사막, 199
　　　사슴돌-헤렉수르 문화, 137~139
　　　사슴돌 기념물, 141
　　　사회적 지위에 끼친 영향, 125
　　　세계적 영향, 277
　　　수레나 전차를 함께 끄는 팀, 104
　　　신타시타 문화, 107
　　　썰매, 81
　　　아메리카 원주민, 249
　　　연구 방법, 71~74
　　　오스트레일리아, 270
　　　운송에서 발생하는 치아 손상, 61
　　　카라수크 문화, 135
　　　파나마 횡단 운송, 242.
　　　'전차', '말타기' 참조
운송, 소를 이용한 운송, 81
　　　캅카스산맥, 81

울란바토르(몽골): 나담 축제, 285
　　　말 신호등, 도판 20
움엘마라(시리아): 말과에 속하는
　　　동물의 뼈, 93
　　　말과에 속하는 동물의 이빨, 96
원시 영장류: 고진기 방산, 17
　　　아프리카에서의 진화, 18
　　　육식동물, 30
원시말: 생존을 위한 적응, 22
　　　소화 방식, 24
　　　속력과 움직임, 24, 25
　　　수원, 20
　　　인대 구조, 25
　　　진화 계통, 27
　　　포식자 회피, 24
　　　해부학적 적응, 30
　　　행동학적 적응, 25, 26
　　　힙소돈트, 22
　　　DOM2 계통 말, 100.
　　　'새벽말', '말과에 속하는 동물',
　　　'카발라인말' 참조
월리스비치(앨버타), 말 사냥, 40
월지(목축민 집단), 월지의 말 공급,
　　　182
위, 한 개의 방으로 된 위, 23
월란반도(덴마크), 말 희생물, 231
월킨, 세반, 100
유당불내증, 사람, 112
유라시아: 기마 전투, 173, 188
　　　기후 온난화, 42
　　　농업 혁신, 80

늑대의 가축화, 48, 49
동물이 끄는 바퀴 달린 장치, 80
말 개체 수 감소, 46
말 문화, 170, 173
말 사냥, 54
말 서식지, 171
말타기, 180
몽골의 접촉, 179
뼈 유전체, 99
세계화, 164
야생당나귀, 31
운송용 말의 확산, 78~79쪽 지도
유라시아로의 등자의 확산, 191
유라시아에서 나온 말의 확산,
　　　237
유라시아에서 말을 통해
　　　이루어진 연결, 130~131쪽
　　　지도
유제품 섭취, 74
전차의 확산, 115
팬데믹, 193
호미닌과 말의 관계, 32
홀로세의 말 이용, 75.
'스텝, 유라시아 스텝' 참조
유럽: 기계화, 278, 279
　　　농업경제, 56
　　　북유럽의 바다 주변, 231
　　　왜건 사용, 81
　　　전차의 확산, 116
　　　초기 말의 확산, 31
　　　카발라인말의 멸종, 43

플라이스토세 후기 하향세의
　　역전, 58
유럽야생당나귀(*Equus hydruntinus*), 88
유스티니아누스페스트, 193
유연, 돌궐에게 밀려난 유연, 191
유전적 다양성: 길들여진 동물의
　　유전적 차이, 47
　　유전적 다양성 감소, 284.
　　'DNA' 참조
유전체, 말, 284
　　동아시아, 161
　　아라비아 칼리파국, 201
　　유라시아, 99
유전체, 말과에 속하는 동물:
　　튀르키예, 118
유전체, 인간: 내륙 아시아, 160
　　얌나야, 83
유카탄 소행성 충돌, 16.
　　'멸종, 백악기-고진기 대량절멸'
　　참조
유콘, 말의 생존, 39
유콘말, 28
육교: 알래스카-시베리아, 38
　　육교를 통한 확산, 28, 31
이란: 가축 염소, 50
　　스텝과 관련된 문화, 159
　　야생말, 26
　　중앙아시아와의 유전자 이동, 158
이베리아: 이베리아의 야생말, 29
　　해안 세력들, 239
이집트: 당나귀를 이용한 운송, 87

말의 도래, 199
말타기, 154
아라비아 사람들의 이주, 202
이집트의 전차, 120
힉소스인의 침략, 119.
'람세스 2세(대왕)' 참조
인더스 계곡: 말의 부재, 123
　　인도-유럽 언어, 126
인도 아대륙: 인도 아대륙으로의 말
　　확산, 31
　　전차 가설, 124.
　　'아시아, 남아시아' 참조
인도-유럽 언어: 얌나야 전파, 58
　　인더스 계곡, 122
　　전사 계급의 인도-유럽 언어, 126
일본: 길들여진 말의 도래, 230
　　스텝 말 문화의 관련성, 231
일사량이 적은 기간(기후변화), 192
입술 고리, 97
　　말과에 속하는 동물용 입술 고리,
　　108
잉카 제국, 스페인의 정복, 255

## ㅈ

자그로스산맥: 농경, 49
　　자그로스산맥의 말, 172
　　자그로스산맥 출신으로 전차를
　　사용하던 집단, 119
자그훈루크(쿤룬산맥), 안장깔개, 144

자동차, 말을 대체하는 자동차, 282
자위관(간쑤), 말을 타고 달리는
  사람을 묘사한 벽화, 도판 14
작물, 길들인(사람이 재배한): 전차를
  이용한 운송, 126.
  '농경' 참조
장건(외교 사절), 말 공급처를 찾는
  여정, 182
재갈(굴레), 61
  가장 오래된 재갈, 96
  결합형 스내플 재갈, 156, 158
  근동 재갈, 118
  금속 재갈, 66, 156
  신타시타 문화의 재갈, 108
  아라비아 재갈, 203
  아르잔 유적의 재갈, 157
  재갈의 말 치아 손상, 60
  커브 재갈, 188.
  '굴레', '말 제어' 참조
재규어, 말을 잡아먹는 재규어, 242
쟁기질, 소를 이용한 쟁기질, 81
적응방산, 'K-Pg 멸종' 후에 이어진
  적응방산, 17
전염병, 196
  스텝 마멋에 의해 유발된 전염병,
  193
  유스티니아누스페스트, 193
전쟁: 배를 기반으로 한 전투, 229
  스텝의 전쟁 혁신, 187
  전사 계급, 126
  전쟁에 부여된 사회적 가치, 146,
  147
  전쟁에서 대체되는 말, 282
  전쟁에서의 말타기, 155, 157, 158,
  도판 7
  전쟁에서의 여성, 164.
  '활쏘기', '기마(기병)', '전차' 참조
전차, 102, 107
  고대 메소포타미아 언어에서
  발견되는 전차, 90
  그리스 로마 시대의 전차, 172
  기술적 개선, 121
  두 마리 동물이 끄는 전차, 153,
  157
  매장지에서 출토된 전차, 107,
  108, 115
  목축용 전차, 110, 111
  문헌에 언급된 전차, 117
  부대 수송, 119
  사슴돌-헤렉수르 문화의 전차,
  143
  사슴돌 기념물에 나타난 전차의
  모습, 143
  상나라 전차, 149
  스텝 여러 사회의 전차, 112~115
  엘리트 운송 수단으로서의 전차,
  112, 126, 149, 179
  유럽의 전차, 116
  작물 운송, 126
  전사 계급과 전차, 126
  전차 궁수, 119, 176
  전차 암각화, 113

전차 제작에 쓰인 원료, 113
전차가 교역에 끼친 영향, 126
전차가 권력 체제에 끼친 영향,
　　121, 126, 180
전차를 활용하여 힘을 얻는 이들,
　　119
전차의 기술적 이점, 118
전차의 동물고고학, 114
전차의 속력, 110
전차의 원형, 96
전차의 종교적 측면, 142
전차의 한계, 153
카시트인의 전차, 119
투탕카멘의 전차, 120
하산루, 159
흉노의 전차, 179
히타이트, 119.
'운송, 말을 이용한 운송', '전쟁',
　　'바퀴' 참조
전투용 차, 말과에 속하는 동물 이용,
　　94
정숙한 연인들의 집(폼페이), 말 잔해,
　　173, 도판 10.
정착해서 거주하는 마을: 정착과 사냥,
　　49
젖, 낙타, 200
젖의 단백질, 목축민들의 치아에
　　보존된 젖의 단백질, 100
제1차 세계대전, 전쟁 기간의 말, 281,
　　282
제이컵슨테퍼, 에스더, 113

제임스타운 식민지, 기아 시기, 247
제조 및 기계화, 유럽, 278
조나라(중국), 기병 도입, 175
조지아(공화국), 화석 기록, 32
주나라(중국): 시안, 151
　　재갈, 156
　　주나라의 흥기, 151
중국, 147~150
　　가축화, 51
　　농경 저지대, 151
　　등자의 발전, 189
　　만리장성, 177
　　말 문화, 143, 173
　　말 사육의 어려움, 151
　　말타기로의 전환에 저항, 174
　　스텝 문화, 148
　　스텝 집단들과의 분쟁, 181
　　스텝의 중국 침입, 175
　　일대일로 사업, 286
　　중국 통일, 175
　　중국에의 말 공급, 151
　　중국의 기후변화, 192, 193
　　초한 전쟁, 177
　　히말라야 지역과의 교역, 185.
　　'상나라' 참조
증기기관, 279
지능, 말, 26
지중해: 식량 생산 전략, 50
　　전차를 탄 전사들, 126
　　지중해를 건너 운송된 말, 229
　　킴메르인, 162

진나라(중국): 기병 활용, 175
　　만리장성, 177
　　흉노와의 분쟁, 177
진시황: 진시황릉, 176
진화, 말: 새벽말의 진화, 19
　　원시말들의 진화, 27
　　일직선 진화 이론, 21
　　추운 날씨, 198
진화: 백악기-고진기 대량절멸 후에
　　이어진 진화, 16~19
질병, 말의 질병: 말 바베시아증, 205
　　사하라 이남 질병 장벽 위, 205
　　오스트레일리아, 269
질병, 아메리카 원주민에게 전해진
　　질병, 243

## ㅊ

차강아스가(몽골), 가축, 135
차마고도, 말 교역, 185, 268
천연자원, 남북아메리카에서 채취, 279
철도: 미국 대평원의 철도, 281
　　철도가 아메리카 원주민에게
　　　끼친 영향, 281
　　철도의 빈틈을 채운 말, 280
청동기 시대: 전차 암각화, 144
　　청동기 말 목축민, 145
　　청동기 시대의 수의학적 말 관리,
　　146
체무르첵 문화(몽골): 목축민 생활,
　　134
　　제의 유적지, 134
체체파리, 205
쳇바퀴, 말의 노동, 279
초리요그란데, 말 도살, 261
초식동물, 21
　　기제목, 21
　　영장류, 18
초식동물, 21
　　기후 온난화가 초식동물에게
　　　미치는 영향, 41
　　대평원에서의 생존, 21
　　진화 과정에서의 생존, 20
　　집단 구조, 25
　　초식동물의 가축화, 49
초원, 남아메리카 초원: 길들여진 말,
　　258
초원: 기온 변동, 20
　　사람과 말의 관계, 98, 127
　　세계화, 126
　　수원, 20, 24
　　시베리아 초원, 39
　　아프리카 초원, 206
　　원시말, 21
　　일사량이 적은 기간, 192
　　초원의 진화, 19
　　포식자에게의 노출, 20.
　　'대평원, 미국', '스텝' 참조
최종 빙기 극대기(LGM): 이후 멸종, 38
　　최종 빙기 극대기 이후 몽골, 133
치아, 말과에 속하는 동물의 치아:

동위원소 측정, 62
발치하는 수술, 169
보타이 말, 66
사슴돌-헤렉수르 뼈, 140
에나멜 형성 저하 증상, 73
자연 마모, 73
재갈의 치아 마모, 61
치과 수술, 146
치아에서 발견할 수 있는 식단의
  증거, 62
풀을 씹는 데 적응, 22
풀을 씹을 때의 치아 손상, 20
플라이스토세 북아메리카, 73.
'뼈, 말과에 속하는 동물' 참조
치치메카(멕시코), 말 약탈, 244
친코티그 포니, 스페인 혈통, 242
칠레: 길들여진 말, 257
  칠레에서의 이주, 265
  칠레의 암면 미술, 258
칭기즈 칸, 192

## ㅋ

카나리아 제도, 카스티야인의 점유, 239
카데시, 전투(기원전 13세기), 기마 전투, 도판 7
카라수크 문화(러시아): 말 매장지, 135
  말을 이용한 운송, 135
  스텝과 연결된 물건, 148

카라코룸(몽골 수도): 동물고고학, 195
  카라코룸을 연결하는 도로, 196
카르타고, 고대: 기마 수요, 232
카리브 제도, 말의 도래, 241
카메룬, 말의 도래, 202
카미노 데 크루세스(파나마), 242
카미노 레알, 지협 횡단, 242
카스피해 지역, 스텝과 관련된 문화, 159
카시트인(자그로스산맥), 전차 사용, 119
카이오와, 대평원, 252
카자흐스탄: 고고학 말, 160
  길들여진 말, 107
  말 목축민, 59, 111
  목축민 확산, 112
  인구 이동(카자흐스탄으로의 유입), 160
카타콤 문화, 바퀴 두 개가 달린 탈것 107것,
칼라코-데레이(스와트 계곡), 동물상 연구, 124
칼리파, 아라비아: 기술 혁신, 201
  라시둔 칼리파, 201
  말 유전체, 201
  우마이야 칼리파국, 201
  칼리파의 기병, 237
  칼리파의 말, 201
캅카스산맥: 소를 이용한 운송, 81
  스텝과 관련된 문화, 159
  캅카스산맥의 길들여진 말, 117

캔자스(말의 확산), 246
캬, 티베트캬, 28
커뮤니케이션, 장거리: 기마 메신저,
    157, 도판 7, 도판 14
    말과에 속하는 동물 이용, 98
    말에 기반한 통신, 171
    포니 익스프레스, 280
케이프피어(노스캐롤라이나),
    아일론의 원정, 243
켈리, 네드, 271
코걸이, 98, 109
    말과에 속하는 동물의
        코걸이(고리), 96
    소의 코뚜레, 65, 82, 도판 5
코로나도의 원정(미국 남서부), 말을
    동반한 원정, 244
코르테스, 에르난, 242
코만치(대평원), 252
    말 희생물, 251
    지역 지배, 254
코버그반도(오스트레일리아), 말의
    도래, 272
코이코이(남아프리카), 말의 소유, 268
코클레족(파나마), 코클레족의 말
콜론, 크리스토발: 말의 운송, 240
쿠라-아락세스 문화, 소 잔해, 81
쿠르간(분구묘), 57, 163
    바퀴 달린 왜건, 81
쿠퍼스페리(아이다호), 말 뼈, 39
쿨란, 몽골쿨란, 28
퀸즐랜드, 오스트레일리아 원주민 말
    문화, 274
크로(대평원), 남쪽 이주, 252
크루스팜파(남아메리카), 말과에
    속하는 동물의 뼈, 256
크리뱐스키(러시아), 말 가축화, 101
크므즈(발효주), 53, 146
크세노폰, 172
기마술, 172
클러튼브록, 줄리엣, 60
키레나이카, 길들여진 말, 120
키빅(스웨덴): 키빅에서의 고고학 발견,
    228
    키빅의 전차 묘사, 116
킴메르인, 아나톨리아 정복, 162

## ㅌ

타르판(*Equus ferus ferus*), 100
타이노족, 스페인과의 분쟁, 241
타클라마칸 사막(신장): 그리스
    태피스트리, 174, 도판 11
    말 잔해, 144
타클라마칸 유적(신장): 초기 안장,
    170
타푸야(남아메리카), 말타기, 259
탈 이 말얀(이란), 운송의 증거, 93
태양 숭배, 말과 전차와 태양, 142
태즈메이니아: 말 개체 수, 271
    오스트레일리아 원주민 말 문화,
        273

오스트레일리아 원주민 학살, 273
태평양 연안, 말 사육, 267
태평양, 남부: 말의 도래, 268
태평양, 태평양 지역으로의 말 운송, 242
턴누그 1(러시아 투바), 사슴돌-
    헤렉수르 및 중앙아시아의 영향, 160
테라코타 말: 일본 하니와 말, 230,
    도판 17
    진시황릉, 176
    최초의 등자 같은 물건, 189
테일러, 윌리엄 T., 100
    말을 이용한 운송에 관한 연구, 73
톈산산맥(키르기스스탄), 길들여진 말, 116
투르크메니스탄, 굴레 유물, 125
투탕카멘, 파라오, 199
    투탕카멘의 전차, 113, 120
투트모세 3세, 파라오: 통치 시기
    말타기 이미지, 154
튀르키예, 말과에 속하는 동물의
    유전체, 118
트로이, 굴레 볼 피스, 121
트리파노소마증, 205
티모르: 말의 도래, 272
    오스트레일리아 원주민과 티모르
    말의 문화적 연결, 274
티베트: 말의 유입, 184, 185
    중국 저지대와의 교역, 185

티아구노바모길라 묘지(우크라이나),
    이륜 수레, 108

## ㅍ

파나마, 파나마 지협: 말과에 속하는
    동물들의 이동, 29
    파나마 지협을 통한 말의 운송, 242
파지리크 문화(알타이산맥): 말
    매장지, 169
    말의 귀 낙인, 169
    말타기 전투(기마 전투), 168
    물질문화, 167
    세계적 통합, 168.
    '알타이산맥' 참조
파코(산디아산맥), 말 잔해, 245
파타고니아: 말 문화, 260~262
    사회 변화, 265
    영적 전통, 262
    원주민의 수의학 요법, 262
    파타고니아의 시골 농장 사람들, 287
판석묘 문화, 굴레 장비, 163
팜 비니스 더 샌드(그린란드), 말 잔해, 236
팜파스(아르헨티나 스텝), 말 문화, 259~261
패션, 현대 패션: 패션에 포함된 말
    장비, 285

퍼시, 조지, 247
펀디만, 말의 도래, 247
페루, 스페인 식민지: 길들여진 말, 256, 257
페르가나 분지, 천마, 182
페르시아, 아케메네스 왕조: 말 기술, 171, 172
페르시아: 동물 예술 전통, 159
　페르시아오나거, 28
페스트균, 아시아에서 퍼져 나간 것으로 추측, 193
페이즐리 동굴(오리건), 인간 배설물 잔해, 40
페트롭카 문화(러시아-카자흐스탄 국경): 굴레 잔해, 114
　전차 매장지, 115
펠로폰네소스, 말과 전차의 확산, 121
포겔헤르트 동굴(독일): 뼈 모음, 36
　예술 작품, 36
포니 익스프레스(미국 서부), 280
포니(포니족): 말 문화, 250
　말 전통, 247
포유류, 독신자 집단, 26
포토시(볼리비아), 말과에 속하는 동물의 뼈, 256
폰세 데 레온, 말을 동반한 탐험가, 243
폼페이, 의식용 대형 전차, 173, 도판 10
푸에르토레알(아이티), 말 유물 출토, 242, 도판 19
푸에블로: 푸에블로 반란, 245
　스페인 비시타스, 245
　코로나도와의 분쟁, 244
푸엘체족(코노수르 원주민), 263
풀: 세포벽, 24
　치아 손상, 20
　풀에서 얻는 에너지, 22, 23
　풀의 소화, 23, 24
　풀이 자라는 환경, 19
프랑스, 스템과 관련된 혈통, 163
프르제발스키말, 29, 133
　공격적 특성, 72
　길들여진 말과 별도의 종으로 분리, 29
　보타이, 72
　뼈, 54
　색상 패턴, 37
　알타이산맥, 137
　예술적 묘사, 91
　하렘 집단 형태, 26
　홀로세 중국, 147
플라이스토세: 고비 사막, 132
　기온 변동, 28
　말속의 적응방산, 28, 30
　멸종, 42
　플라이스토세 후기 하향세의 역전, 58
플로리다, 말의 도래, 243
피사로, 프란시스코: 잉카 제국 정복, 255
피쿠 두스 지네치스, 240
필리핀, 말의 도래, 269

## ㅎ

하니와 말(시라후지 고분), 230, 도판
　17
하라파 문명(인더스 계곡): 말의 부재,
　123
　부상과 몰락, 122
하렘, 말의 집단 형태, 26
　하렘 집단 사냥, 34
하산루(이란), 상아 조각품, 159
하와이, 말의 도래, 275
하트셉수트, 파라오: 하트셉수트의
　건축가, 120
한국: 등자의 발전, 191
　장거리 운송 항해 기술, 230
　한국의 말과 말 장비, 189
한나라(중국): 만리장성, 182
　신장에 외교 사절 파견, 182
　청동 천마상, 183
　한나라의 쇠퇴, 229
할슈타트 문화, 켈트의 원형 문화, 162
　박차, 188
항가이산맥(몽골): 말 문화, 8, 9
　샤타르출루 문화, 83
　아파나시에보 문화, 83
항해: 기후변화가 항해에 끼친 영향,
　235, 237
　바이킹, 233
　서유럽 문화들의 바다 여행, 239
　세계를 잇는 해상로, 267
　한국의 항해 기술, 230.

'해상 운송' 참조
해링턴히푸스(*Harringtonhippus*), 28
해빙 지역: 말 사냥, 40, 41
　해빙 지역에서 북쪽으로 이동한
　　말, 43.
　'기후 온난화' 참조
해상 운송: 기독교와 이슬람 세계의
　종교적 분쟁으로 인한 말의 해상
　운송, 237
　길들여진 말의 해상 운송,
　　226~227쪽 지도, 228, 229,
　　277
　로마, 229
　십자군, 237
　제한된 해상 운송, 228
　지중해, 229
　해상 운송 기술, 229
햇빛, 햇빛을 덜 받는 기간(일사량이
　적은 기간), 192
허브드(몽골), 프레임 안장, 190
허흐노르(몽골), 쇠등자, 190
헤라클레스와 옴팔레, 은제 원반에
　새겨진 이미지, 도판 12
헤렉수르(돌무지, 몽골), 140
　돌무지 배치(매장지 설계), 140
　헤렉수르 사회의 남녀, 147
　희생물로 바쳐진 말들, 140
헤로도토스, 스키타이인 기록, 162
호모 사피엔스: 동아시아로 이동, 133
　말의 포식자, 103
호모 에렉투스, 거주지, 31

호모 하이델베르겐시스: 말 사냥, 34,
44
  지중해 지역 거주, 32
호미닌: 말 사냥, 33
  아프리카에서 퍼져 나온 호미닌,
  31
홀로세: 말 가축화, 46
  말 뼈 모음, 56, 57
  멸종, 41~43
  식물을 길들인 작물화, 49
  아프리카 가축, 205
  유라시아의 말 이용, 75
  중국, 147
  카발라인말, 147
환경 변화: 야생말에게 끼친 영향,
41~44
  인위적인 환경 변화, 56.
  '서늘해진 기후변화', '기후
  온난화', '해빙 지역' 참조
활쏘기: 몽골의 활쏘기, 137
  여자들의 활쏘기, 164
  전차를 이용한 활쏘기, 112
  초기 중국의 활쏘기, 173
  파지리크 문화의 활쏘기, 167
회색랑구르원숭이, 독신자 집단, 26
후기 헬라딕 3기, 말 매장지, 121
후르리인(아나톨리아): 비옥한 초승달
  지대 장악, 119
  후르리어, 117
훈족, 동유럽 침입, 232
흉노 제국, 176, 177

건축, 178
기후변화가 흉노에 끼친 영향, 192
말 공급, 177
말 문화, 180
몽골 스텝 장악, 177
신장 장악, 181
오르도스 만곡 재정복, 181
인구 다양성, 179
코즈모폴리턴적 성격, 179
탐가 인장(낙인), 180
행정 중심지, 178
흉노의 기마용 말, 183
흉노의 흥기, 187
흑해 스텝: 말 가축화, 100
  말을 이용한 운송, 106
  야생 카발라인 분류군, 99, 100
  얌나야 혈통, 83
희생물, 말: 사슴돌 기념물, 139
  상나라, 149
  새로운 건물을 지을 때의 희생
  의식, 231
  스칸디나비아, 232
  아메리카 원주민, 251
  파타고니아, 262.
  '매장지, 말 매장지' 참조
히말라야: 말 공급, 184
  말의 편입, 184
  중국과의 교역, 185
히스파니올라: 말의 도래, 241
  콜론의 정착, 241
히타이트 왕국, 전차 전투, 119

히피디온(남아메리카), 29
    히피디온 사냥, 41
힉소스인: 이집트 침략, 119
    힉소스인의 전차, 126
힐랄 침입, 말, 202

DMRT3(바이킹 말 대립 유전자), 233
DNA: 가축화, 56
    고대 그리스, 122
    보타이 뼈 모음, 67, 69
    염소의 유전체 염기 서열 분석, 50
    영구동토의 DNA 보존, 43.
    '유전적 다양성' 참조
DOM2 계통 길들여진 말, 100
    사슴돌-헤렉수르 문화, 137
    야생말과의 사이에서 난 잡종, 100
DSK 문화. '사슴돌-헤렉수르(DSK) 문화' 참조
K-Pg 멸종. '멸종, 백악기-고진기 대량절멸' 참조

## 말발굽 아래의 세계사

초판 1쇄 인쇄 | 2025년 10월 1일
초판 1쇄 발행 | 2025년 10월 17일

지은이 | 윌리엄 T. 테일러
옮긴이 | 김승완

발행인 | 박효상
편집장 | 김현
기획 | 이한경
편집·진행 | 박지행

교정·교열 | 강진홍

마케팅 | 이태호, 이전희
관리 | 김태옥

종이 | 월드페이퍼    인쇄·제본 | 예림인쇄·바인딩

발행처 | 사람in    출판등록 | 제10-1835호

주소 | 04034 서울시 마포구 양화로 11길 14-10 (서교동) 3F
전화 | 02) 338-3555(代)    팩스 | 02) 338-3545
E-mail | saramin@netsgo.com    Website | www.saramin.com
인스타그램 | www.instagram.com/saramin_books    블로그 | blog.naver.com/saramcom

ISBN | 979-11-7101-189-6 03900

책값은 뒤표지에 있습니다.
파본은 바꾸어 드립니다.